本书是教育部人文社会科学研究规划基金项目
“基于社会治理创新模式建构的基层党组织作用研究”
(14YJA710014)研究成果
河北经贸大学学术著作出版基金资助

基于社会治理创新模式建构的基层党组织作用研究

李 冰 岳春宇 ◎著

中国社会科学出版社

图书在版编目（CIP）数据

基于社会治理创新模式建构的基层党组织作用研究/李冰，岳春宇著．—北京：中国社会科学出版社，2017.5

ISBN 978－7－5203－0262－3

Ⅰ.①基…　Ⅱ.①李…②岳…　Ⅲ.①社会管理—研究—中国②中国共产党—基层组织—组织建设—研究　Ⅳ.①D63②D267

中国版本图书馆CIP数据核字(2017)第092332号

出 版 人　赵剑英
责任编辑　卢小生
责任校对　周晓东
责任印制　王　超

出　　版　中国社会科学出版社
社　　址　北京鼓楼西大街甲158号
邮　　编　100720
网　　址　http://www.csspw.cn
发 行 部　010－84083685
门 市 部　010－84029450
经　　销　新华书店及其他书店

印　　刷　北京明恒达印务有限公司
装　　订　廊坊市广阳区广增装订厂
版　　次　2017年5月第1版
印　　次　2017年5月第1次印刷

开　　本　710×1000　1/16
印　　张　21.25
插　　页　2
字　　数　344千字
定　　价　89.00元

目　录

绪　论

中国共产党作为我国的执政党，是中国革命和社会主义建设事业的领导核心，这是由中国共产党自身的先进性决定的，也是中国革命和建设事业实践证明了的正确选择。历史和现实一再表明只有在中国共产党的正确领导下，中国革命和建设事业才能取得成功。社会治理是国家发展和建设的头等大事，是实现社会发展，国家长治久安，人民幸福生活的保证，必须坚持党的领导。新中国成立以来，我们党始终把社会治理作为核心工作来抓，并且取得了伟大的成绩。在新的历史形势下，特别是改革开放以来，随着社会主义市场经济的建立和完善，社会的全面转型，经济的高速发展，社会矛盾的凸显，社会治理成为新的历史条件下的新课题。中共十八届三中全会提出，要创新社会治理模式，改进社会治理方式，提高社会治理水平；提出要加强党委领导，发挥政府的主导作用，鼓励和支持社会各方面参与，实现政府治理和社会自我调节，居民自治的良性互动。由此可见，社会治理中坚持党的领导，是由中国共产党的本质属性决定的，既是中国社会发展的现实需要，更是社会治理实践经验的总结。

一　研究缘起：创新社会治理模式

要实现社会治理的效度提升，必须创新其治理模式，这是中国社会治理的历史和现实的要求。社会治理是每一个执政党必须思考的一个现实问题。1949 年新中国成立后，中国共产党作为执政党，开始了社会主义建设时期的社会治理实践。在不同的历史时期，社会矛盾是不同的，社会治理工作的特点也是不同的，因此，社会主义现代化建设时期的社会治理不同于战争年代的社会治理。新中国成立初期中国共产党的社会治理工作，主要经验还是来自革命战争年代，战争年代强调绝对的统一和一致，要求高度的组织化程度。所以，在新中国成立初期出现的“单位制”，实质上是根据地社会管理成功经验的延续。吴锦良指出：“根据地的组织结构体系成了共产党领导全国人民进行社会主义建设的‘路径依赖’，对后来共产党在全国的领导方式和组织方式产生了深远的影响。”① 路风指出：“中国的单位体制脱胎于革命战争年代中国共产党在革命根据地的诸多经验，产生于革命根据地的许多组织，实际上就是单位的最初雏形。”② 当然，这种战争年代的集权模式的社会管理方式，在社会整合过程中能够在短时间内见到效果，特别是对于执政不是很稳定的新生政权来说，有利于实现社会稳定。

“单位制”的社会管理模式就是通过单位这种基本的生产和分配组织，把个人掌控于组织之中。通过政治、经济、文化、组织等手段，使个人依附于单位，单位依赖于国家。个人一切活动离不开单位，单位是一个小社会，是个人安身立命、生老病死必须依赖的场所。个人的社会性需要，只有在单位中才能得到满足。人们工作、生活都在单位，国家通过对单位的控制，控制了整个社会。单位不但成为社会劳动分工的标志，也是社会资源分配的核算集体，更是实现社会统治的控制阀。“单位制”社会管理的效果是显著的，对于新中国社会稳定和发展具有重要的意义。当然，“单位制”实现社会管理功能是有其条件和前提的，这就是计划经济体制，国家控制着整个社会的资源配置，首先从经济上能够直接控制整个社会，这也就为政治控制提供了经济基础。

新中国实现社会管理功能的另一个手段是建立户籍制度。户籍制度就像一根绳子，把人们紧紧地束缚在一定的地域范围内。户籍对于识别公民身份、加强人口管理和维护社会秩序、防范反革命分子起到了重要的作用。新中国成立之初，人们可以不受户口的限制在国内自由迁徙，但是，随着国家发展政策的调整，特别是重点保障城市，重工业优先的工业化战略，借此国家实行了农产品统购统销制度，导致大量人口涌入城市，城市人口剧增。这一方面加大了城市的负担，另一方面也带来了城市管理等诸多方面的问题。为了减轻城市压力，国家开始严格户籍制

① 吴锦良：《基层社会治理》，中国人民大学出版社 2014 年版，第 16 页。

② 路风：《单位：一种特殊的社会组织形式》，《中国社会科学》1989 年第 1 期。

度，限制人口的自由流动。这样，户籍制度具有了限制人口流动的社会功能。人们被牢牢地控制在不同的地域和单位中，将人口分为“农业人口”与“非农业人口”，实行了不同的户口管理、粮油供应、劳动用工和社会保障制度。城乡二元结构逐步形成，使户口成为中国实现社会管理的重要手段，一直到今天，对于实现社会管理，户籍管理制度仍然发挥着一定的作用。

随着农村和国有企业的经济体制改革，社会主义市场经济的确立，“单位制”与户籍制的社会管理模式出现了诸多的问题。农村联产承包责任制，使农民与集体的关系疏远了，自主经营使农民脱离大集体成为自由流动的劳动者。企业改制，出现企业工人下岗，大量工人自谋出路，脱离了原有的单位，失去了单位对个人的经济和政治影响力。多种所有制模式开始建立，体制外人员大量存在，非公有制经济体成为重要力量，单位制与户籍制的资源分配功能大大降低，人们不再因为单位和户籍影响自我的生存和发展，经济和政治控制功能下降，单位和户籍的社会管理功能逐渐式微。乡镇企业、三资企业、个体户、私营企业等各种经济组织成为社会管理的“真空地带”。户籍已经成为限制人们流动的羁绊，由于其资源分配功能的下降，也成为人们逐渐抛弃的东西，体制改革推动着中国的户籍改革，户口的逐渐松动，农业户口和非农业户口差别的渐次缩小，户口原来具有的社会管制、资源分配、迁徙限制的功能逐渐被剥离。随着社会主义市场经济的建立，社会的全面转型，不进行社会管理的创新，显然就不能适应社会发展的需要。

改革开放30多年来，我国社会在发展过程中出现的诸多问题，可以说是由于社会管理体制与社会发展存在的不衔接、管理体制出现的漏洞所造成的。近几年来，各地都在创新社会管理模式，不论是理论探索还是实践经验，都取得了很多的成果。“创新”也逐渐成为社会管理领域的一个“热词”。在问题面前，各级地方政府和研究工作者都在寻找治理社会的好办法，都以“创新”为名实施自己的管理策略，但是，管理效果总是不尽如人意，并不能解决最根本的社会问题，反而在社会管理的实践中问题越来越多。近几年社会矛盾凸显，可以说具有高发态势。据2013年《社会管理蓝皮书——中国社会管理创新报告》指出，中国亟待解决的十大问题是：流动人口如何融入城市、特殊人群如何融入社会、新经济组织和新社会组织如何发挥作用、化解矛盾如何提升能力、虚拟社会如何有效管理、突发事件如何及时应对、民意诉求如何畅通渠道、社区自治公众如何参与、政府公信如何重新塑造、公民社会如何依法治理。当然，社会问题的高发与社会经济、政治的快速发展有关系，是发展过程中的代价。所以，大量社会问题的出现，既是由于社会管理存在问题，也是由于社会迅速转型过程中的矛盾凸显。从社会管理视角来看，这十几年社会管理的探索，效果并不是很好，是我们一直没有摆脱过去管理社会的传统思维。对社会管理模式的探索，一直是固守了行政化政府包办式的管理思维，不敢放权，也不愿意放权，人治多于法治。

社会治理不应该是政府一厢情愿的事情，公民自我管理是社会治理的重要力量，从管理到治理，不只是一个名词的改变，而是管理社会的理念和思维的改变。从管理主体来看，不要把社会管理工作只交给政党和政府，从管理客体来说，社会管理不是被动地接受，而要主动地承担社会管理的职责。在一个社会中，每个人都能进行自我管理，并且这种自我管理行为是符合社会要求的，那么社会良性发展和谐稳定就能很好地维持。

社会发展，以人们无法预知的结果在变化着，“摸着石头过河”是探索、积累经验的过程，在这一过程中我们必然要付出一定的代价。当社会发展到一定阶段，顶层设计就成了必需。十八届三中全会提出“坚持系统治理，加强党委领导，发挥政府主导作用，鼓励和支持社会各方面参与，实现政府治理和社会自我调节、居民自治良性互动”的治理方式，这是新时期党中央对社会治理体制的重新认识，是创新中国社会治理模式的路径选择。只有坚持系统治理才能形成合力，才能实现整体效益。系统治理既是治理主体的系统协作，也是治理对象的系统效应，要从全局的视角、从社会整体效应来创新社会治理体制。加强党委领导是指要发挥党委的领导核心作用，党政分开不是削弱党的领导，而是加强党的领导，是让党委更好地起到总揽全局，引领社会，监督指导，统筹力量，管理、组织、服务社会的作用。发挥政府的主导作用不是政府包揽一切，政府的权力要逐步从市场和社会中退出，分清市场、社会和政府的边界。当今社会管理的突出问题就是行政化色彩浓厚，政府包揽社会管理事务的思维惯性依然存在，把社会管理简单理解为政府管理。强调政府在社会治理中的主导作用，就是要发挥政府在公共服务方面的职能，起到引领、组织、服务社会，承担社会治理的根本责任。社会组织要积极发挥自身在社会治理中的优势，不要一切事务都依靠政府，努力发挥政府以外的各种社会力量，发挥各种利益群体和非利益群体的作用，动员各种社会资源在社会治理中的积极性。居民自治是社会治理的强大力量，也是最根本的因素。现代社会强调公民建设，公民与臣民最本质的区别就是公民具有很强的权利意识和责任意识，一个社会如果公民普遍缺乏在公共生活中承担责任的意识，总是把社会治理的事务依靠政府和他人，那么社会治理就很难实现。因此，培育公众的社会责任意识，激发广大公民的社会参与、管理的意识，是我国实现社会治理的根本之策。所以，必须通过加强法治建设，扩大基层民主，实现公民有序政治参与，保障广大公民的参与权、表达权、知情权和监督权。在政党领导，政府主导，社会与广大公民积极参与下，实现社会治理的良性互动，和谐稳定。

从管理到治理的思维转变，是社会治理思路和路径的创新，是社会治理主体的创新，是社会治理依靠力量的创新。社会治理最为核心的要素就是实现人民群众自我管理的新机制，不断提高公民的责任和担当意识，真正成为社会治理主体的参与者、社会治理成果的享受者。

二　审视视角：基层党组织与社会治理

社会治理是一个国家政党和政府的核心工作，实现社会治理离不开政党的领导。一个国家社会治理的状况是执政党能力的体现。政党的社会治理能力是由政党的基本功能决定的，政党是利益表达的代表，总是为一定阶级服务的，是实现政治目标的主体，一个优秀的政党最终是为实现国家的良性运行和协调发展，实现社会稳定，国家富强而奋斗。政党的社会治理水平是政党执政能力的体现，能否促进经济发展，能否维护社会秩序，能否实现社会公平正义，能否实现国家和谐发展，这些都是政党社会治理水平的体现。美国著名政治学家亨廷顿曾经指出：“处于现代化之中的政治体系，其稳定取决于其政党的力量，而政党强大与否又要视其制度化群众支持的情况，其力量正好反映了这种支持的规模及制度化的程度。那些在实际上已经达到或者可以被认为达到政治高度稳定的处于现代化之中的国家，至少拥有一个强大的政党。”① 因此，提高执政党的社会治理能力，无论是对国家、社会的发展，还是对政党自身都具有重要的意义。

第一，执政党社会治理能力的提升有利于实现社会整合。整合就是实现一体化，整合是消解矛盾，构成一个有机的、完整的整体的过程。在社会日益分化的现实中，整合的实质在于异中求同，是不同的构成要素在导向统一标志的制约下变成一个完整的综合体。② 现代政治面对的是多元社会的利益分化，社会整合就成为社会治理的重要内容。刘鹏认为：“社会整合有各种方式，整合的主体也多种多样。现代社会中，政党尤其是执政党在社会整合中扮演十分重要的角色，社会整合已成为执政党的一项重要功能。”③ 执政党的社会治理就是要通过对不同群体的利益整合，在政治诉求中体现不同利益群体的要求。把各种不同的利益群体整合起来，才能消除由于利益分化带来的社会混乱。“在一个多元社会之中，政治体系必须能够在‘横向’上将社会群体加以融合，在‘纵向’上把社会和经济利益加以同化，政党正是维系各种社会力量的纽带。”④ 政党社会治理实现社会整合的途径主要是通过组织途径、政治途径和思想途径来进行的。组织化是政党的本质特征，党通过组织网络，渗透到政治、经济和社会生活的方方面面，通过严密的组织纪律，通过党的基层组织，通过全体党员，实现对政治经济的领导，使全社会紧密地团结在党的周围。政党是政治活动的手段，政党是现代政治发展的需要。执政党通过党的路线、方针、政策和社会发展的战略目标，来引领政治方向。通过党对政府的领导，通过党员直接掌握国家权力，实现党对国家政权的控制；通过培育和发展党的外围组织，扩大社会影响，实现党对社会的控制；通过吸收积极分子加入党组织，不断壮大政党力量，吸纳社会各行业精英，坚实政党基础，从而实现社会整合。党的意识形态的影响和教育始终是党整合社会的重要手段，思想教育工作是党的生命线，执政党必须通过思想教育确保党的政治目标得到全体人

① ［美］塞缪尔·亨廷顿：《变化社会中的政治秩序》，生活·读书·新知三联书店 1989 年版，第 377 页。

② 朱靖：《“社区整合”研究》，《重庆科技学院学报》（社会科学版）2009 年第 1 期。

③ 刘鹏：《论强化党的社会整合功能》，《理论导刊》2005 年第 1 期。

④ 王邦佐：《执政党与社会整合》，上海人民出版社 2007 年版，第 13 页。

民的认同和拥护，把政党与政治国家紧密联系在一起，把具有不同价值观的人在共同的社会发展目标上加以整合。

第二，执政党社会治理能力的提升有利于实现社会和谐。当今社会分化主要表现在阶层分化和贫富分化，当然阶层分化与贫富分化有密切的关系，但是阶层分化也不只是贫富分化导致的结果，而是由社会多种原因造成的。社会竞争必然带来财富分配上的差距，而社会流动机制的问题又会导致社会不公平和不平等。贫富悬殊、两极分化与社会不公是社会不稳定的主要原因，对于一个执政党来说，必须通过社会治理，实现社会的公平正义，缩小贫富差距。执政党是调节社会各阶层利益关系的中介，是实现社会公共利益的调节器。执政党要通过自己的执政理念和执政方针、政策，要通过党的领导，通过党员的先进模范带头作用，提高执政党的社会治理能力，实现社会的民主法治、公平正义，建设一个安定有序、充满活力、诚信友爱、人与自然和谐相处的社会。

第三，执政党社会治理能力的提升有利于增强政治合法性。合法性是执政党领导力量的来源和基础，能够反映一个执政党被认可和支持的程度。一个执政党能够取得执政地位有其权力来源的原因，但是一个执政党必须在执政过程中不断取得民众的支持和拥护，必须不断增强其政治合法性。执政合法性的重要基础是民众对执政者政绩的满意，良好的政绩是一个执政党能否获得民众最终支持和认可的前提。执政党不能实现国家的治理和发展，就会逐渐丧失执政合法性，并最终被抛弃。执政党社会治理能力集中反映在社会发展，人民生活是否得到改善。如果一个社会矛盾凸显，腐败横行，人民群众怨声载道，党的执政合法性就会受到严重影响。因此，对于执政党来说，既要掌握应对社会变革带来的新情况所应该具有的社会治理技术，不断创新社会治理模式；又要不断提高党性，加强党自身的形象建设。团结社会各方面的积极因素，协调和整合社会中的不同阶级、集团和利益群体，减少社会矛盾，构建和谐社会，这样，才能获得最广大人民群体的信任和支持。

基层党组织是执政党在社会各方面的触角，对于实现政党治理目标具有基础性、根本性的作用，因此，研究基层党组织在社会治理中的作用，是政党社会治理的重要抓手，是社会治理创新模式的新探索。

中国共产党是社会主义事业的领导核心，党的基层组织是党的领导在基层的代表，是党的方针政策在广大人民群众中的传播者、落实者和体现者。研究基层党组织在社会治理中的作用，是构建社会治理创新模式的重要内容，是党的建设与国家社会建设的有机结合。社会治理重在基层，基层是社会矛盾、利益冲突的源头，把矛盾化解在基层是社会治理的基础。党的基层组织是联系和协调党与社会关系的纽带，党的基层组织根在基层，面对群众，在社会治理中具有得天独厚的优势。“围绕中心，服务大局，拓宽领域，强化功能”是基层党组织建设的核心工作，社会治理是基层党组织的应有功能。在新的历史条件下，强调社会治理多元共治的治理体制，探讨基层党组织如何发挥其应有的功能，是我们党在当前理论和实践中的重大问题。要研究基层党组织在社会治理中扮演的角色，研究如何适应社会转型过程中出现的新情况、新问题，发挥好基层党组织在社会管理中的作用。

截至 2015 年 12 月 31 日，中国共产党党员达到 8875.8 万人，基层党组织 440 多万个。全体党员分布在全国的各个基层党组织中，基层党组织功能发挥得好坏，基层党组织的建设情况直接影响党员作用的发挥。以身作则的全体党员是社会治理的重要力量，基层党组织与社会治理的工作是一致的。基层党组织中的共产党员持续发挥先锋模范作用，成为推进社会治理工作的关键因素。基层党组织的建设搞好了，社会治理的实现也就有了重要的保证。因此，渗透在各类社会组织中的党的基层组织，有着强大的整合能力和引领功能。

第一，基层党组织是先进性的代表，把人民利益作为其工作的根本，这是团结最广大人民群众的基础。中国共产党是全心全意为人民服务的，无私奉献是党员的基本品质，人们常说心底无私天地宽，一个没有自我私利的基层党组织一定能够赢得人民的拥护。中国共产党具有人民性的本质，在长期的中国革命和建设实践中也验证了其团结人民，引领人民，实现国家稳定发展的使命和功能。

第二，不论社会如何发展和分化，政党都应当是整合社会的核心力量，突出表现在基层党组织的社会治理能力。《中共中央关于加强党的执政能力建设的决定》指出：“党的执政能力，就是党提出与运用正确的理论、路线、方针、政策和策略，领导制定和实施宪法和法律，采取科学的领导制度和领导方式，动员和组织人民依法管理国家和社会事务、经济和文化事业，有效治党治国治军，建设社会主义现代化国家的本领。"① 只有政党才能担当起社会整合这个重任，基层党组织渗透于各类社会组织和单位中，基层党组织是联系社会的纽带，作为党的权力组织体系中最基础的联系点，直接面对基层社会关系、社会互动和社会生活。它不仅是社会主义建设事业的主体，而且是维系这个体系的支撑力量。因此，基层党组织有能力，也有这个责任，在社会建设中必须整合社会资源，协调社会关系，凝聚社会力量，引领社会价值。

第三，基层党组织是党的工作的基础，是落实党的路线方针政策和各项工作的战斗堡垒。基层党组织在社会治理中起到领导、协调、保障和促进作用。中国共产党是执政党，也是领导党，基层党组织要担当起社会治理的领导责任，要在社会治理中进行有效的政治动员，要将不同方面的政治和社会组织联结起来，扩展党的群众基础，从而确保党的政治领导地位和党的执政基础。基层党组织既是领导者，也是社会关系的协调者，要处理好党与社会的关系，特别是发挥好基层党组织密切联系群众的特长，把党的温暖和关怀输送到千家万户。把党的宗旨体现在基层工作的方方面面，积极帮助广大人民群众解决他们存在的实际问题，及时化解基层社会矛盾。基层党组织是社会稳定的维持者，社会问题的发现者，社会矛盾的解决者。基层党组织，特别是基层党员要积极探索基层工作的方式方法，把各种社会矛盾消解在萌芽状态，确保社会的安定团结。基层党组织的先锋模范带头作用是群众最能看得到也体验到的，基层党组织是党的形象的维护者，基层党组织的作用是否能够很好地发挥，关系着能否把全国各族人民紧密地团结在党中央的周围，是提高中国共产党政治合法性的关键。基层党组织的凝聚力和组织动员力是推动社会治理实现的重要保障。

但是，基层党组织功能的真正发挥并不是一蹴而就的。在社会转型，经济发展的历史时期，基层党组织功能弱化的现象比较突出，有些地方基层党组织形同虚设，组织活动开展较少，甚至很多党员没有过过组织生活，基层党组织联系党员的作用不能充分发挥，基层党组织涣散等。不解决这些问题，基层党组织在社会治理中的作用就不能充分发挥。基于此，本书将从基层党组织的视角，研究社会治理创新模式的构建，主要是解决基层党组织在社会治理中存在的问题和不足，探讨在新

---

① 《中共中央关于加强党的执政能力建设的决定》，人民出版社 2004 年版，第 2 页。

的历史时期，面对社会治理创新的重要性和迫切性，研究如何进行党的基层组织建设，增强和发挥其在社会治理中应有的作用。

三　创新起点：研究现状与趋向

近几年，关于政党与社会治理的研究已经成为国内外研究的热点问题。西方学者普遍认为政党具有利益表达、利益整合和政治社会化的功能，基层党组织更是通过服务来吸引选民、凝聚人心，巩固执政党地位。戴维·海因认为，政党是国家机构与社会联结的机制，具有控制社会的作用。德国学者 K. 冯·贝米、拉帕隆巴拉和韦纳都认为政党具有政治动员功能，重视基层党组织的服务功能，只有服务好才能争得选民。安东尼·吉登斯在《第三条道路——社会民主主义的复兴》中论述了欧洲社会党在面临挑战时所作出的应对策略，提出了第三条道路的政治发展路径。马丁·鲍威尔梳理了新工党在社会治理中的不同政策。托马斯·迈尔也探讨了在新的社会条件下，如何改革政党策略，如何保持党的身份，以及如何应对新的挑战。总之，由于西方政党制度与我国的不同，政党在社会治理中的主要目的是通过服务拉拢选民，但是也为我国的政党建设提供了一定的借鉴。

国内学者的研究成果主要集中在基层党组织建设与社会管理创新的关系方面，很少明确提出社会治理模式中的基层党组织作用，相关研究主要集中在：

（一）基层党组织在社会管理中的意义和作用

学者们认为，党是社会整合的重要力量，政党源于社会，又回归社会，一个政党要巩固其领导地位，提高驾驭全社会的能力，必须扎根于基层社会。基层是社会矛盾、社会利益冲突的源头，也是社会矛盾化解的第一线，所以，社会治理重点在基层。① 加强党的基层组织建设是构建和谐社会、推进我国民主法制建设向前迈进的有效途径，是服务基层群众、坚持党从群众中来到群众中去全心全意为人民服务的迫切需求。

① 胡序杭：《推进基层党建科学化：社会管理创新着力点》，《长白学刊》2013 年第 5 期。

同时，党的基层组织是党在社会治理结构中全部工作和战斗力的基础，是落实党的各项工作任务以及贯彻党的路线方针政策的战斗堡垒。① 基层党组织的建设是党的整个执政能力体系中的重要组成部分，是党的执政能力建设的落脚点。只有每一个基层党组织都健全而充满活力，整个党的组织才能坚强有力、朝气蓬勃。② 基层党组织是党的组织体系的基础，是党实现治国理政目标的战略支撑点，是地方政府推动社会管理创新的政治资源。基层党组织在社会管理创新中，应当努力成为领导者、协调者、保障者和激励者。充分发挥基层党组织在加强和创新社会管理中的作用，已经成为当前基层党建工作的一个重要课题。③ 因此，基层党组织在加强和创新社会管理中发挥着重要作用，解决影响基层党组织发挥作用的关键，就是要加强基层党组织在社会管理创新中作用的机制建设，以机制来保证其作用的充分发挥。④ 基层党组织在基层社会管理中起着领导核心作用，基层党组织是党的全部工作和战斗力的基础，是社会管理中最直接、最基本、最有效的力量。⑤ 基层党组织在基层社会管理中担负着领导核心，政治核心责任，面对全新的社会管理问题和管理要求，只有进一步转变职能、夯实基础、改进方式、加强维稳、严格考评，才能充分发挥基层党组织和党员在社会管理中的作用，有效地协调社会关系、规范社会行为、解决社会问题、化解社会矛盾、保持社会稳定、推动科学发展。⑥

（二）基层党组织与社会治理的关系

学者们认为，党的基层组织是基层社会治理的核心主题，是党全部工作和战斗力的基础。⑦ 党必须履行利益代表的功能，动员和服务的功

---

① 周莎、张林：《党的基层组织在社会治理结构中的地位和作用研究》，《商业文化》2011 年第 2 期。

② 杨桂春、周欣：《发挥基层党组织在社会管理创新中领导核心作用》，《大连干部学刊》2012 年第 12 期。

③ 陈文新：《基层党组织：社会管理创新的政治资源》，《理论与改革》2012 年第 4 期。

④ 曹桂华：《基层党组织在社会管理创新中作用机制探析》，《中共青岛市委党校青岛行政学院学报》2013 年第 2 期。

⑤ 张旭团、赵维景：《论基层党组织在基层社会管理中的领导核心作用》，《社科纵横》2012 年第 9 期。

⑥ 陈君文：《在社会管理中发挥基层党组织和党员作用》，《党建研究》2012 年第 11 期。

⑦ 付翠莲：《结构耦合：以基层党建创新引领社会管理创新》，《中共宁波市委党校学报》2012 年第 5 期。

能，党必须不断地通过群众路线收集社情民意，动员、维护民众认同并落实党的路线、方针和政策。[①] 必须统筹基层党建与基层治理，使之形成良性互动的新格局，这是加强基层党建的一个重要方向。[②] 还有学者认为，农村基层党组织必须从监督机制、基层民主、壮大集体经济、自身建设着手，强化社会管理功能。[③] 同时，社会管理创新离不开人民群众的广泛支持与认可，离开人民群众的参与，社会管理的创新就只能落入幻想与抽象的境地。由此不难理解，与人民群众有着密切关联的基层党组织必将在实现社会管理创新的工作中担负起重要使命。基层党组织只有从角色定位、组织架构、工作机制以及服务意识等几个方面进行改革，才能满足社会管理创新的要求。[④] 面对多元治理主体间的离散和冲突，农村基层党组织应有整合者的担当，通过对多元治理主体价值观念、组织结构、利益结构的有效整合，从而实现党在农村社会管理体制中的领导地位。[⑤]

（三）社会管理视域下基层党组织的建设问题

学者们认为，要打破传统的以领域、单位、行业为单元的党建模式，要在街道、社区、乡村等一定的区域范围把各行业党建工作囊括进去，以网络化方式构建全覆盖、广吸纳、开放式的基层党建工作新格局，实现党建管理向社会基础治理的延伸。[⑥] 论证了社会管理创新背景中基层党组织管理体制的科学化问题，认为要改革那些不适应现行社会管理要求的管理体制；通过解放思想、积极探索，根据现实需要不断创新管理体制来激发基层党建活力，以更好地发挥基层党组织对社会管理

---

① 赵永红：《政党认同的嬗变与重建：基于社会治理结构变迁的分析》，《经济社会体制比较》2013 年第 4 期。

② 吴锦良：《构建基层党建与基层治理良性互动的新格局》，《中共浙江省委党校学报》2010 年第 1 期。

③ 谭云勤、谭琪红：《从社会管理视阈看农村基层党组织的功能强化问题》，《理论导报》2011 年第 10 期。

④ 邢文利：《基层党组织建设与社会管理创新的内在机理探析》，《河南社会科学》2013 年第 3 期。

⑤ 陈晓莉：《农村社会管理中基层党组织的社会整合功能》，《理论探讨》2011 年第 3 期。

⑥ 万雷芬：《社会治理下的区域化党建的建设思考》，《理论探索》2013 年第 3 期。

创新的引领作用。[①] 要充分发挥基层党组织在加强和创新社会管理中的作用，必须强化基层党组织的服务功能；加强非公有制企业和社会组织党建工作力度；夯实乡村社会管理的组织基础，重视占领网络阵地打好主动仗，建立群众满意为导向的社会管理工作考核评价机制。[②] 认为基层党组织加强和创新社会管理是社会和谐稳定的重要基础，基层党组织要完成好这个任务，就必须实现“四个创新”：一是社会管理主体要创新；二是社会管理方式要创新；三是社会管理手段要创新；四是社会管理体制机制要创新。[③] 社会管理的新形势对基层党组织提出新要求，新形势下基层党组织的角色功能定位是：社会管理的领导核心、社会管理的主体之一、社会管理的桥梁与纽带。[④] 并且从基层党组织服务群众与群众自我服务的关系，分析了以基层党建科学化推动社会管理创新。[⑤]

这些研究普遍存在以下不足：第一，过多强调基层党组织在社会治理中应该进行角色、功能的转换，但是对于角色和功能应该是什么，没有形成统一的认识；第二，对于城市化进程中，基层党组织具体如何建设，体制机制应该是什么的研究不足；第三，理论研究多，社会调查成果少，没有提出更多可操作化的措施。这些方面都是今后需要进一步研究的重点。

四　创新路径：思路、内容与方法

研究社会治理创新有多种角度，这已经成为管理学、社会学、经济学、教育学等学科关注的重点。研究视角不同，研究的重点也就不同，

---

① 张卫海：《社会管理创新背景中的基层党组织管理体制科学化研究》，《河北青年管理干部学院学报》2012 年第 6 期。

② 蔡奇：《发挥基层党组织在加强和创新社会管理中的作用》，《党建研究》2011 年第 8 期。

③ 王小军：《基层党组织加强社会管理要实现“四个创新”》，《理论与探索》2011 年第 6 期。

④ 叶子强：《基层党组织在社会管理创新中的作用》，《特区实践与理论》2012 年第 5 期。

⑤ 张晓燕：《以基层党建科学化推动社会管理创新——关于基层党组织服务群众与群众自我服务的关系思考》，《阅江学刊》2012 年第 12 期。

研究方法、研究范式也就有所差别。本书是把基层党组织与社会治理这两个问题结合起来进行研究，主要是探讨基层党组织如何实现社会治理，基层党组织在社会治理中发挥什么样的作用，在社会治理创新模式建构中基层党组织如何建设等方面的问题。本书的出发点是探求新形势下社会治理的方式，立论基础和基本假设是社会治理的重点在基层，基层党组织是党在基层的代表，社会治理吁求基层党组织的作用。这是从基层党组织在社会治理中的特殊地位和作用出发，来研究社会治理创新模式的建构。研究基层党组织在社会治理中的作用，是基层党组织本身具有的性质和功能决定的，是社会转型期中国特色社会治理的现状的必然选择。我们认为，社会治理是多元主体的共治，包括政党领导、政府主导、社会组织、公民参与。要分析在新的历史时期，政党特别是基层党组织要扮演怎样的角色，起到什么样的功能，这是值得思考的一个问题。多元共治是协同作战，不是各自为政，但是政党要把握方向，统领全局，发挥联系作用和纽带作用。基层党组织是党在基层社会的触角，是党的路线、方针、政策的落实者，是党的形象的代表者，是党了解群众疾苦的发现者，是基层矛盾的化解者。基层党组织在社会治理中具有独特的作用。要发挥好基层党组织在社会治理中的作用，必须了解基层党组织在社会治理中存在的问题，了解基层党组织的建设情况，掌握基层党组织的组织结构、机制体制、社会影响力、社会覆盖面等方面的情况。这就需要进行广泛的社会调查，掌握第一手资料，分别在农村基层党组织、学校基层党组织、城市社区基层党组织、企业基层党组织和社会组织基层党组织进行调研。在社会调查研究的基础上，分析新时期在社会治理方面基层党组织建设存在的问题、产生的原因、应采取的策略，借鉴中外政党在整合社会力量方面的经验，提出应变思路。最后，对基层党组织如何在社会治理中发挥领导、服务、协调作用提出具体的策略和措施。要健全基层党组织建设的体制机制，特别是面对社会治理出现的新情况、新特点，不断改进基层党组织的建设策略。

总之，本书研究的出发点是探求新形势下社会治理的方式，立论基础在于社会治理的重点在基层，基层党组织是党在基层的代表，社会治理吁求基层党组织的作用。社会治理是多元主体的共治，包括政党领导、政府主导、社会组织、公民参与，要分析在新的历史时期，政党特别是基层党组织要扮演怎样的角色，起到什么样的功能。通过实证调研，了解基层党组织的建设情况，掌握基层党组织的组织结构、机制体制、社会影响力、社会覆盖面等方面的情况。在社会调查研究的基础上，分析新时期在社会治理方面基层党组织建设存在的问题、产生的原因、应采取的策略，借鉴中外政党在整合社会力量方面的经验，提出应变思路。最后，对基层党组织如何在社会治理中发挥领导、服务、协调作用提出具体的策略和措施。

基于以上思路，本书主要阐述了以下几个问题：

第一，论述了基层党组织与社会治理之间的关系。基层党组织是中国共产党在社会基层的代表，是密切联系群众的桥梁和纽带，是基层问题的发现者，社会矛盾的调节者，群众呼声的传达者，党的政策的落实者，政府形象的代表者。基层党组织在社会治理中起领导核心作用，是服务于社会治理的重要力量。

第二，分析了中外政党在社会治理中的成功经验。认为中国共产党社会治理的经验主要体现在新中国成立以后的社会管理实践中，包括改革开放之前计划经济时期的“单位制”和“户籍制度”的管理，以及改革开放以后，特别是全面建立市场经济后，城市化迅速发展过程中的社会管理经验。西方政党社会治理经验主要体现在政党建设和政党竞争相结合，政党竞争和社会治理相结合。例如，法国对财富再分配不均问题的治理，美国对社区的治理，新加坡人民行动党的社会治理模式以及“第三条道路”等。中外政党社会治理经验对当代我国基层党建的启示是：必须创新途径，强化社区治理；要推进政府治理创新，打造服务型政府；要重视基层党组织和基层外围组织的建设与创新；要更新观念，加强社会组织的培育和创新；要创新社会整合机制发挥民众在社会治理中的主体作用。

第三，论述社会治理创新模式中基层党组织的角色与功能，认为多元社会治理中的基层党组织的角色定位与多元主体在社会治理中基层党组织的权责关系、角色期待和行为自觉有关系。基层党组织在社会治理中的角色期待是：党的宗旨意识的践行者；群众利益的维护者；党的良好作风的示范者；社会稳定的维护者；政党服务的提供者；信仰教育的主导者。基层党组织的价值取向是为人民服务，基层党组织的道德风向是清正廉洁，基层党组织的行为指向要增强基层党组织对党的政策的贯彻力与执行力。社会治理创新模式中基层党组织的功能有：领导功能、调控功能、指向功能、教育功能、服务功能和动员功能。

第四，基层党组织在创新社会治理中面临的问题与原因分析。社会治理中基层党组织存在的问题主要表现是：基层党组织被边缘化问题比较突出；基层党组织凝聚力弱化；基层党组织党员队伍老化结构不合理；基层党组织党员干部群众化；基层党的组织生活缺失；基层党组织中党员干部的党建意识不强、定位不准。社会治理中基层党组织存在问题的原因表现在：基层党组织面临普遍的认同危机；价值多元化动摇了党在意识形态的主导地位；基层党组织缺乏政治绩效的支撑；基层党组织的民主法治建设落后；基层党组织科学性的缺失等。传统社会管理理念依然存在；没有从“管理型”向“服务型”党组织转变；官本位现象突出；基层党组织的执行力不强。

第五，创新社会治理中基层党组织建设的路径选择。认为基层党组织建设的价值取向是实现社会善治，这就要求基层党组织建设必须进行角色和功能的转变，基层党组织必须全心全意为人民服务，争当模范和表率，要取得良好的政治绩效。基层党组织必须夯实组织基础、思想基础、作风基础和制度基础。建立和完善基层党组织密切联系群众的工作机制、基层群众的诉求表达机制、教育管理服务党员的长效机制、完善基层党建责任制度、基层党组织考评工作机制。要改善基层党组织的条件，筑牢社会治理的物质基础，弘扬党的主流意识形态，加强基层党组织设置的融入力度，加强基层党组织的队伍建设，提高基层党组织的执行力，大力推进基层民主法治建设。

第六，分别从农村基层党组织、企业基层党组织、社区基层党组织、高校基层党组织、社会组织基层党组织等方面，分析了基层党组织在社会治理中存在的问题原因，通过典型案例分析，提出发挥基层党组织在社会治理中的路径选择。

研究方法是为研究内容服务的，与研究的学术目的直接相关。本书研究创新社会治理模式构建中基层党组织的作用，需要从理论与实践的视角，分析当前中国社会治理模式的现状，以及基层党组织建设的实际，在实践调查中找到问题的关键点。同时，要比较各个国家政党在社会治理方面的经验与教训，为我国社会治理提供启示、参考。基于此，本书采取了文献研究、实证分析和比较研究与系统分析法。

文献研究主要是进行文献检索和资料收集工作，是整个研究工作的基础。要研究中国共产党和西方政党在社会治理方面的成功经验，特别是在不同的历史时期中国共产党在基层党组织建设方面的成功经验，这些散见于不同文献的观点和资料，需要挖掘整理，从而成为本书立论的重要理论支撑。

实证研究主要通过调查和访谈掌握第一手资料。要了解我国基层党组织建设的现状，通过对基层党组织的调研，对基层党员的访谈，找到问题的关键点，为基层党组织建设提出切实可行的方法策略。本书还借鉴了其他学者调查研究的资料和数据。

系统分析法就是要把问题放在一个互相联系、相互影响的社会系统中去思考问题，既要联系其过去，也要看到其现在，从内在和外在环境两个方面去分析问题。基层党组织在社会治理中的作用，与基层党组织自身的建设有关系，也与基层党组织所处的社会环境有关系。不能孤立地看问题，不能割裂问题的整体性。在社会治理中基层党组织是治理系统中的一员，社会系统各部分之间是相互影响的。

比较研究法主要采用纵向和横向比较法。在纵向上，主要是比较不同历史时期中国共产党基层组织在社会治理方面的做法和经验；在横向上，比较西方不同国家基层党组织在社会治理中的建设情况，以及民主党派在社会治理中的经验。

第一章　基层党组织与社会治理的契合

我国社会治理涉及政府与市场、社会和公民之间的相互关系，同时与政党紧密联系。中国共产党不仅是执政党，而且也是领导党，从中国革命的胜利，到社会主义建设取得的辉煌成就，历史和现实一再证明，只有中国共产党才是中国革命和建设的领导核心。只有在中国共产党的正确领导下，社会治理才能健康发展，否则就会遇到曲折和失败。当代中国社会处于多元发展的状态，发展与问题同在，成绩与困难共存，党的执政环境发生了很大变化，面临的形势更加复杂，这就要求在社会治理中更加充分发挥党的领导核心作用，强化党在社会治理中的执行力。基层党组织是党在基层的血脉，是党的方针、政策在基层的落实者和执行者。社会治理的重点在基层，基层党组织在社会治理中的作用尤为重要。

一　基层党组织及其作用

中国共产党是中国工人阶级的先锋队，同时是中国人民和中华民族的先锋队，是中国特色社会主义事业的领导核心，代表中国先进生产力的发展要求，代表中国先进文化的前进方向，代表中国最广大人民群众的根本利益。中国共产党组织体系庞大，覆盖整个社会各个行业，党的组织和党的工作无处不在，哪里有群众哪里就有党的工作，哪里有党员哪里就有党的组织。中国共产党领导核心的这种强大的渗透功能必须通过基层党组织来实现。

（一）中国共产党的组织体系

中国共产党是按照民主集中制原则建立起来的统一组织体系。《中国共产党党章》规定，中国共产党的组织结构由中央组织、地方组织和基层组织构成。中国共产党的组织设置从上到下一以贯之，在党的领导的总体框架下，各级党组织具体的权力、地位以及所起的作用有所不同。

1. 党的中央组织

党的中央组织是党的灵魂，是党的最高领导机关，是党的路线、方针、政策的决策和监督机构。是全党意志和利益的代表，是党前进方向的引领者，是全体党员的主心骨。党的中央组织包括：党的全国代表大会和它产生的中央委员会、中央纪律检查委员会；由中央委员会选举产生的中央政治局、中央政治局常务委员会、中央军事委员会。党的全国代表大会和中央委员会是党的最高领导机关；中央纪律检查委员会是党的最高纪律检查机关；中央政治局和中央政治局常务委员会在中央委员会闭会期间行使中央委员会的职权；中央军事委员会是党的最高军事机关。党的全国代表大会每五年举行一次，由中央委员会召集。党的全国代表会议的职权是：讨论和决定重大问题；调整和增选中央委员会、中央纪律检查委员会的部分成员。党的中央委员会每届任期五年。中央委员会全体会议由中央政治局召集，每年至少举行一次。在全国代表大会闭会期间，中央委员会执行全国代表大会的决议，领导党的全部工作，对外代表中国共产党。党的中央政治局、中央政治局常务委员会和中央委员会总书记，由中央委员会全体会议选举。中央政治局和它的常务委员会在中央委员会全体会议闭会期间，行使中央委员会的职权。党的中央军事委员会组成人员由中央委员会决定。

2. 党的地方组织

中国共产党的地方组织是由各省、市、县的地方各级党的代表大会选举产生的。党的省、自治区、直辖市、设区的市和自治州的代表大会，党的县（旗）、自治县、不设区的市和市辖区的代表大会，每五年举行一次。党的地方组织是在上级党组织领导下，负责地方工作，负责执行上级党组织的路线、方针、政策，是党的中央组织和基层党组织之间的桥梁和纽带，具有承前启后、上通下达的作用。党的地方组织对于正确贯彻执行党中央的方针政策，领导和监督基层党组织执行党中央决定负有重要的职责，是地方经济和社会发展的领导核心。建设强有力的党的地方组织，对于基层党组织建设意义重大。

3. 党的基层组织

党的基层组织是党在社会的基层单位，例如，企业、农村、机关、学校、科研院所、街道社区、社会团体、社会中介组织、人民解放军连队和其他基层单位，凡是有正式党员三人以上的，都应当成立党的基层组织。党的基层组织遍布社会各个地方、各个行业，渗透于基层社会的各个角落。形成了从上到下，金字塔形的组织网络，宽厚的组织基础是党的领导稳固的保证。中国共产党的基层组织对社会具有广泛的影响力和控制力，这与西方政党制度有很大的不同。西方国家的执政党不一定在基层社会占据执政地位，西方政党的主要目的是争夺政权，一旦取得政权，政党基层活动就会停止，更不会加强基层党组织的建设。中国共产党要成为全国人民的领导核心，必须获得人民的拥护。执掌政权并不是中国共产党的目的所在，能够用自身的先进性影响和带领人民进行社会主义现代化建设才是意义所在。从革命战争年代开始，通过“支部建在连上”的党建原则，把党的领导和基层群众紧密联系起来。与党的中央组织相比，基层党组织连接着社会的各个方面，与人民群众有着最直接、最贴切、最广泛的联系，能够及时把握、了解群众的疾苦和呼声。与党的地方组织相比，基层党组织是党的工作的最前沿，具有覆盖社会的组织优势。只有基层党组织才能在横向上把最广大的人民群众紧密地团结在党中央的周围，在纵向上起到传达党的指示，反映人民心声，发挥上传下达的功能。对于凝聚群众力量，整合社会组织，实现社会团结起到了重要的作用。刘少奇曾经指出：“一方面，我们党在思想上和政治上正确领导；另一方面，我们党又在组织上密切地联系着全国广大的人民群众。这就是我们党具有无穷的不可战胜的力量的源泉。”①中国共产党只有加强基层党组织的建设，才能密切党同人民群众的联系，把党的温暖送到千家万户，才能团结和带领基层群众进行社会主义现代化建设，实现全面建设小康社会的宏伟目标。

（二）中国共产党基层党组织的作用

任何政党都要与社会建立良好的互动关系，这是政党领导力的体现。中国共产党是全国人民的领导核心，这就更加要求我们必须加强党对社会的影响力和控制力，而基层党组织在其中起到了最为基础的作

① 《建国以来重要文献选编》第二册，中央文献出版社 1992 年版，第 147—148 页。

用。中国共产党组织社会的力量主要体现在基层党组织对社会的动员力和组织力上。“中国共产党的诞生改变了国家与社会合一的传统路径，而以执政的基层动员把中国社会整体带进政治体制，从而第一次以政党力量统合了国家与社会，政党因此成为国家和社会的纽带，而基层党组织，则是国家与社会的黏合点。”① 《中国共产党党章》第三十一条规定：“党的基层组织是党在社会基层组织中的战斗堡垒，是党的全部工作和战斗力的基础。”基层党组织的作用，主要表现在以下几个方面：

1. *党的方针政策的落实者*

党的方针政策是党领导全国人民进行社会主义现代化建设的指导思想，是站在国家和民族利益基础上的战略决策。党的方针政策的生命力在于和实践相结合，转化为具体的实践行动。“上面千条线，下面一根针”，基层党组织和广大党员，直接面对群众，直接与群众打交道，是党的各项方针政策的宣传者、执行者、落实者。全面、准确、完整地贯彻党的各项方针政策，需要落实能力强、落实效果好的基层党组织。基础不牢地动山摇，中国共产党8000多万党员，有4300多个基层党组织，这是党的力量源泉，没有这些基层党组织对党的方针政策的坚守，党的领导就无从谈起，党的目标就无法实现。但是，基层情况错综复杂，各种矛盾和问题呈现出的特点各异，如何把党的方针政策与具体的基层实践相结合，正确地在实践中贯彻执行，需要基层党组织具备理论的理解力和政策的执行力。这是关系党的方针政策是否走样，党中央的声音能否准确送达到人民群众中去，党在基层社会的基础是否稳固的大问题。对党的方针政策的落实，是基层党组织对基层社会起到领导作用的表现；对党的方针政策的贯彻落实，并变为广大人民群众的具体行动，就是领导核心作用的具体体现。因此，基层党组织的领导力和执行力，首先就是对党的方针政策的贯彻能力，是理论联系实际解决问题的能力。

2. *群众呼声的传达者*

基层党组织是党的领导和执政地位在基层的延伸，是基层工作的领导者、实践者和推动者。基层党组织联系着基层社会各个地域、各个行

---

① 姚尚建：《从政治社会学视角看党的基层组织的功能与执政能力提高》，《岭南学刊》2009年第2期。

业、各个层面的人民群众，对于基层社会的社情民意，基层群众反映突出的问题，能够及时地了解和掌握。邓小平指出：党是依靠全体党员和全党的各个组织，来联系广大的人民群众的。为了从人民群众中收集他们的意见和经验，为了向人民群众宣传党的主张，把它变为人民群众自己的主张，并且组织人民群众加以执行，一般地都必须经过党员的努力，经过党下级组织的努力。所以，基层党组织是上传民意的主要中介，为党制定符合基层实际的正确的方针政策提供决策参考。

基层党组织能够反映民意，体恤民情是中国共产党先进性的反映，一个党愿不愿意听取百姓的心声是由党的性质决定的。中国共产党从其诞生起就公开承认代表中国最广大人民群众的根本利益，是社会和人民群众的领导核心。一个党的执政地位不是与生俱来的，也不是一劳永逸的。从世界政党发展的历程来看，一个政党能够对国家政治、经济、文化和社会事务进行领导，靠的不只是法律规定和政权强制，而主要是通过政党组织和全体党员的组织目标、模范行动来吸引其追随者。中国共产党的领导地位不是自封的，同样领导核心也不是与生俱来的，而是在长期革命和社会主义现代化建设的伟大实践中确立的。听不进人民群众意见的政党是不能被人民群众信任的政党，不能反映人民群众呼声的政党是不会全心全意为人民服务的。因此，具有广泛覆盖面的党的基层组织，是中国共产党服务人民群众的前哨，是听取人民群众呼声的触角。

3. 服务群众的代表者

服务群众是中国共产党的优良传统，是党的基本职能，也是赢得民心，凝聚群众，增强党的威信的手段。“服务是为了满足个体或组织的需求而提供的相关的物品、资金、信息、技术或精神消费。”① 服务群众是从广义上对服务的理解，这种服务既有具体的物质和非物质的帮助，也是一种工作理念，一种工作方法，一种对人民群众深厚的感情。我们常说领导就是服务，中国共产党的领导核心地位，就是在全心全意为人民服务的过程中确立的。党的领导和服务群众是统一的，这是中国共产党在长期领导实践中的经验总结。加强党的领导核心地位是为了更好地服务群众，强化服务理念，改进服务方式是为了更好地赢得领导资格。服务群众是中国共产党的本质要求，是其政治伦理的价值追求。作

① 周挺：《乡村治理与农村基层党组织建设》，知识产权出版社 2013 年版，第 132 页。

为马克思主义政党，中国共产党具有鲜明的阶级性、人民性、先进性，中国共产党是为了民族解放和人民福祉而奋斗的政党，各级党的领导干部是人民的勤务员，执政不是目的，是为了更好地参与国家事务和社会事务，立党为公，执政为民。“共产党人不以取得国家政权为满足，他们的目标是‘三个消灭一个改变’，从而促成政党本身以及国家的消亡。”① 中国共产党如果忽视了服务群众，把自己当作群众的官老爷，既违背了党的宗旨，也动摇了党的领导根基。

基层党组织是服务群众的最前沿，是党的形象的代表者，是党的政策的代言人。广大人民群众对党的形象的理解主要是从基层党组织和基层干部的作风上来认识的。群众感受党的服务，一方面来自党的政策，另外一个重要的方面就是他们身边的党的基层组织和共产党员。基层党组织的这种直接的、面对面的、及时的服务，使群众具有了最真实的、最实实在在的体验。基层党组织产生于群众中，成长在群众中，依靠群众去发展壮大。基层党组织与人民群众之间的关系是上级党组织无法替代的，基层党组织服务群众的功能也是上级党组织无法完成的。基层党组织代表党实现了最广泛的、最全面的、最具体的为人民服务。

4. *基层矛盾的调节者*

随着社会转型，价值多元，利益分化，基层矛盾日趋显性化。基层矛盾的集中表现是利益冲突。利益冲突是指“人们在获取利益的过程中彼此之间的矛盾趋于激化所表现出来的一种对抗性的互动过程”。② 从发生的领域来看，利益冲突有政治利益、经济利益、文化利益和环境

---

① 刘杰：《执政党与政治文明》，时事出版社2006年版，第131页。马克思在《1848年至1850年的法兰西阶级斗争》中指出，要应用国家政权的力量“达到消灭一切阶级差别，达到消灭这些差别所由产生的一切生产关系，达到消灭和这些生产关系相适应的一切社会关系，达到改变由这些社会关系产生出来的一切观念”。（《马克思恩格斯选集》第一卷，人民出版社1972年版，第479—480页。）毛泽东在《第七届中央委员会的选举方针》中论述了政党的工具属性：“群众是从实践中来选择他们的领导工具、他们的领导者。……我们党要使人民胜利，就要当工具，自觉地当工具。……自己救自己，他就要选举党，选举工具。”（参见《毛泽东文集》第三卷，人民出版社1996年版，第373—374页。）在《论人民民主专政》一文中进一步指出：“人到老年要死亡，党也是这样。阶级消灭了，作为阶级斗争的工具的一切东西，政党和国家机器，将因其丧失作用，没有需要，逐步地衰亡下去，完结自己的历史使命，而走到更高级的人类社会。我们和资产阶级政党相反。他们怕说阶级的消灭，国家权力的消灭和党的消灭。”（参见《毛泽东选集》第四卷，人民出版社1991年版，第1468页。）

② 张玉堂：《利益论：关于利益冲突与协调问题的研究》，武汉大学出版社2001年版，第57页。

利益等。从冲突的主体来看，有群众个体之间的冲突，也有不同群体之间的冲突，还有群众和党政机关的冲突。近几年，特别是在农村基层社会，由于土地征收，干部选举，房屋拆迁，资源开发等方面的问题，出现大量的群体性社会冲突，严重影响了社会稳定，破坏了社会和谐。在这些冲突中，尤其需要关注的是基层政府和群众之间的矛盾。基层党的政权和群众之间的矛盾冲突，并不是因为基层党组织本身出现了问题，而是基层某些干部背离了党的宗旨，脱离了群众，搞贪污腐败造成的，是那些假借党的名义，营私舞弊的腐败分子恶化了党群关系。这也从另一个方面说明了基层党组织在和谐基层社会关系方面的重要作用。

中国共产党既是阶级利益的代表，又是人民利益的代表，维护最广大人民群众的根本利益是立党之本，更是其价值追求。由于中国共产党没有任何个人私利所求，必须顾全大局，综合各方面利益关系，在公平公正中合理表达群众的利益诉求。马克思经典作家指出："共产党人同其他无产阶级政党不同的地方只是：一方面，在无产者不同的民族的斗争中，共产党人强调和坚持整个无产阶级共同的不分民族的利益；另一方面，在无产阶级和资产阶级的斗争所经历的各个发展阶段上，共产党人始终代表整个运动的利益。"① 中国共产党利益上的无我精神，使它能够把各种力量动员和组织起来，通过综合不同群体的利益，实现社会团结。协调利益关系，缓和社会矛盾，整合社会分歧就成为基层党组织的重要功能。群众对党的看法，是从基层党组织和基层党员身上感觉到的。全心全意为人民服务是群众对党的基层组织的角色期望，只要基层党组织的工作做到位了，群众才会相信党，听党话，跟党走，各种不同的利益群体就会在党的领导下，在实现中华民族伟大复兴中国梦的宏伟目标下，搁置矛盾，团结一心，共同发展。

5. 政治社会化的传播者

政治社会化一方面是个体通过学习和实践掌握一定的政治知识，形成一定的政治价值观念，懂得有关的政治规范和制度的过程；同时也是在学习和实践活动中使"自然人"转变为具有一定政治认识、政治情感、政治价值、政治态度、政治行为的政治公民的过程。政治社会化另一方面是国家、社会将主流意识形态、政治观念、政治倾向、核心政治

---

① 《马克思恩格斯选集》第一卷，人民出版社 1995 年版，第 285 页。

价值通过多种教育途径和方式对公民进行教育影响的过程，也是对新一代社会成员传授政治文化的过程，实现政治文化的传承、发展和创新。政党的政治社会化是用一定的方式和途径传播党的政治纲领、主张以及政治意识形态，是通过党的政策和行为，通过党员先锋模范作用来影响广大人民群众。在这一过程中，不但展示了党的形象，而且传播了党的政治价值理念，培养了具有一定政治立场的人，为党的发展壮大储备了人才基础。基层党组织的政治社会化作用，是在基层党组织工作实践的过程中，潜移默化地对群众进行影响的过程。做好基层党组织的工作，就是影响群众思想观念的过程，群众看在眼里，记在心中，转变在思想认识中。“要使民众参与政治，就必须在民众中广泛传播民主的意识；要使民众对选举负责，就必须使他们对选举产生的结果与自己的利益的关系有一个明确的认识；要使民众选择政党，就必须设法使民众知道政党的好处。”① 广大群众的政治素质提高了，参与政治的积极性就会增强，对党的方针政策的理解就会更加清晰，就能够更加自觉地执行党的决议，就会更加主动地加入党的组织，为党准备了新鲜的血液，巩固了基层党组织的基础和地位。

二 社会治理与党的领导

在社会治理中党的地位、作用、功能是什么？这是现代社会治理必须思考的问题。特别是社会治理模式从政府治理向社会合作治理模式转变的过程中，如何坚持党的领导核心，如何在社会治理中扮演好执政党角色，都是需要探讨的问题。

（一）社会治理的要义

1. 治理与善治

“治理”（Governance）是西方学术界在20世纪90年代以来流行起来的一个词。反映了人们对于单一权威管理模式的不满，追求公共管理更优化。库依曼和范·佛利艾特指出：“治理的概念是，它所要创造的结构和秩序不能由外部强加；它之所以发挥作用，是要依靠多种进行统

① 王长江：《现代政党执政规律研究》，上海人民出版社2002年版，第53页。

治的以及相互发生影响的行为者的互动。”[①] 这就指出了治理不只是政府的管理。这是因为很多学者已经形成了一种共识：人类政治过程的重心正在从统治走向治理，从善政走向善治，从政府的统治走向没有政府的治理，从民族国家的政府统治走向全球治理。[②] 社会治理就是政府与公民对公共生活的合作管理，不是在对抗中寻求稳定，不是在压制中实现和谐，靠的是共同体中所有人的理性。现代社会无论是国际社会秩序的维护，还是一个国家内部的治理，都不能依靠武力和强权去实现，也不是某个国家、某个团体单独能够说了算的，合作共赢已经成为普遍的共识。

社会治理是一种新的社会治理的理念，是适应新的历史时期，适应当代社会发展的需要而提出的管理社会的方式。“传统的政府，因其垂直的上下关系、臃肿的治理体系以及事事都要横加干涉，无法适应急速变化的经济、社会、文化环境。越来越多的人指责等级制政府妄图将整个社会置于自己的掌控之下，然而人们越来越发现，国家已经无力承受社会需求的负担，政府行为既无效率和效益甚至也不公平，管理公用事业的传统方式被认为既无效又昂贵，无论中央或地方政府都不能对社会需求做出适当的回应。”[③] 治理是对在共同体中相互影响和制约关系的理解，透视的是平等主体之间的一种共同利益关系。治理绝不是为了某个个体的事情，而是为了共同体整体的利益。合作社会成为一种新的生活模式，在一个多元的世界中，只有共同的理性才能实现共同的治理，不能在一致认同基础上达成共识，就不会出现一致的行动。这个世界是我们自己的世界，不要让别人一味做出牺牲，而自己去享受成果，也不要总是把社会治理的期望寄托在别人的身上。善治“就是使公共利益最大化的社会管理过程和管理活动。善治的本质特征，就在于它是政府与公民对公共生活的合作管理，是政治国家与公民社会的一种新型关系，是两者的最佳状态”。[④]

实现社会善治的主要表现是在平等、法治、民主、公正、透明、参与、廉洁、稳定的秩序中实现社会和谐稳定。平等就是在社会治理中每

---

① 俞可平：《治理与善治》，社会科学文献出版社 2000 年版，第 3 页。

② 俞可平：《论国家治理现代化》，社会科学文献出版社 2014 年版，第 15 页。

③ 马振清：《国家治理方式的双重维度研究》，中国言实出版社 2014 年版，第 7 页。

④ 俞可平：《论国家治理现代化》，社会科学文献出版社 2014 年版，第 59 页。

个人都是平等的主体，社会治理是每一个主体共同的事情，大家平等协商，各自发挥自己应有的作用，没有管与被管，都是主人。法治是平等主体共同治理的保障，法治是社会治理的目标和手段，法治是共同理性的结果，法治是实现共同理性的保证。民主是社会治理的灵魂，没有民主就不会有治理，就不会出现不同主体之间的多元共治，唯我独尊是强权政治的表现，所以要在民主中达成共识，在民主中寻求最好的治理路径。公正是一种关系，是社会治理的伦理保障，是社会治理中各方利益的平衡，没有公正就不会有共识，也就不会出现共治。透明是合作的基础，每个人都有权获得公共信息，拥有知情权，才能平等参与社会治理，才能参与公共决策，这里的“参与”不仅指公民的政治参与，还包括公民对公共事务的参与。如果说社会治理是协商共治，那么参与就是共同治理的过程，也只有在参与中才能达成一致的认同，也才能在互动中相互理解，更好地实现治理目标。廉洁是对公权力的合理使用，每一个社会治理主体都有一定的公权力，如果利用权力进行“寻租”，不能廉洁奉公，就会破坏社会公正，损坏社会治理环境，合作共治也就不可能实现。稳定是有一种秩序、安全、团结的社会环境，既包括政治稳定，也包括经济的平稳发展，对于当今中国社会治理来说，稳定的社会环境是社会治理目标的重要衡量指标。

2. 善政与善治

善政是政治统治的价值目标，善政就是具有良好的政府，是政治统治的法制化，政治治理的高效化，政府官员的廉洁化，行政服务的及时化。在我国的政府管理中就是要做到执政为民，要求党和政府自觉地履行宪法和法律规定的各项责任，自觉地接受公民的监督。要积极构建服务型政府，党和政府所制定的政策和法规必须科学合理，同时保持政策的长期稳定性。政府在治理过程中，必须坚持社会的公平公正，不断提高政府绩效，真正做到透明廉洁。党和政府是一个国家中最具有影响力的公权力，政府的行为是社会的指向标，政府的行为不仅会影响社会风气，影响社会道德，甚至会影响一个社会的价值观。

没有善政就不会出现善治。善政是实现善治的基础，一个新型的国家政权首先需要一个强有力的执政党领导，需要强有力的政府决策，这对于一个国家迅速恢复秩序是必需的。一个良好的政治体系的建立需要一个过程，一个民主法治社会的建设同样是一个长期的过程，这是一个系统工程，包括思想政治水平，民主法治观念，经济发展水平和社会安定有序。善政是人们对政府管理的理想期盼，在中国的传统政治文化中，清明的政府，廉洁的官员始终是人们的福气，人们像对待自己的父母一样称呼那些没有私心、没有偏爱、没有贪污、公正廉洁的官员为“父母官”。善政是具有公正、民主、法治的政治体系，具有廉洁勤政的政府官员，高效优质、一心为民的公共服务。所以，作为一个国家政治权力的掌握者和制定者，政府的行为对社会治理的影响具有其他主体不可替代的作用，政府的行为直接决定着一个社会的治理状况，影响人们的思想和行为，没有善政就不会实现善治。

善治有利于善政的实现。在国家与社会之间①，一直存在“强国家—弱社会”与“弱社会—强国家”之间的博弈。② 一个强国家的社会，社会就会被失声，而一个强社会的国家，国家行为就会受到限制。在历史的发展进程中，国家统治的强有力有时会和强权相联系，就会形成社会管理的单一主体，政府权力就会无处不在，造成政府管理的“越位”，同时也会形成行政权力的不受约束，不利于善政的实现。善治有利于调动多元主体的治理积极性，对社会事务的共同关注，起到各负其责、相互监督的作用，有利于形成良好的政治环境，优化行政权力，限制公权力的行使，有利于政府清明，官员廉洁，从而打造更加优秀的政府，实现社会治理的整体优化。

3. 党的领导与善政

善政的关键是要加强和改善党的领导，中国共产党是我们国家的领导党和执政党，是政治统治的核心。能不能加强和改进党的领导，直接关系着善政能否实现。习近平指出：“国家治理体系是在党领导下管理国家的制度体系，包括经济、政治、文化、社会、生态文明和党的建设等各领域体制机制、法律法规安排，也就是一整套紧密相连、相互协调

---

① 这里的社会是指国家机构、国家体制之外的一部分社会，包括抽象的社会在内，但主要部分是狭义的社会，即从社会中分化出来之后与狭义的国家相对应的“社会”，是与国家相对的。

② 邓正来指出，“市民社会与国家的关系，在大陆论者那里，更多地被设想为一种基于各自所具有的发展逻辑和自主性而展开的良性互动关系，是一种能否成为实现民主政治的基础性结构，因此市民社会与国家的良性互动关系对中国大陆论者来讲更是一种目的性状态。从而他们的研究多趋向于对此一状态的构设以及如何达致这一状态的道路设计”。（邓正来：《国家与社会》，北京大学出版社 2008 年版，第 127 页。）

的国家制度；国家治理能力则是运用国家制度管理社会各方面事务的能力，包括改革发展稳定、内政外交国防、治党治国治军等各个方面。”① 一个良好的政府，必然要有一个良好的执政党，没有执政党的建设就不会出现善政。党的自身建设对于政治文明有着决定性的作用，中国共产党是中国社会主义事业的领导核心，是掌握国家政权的执政力量，这就使得中国共产党对于国家和政府的政治行为具有重要的决定作用。党的行为直接决定着政府的执政取向，决定着社会的发展大局。加强党的建设是推动政府政权建设的前提和保障。党的建设主要包括思想建设、组织建设、作风建设、制度建设以及反腐倡廉建设，这些方面都涉及政府的施政行为。其中组织和制度建设是关键，好的制度可以约束人的行为，没有制度的约束就会任意妄行。党的各级领导干部是政府活动的领导者，只有加强党内监督才能规范施政行为。在中国没有一个具有高度自觉性、纪律性和自我牺牲精神的党员组成的能够真正代表和团结人民群众的党，没有党的统一领导是不可想象的，社会发展就会停滞，善政也不可能形成。

（二）执政党在社会治理中的地位与作用

十八届三中全会提出“坚持系统治理，加强党委领导，发挥政府主导作用，鼓励和支持社会各方面参与，实现政府治理和社会自我调节、居民自治良性互动”的治理方式。社会治理就是社会多元主体各守其职，各尽其责，扮演好自己的角色，做到“名”与“责”的统一。所以，执政党应该明确在多元社会治理结构中，对其执政地位和领导核心身份的权责定位。

1. 在社会治理中，执政党是多元社会治理的领导核心

中国共产党作为我国的执政党，在党章中明确指出了自己的职责要求，“中国共产党是中国工人阶级的先锋队，同时是中国人民和中华民族的先锋队，是中国特色社会主义事业的领导核心。”中国共产党要时刻意识到自己既是执政党，也是领导党，承载着全国人民的希望。中国共产党是社会主义现代化建设的领导核心，在社会治理多元主体中，中国共产党同样要发挥好领导核心作用，要成为全国人民的主心骨，担当领导责任。就内容而言，“党的领导主要是政治、思想和组织领导，通

① 习近平：《习近平谈治国理政》，外交出版社 2015 年版，第 91 页。

过制定大政方针，提出立法建议，推荐重要干部，进行思想宣传，发挥党组织和党员的作用，坚持依法执政，实施党对国家和社会的领导”。[①]其中“领导”不只是一种权力，更重要的还意味着责任和义务，把自己应该办好的事情做好，坚守好自己的位置，既不能缺位，也不要越位。回顾历史，在党的一元化领导时期，党在社会管理中享有绝对权威，包揽几乎一切事务，这种不科学的领导方式造成了管理的越位。“坚持党的领导并不意味着社会治理过程中的直接介入。在多元发展的社会，虽然领导党的角色担当使它承担着社会一切问题的责任，但执政党理论上不应该并且事实上也不可能包揽一切。”[②] 所以，正确厘清党的领导与社会治理之间的关系，对执政党在社会治理中进行科学定位，是党的领导方式科学化和现代化的必然要求。具体在社会治理中，党的领导主要体现为：一是把握政治方向、选拔优秀干部和进行思想宣传；二是引领当代中国意识形态和主流价值导向，主导社会思潮，发挥统领全局的作用；三是制订大政方针，站在时代的前列，引领社会的发展与进步；四是教育各级党政干部要有担当精神，成为全国人民可以依赖和信任的党，让人民放心，这样方能激发社会活力，全社会才会跟党走。

2. 在社会治理中，执政党在发挥领导作用的同时，还要履行服务职责

领导和服务是统一的，某种意义上领导就是服务。中国共产党作为中国社会主义建设的领导党，领导权力是人民赋予的，服务于人民是执政党角色的应然要求。共产党员特别是党的领导干部必须正确对待自己，正确对待群众，正确对待权责，始终牢记自己不是高高在上的官老爷，而是人民群众的“公仆”。执政党要以高度的责任感和使命感服务群众，服务于社会。执政党权力的行使要以能否服务于群众，服务于社会，能否为全社会带来公共利益为权限。要将党的职责同人民群众的根本利益密切结合，要以服务好群众的宗旨做好自己的领导工作，实现领导与服务的有机结合，领导作用才能发挥好，这也是执政党在社会治理中角色伦理的基本要求。

---

① 《十六大以来重要文献选编》（上），中央文献出版社2005年版，第26页。

② 齐卫平：《政党治理与执政能力建设研究》，上海人民出版社2014年版，第136页。

3. 在社会治理中，执政党要以合法性为基础，以国家和人民利益为旨归

合法性是“人们对享有权威的人的地位的承认和对其命令的服从”。[①] 执政党合法性是执政党与民众以及其他政党伦理关系的表现，是执政党角色伦理最基本的要求，是执政党角色伦理建设的重要内容。在社会治理中，执政党合法性是通过对国家政权的领导和行使，普遍获得最广大人民群众的拥护和支持而赢得的。“一般来说，政治体系或者治理行为的合法性是指，人民对于这个体系或者体系的所作所为的认同。如果政治体系的所作所为得到人们认同了，那么这就是合法的，如果人们不认同，那么就是不合法的。”[②] 简言之，执政党合法性表明了其政治权威的正当性、合道义性和合伦理性，这是能够获得人民认可和自愿服从的前提，是发挥执政党领导和服务的权责基础。

执政党要获得人民的认可和支持，就要以国家和人民利益的实现为最高原则。当政党利益与国家、人民利益之间发生矛盾、产生冲突时，执政党必须服从国家和人民的利益，如果只是为了一个阶级和某种利益集团服务，以权谋私，就会失去民众的拥护，就会走向政党专制，脱离人民最终也会被人民抛弃。在社会治理中，执政党只有坚持国家和人民利益为先，才能获得社会绝大多数民众的支持，才具有整合社会资源的能力，才能提高其执政水平，才能稳固执政党的地位和基础。只有将自身利益和国家、人民利益协调一致，使自己成为国家和人民利益的忠实代表，以追求社会公共利益的伦理价值为指向，才能实现政党、国家和人民利益的一致和共赢，执政党才能担当起服务社会、服务人民的职责。

三 基层党组织与社会治理

基层是社会治理的重点和难点，是社会治理最基础的环节，而基层

① 于海：《西方社会思想史》，复旦大学出版社 1993 年版，第 333 页。

② 王晓升：《论国家治理行动的合法性基础——哈贝马斯商议民主理论的一点启示》，《湖南社会科学》2015 年第 1 期。

党组织是党在基层的代表。党的基层组织建构在基层，离群众最近，是群众最能亲身体会到党的温暖和关怀，最能够感受到党的工作和行为的前沿阵地。因此，基层党组织在社会治理中的作用不容忽视，社会治理也迫切需要发挥好基层党组织的作用。

（一）社会治理对基层党组织的诉求

社会治理的关键在基层，基层问题具有普遍性和特殊性，不同地域、不同行业、不同组织虽然具有一些共性的问题，但都各有其特点，表现出不同的性质和矛盾。社会治理最终要落实到基层，只有社会基层治理有了秩序，社会整体才会有序。改革开放以来，特别是在从计划经济体制和单位社会体制向市场经济体制和多元社会体制发展的过程中，原来的单位共同体逐渐解体，多种所有制经济发展，社会分化更加显著。多元主体的存在，一方面丰富了市场主体，同时也增加了社会整合的难度，如果这些主体没有一个组织去领导，就不能有共同的思想指导，就不能形成统一的行动。基层党组织建构在基层社会的各个角落，紧密联系着基层群众，发挥好基层党组织的领导核心作用，是保证社会治理工作沿着正确的方向发展，是实现治理目标的基本保障。

1. 把党的方针政策落实到基层社会，把握政治方向

必须加强党的领导，社会治理工作必须在党的领导之下进行。没有一个领导核心就会偏离发展方向，中国社会治理是在中国共产党领导下的社会治理，不能由任何组织去代替党的领导。基层党组织必须真正起到领导作用，首先要通过全覆盖，健全党的基层组织，使每一个党员都要在基层党组织的联系下发挥党员作用。社会治理虽然是多元主体的共治，要坚持平等、协商、民主、法治的原则，但是这并不否定基层党组织的领导，党的领导与社会治理并不是矛盾的。党的领导与社会治理是统一的，中国共产党的宗旨是全心全意为人民服务，坚持立党为公，执政为民，坚持党的领导能够更好地体现最广大人民群众的意愿和利益。所以，基层党组织是推动中国社会治理变革的重要力量，基层党组织自身的改革是影响中国社会治理变革进程的主要原因。中国共产党作为领导党和执政党，要通过治理改革，提高自己的执政能力和管理水平，赢得最广大人民群众的拥护，同时也要通过党对社会治理的领导，实现国家发展，人民幸福。

2. 加强思想政治宣传，统一民众思想，以先进的政党意识形态统领社会思潮

基层党组织要充分利用接触群众，深入基层的有利条件，积极开展思想教育宣传活动，要占领思想战线上的主动权，意识形态就是一面旗帜，具有引领力和感召力，不但是政党的政治灵魂，同时也是党员的精神支柱，同样是一种社会引领力。基层党组织要在社会治理中起到领导作用，必须用先进的思想去统一民众的思想。“治理的权威主要来源于公民的认同和共识”，什么是公民能够认同的，在哪些方面能够达成共识，这些都需要党的领导，需要用政党的意识形态来凝聚和整合社会力。政党的意识形态是一个价值体系，它提供给判断人们行为是与非、优与劣的标准。作为一种软约束，可以起到控制和规范人们行为的作用。同时也能起到激励和动员作用。通过思想政治宣传起到思想导向、价值导向、行为导向和心理导向的作用，在社会治理中动员和指导人们的社会行动和社会实践。这种思想教育和政治动员，一方面可以增强全体成员的激情与信心，坚定他们实现预定目标的决心；另一方面还可以把党的目标和社会治理目标相统一，激发全社会的奋斗决心和忘我精神，不但实现了社会治理，同时也获得了人民对党的衷心拥护和支持。基层党组织通过思想领导起到了团结民众、凝聚人心的作用，也维护了社会稳定。当今社会是一个信息化的时代，各种思想混淆着人们的视听，没有先进的意识形态的指导，就会导致人心涣散。基层党组织必须在基层社会重视意识形态的建设，提高领导意识形态建设的能力和水平，得到更多民众的支持和拥护，在社会治理中倡导和谐理念，培育和谐精神，用先进的意识形态实现维护社会稳定，整合社会力量，引领发展方向，凝聚全民力量的功能，实现社会治理目标。

3. 基层党组织要发挥组织领导的功能

要把所在基层党员和广大人民群众，紧紧团结在党的周围，基层党组织要成为基层社会的主心骨和“娘家人”。在基层社会只有基层党组织才能担当起多元社会的组织者，这是党的性质决定的，因为中国共产党是工人阶级的先锋队，是中国人民和中华民族的先锋队，是最广大人民群众的利益代表。正是由于中国共产党一心为民，才能赢得人民的信任，才能担负起组织人民的能力。基层社会矛盾复杂，各种利益关系影响着人们的行为，没有对自我利益的超越就不会在利益关系中获得普遍

的支持。党的基层组织和全体党员只要坚持全心全意为人民服务的宗旨，就会在社会治理中赢得拥护，就会团结最广大的人民群众。基层党组织的组织领导主要包括：发挥党员的模范带头作用，选拔优秀党员到领导岗位，发展新党员。党员在社会治理中要起到引领作用，基层党组织要做到党的工作全覆盖，做到处处有党的组织，有党的工作，哪里有党组织哪里就有健全的组织生活和党组织作用的充分发挥。不允许任何党员游离在党的组织之外，每一个党员都要属于一个支部，特别是当前党员流动性加剧，党员与组织的依存关系减弱，与基层党组织的联系松散，就更需要面对社会变化转变基层党组织的组织领导形式，将自己的优质政治资源根植于新的基层社会中，发挥基层党组织和基层广大党员在社会治理中的组织领导作用。

（二）社会治理对基层党员的诉求

在多元社会治理中，基层党组织是其中的一元，但是基层党组织和其他治理主体具有不同的行为指向和利益诉求。党的基层组织是党在基层的触角，党基层组织谋取的是最广大人民群众的利益，不是为了某个小团体，更不是某些人的个人私利。基层党组织的这种角色要求，就必须要求基层党员处处起到模范带头作用，要在各个方面成为全社会学习的榜样，起到带头作用。基层各级领导干部和基层党员直接接触人民群众，基层党组织是党在基层联系群众的纽带，他们的一言一行是党的形象的代表。党员是人民的公仆，是全社会的表率，老百姓看得到的更多的是基层党员的言行，因此，基层党员更能带动感染他们身边的人，对于营造良好的社会环境意义更大。如果基层党员能够把党的主张贯彻到社会治理的全过程和各个方面，全党都行动起来了，全社会就会跟着走，基础坚实牢靠，党的整体才会有坚强的战斗力。

1. 基层党员要成为信念坚定、为民服务的表率者

一个基层共产党员首先要认同党的宗旨、章程和奋斗目标，要为党的事业奋斗终生。这是一个基层共产党员最起码的道德操守，是共产党员道德规范的基础。共产党员不只是一个有高尚道德的人，还必须是有坚定理想信念的人。有学者指出：“对于共产党员来说，做人的最高境界就是人性、德性和党性的高度统一。”① 道德源于自律，一个共产党

① 郑永年等：《共产党员理想信念论》，人民出版社 2014 年版，第 5 页。

员只有具备坚定的理想信念才能克服自己的欲望，才能自觉地担当起一个共产党员应有的责任，而这一切来自对党的宗旨的信仰。如果没有这种信仰的支撑，可能就是为了某种外在的功利而去加入党组织，这种人的道德就成为虚伪的面具。坚守党的信念与忠诚为民是统一的，一个党员时刻牢记作为一个共产党员的责任，才能忠诚于党的理想信念，才能忠诚于国家和人民，才能成为人民的公仆，全心全意为人民服务。我们社会中很多普普通通的共产党员，就是因为坚守了一个共产党员的忠诚，才能在为民服务中彰显人生的伟大。他们没有显赫的身份却干出了让全国人民敬佩的事业，在日常的小事中做出了不平凡的业绩。这就是对于共产党员责任的坚守，是对党忠诚的体现。

2. 基层党员要成为艰苦奋斗、勤政务实的表率者

基层共产党员不能贪图享受，不是为了满足个人的各种私利才加入中国共产党。习近平总书记告诫全体党员干部，当官发财两条道，当官就不要发财，发财就不要当官，他说："我们一定要牢记'奢靡之始，危亡之渐'的古训，对作风之弊、行为之垢来一次大排查、大检修、大扫除，切实解决人民群众反映强烈的突出问题。"① 基层党员直接接触基层群众，必须保持艰苦奋斗的优良传统，形式主义、官僚主义、享乐主义和奢靡之风的"四风"问题是背离艰苦奋斗优良传统的结果。近一个时期，有些党员干部认为经济快速发展，物资条件得到了极大的改善，艰苦奋斗，勤俭节约过时了，领导干部也是人，也应该享受生活。但是，人的欲望是无穷的，从近几年查处的党员干部腐败案件来看，多数人都是从贪图吃喝玩乐，追求自我欲望的满足开始走向腐败的，过上了骄奢淫逸、声色犬马的生活。享乐主义会腐蚀人的灵魂，会逐渐毁灭人生的崇高理想和美好追求，会在自私自利的人生定位中背离人民，这样的党员不可能服务于民，为民办事。基层共产党员必须勤政务实，要替民解忧，直面困难，主动到艰苦复杂的环境中，去危险、矛盾集中的地方。只有在最艰苦的地方才是人民最需要你的地方，也才能更好地为民服务。我们可喜地看到，党的群众教育实践活动开展以来，大批共产党员深入农村，与老百姓同吃同住，为群众办了很多实事、难事和好事。基层共产党员一定要以艰苦奋斗为荣，以骄奢淫逸为耻，这

---

① 习近平：《习近平谈治国理政》，外文出版社 2014 年版，第 371 页。

样才能服务人民，服务社会。

3. 基层党员要成为廉洁自律、率先垂范的表率者

廉洁是为政的基本道德规范，它关系到执政党能否得到人民群众的拥护和支持，关系到执政党的生死存亡，是执政党合法执政的基础。党员廉洁了，党风才能端正，权力的行使才能公正，才能树立良好的党员形象，因此，廉洁执政对于遏制腐败、赢得民心、融洽党群关系，实现社会和谐具有重要意义。只有勤政没有廉洁是危险的，廉洁勤政才能坚守道德底线，才能做到大公无私。“无私”是道德前提，“大公”是价值指向，大公无私是共产党员德行和党性的统一。列宁指出：党是一个特殊的组织；它需要有觉悟的、决心做出自我牺牲的人。[①] 习近平总书记指出：“要把为民务实清廉的价值追求深深根植于全党同志的思想和行动中，夯实党的执政基础，巩固党的执政地位。”[②] 实现公共利益、社会利益、国家利益始终是一个共产党员行为的出发点。无私才能率先垂范，才能身正，基层共产党员是先锋模范的践行者、道德楷模的示范者、公共利益的实践者、社会公正的维持者、公民权利的保护者。广大党员，特别是党的领导干部，对执政党角色伦理期待的理解绝不能是完成好自己的本职工作，而是要做社会治理和建设的先锋和楷模，要敢于牺牲自我利益，为了最广大人民群众的利益可以舍弃一切，甚至自己的生命。因为基层党员不仅仅应该是一个好公民，更应该是基层群众行为的道德楷模。

4. 基层党员要成为遵纪守法、公正不阿的表率者

守法是公民最基本的社会公德，法是道德的底线，不守法的人是没有道德可言的。基层共产党员必须做遵纪守法、用法的模范，要带头维护法律的尊严，把守法作为建构自己道德准则的基本要素。执政党党员，特别是党的领导干部在各级权力机关中占有支配地位，在维护宪法尊严，遵守法律规定方面比一般公民更为重要。对于正确贯彻党的路线、方针和政策，维护社会公正，保障群众利益，树立共产党员的良好形象，推进依法治国有着更加重要的意义和作用。共产党员不仅要模范地遵守国家宪法和法律，还要遵守党内法规，把纪律和规矩挺在前面，

---

① 《列宁全集》第40卷，人民出版社1986年版，第252页。

② 习近平：《习近平谈治国理政》，外文出版社2014年版，第368页。

严守党规党纪，坚持纪严于法，纪高于法；同时还要努力提升党员干部遵法学法守法用法的层次，在依法治国中要对党员干部有更高的要求，不能只是停留在不违法的浅层次上，更重要的是要培养他们的法治思维、法治能力、法治理念和法治精神。法的理念和精神实质是维护社会的公平与正义，对法律权威的尊重和维护，是对公正和正义的崇敬，是一种崇高的道德理想。具有法治思维和法治行为的共产党员就能做到公正不阿，才能把公平正义作为自己的理想追求，才符合一个共产党员的标准，才会在自己的工作岗位上做到公平公正，一心为民。

第二章　中外政党社会治理的经验与启示

对于一个执政党来说，社会治理状况的好坏，直接关系着党在国家政治生活中的威信和执政基础。在新中国成立之前，中国共产党的主要任务是进行新民主主义革命，在社会治理方面的经验主要是对根据地的社会管理，但是由于这一时期尚处于战争状态，社会治理有其特殊性，因此，中国共产党的社会治理经验主要来自新中国成立以后。国外政党制度成熟，在政党建设和社会管理方面有很多成功的经验，尤其是在市场经济，现代社会转型的历史条件下，西方国家政党社会治理经验对我国社会建设具有重要的启示。

一　新中国成立以来社会治理的主要经验

（一）新中国成立到改革开放前党的社会治理经验

1. 加强党对基层社会的领导

1949 年 3 月 5—13 日，中国共产党在河北省西柏坡召开了党的七届二中全会，全会着重讨论了怎样迅速夺取全国胜利，党的工作重心转移到城市以及胜利后的任务等重大问题。开始研究城市社会的治理问题，任弼时提出要大力发展工人党员，以适应工作重心的转移，通过培养大量的工人党员壮大党在城市中的基础。刘少奇提出要以城市工作为重心来领导全党的工作，指出：在工人中发展党的组织，原则上党在工人中应大量发展。这样，我们才能掌握工业，掌握城市。工人政治觉悟提高，组织上有了工会，还有大量党员，那么工人群众就成为最可靠的力量，并且同我们互相了解。[①] 通过基层党组织建设，特别是在城市中

① 《刘少奇选集》上卷，人民出版社 1981 年版，第 423—424 页。

公开建党，扩大了党在基层社会的影响力，为加强党对城市的管理起到了重要的作用。

为了对城市单位成员进行有效管理，1954 年，我国开始在城市基层设立居民委员会，使其成为城市的基层自治组织来管理社会事务，但在实际工作关系上，它隶属于街道办事处，所以，究其实质，只是基层政权进行社会管理的组织延伸，行政色彩较为明显，自治能力欠缺，在社会管理的过程中，居民委员会与单位一起构筑起了城市社会的管理体系，完成了对社会成员的各项管理工作。

到 1956 年，全国党员人数已经达到 107 万多人，党在国家政治经济生活中居于领导核心地位，党员分布在各级国家机关、经济组织、文化组织和人民团体中，党员在社会政治经济生活中的核心作用日益显现。中共八大明确中国共产党的领导党和执政党地位，对于如何加强党的组织建设做出了理论总结。党的八大第一次提出了“党的基层组织”这一概念，突出了党组织的基础性，强调了工作的前沿性和联系群众的紧密性。强化了党的基层组织在社会管理中的地位和作用，凸显了其作为党联系广大人民群众的基本纽带的作用。邓小平指出：“党的基层组织是党联系广大群众的基本纽带，经常检查和改进基层组织的工作，是党的领导机关的重要政治任务。”① 党的八大既明确了执政党的地位，同时也更加谨慎地提出了党员队伍的建设问题，这是一个问题的两个方面。强调党的执政党地位是更加明确党在新时期面临的任务和地位，同时强调保持党的先进性，是保证党的执政地位的基础。作为执政党的党员要明确自己的权利和义务，严格党的纪律，只有这样，才能树立党的威信，才能在社会主义现代化建设中始终处于领导核心地位。党的八大对于加强党的基层组织建设，对于强化党的队伍建设都是一个很好的总结和开端，但是这些经验和做法并没有在后来的社会管理实践中很好地贯彻执行，没能在实践中坚持下来。

在 1954 年 11 月 8 日至 12 月 6 日，中共中央组织部召开了第一次全国农村党的基层组织工作会议。明确了过渡时期农村党的基层组织的任务，对农村发展党员巩固党的工作做了基本部署。指出在全国广大的农村中，没有坚强的党的基层组织，没有大量的忠诚于社会主义事业的

---

① 《邓小平文选》第一卷，人民出版社 1994 年版，第 253 页。

党员，要团结和组织农村人民群众，胜利地实现社会主义改造的伟大任务，是不可能的。提出在农村中建立党的基层组织应以地区为单位，以乡为单位建立乡支部，统一领导全乡的工作，农村生产合作社和手工业生产合作社中建立党的小组，加强党在这些生产组织中的领导工作。注重农村党支部的民主制度建设，可以说，新中国成立初期中国农村的健康发展是中国社会主义建设的基础和保证，加强农村基层党组织的建设是我们党一贯做法和优秀传统，并且总结了大量的经验。1954 年 5 月 28 日，中共中央转发了华北局《关于在国营厂矿企业中实行厂长负责制的决定》，国营厂矿企业全面实行厂长负责制，克服了“多头”领导、管理混乱的问题。但是，在执行的过程中，出现了党的政治思想工作薄弱，否认党组织对企业行政的领导，企业行政领导脱离党的领导的倾向。1956 年 9 月，中共八大在北京召开，刘少奇肯定了党委集体领导下的厂长负责制，强调建立以党为核心的集体领导和个人负责相结合的领导制度。加强了党的领导作用，增强了党的政治思想工作，是党在企业各方面工作中的经验总结。

1962 年 10 月 25 日至 12 月 8 日，中央组织部在北京召开了全国组织工作会议，讨论了党的基层组织工作问题。决定开展普遍、深入的以形势、阶级、社会主义方向和党的政策、党的基本知识、党的优良传统为主要内容的教育运动。分别起草了《中国共产党农村基层组织工作条例试行草案》《中国共产党国营工业企业基层组织工作条例试行草案》和《中国共产党商业企业基层组织工作条例试行草案》，对于加强党的基层组织工作起到了重要的作用。把农村基层党组织建立在大队，生产队有正式党员 3 人以上，建立支部，使基层党组织成为联系农民群众的基本纽带，是农村工作的领导核心和战斗堡垒。强调企业实行党委领导下的厂长负责制，实行集体领导和分工负责相结合的制度，在加强党委领导地位的同时，明确厂长的责任。要求国营、公私合营和供销合作社按照党章的规定，设立常委、总支部、支部，全面领导行政机构和群众组织工作。这次会议还强调了“党要管党”的重要意见，三个组织工作条例的试行，不仅对于解决当时党的基层组织建设有实际问题，而且对于整个社会主义建设时期党的基层组织建设具有深远的意义和影响。

2. 必须重视党的自身建设

1949 年 10 月 1 日中华人民共和国宣告成立，中国共产党的地位发生了深刻变化，实现了从领导革命到领导建设的转变。党的组织也得到了极大的发展，1949 年年底，全国党员人数达到 450 万。为了充分发挥党组织在社会管理中的作用，不仅注意发展党员数量，同时更注重党员质量，不断发展和巩固党的组织。从 1950 年秋冬到 1951 年春，按照中央的部署，各地普遍对党员进行了整理和教育工作，极大地提高了党员的觉悟程度，纯洁了党员队伍，为党组织的发展奠定了基础。实践证明，不能改进党的作风，不能提高党员素质，不能造就大批合格的共产党员，社会主义建设就没有了动力基础。只有培养大批优秀的、经得住历史考验的共产党员，才能保证国民经济恢复时期各项任务的完成和社会主义革命和建设事业的胜利。

加强党的自身建设，治国必先治党。尤其在中国共产党执政初期，如何构造一个强大的执政党是我们进行社会主义各项工作尤其是治理工作的首要任务。客观地讲，任何一个组织内部其成员之间都存在理论修养、认识水平、政治觉悟的差异，尤其是在新中国成立初期，党员情况参差不齐，党员队伍中思想观念多元，利益需求多样。要不断夯实党的组织和执政基础，必须解决党员存在的各种滞后思想，解决他们认识不足、动力缺乏、活力懈怠的问题。

在党组织建设过程中，中央也注重培养新的党员干部，这是党管理社会的根本和基础。1965 年 11 月中共中央在全国发布了《关于培养提拔新生力量参加县、地、省领导工作的报告》《关于目前党员的情况和今后六年接受党员意见的报告》和《关于加强农村党的建设的三个问题的报告》。对于党的建设起到了重要促进作用，认为提拔新生力量是关系国家前途命运的大问题，不把革命接班人培养出来，革命事业就会中断，革命成果就会丧失，要不断接受新党员，提高青年党员的比例，使党的建设与政治、经济发展相适应。在加强农村党的建设问题上，提出了如何按照党的先锋队标准建党，如何建设好农村党支部，如何建立农村政治工作系统等问题。强调必须按照毛主席提出的党的三大作风来审视支部建设，这就是：理论和实践相结合的作风，和人民群众紧密联系在一起的作风以及自我批评的作风。认为三大作风是党支部建设的根本，必须成为党支部最重要、最经常的工作，为此必须建立三方面的制度：建立学习毛泽东著作的制度、建立联系群众的制度和建立批评与自我批评的制度，“强调建立三方面的制度，说明我们党已经意识到进行制度建设，把党的生活制度化对党的建设的重要性，这不能不说是党的建设的一项重大‘突破’”。[①] 但是，这些党的建设的成果和经验，都因“文化大革命”的开始而被迫中断。

为了及时了解人民群众的疾苦，改善党的领导，1951 年 6 月 7 日，中央政务院颁发了《关于处理人民来信和接见人民工作的决定》，这标志着新中国的人民信访制度正式建立。信访制度有利于密切联系群众，直接了解民意，妥善化解、疏通人民内部矛盾，在有效地维护群众合法权益等方面发挥了不可替代的作用。《决定》要求县（市）以上各级人民政府均责成一定部门，在原编制内指定专人，负责处理人民群众来信，并设立问事处接待室。1951 年年底，在各级党组织的有序领导下在全国开展的反贪污、反浪费、反官僚主义的“三反”运动，保障了党员队伍的纯洁性，挽回了人民群众对党的信任，保持了党与群众的血肉联系；同时建立了干部集体参加生产劳动制度，要求干部与群众同吃同住同劳动，改善了工作作风，克服了一些人的官僚主义倾向，密切了党群与干群关系。此外，还要求干部蹲点调研，了解基层的实际情况，找准存在的主要问题，提升决策的科学化水平。新中国成立初期，中央就出台了包括国家主席、省长在内的领导干部必须下基层蹲点调研的制度。1961 年 4 月 2 日至 5 月 6 日，刘少奇主席先后在湖南农村蹲点调研 44 天，提出了著名的“农业 60 条”，及时整改了人民公社，改善了党的形象与作风，更为关键的是为我们党的决策提供了宝贵的基层真实信息。

总的来看，我们取得的成就与经验不少，但还有很多值得我们反思，在计划经济条件下，我国主要是通过行政手段进行社会管理，通过政治控制和行政控制代替社会控制，依靠行政命令、政治动员、榜样示范等方式使社会成员达成思想上的一致与行动上的统一。国家体系提供了几乎全部社会服务，社会事业的发展资金全部由国家财政负担，或是由企业和事业单位举办，这种“政社不分”的模式今天依然留有痕迹。

---

① 赵生辉：《1965 年中央组织部关于党的建设的三个报告的形成过程》，《中共党史资料》第 52 辑，中共党史出版社 1994 年版，第 21 页。

（二）改革开放以来党的社会治理经验

1978 年 12 月 18—22 日召开的中共十一届三中全会，在党的历史上具有深远意义的伟大转折，实现了党的思想路线、政治路线和组织路线的拨乱反正。开创了党在社会治理方面的新阶段，是构建有中国特色社会主义社会治理体系的探索、发展和形成时期。

1. 积极推进各个领域的改革工作

改革开放以来党在社会治理方面的探讨，是从党和国家领导制度的改革开始的。旧有的政治体制一方面是借鉴苏联的模式和做法，另一方面是沿袭了党在革命战争年代的经验建立起来的，是高度集中的管理体制，强调集中统一领导，在管理体制上实行行政命令和指令性计划，党包揽一切。这种死板的、僵化的管理体制随着社会经济的发展其消极影响逐渐显露。邓小平认为："党委的领导，主要是政治上的领导，保证正确的政治方向，保证党的路线、方针、政策的贯彻，调动各个方面的积极性。同时，是通过计划来领导，要抓好科学研究计划，要知人善任，把力量组织好。……科学技术的业务领导工作，应当放手让所长、副所长分工去做。不论是党内的还是党外的专家，担负了行政职务，党委就应当支持他们的工作，充分发挥他们的作用，使他们真正做到有职有权有责。……党委应该了解和检查他们的工作，但是不能包办代替。"① 党的领导主要是政治上的领导，一是保证正确的政治方向；二是保证党的路线方针政策的贯彻；三是调动各方面的积极性。这为我国以后的政治体制和基层领导体制的改革奠定了基础，是我国社会治理体系建构的方向。为了坚持党的领导，必须努力改善党的领导，实行党政职能分开，改革和完善党和国家的制度，从制度上保证党和国家政治生活的民主化、经济管理的民主化和整个社会生活的民主化。

农村是我国经济体制改革的先锋。我国改革开放初期，最重要的是农村和企业的改革，家庭联产承包责任制的实行是农村经济社会的重大变革，农民通过生产责任制获得了充分的自主性。原有的生产队瓦解，"政社合一"的人民公社制度名存实亡，走向解体。1982 年 10 月中共中央、国务院发出了《关于实行政社分开建立乡政府的通知》，要求把政社分开，建立乡政府，同时建立乡党委，改变党不管党，政不管政和

---

① 《邓小平文选》第二卷，人民出版社 1994 年版，第 98 页。

政企不分的状况。到 1985 年，全国农村建乡工作全部完成，标志着人民公社制的彻底解体。极大地促进了农村基层党组织和基层政权的建设，扩大和保障了集体经济组织和农民群众的经济自主权，推动了农村经济社会的发展。伴随着改革开放的发展，农村产业结构和人口流动发生了巨大变化，外出务工农民的增加，也使农村党员的外出流动增加，给农村基层党建工作带来了许多新的情况和问题。1986 年 2 月，中共中央组织部发出了《关于调整和改进农村中党的基层组织设置的意见》，在这个意见中，对于农村基层党组织建设提出了新的规定，对于解决农村基层党组织建设中出现的新问题提供了制度支撑。这个意见指出，乡办企业有正式党员三人以上的，可建立党支部；党员人数在五十人以上的，可以建立总支部；正式党员不足三人的，可以与邻近单位联合建立党支部；跨村、跨乡、跨县的经济联合体，相对独立、比较稳定，有正式党员三人以上的，可建立党支部；村办企业或行政村的经济联合体，有党员三人以上的单独设立党小组，由村支部领导；城镇个体工商户中党员，包括进城务工经商的农民党员应根据人数多少，按行业或者从业地点远近，建立党支部和划分党小组，由城镇党委领导；集体外出的党员，可根据他们外出时间长短和人数多少，建立临时党支部或临时党小组，由原所在乡镇或村党组领导，如果外出时间较长、地点相对固定的，可以由所在地党组织领导；对于分散外出的党员，要加强教育与管理。党的十三次全国代表大会通过的《中国共产党章程部分条文修改案》明确规定，凡是有正式党员三人以上的，都应当成立党的基层组织，农村党的基层组织按乡、镇、村来设置，这样就以党内法规的形式被确定下来。

在推进企业经营模式改革的同时，我国继续进行企业领导体制改革，实行厂长负责制。1986 年 9 月 15 日，中共中央、国务院重新修订了《全民所有制工业企业厂长工作条例》《全民所有制工业企业职工代表大会条例》和《中国共产党全民所有制工业企业基层组织工作条例》。企业实行生产经营和行政管理工作厂长负责制，明确企业党组织的工作重点就是保证和监督党和国家的各项方针政策的贯彻实施，做好企业的思想建设、组织建设和思想政治工作，保证厂长在企业生产经营上的决策自主权，把实行厂长负责制和改善党对企业的领导、巩固和发扬民主结合起来。但是，实行厂长负责制不能削弱党的领导，党的领导不能代替和包揽一切。从党委领导下的厂长负责制到厂长负责制的转变，是我国企业领导体制的重大改革，理清了党政不分的弊端，形成了厂长全面负责，党委保证监督和职工民主管理的格局。“三资”企业是我国经济对外开放的产物，但是，“三资”企业的发展给党的建设带来了许多前所未有的新情况和新问题，如何建立党组织，如何开展党建工作，如何发挥党组织在企业中的方向引领工作都是一个全新的课题。在这方面，既没有现成的模式可借鉴，更没有直接的经验可参考。但是，“三资”企业没有理由，也不应该脱离党的领导，必须遵守中国共产党和中国政府制度的有关政策、法律和法规。在“三资”企业中建立党组织，通过党的基层组织对“三资”企业进行引领、监督和管理是党的执政地位的应有要求。1984 年 2 月中央组织发出《关于加强中外合资经营企业党的工作的几点意见》，强调了企业党组织在企业中的强化思想政治工作，贯彻党的路线、方针、政策的必要性。1987 年 8 月《中外合资、合作经营企业中方职工思想政治工作暂行规定》对中方职工思想政治工作的基本任务、主要内容、要求、方法、形式和领导，都作了详细而明确的规定。

1996 年 3 月 18 日，中共中央颁发了《中国共产党普通高等学校基层组织工作条例》，这是第一个关于高等学校组织工作的党内法规，对于加强和推动高等学校党的建设工作具有重要的意义。明确规定了高等学校实行党委领导下的校长负责制，党委统一领导学校工作。这是符合我国国情的，有利于加强党对高等学校的领导，有利于贯彻党的教育方针，完成高等院校人才培养的任务，对塑造德智体美全面发展的社会主义事业的建设者和接班人具有重要的意义。

随着我国多种所有制经济共同体的发展，非公有制经济成为我国市场经济的重要组成部分，到 2000 年，全国已有私营企业 158 万家，个体工商户 316 多万户，从业人口 1.3 亿。与此同时，全国新社会组织也得到迅速发展，社会团体数量不断增加，达到 136841 家。新的经济组织和新的社会组织成为社会不可忽视的一支力量，搞好“两新”组织的党建工作也成为一项重要的重大工程。《中共中央关于加强党的建设几个重大问题的决定》指出：“各种新建立的经济组织和社会组织日益增多，需要从实际出发建立党的组织，开展党的活动。”[①] 按照中央的要求，各地在“两新”组织党建工作中按照有利于党的领导，有利于党组织和党员发挥作用，采取了多种组建模式，科学合理地进行“两新”组织建设。形成了独立式、联合式、挂靠式等模式。各地探索多种渠道，在“两新”组织中不断扩大党建工作覆盖面。不断理顺管理体制，实现多元化的管理模式，探索合适“两新”组织特点的党建工作方法，把党建工作与生产经营结合起来，教育、引导和组织党员在生产经营中发挥先锋模范作用，从而促进企业的发展；发挥党组织的政治核心作用。

2. 党建工作要更加适应社会管理的新形势

随着改革开放的进行，我国旧有的管理体制与机制已经不能适应社会的发展变化，构建新的适应社会主义市场经济的，适应城市化、网络化、现代化的社会治理体系成为摆在党和政府面前的重要任务。针对实际情况，党和政府对原有的社会管理体制进行了积极有效的调整。

1982 年，我国在修改的宪法中规定了居民委员会与村民委员会的法律地位，明确其为基层群众自治性组织，并且在 1987 年颁布试行《村民委员会组织法》，并在 1989 年正式实施。此后，在中国的城市与农村都大力进行基层社会重新组织的工作，城市积极推进社区的相关建设，农村积极探索村民自治，基层组织又一次开始焕发出勃勃生机。但是在实际的工作中，作为基层群众性自治组织的居委会与村委会却承载了执政党与政府的大量行政职能，国内学者称为“行政化”，这在一定程度上又削弱了基层群众性自治组织的职能发挥。各种新型社会团体的出现，极大地解决了政府和市场的缺位，在社会治理中的作用越发凸显。早在新中国成立之初，我国就成立了如妇联、文联、作协、科协以及工会等社会团体，在推进社会发展，满足民众诉求中都发挥了积极、有效的作用。但在改革开放后，随着社会利益分化的多元和社会流动性的增加，人们对社团的需求也日益增多，社团也获得了很大的发展，但是在社团的实际工作中依然存在很多的问题，例如，如何更好地实现社团的自治，如何激发社团在社会管理中的活力，如何增强社团在更加广泛的领域进行社会服务的功能，如何有效辅助并减轻政府的压力等，都

① 《十四大以来重要文献选编》（中），人民出版社 1997 年版，第 966 页。

是在未来基层社会组织建设中亟待解决的问题。

加强社会管理必须调动广大人民群众的积极性，发挥人民群众在社会管理中的积极作用。这就要求我们必须维护广大人民群众的权益。改革开放后，社会的利益分化日益明显，公民的参与意识也日益提高，原有的利益表达渠道与途径已不再能适应社会的发展变化，我们迫切需要建立利益表达和协调机制。政府努力完善人民代表大会制度和政治协商制度，使人民的意见建议尽可能反映到决策层，使我国的立法最大限度地反映人民的利益诉求。同时，信访制度得以重新利用，虽然存在一些自身的缺陷，难以完全公平、公正地解决民生难题，但被基层老百姓视为利益表达的重要通道的信访制度，在民意表达中也发挥着很大的积极作用。与此同时，随着决策的民主化、科学化，政府在政策文件、法律法规的制定方面越来越多地听取民愿，征求民意，拓宽了民众表达利益的渠道与途径。政府也努力推进利益协调机制，如在新中国成立初期建立的人民调解制度，作为一项与中国传统文化相适应的纠纷调节机制，在人民生活中也发挥着不可忽视的作用，不仅降低了行政成本，而且缩短了管理路径，凸显中国特色，我国人大已于 2010 年通过了《人民调解法》，对这一机制加以确认。在教育领域，我国借鉴国际经验与做法，例如，在校长的推荐、测评和罢免问题上，学校邀请学生代表、学生家长代表以及相关机构代表参与，更好地体现民意。在劳动关系上，我国有效的利益协调机制主要是建立了政府、工会、企业三方协调机制，在有益表达民众意愿，有效贯彻政府决策，有力维护企业的利益等方面都发挥着不可替代的作用。在利益表达与利益协调方面，我们做了很多努力也做出了不少的尝试，但总体而言，体制机制还是缺乏总体的设计规划与全盘考虑，更多时候是被动地解决问题或是出现问题以后才想到去改变和行动，如何化被动为主动，变无序为有序，使杂乱为整齐划一，都是我们在未来实践中必须解决的重要问题。

随着城市化不断推进，人口流动成为社会治理的重点和难点，成为考验一个政党和政府的重要课题。改革开放以来，我国的人口流动政策经历了一个逐渐转变的过程：控制流动—允许流动—控制盲目流动—规范流动—公平流动，从注重管理的传统治安逐步过渡到注重服务和保护的新型管理方式，在流入地与流出地之间协调就业安排，使在流入地能够稳定就业并居住的流动人口充分享受当地的公共福利与社会服务，合理安排流动人口子女的上学问题等方面都做出了积极的努力与探索，我国经历了如此大规模、长时段的人口流动，但并没有出现像资本主义社会的贫民窟等社会问题，应该说是与政府强大的管理能力分不开的。但是，毋庸置疑的是，今天我国城市与农村的二元分化、利益分化、阶层结构分化等多方面问题都是我们在促进社会和谐过程中必须要解决的重要问题。在人口管理制度上，我们创造性地推进了户籍制度改革。户籍制度作为人口登记制度是一种重要的社会管理工具，可以有效实施对人口的管理，相关社会政策的落实以及社会福利的享有，也存在不少的问题，如户籍状态反映人口实际状态的滞后性，对流动人口造成的歧视性，与公共服务与社会权利的紧密挂钩降低了可操作性等，这些都成为户籍制度改革的必要条件。所以在改革开放后，我国逐渐实现了义务教育、公共服务等与户籍制度的脱钩，但是这样做不是要淡化户籍制度，而是要使户籍制度更加合理，更为有效，通过新的思路，运用新的手段（如纳税年限、居住年限、收入水平等）来替代户籍成为获得公共服务和社会权利的条件，这样做的目的是避免城市结构的二元化，促进社会的公平公正，实现社会的和谐有序发展。

转变政府观念，加强党和政府的管理体制的改革，构建服务型政府。服务型政府的构建的根本动力来源于生产力的发展，直接动力则是社会结构尤其是治理结构的变迁，在社会进步与公共服务需求激增的双重压力下，各级城市政府开始在各个层面探索治理与改革创新，不断推动政府治理模式从管制型向服务型转型。随着我国经济体制的转型，城市也在快速发展，但是由于市场经济发展更快，提供的就业机会更多，预期收入更大，越来越多的剩余劳动力开始大量涌入城市，再加上国有企业的改革深化，失业人员需要安置等诸多动因使城市规模不断扩张，原有的服务设施已经无法承载，改革、创新与转型已经成为发展的必然。一些城市政府着手推动政府职能的转变，如焦作、南京、成都、上海等城市积极借鉴西方的理论成果，率先开始主动构建服务型政府。2002 年 11 月，中共十六大第一次把政府职能归结为“经济调节、市场监管、社会管理和公共服务”四项内容，并明确指出，要“进一步转变政府职能，改进管理方式，推行电子政务，提高行政效率，降低行政成本，形成行为规范、运转协调、公正透明、廉洁高效的行政管理体制”。[①] 焦作市工作围绕“构建三级服务型政府”的构想展开，成都市围绕建立“规范化服务型政府”的构想展开，南京市政府“为了适应市场经济规则对转变政府职能的要求，同时探索政府在市场经济中如何更有作为，提出了建设服务型政府的新思路”。[②] 上海更是将加入世界贸易组织后的体制性挑战作为重要工作来抓。中国加入世界贸易组织，为上海进一步加快政府职能转变、树立“管理就是服务”的思想提供了契机。“上海正加快政府职能转变，在全国率先建立一个高效、精干的服务型政府，为中外各类企业提供良好的政府服务和安全稳定的社会经济环境。”[③] 这一时期的服务型政府的提出与尝试是敢于借鉴、勇于创新的结果，各地的组织方式不同，但都是以政治精英为推动力量，以政府为主导力量，“服务型政府建设是对前期行政审批制度、投融资体制、政府机构等方面改革的升华，开始涉及政府职能的转变”。[④] 率先开展服务型政府建设城市的综合实力得到了显著的提升，行政环境也获得了极大的改善，巨大的示范效应迎来了更多地方政府的学习，观摩与效仿，在这一背景下，中央在 2004 年明确提出了“服务型政府”的概念，也由此进入到从地方试点到中央推广的阶段，“服务型政府”的构建也开始从“自选动作”成为中央的“规定动作”，其间历经波折，但却是一个重大的转变与巨大的飞跃，至此开启了“节约行政成本、提升行政效率、加强民族决策与监督、建立公共财政制度”等诸多服务型政府的探索与实践尝试。

---

① 江泽民：《全面建设小康社会，开创中国特色社会主义事业新局面》（江泽民在党的十六大上的报告），http：//www. gwyl. com/shenl/shenlbkzn/200707/2205_ 3. html，2002 - 1 - 8/2010 - 09 - 21。

② 很多学者认为，2001 年年初的南京市政府工作报告就已提出“转变政府职能，建设服务型政府”的目标，但政府工作报告原文表述为“转变政府职能，实行政企、政事、政社分开，政府从大量微观管理事务中解脱出来，集中精力抓好规划实施、政策引导、执法监督、组织协调、公共服务等方面的工作”（参见南京市人民政府《2001 年南京市政府工作报告》），由此可见，当时南京市政府尚未明确提出“服务型政府”概念，但已意识到加强政府的公共服务职能。http：//www. lrn. cn/basicdata/ govreport/ provincegovreport/200805/t20080530_ 236556. htm 2008 - 05 - 30/2010 - 04 - 08。

③ 徐匡迪：《上海将率先建立高效、精干的服务型政府》，http：//news. xinhuanet. com/newscenter/2001 - 11/27/content_ 136196. htm，2001 年 11 月 27 日。

④ 刘翔：《中国服务型政府构建研究——基于社会治理结构变迁的视角》，博士学位论文，复旦大学，2010 年。

此外，中国共产党深入探讨党内民主的理论与实践，确立了各级党的代表大会，健全党委制，加强集体领导，建立党内监督制度，努力推进基层党组织的民主生活制度等，对党内民主做了创造性的思考和尝试。构建党员关怀激励帮扶机制，既有利于提升党员的政治觉悟与理论素养，加强执政能力；又有利于激发党员活力，化解党内矛盾。

总之，新中国成立以后党和政府针对新中国面临的主要问题和矛盾，发挥党和政府集中管理社会的模式，保证了从新中国成立初期到改革开放前近30年的社会稳定，从这一点讲，它是行之有效的。新中国成立以来，我国的社会治理体制更多的是实现社会稳定的职能，在思想意识形态建设方面，在加强社会控制方面有很多值得借鉴的经验。但是，这种管理体制对于激活社会活力，发挥社会各种主体的积极性，形成既充满活力又具有社会秩序的社会局面还是有障碍的。因此，回顾改革开放前后我国社会治理体制的经验做法，对于完善我国当今社会治理体制具有重要的意义。面对未来的艰巨任务，我们不仅需要从国情出发，积极探索，同时也需要借鉴西方的经验做法，让我国的社会治理更为科学有效，与时俱进，助推民族复兴。

二　西方政党社会治理的经验

西方政党把政党建设和社会治理相结合，在政党竞争中体现其治国理政的理念。虽然西方政党的治国理政主要目的是本党的竞选，但是，很多经验是值得借鉴的。如何依据本国国情选择适合自己的治理模式与机制，世界各国都在不断探索，其中一些国家的经验值得我们参阅借鉴。

（一）西方政党社会治理的个案

1. 法国对财富再分配不均问题的治理经验

法国资本主义制度与西方其他国家的资本主义制度一样，存在内在与外在诸多的固有矛盾与冲突。第二次世界大战后的法国经历了两次社会大转折，一次是在20世纪六七十年代，另一次是在20世纪90年代，两次大转折之后带给法国社会最主要的负面后果是社会贫富分化的加剧，社会不平等现象日益严重，10%最富有的法国人占有着全国财富的

53%，10%最贫穷的法国人占有着全国财富的0.1%。其次是两次社会大转折导致的失业攀升并发展成为社会的顽疾，失业进一步加剧了法国的贫富两极分化，导致了法国的社会危机直至政治危机。尖锐的阶级斗争与社会运动推动着执政党的改革，不论是左翼还是右翼，都在积极探索，提出了各种治理社会的理论与主张，解决社会最为突出的问题，缩小社会的鸿沟，各政党殊途同归于“初次分配体现效益，再次分配体现公平”的财富分配原则，以此整合社会，进行社会治理，实现社会和谐。法国执政党在财富分配领域建立起了较为公平的国家税收制度，失业保险制度，社会保障制度以及利润分红、最低工资，融入社会的最低收入，社会慈善与救济等，这些构成了法国财富再分配的制度体系，是法国进行社会治理的最突出的探索与经验。

首先，建立合理的税收制度。法国执政党建立税收制度的主要原则为兼顾公平，即富者多交，贫者少交。收入所得税的税率一般定在16%—21%之间，但是，高收入家庭的额税率则高达56.8%，这一税率超过了其他西方国家，从而使法国的高收入者成为国家收入所得税的主要来源。其次是大宗财富税，法国执政党将征收来的大宗财富税进行再分配，以此缩小贫富差距，体现社会公平。此外，还有公司所得税，遗产税和财产赠与税，增值税以及消费税等。这些不同的税种有效地调节了法国社会的贫富差距，在社会公平公正方面起到了很大的促进作用。

其次，建立全民保障体系。法国建立了覆盖全民的“从摇篮到坟墓”的社会保障体系。目前，几乎所有的法国人都享有医疗保险，不论健康状况与收入的差别，他们享有的医疗水平是平等的。法国对贫困线以下的人以及赤贫者都予以免费医疗。根据世界卫生组织2014年的报告，法国以其医疗体制的质量和社会覆盖面的广泛而成为世界上医疗制度最好的国家。法国对于家庭实行多种类的社会保险，有多子女家庭补助，育婴和学习补助，住房补贴，孤儿补助，残疾人补助，父母分居补助，单身父母补贴，搬家补贴等，几乎涵盖了家庭生活的方方面面。法国建立了退休制度，同时建立了“可转换的养老金”①，但是，在实施的过程中，也逐渐暴露出一些问题，随着法国老龄化人口的加剧，退

---

① 即死者的寡妇或是鳏夫可领取死者退休金的一半，每个不满21岁的子女可领取退休金的10%，以2003年为例，最低养老金每人每月为588欧元。

休人口的增加，给法国社会保险带来了沉重的负担，但是，法国社会保障制度是“法国式的互助制度”的观念已经深入人心，这不仅是欧洲社会模式的主要内容，而且是法国社会财富再分配的核心部分，已经成为法国治理社会达成和谐的主要手段，不论是左翼还是右翼，都不敢贸然削减，更不敢轻举妄动。实行失业保险与利润分红制度，法国的失业保险主要有五种：一是基本津贴，专门发给被迫解雇的失业者；二是特别津贴，专门发给因经济原因被解雇的失业者；三是权宜终止津贴，专门发给终止领取津贴后仍找不到工作的失业者；四是实施定额津贴，专门发给初次进入劳动市场的青年求职者、寡妇、原犯人、回国侨民以及避难者；五是团结互助补贴，专门根据上述规定享受失业救济的期限仍然失业的失业者。法国还规定了雇主年终获得的占资本10%的利润必须拿出一部分给工人分红，虽然数额不大，但是能从某种程度上激发职工的劳动积极性，或多或少会缩小收入和贫富的差距。

最后，实行最低工资制。法国确立了各行业应增至的最低工资，保障了工人的权益；确立了融入社会的最低收入制度，即最低生活保障金，社会救济以及被称为“第三部门”的慈善机构。此外，法国对农民和农业的财富再分配主要是在生产领域、流通领域、生活领域的补贴以及共同农业政策的资助等。经过多年的共同努力，法国的财富再分配充分发挥了社会治理与社会和谐的功能，使全民享受到财富再分配的成果，财富再分配的重点向弱势群体倾斜，而且做到了对农民与偏远山区的特殊照顾，最突出的表现就是法国社会的阶层结构日趋合理。社会冲突逐年下降，“橄榄型”的结构是法国进行社会治理的主要依赖力量与社会和谐的重要因素，冲突的影响力与冲击力逐渐减小有利于社会的和谐与稳定。目前，法国的右翼执政党正在对社会保证制度与财富分配制度进行进一步的改革，以实现社会治理的更大成果，探索出更多适合本国的治理模式与经验做法。

2. 美国的社区治理经验

西方社区管理模式主要有三种类型：政府与社区行为紧密结合，政府对社区的干预比较直接和具体的政府主导模式；政府对社区发展的干预较为宽松，官方色彩与民间自治在社区发展的过程中交织在一起的混合模式；政府对社区的干预以间接方式进行，社区内的具体事务完全实行自主管理的社区自治模式，自治模式最为典型的就是美国，它呈现出了社区治理民主化、社区权力多元化、社区治理组织化等诸多特征。

美国的社区治理一直被公认为公民自治的典型形态，但美国的社区并不是以政府的基层管理单元而存在，美国联邦各州以及各个市镇都有其独特的社区治理方式，但是在社区的运作方式上，基本上都采取的是“政府负责指导规划并提供资金扶持，社区组织负责具体实施”。[①] 也就是说，美国的政府只负责宏观调控，在社区的日常治理中，社区委员会、社区主任、社区工作人员、社区居民、志愿者、非政府组织都是社区治理的主体。政府一方面要制定政策，包括评估和修改社区的各项政策；另一方面积极探索多种方式推动社区的发展，如与慈善部门、社区企业合作；扩展社区组织执行政府相关的社区开发项目；通过税收优惠与支持倾斜鼓励引导私营企业投入社区建设等。社区企业包括四种类型：一是社区化的小企业发展中心，设置在社区内，为那些个人创立的小企业提供融资、咨询等服务；二是社区化的小企业投资公司，为社区内的小企业提供创业资本贷款；三是社区开发公司，为社区成长中的小企业提供土地、厂房等固定资产方面的长期债务融资服务；四是社区微型贷款公司，为社区内的退伍军人、妇女或是少数民族创办的小企业提供小额融资。

非政府组织是依据相关法律建立的，以社会成员的自我组织、自我管理为基础，以社会公益活动为主旨的非营利性的相对独立于政府和政党系统的团体和组织。对美国而言，非政府组织是美国社区治理的支柱性力量。美国的非政府组织主要分为三种类型：一是以慈善机构为代表传统的社区服务机构；二是政府直接给予资金支持的用于社区服务、职业培训的组织；三是由志愿者发动并进行管理的，为满足邻里或其他社区需求建立的组织。从 20 世纪以来，随着美国政府的财政缩减，越来越多的过去由政府机构负责提供的社区服务，很多都交由非政府组织承担。同时，随着经济发展，生活方式的变化，非政府组织提供的公共服务业日益丰富多彩，与时俱进，避免了只由政府提供造成的成本增加，效率低下，难以适应社区发展需求等多个弊端。美国现在官方登记注册的非政府组织共有 200 多万家，其中专职人员 500 多万人，如果再加上志愿者，直接或是间接为非政府组织工作的人数为 7000 多万人。正如

---

① 邹丽琼：《美国城市社区治理及其启示》，《北京城市学院学报》2009 年第 1 期。

西方学者所言："如果说代议制政府是18世纪的伟大发明，官僚政治是19世纪的伟大发明，那么，有组织的私人自愿活动即大量的非政府组织则是20世纪最伟大的社会创新。"① 奥斯特罗姆夫妇提出的多中心治理理论也认为：社会治理的主体不应只是政府，各种非政府组织都可以成为主体，即社会治理的主体应是多元的而不是单一的。文森特·奥斯特罗姆也指出："在提供公共服务和利益方面，除要拓宽和完善公共部门之外，其他力量和部门也可以参与进来发挥这些职能。"② 我国学者俞可平也指出："政府不再是垄断指挥和仲裁者，取而代之的是各种各样的政府性和非政府性组织、社会团体和私人企业。"③ 从美国的治理实践来看，政府调动社会各方面的力量来参与社区管理，是实现社区不断发展与社会治理的持久动力。

3. *新加坡人民行动党的社会治理模式*

新加坡人民行动党成立于1954年11月，从1959年开始执政，曾十度蝉联，在近半个世纪的执政中，人民行动党缔造了为世界瞩目的经济与政治奇迹，在社会治理方面独具的新加坡特色与模式尤为可圈可点。

第一，加强基层党组织，构建精英治理模式。人民行动党始终坚持在政治上的独立自主，构建既遵循政治现代化规律又符合本国国情的治国理政道路。1959年执政后，新加坡面临着险恶的内外部环境，这就迫使人民行动党必须将用制度保证国家统一稳定作为治理的首要任务。因此，在政体上，新加坡将英国的两院制改为新加坡的一院制，人民行动党并不主张实行反对党制度，而是实行"一党优势制"，建立威权主义下精英领导的治理模式。李光耀曾说："政治稳定是未来社会发展和经济进步的必需条件，就如经济成功是达到更高水平的必备条件一样，对新加坡来说，情形更是这样。"为确保新加坡政治与社会稳定，实现种族和谐，杜绝政治多元主义，行动党严格控制一切政治资源与存在于新加坡社会中的权力资源，在新中国成立初期毫无章法的年代里，行动党也曾采取非正常手段来处理政治问题与矛盾，目的就是未来在最短的

---

① ［美］莱斯特·萨拉蒙、赫尔穆特·安海尔：《公民社会部门》，载何增科主编《公民社会与第三部门》，社会科学文献出版社2000年版，第257页。

② ［美］文森特·奥斯特罗姆：《美国公共行政的思想危机》，上海三联书店1999年版，第41页。

③ 俞可平：《治理与善治》，社会科学文献出版社2000年版，第241页。

时间内为新加坡的政治与社会稳定奠定基础。

为了对整个社会进行有效控制和治理，人民行动党成立了一些带有民间色彩的社会团体。1960 年，人民行动党决定成立人民协会，目的就是为了掌控从英国殖民者手里继承过来的各个社区中心，以此与反对党争夺基层民众与农村人口的动员。1963 年又在 51 个选区成立了市民评议委员会，社区中心与市民评议委员会实际上就是人民行动党的基层党组织，是相对地对社会进行控制和治理的工具，在这些基层党组织的渗透与作用下，反对党很难开拓生存空间。新加坡是多党制国家，但是，人民行动党却成为唯一长期执政的执政党，一个根本原因就在于他们始终坚持以基层组织为载体，以服务人民为归宿，始终坚持为人民的利益服务，在整个政党治理的架构中，几乎所有的工作都是以基层为环境载体开展的，将"为民服务"落实到党内精英分子尤其是国会议员身上，所有"为民服务"的事情几乎都由国会议员包揽，在这里，"没有党的领导只有党的服务"。[①] 人民行动党根据选举的需要，在每一个选区都设立一个基层组织即一个党支部，通过他们的具体服务工作将"心系群众、以民为本、服务草根"的服务理念加以贯彻。李光耀认为："基层党组织协助政治领袖与人民之间建立起密切的关系，同时也协助培养共识。"[②] 此外还规定：凡是参加工会议员选举的党员候选人，必须具有在基层服务的工作阅历与经验，他们坚持认为，基层党组织服务群众有利于增强政党的扎根力，即人民行动党的根基在人民，人民是党的行动之源，通过服务人民挖掘党员为党服务奉献的潜能，强化服务意识与对党的认同，增强党的战斗力与凝聚力。同时，强调每一名党员都是群众的仆人，必须坚持以人民为中心，尽心尽力为人民服务，人民的幸福与快乐就是党员的责任，各级党员都要为人民谋利益，否则就会失去人民的支持而导致失败。

第二，增强意识认同，构建法治治理模式。对新加坡的社会加强整合与认同，进行重组与建构，是人民行动党成立之后面临的一项重要任务。行动党早在执政之前，就主张建立"马来西亚人的马来西亚"，执

---

① 蔡定剑：《新加坡威权民本主义制度观察》，http：//www. aisixiang. com/data/52305. html。

② ［新加坡］《联合早报》编：《李光耀四十年政论选》，现代出版社 1994 年版，第 232 页。

政之后，李光耀立即培养民众的国家意识与国家认同观念，通过各种方式努力打破种族隔阂，增强民众对国家的归属感与认同感，逐渐形成了统一的“新加坡民族”意识。同时，行动党非常重视法治在社会治理中的作用，新加坡不仅制定了由400多部法律构成的完善的法律体系，而且依靠严格的执法程序，硬性的执法主体机制，实权在握的监督稽查队伍以及严密的法律监督体系实现了在法律面前人人平等。此外，新加坡还特别强调纪律与公共秩序，对于民众如乱扔烟头、随地吐痰等小节陋习都要课以重罚。行动党的诸多努力最终将新加坡治理成为一个环境优美、法纪严明、治理井然、廉洁高效的社会。2010年，新加坡的法律效率与可靠性被总部设在香港的增资及经济风险咨询机构列为亚洲第一，就是一个明证。

第三，发展社会组织，构建协同治理模式。人民行动党构建的是一种以“政党—职能组织（社会组织/党内组织）—公民/党员”为基础的多主体参与的协同治理模式。新加坡人民行动党在社会治理中对于社会组织的鼓励与促进形成了社会的缓冲区，形成了缓冲区的运行机制，很好地解决了一些社会矛盾，不仅使人民行动党的内部凝聚力得到增强，外部执政的向心力和合法性也得到持续提升，增强了社会的稳定与繁荣。缓冲区机制是政党组织和社会之间的一个交叉区域，这样打造出的社会组织可以在政党的政治属性与社会属性之间构建一种动态的平衡。因此，政党、社会之间广泛的跨组织、跨区域的共融性组织为政府与民众之间的对话提供了越来越广的平台与支持。而且，政党对缓冲区应该有一种“功能性”和“身份性”的嵌入。只有这样，才可以保证政党政治性与社会性的统一。

第四，处理党务关系，构建独特的执政模式。所谓执政模式，“主要是指执政党在执政过程中形成的具有参照意义的范式或可供借鉴的经验”。[①] 新加坡行动党的执政模式主要体现在党际关系、党政关系、党群关系等方面。在党际关系方面，在新加坡，除了人民行动党，还有22个政党，但在实际执政中，新加坡实施的是“一党执政体系”，为了使自身执政地位得以维系，行动党也采取“非常手段”打压反对党，

---

① 李慎明、李文：《执政党的经验教训：新加坡人民行动党如何治国理政》，社会科学文献出版社2008年版，第270页。

利用司法与行政手段限制反对党的发展与存在。新加坡同时保留了现代政治制度的三大基础：议会制度、政党制度与选举制度。而一定数量反对党的存在，则成为这三种制度得以确立的必要条件。人民行动党之所以可以长期执政，虽有利用国家政权打压反对党的因素，但最主要原因还是在于行动党提出的大政方针更能代表民众利益，也更符合新加坡的实际。在处理党政关系上，行动党主要是弱化党争，强化行政，社会生活与政治生活行政化。李光耀也直言不讳：人民行动党就是政府，政府就是新加坡。党政合一不仅是新加坡面临险恶环境的被迫选择，也是党派斗争的必然产物。行动党还提出了好政府的四条标准：廉洁、治理社会、照顾人民、让人民获得教育和训练。在处理党群关系方面，人民行动党始终强调人民群众是执政党的依赖同民众的长远利益结合在一起，不仅注重医疗、卫生、教育、通信、交通等公共建设，更创新性地实行住者有其屋的计划，并创立中央公积金制度，到 21 世纪初，新加坡 90% 的民众都拥有自己的组屋，绝大多数居民可以依靠公积金满足医疗治病，子女上学与退休养老的生活需求。这些确保了政治的稳定，也较好地保证了行动党社会治理的总体成效。

（二）西方政党社会治理经验的共性梳理

1. 推崇“第三条道路”，谋求生存与发展

从 20 世纪 90 年代以来，以意大利的普罗迪、英国的布莱尔、法国的若斯潘、美国的克林顿以及德国的施罗德等为代表的左翼政党相继上台执政，他们在竞选之中不约而同宣称在经济、政治、社会等方面推行一种既有别于传统左派，又有别于右翼主流的“新中派”策略，其中，美国民主党克林顿总统率先将其新的经济政治策略命名为“第三条道路”，博得了欧美左翼势力的一致赞成与响应，此后，“第三条道路”逐渐成为欧美左翼政党的政治标签，尤其是英国工党布莱尔首相上台执政后，更是高举“第三条道路”的旗帜，宣传著述，亲自撰写《第三条道路：面向新世纪的新政治》并将此作为工党的施政纲领，纲领宣称采用新自由主义政策，以实用主义为导向，为社会的公正而战，正如布莱尔所言：“没有意识形态的先决条件，能够实施的就是行得通的。”[①] 被称为布莱尔首相“精神导师”的英国著名左翼学者吉登斯也

① 区冰梅：《当前欧美“第三条道路”刍议》，《现代国际关系》1998 年第 12 期。

致力于对“第三条道路”进行理论的建构与著述，相继发表《第三条道路：社会民主主义的复兴》与《超越左右》等专著并产生了广泛的影响，吉登斯也承认“第三条道路的术语本身并不具有特别重要的意义，因为它已经被使用过多次”。[①] 但英国工党提出的“第三条道路”却赋予了它全新的内涵，随着西方政党的实践，“第三条道路”已经不仅仅是一种新的政治运动，更成为一种新的政治思潮。

“第三条道路”作为欧美各主要左翼政党为适应经济全球化与国内经济和社会结构的变化所做出的重要选择，求生存、谋发展是其产生和兴起的直接动因。在政治价值方面，它努力寻求阶级合作，将社会的公平正义、民主自由作为自己的核心价值，反对权威主义，拒绝极端自由主义；在经济体制方面，它倡导混合经济，既不放任也不过分强调管制，力图在管制与解除管制、社会经济与非经济方面寻求一种平衡；在国家权力和干预上，既反对扩大政府权限，也反对“守夜人”的角色，主张“使民主制度民主化”，下放政府的权力，促进政府与社会组织更加积极地合作，增加非政府组织在国家管理中的比重；在福利问题上，不同意削弱或放弃福利国家，主张对福利国家进行彻底改革。尤其“新中派”政治充分吸纳20世纪90年代以来盛行于西方的治理和善治思想，从而提出“少一些统治，多一些治理”的目标和口号，这构成了“第三条道路”的重要内容，关于“第三条道路”是新路还是旧途的争论从未停止，但不论是哪派学者都不能否认它是根据新的时代特征对老左派和新右派的价值主张进行的重组和取舍，它抛弃了“私人—公共”“社会—国家”“威权—民主”“责任—权利”“政府—市场”等传统的两分法，将过去两种对立的价值观念进行融合，将两种“旧”结合为一种“新”：一种“新的政治”，另一条“新的道路”，再一种新的“中派”，西方社会的发展进步足以证明“第三条道路”的有益与成效。

2. 推行党内民主，实施政党治理

“政党治理”是将社会学中的“治理”概念嫁接到政党建设中而形成的命题。“治理是一个持续的行动过程，不仅包括人们必须遵守的正

---

① ［英］安东尼·吉登斯：《第三条道路：社会民主主义的复兴》，北京大学出版社2000年版，第2页。

式制度安排，而且包括人们认为符合其利益的非正式制度安排。"① 所以，相对于"政党管理"而言，"政党治理"不是控制而是协调，不是一种正式的制度而是持续的互动，不是一套规则而是一个过程。从内涵视阈上讲，"治理"强调更多的是在政治过程中参与主体的多元化，通过协调不同利益之间的相互冲突，促使各方达成共识，形成合作。所以"政党治理"就更加强调政党组织内部间的合作、沟通以及政党与社会组织间的合作互动，是一个持续的、动态的政治过程。

"政党治理"包括党内治理和党外治理，推行党内民主主要源于党内治理，政党通过协调各级组织、领导与党员的关系，充分实现党员的各项民主权利。党员的民主权利包括选举权、知情权、参与权与监督权等，保障党员权利是政党建设的根本。因为党员来自各个阶层，他们在思想上和行动上不仅要超越自己的阶层局限，又要发挥联系群众的中间环节作用，将所在阶层的状况及权利意志反映到党内并以此为基础做出社会决策，所以，政党要扩大党员政治参与的范围并逐渐拓展其参与的深度和广度，提升党员和基层组织在党的决策活动中的地位和作用，尤其是在人事任免、政策制定等方面发挥直接、关键的影响。同时，完善党内选举，避免党内权力过分集中，营造自由、宽松的党内气氛，政党治理不仅要符合民主自由、主权在民等一系列普遍的基本原则，提供尽可能的条件加大公民参与，没有公民参与的政党活动不能算作是治理，因为治理活动的本质是互动与交流。所以，很多西方政党都在积极推行政党治理，反对权力中心主义，强调党内民主原则。以 20 世纪 70 年代开始兴起的欧洲绿党为例，绿党强调"一切领导机构都要由基层直接选举产生"②，同时阐释推行党内民主"有助于真正体现基层党员的意志而不是党魁、党阀的意志"。③ 由于其价值取向与政治主张，在左翼政党中很快掀起了"弃红投绿"的浪潮，1998 年，德国社会民主党首次组成了红绿执政联盟，在英国、瑞典等国家，绿党同样开始发挥举足轻重的作用。此外，英国的工党和法国社会党也不断致力于此，1993

---

① The Commission on Global Governance, *Our Global Neighbourhood*: *The Report of the Commission on Global Governance* [M]. Oxford University Press, 1995 (2).

② [美] 弗·卡普拉、查·斯普雷纳客：《绿色政治》，东方出版社 1988 年版，第 74 页。

③ 刘然：《西方绿党评析》，《社会主义研究》1996 年第 2 期。

年英国工党对党的组织机构进行了重大的改组，推进党内民主，建立个人党员制度，从而形成了自上而下的党内权力结构，重塑了威权，恢复了权力，“使得工党以一个崭新的面貌出现在了英国的政治舞台上”。[①] 鉴于此，理论上可以预见的是，未来党内民主制度的形式是一种非集中，以社区为权力核心的，以罢免制、轮换制与责任制为推手确保基层党员行使参与、监督等基本政治权利，以内部团结和直接民主控制为主要手段的政治形式。

3. 加强基层党组织建设

在西方，政党作为政治组织，主要目的就是竞选，组织比较分散，认同感不强，如果基层党组织的党员再处于无心可操、无事可做的状态中，那么，党员对政党的认同感就会大大削弱，更不要说人民对党的认同了。所以，各国都在基层党组织的功能发挥上大做文章。同样，欧洲的社会民主党也在社会治理中积极寻求转型。“社会民主党为了要成为多数党，争取越来越多的、越来越广泛的社会阶层的必要性，就和不减弱它社会主义的坚定性发生了矛盾。”[②] 最早实践的是瑞典社会民主党，第二次世界大战前，瑞典社会民主党就曾提出过“人民党”的概念，以“人民”取代“阶级”，把为“人民建立一个民族之家”作为自己的执政目标，所以，从20世纪70年代开始扩大党组织的覆盖面，通过垂直的组织结构来增强党的组织基础，增加党对社会各阶层的吸引力，这样的政治突破为他与其他社会阶层的合作开辟了道路。第二次世界大战后，率先实现从“阶级党”向“人民党”转变的是德国社会民主党，此后，西欧各国社会民主党都以“人民党”“民族的党”“群众的党”“领薪者的党”自居，以争取多数人的支持为目标进行转型，纷纷修改党的组织纲领。法国社会民主党将党的基层组织设在工厂、学校、医院，以扩大党的影响力。俄国社会民主党则注重发挥单个基层组织的作用，开辟多种渠道增加基层党组织与党员之间的联系与对话，还要求各个层次的党内组织向党外人士开放，有效地解决了上下脱节的问题。

4. 开辟社会治理新途径

随着网络科技的日益进步，电子政务的日益普及，构筑虚拟社区成

---

① ［法］乔治·埃斯蒂厄弗纳尔：《德意志联邦共和国政党》，上海师范大学外语系法语专业1975届工农兵学员及部分教员译，上海人民出版社1976年版，第16页。

② 同上。

为当今各国政党进行社会治理的有效途径和新的渠道，如博客、微博、BBS、QQ 等，通过虚拟社区这样的平台，不仅可以作为政党宣传政策的渠道，而且可以作为扩大民众参与决策，听取社会不同阶层声音的有益路径。欧洲社会民主党就通过这样的途径有效地扭转了作用减弱的被动局面。最早开始运用信息手段拓宽社会治理渠道的是德国社会民主党，该党明确目标就是要将本党打造成为“网络党”，立志通过网络信息建设“网上社民党”，联络党的 6000 多个基层组织进行党内生活，通过网络与虚拟社区推进党内民主，在 2000 年后，德国社会民主党还启动了“红色手机”与“红色电脑”计划，建立了涵盖 125000 个基层组织的内部信息网，并且运用网络终端发布信息，计划以争取更多的民众参与和支持。再如英国工党，从 20 世纪 80 年代开始也逐渐认识到了虚拟社区的重要作用，专门成立了“选举运动和联络委员会”负责与媒体打交道，同时工党积极组建自己的网站，广泛宣传自己的选举议题，打造工党民主团结、蓬勃有为的现代化形象。此外，法国社会党也将网络手段运用于对自身组织建设的实践中，2000 年率先在网络上创建了“法国社会党网络”，实现了中央机构与各级政府，民众在虚拟空间的平等对话与沟通，而且不定期组织网络见面会，在这样的平台上，党的领导人可以与党员、民众进行交流互动，增强认同，扩大影响，发挥着传统社会不可比拟与不可企及的优势。虚拟社区的构建，不仅是改善政党形象，增强党的影响力的需要，而且是扩大执政基础的需要，更是有效进行社会治理的需要。

（三）批判与反思：西方治理理论的内在缺陷

治理理论作为全球化与信息化的产物，日趋成为各国政府应对经济、政治、意识形态等方面变化而做出的理论探索与实践回应。但我们同样不能忽略治理理论本身存在内在的缺陷，使各国在具体操作与实践中面临难以突破的困境。

1. 治理制度的困境：多元参与与集体行动的失败

相较于政府的实质理性，市场的程序理性，治理是以第三类理性——反思理性为基础的，其要点在于将目标定于谈判与反思之间，期间通过谈判与反思进行调整，借助谈判与协商达成共识，进而建立互信，谋求合作，在“正和博弈”中实现共赢。可见，治理理论强调的是自身组织的优越性，但它却回避了反思理性内在的不确定性、私利至上等缺陷问题。若从理性经济人的角度分析，个人因为总是希望承担最小的责任，享有最大的利益而更易倾向于机会主义；若从集体行动的逻辑分析，通过协商途径解决集体成本的分担问题非常低效，成员越多，欲求“搭便车”的便越多，投机行为也越难以被察觉。而且多元参与主体之间往往文化背景迥异，秉持的价值观和道德理念也不尽相同，坚持的信仰、偏好与利益要求差异较大等，这就使得在公共治理的过程中，多元参与主体之间可能会产生分歧或矛盾甚至是冲突，达成共识就变得非常困难，这也可能导致集体行动的失败。

2. 治理系统的困境：多领域比较劣势的叠加

公共治理是通过对政府、市场与非政府组织多方力量的整合，在合作共治中发挥三者比较优势的最大化叠加，以期达到对公共事务的良治与善治。但是，如果在政府、市场与非政府组织都无法发挥作用的领域，这种合作治理的效能就大大减弱。很多国家对治理理论推崇备至，但是，它并不能取代政府进而享有合法的政治暴力，也不能代替市场进而自发、有效地配置社会资源，更不具备非政府组织的公益优势与志愿需求。所以，如果没有有效的制度设计与整合机制，治理不仅难以集合三方的比较优势，达到系统最优的效应，反而会造成三方比较劣势的叠加，导致治理的失效。

3. 治理角色的困境：钟摆中的政府元治理

作为预防治理失效的一剂良方，治理理论特别强调政府应充当元治理的角色。但是，我们知道，治理理论同时推崇治理主体的多元化，治理机制的多样化。治理理论，一方面突出政府的“元治理”角色，强调增强政府的权威与能力；另一方面却又主张“国家空心化”，倡导“没有政府的治理”，这就使政府处于一种似是而非的境地，矛盾且尴尬，“作为一个制度性子系统的政府不过是更广泛更复杂的社会的一部分，但它同时又按常规承担着保证该社会的机构制度完整和社会凝聚力的责任”。①

美国政府是由政党候选人在选举获胜后组成，因此是政党政府，但是美国的政党不对政府的行为负责，政党与政府的关系是“党”不管“政”，“政”也不管“党”，即党政分开。由于联邦制的缘故，美国的

---

① 谭英俊：《批判与反思：西方治理理论的内在缺陷》，《天府新论》2008 年第 4 期。

政党组织大体上可以划分为三层：联邦层次、州层次、地方层次。联邦层次的政党组织主要包括总统、全国委员会主席和职员，众议院与参议院的党组织，党的全国代表大会，以及党的委员会及全国执行委员会；州层次主要是接受中央委员会的指导，日常生活则是由执行主席及其职员和一名志愿者主席共同执行；地方层次主要是由市、区、投票区的政党组织构成。这一层次的政党组织是政党的基层组织，执政后的政党很多的地方治理措施都要通过这些基层政党组织加以贯彻落实。

过去的政党机器的痕迹在诸如芝加哥、巴尔的摩、纽约等还残存着，而且70%以上的2.5万以上的城市选举都实行的是非政党选举，因政党政治的不同，政党组织的形式也就各不相同。主要特征是：

（1）基层政党组织是志愿者性质的，只要有兴趣都可以参加，但是，没有官职、职位，也没有薪水和物质报酬。

（2）基层政党组织工作人员的背景复杂，种族、宗教、兴趣、专长等各不相同，这样的异质性使党内团结与和谐显得尤为困难。

（3）基层政党组织的萎缩反映了人们的政治冷漠，对基层选举保持兴趣的选民越来越少，城市中的选民投票率常常连25%都达不到，基层政党的选举结果往往是由较少的票数决定的，一些投票区的领导和代表职位甚至是自我任命，不具有公信力。

（4）基层政党组织的活动具有临时拼凑的迹象，地方党政干部行事懒散、随意，在很大程度上，基层政党组织是一种分层的、离心的制度。在美国，虽然县以下存在基层政党组织，但非常涣散。只有县和选区的基层政党组织保持着一定的影响力。州政党的中央委员会不得不与州议院的组织分享政党权力，只有全国委员会似乎是目前政党组织中最为强大的，但它的权力还是非常有限的，必须与总统的政党组织、国会的政党组织分享权力。

综上可知，美国政党组织的结构不是中央集权制或等级制，而是权力下放制或分层制，不论是横向的还是纵向的政党组织之间都不具有领导与被领导的关系或是隶属关系，各自拥有其自治权，虽然同属于一个政党的组织之间也会为了共同的目标互相妥协，做出协调，但这种协调活动本身并不具有约束性与强制性。

社会治理最基本的要义就是治理主体的多元化，在新形势下，我们必须更新观念，治理的主体不再单纯是传统社会的政府，而是包括政府在内的基层党组织和党的外围组织，各级各类民间团体以及民众等，因为柔性、包容、服务、平等、民主的状态更符合社会发展的趋势。

三 西方政党社会治理理论与实践对我国的启示

西方国家在社会治理方面的很多做法与经验值得我们去借鉴，也给我们提供了很多有益的启示，但与此同时，我们更应该结合我国国情，探索出适合我国社会治理的创新模式。

（一）强化社区治理

要促进社区治理主体的多元化，推动政府与社区成员，各类社区组织的合作，积极培育公民社会和中介组织，发挥社区多元主体的作用。我国的非政府组织较西方而言，依然存在很大的提升与开拓空间，我们目前面临的主要问题是要取消或是减少政府对非政府组织进入社区的设置障碍，政府应该给予非政府组织在社区内开展活动的积极支持。另外，非政府组织在加强自身能力建设的同时，也要通过各种渠道实现与政府的有效沟通，动员社会各方力量促进政府对于社区发展方面给予政策的倾斜以及有利于自身的改革，进而形成社区治理“不再是国家指导，而是由国家和非政府组织合作”① 的格局。

要推动社区制度创新，促进社区结构制度的自我繁殖，保持社区参与者选择规则、社区操作规则、宪法选择原则三者的有益互补，促使社区制度的自我更新与创新。一是在社区参与者之间适度分权，授予各参与者与其角色匹配的管理权、决策权、监督权与执行权。二是确认并树立共同的目标，建立政府、非政府组织与社区组织之间的合作、协商的伙伴关系，从而实施对社区公共事务的共同管理。

确立社区治理主体之间平等自愿的合作关系，借助于网络实现互相之间的沟通与协调，转变治理机制与治理理念，改革政府权力的传统行政运作方式，努力构建政府、非政府组织、社区组织、社区企业与社区成员多元互动的网络运行模式，将社区治理的垂直组织体系转变为横向

① 邹丽琼：《美国城市社区治理及其启示》，《北京城市学院学报》2009 年第 1 期。

网络组织体系，努力达成社区共识，增强社区的认同基础，充分发挥社区的自主性与能动性。

要提升社区成员的民主观念与参与意识，社区目前的居民参与意识与民主观念较为淡薄，我们必须构建各种方式，调动居民的参与热情和民主意识。建立健全社区的组织体制，完善管理制度与参与制度，政府、社区企业、社区组织、非政府组织、社区居民都是社区治理的参与者，使社区成员明确自身对于社区建设享有的参与、知情与决策的相关权利，通过增强居民的自主意识，培育居民的自发性社团，调动各方力量构建社区参与网络，增强社区间的合作与信任，实现共同利益的最大化。但是，我们一定不能忽视政府的重要作用，从西方社区治理的经验考察，即便是在那些自治化程度较高的社区，政府依然发挥着重要的作用，不论是在法律层面还是在实践层面，政府通过宏观调控牵引责任与职能这都是得到强调与认同的。这无疑对于我国社区治理中政府的定位是一个借鉴与警醒。总而言之，社区是通过政府与非政府组织、社区组织、社区居民各参与主体共同致力于社区经济的发展，社区环境的改善，社区居民生活质量的提高，最终走向“善治”的过程。我国社区的治理要求三者共同努力，齐头并进，任何一方要素的缺失都无法构建起良好的治理秩序，更无法收到良好的治理效果。

（二）打造服务型政府

从社会治理的理念来看，治理是来源于政府又不限于政府的活动，“政府的一切工作是服务，一些工作的目标是做好服务”，[①] 作为公共服务的主要提供者，政府要有效地完成社会治理，其角色更多的应是“掌舵”而不是“划桨”，政府应该提供的不仅是“管理”还应该是“服务”，我们应该构建的不是“全能型政府”而是“有限型政府”，不仅应该是“经济建设型政府”，更应该是“公共服务型政府”。

对于“服务型政府”的界定，我国学界目前存在多种观点。刘熙瑞认为，“服务型政府”就是在公民本位与社会本位的理念指导下，在社会民主秩序的框架下，通过法定的程序，按照公民的意志组建起来

① 马晓华：《我国服务型政府建设研究》，《郑州大学学报》2006 年第 1 期。

的，以为公民服务为宗旨并承担着服务责任的政府。[①] 刘熙瑞的这一界定是我国目前服务型政府研究中引用率最高、认可度最大的。中国行政管理学会课题组认为："服务型政府是指在民主政治的架构下，通过法定程序，按照公民的意志组建起来的以为公民服务为宗旨，承担着服务责任实现服务职能的政府。"[②] 不论是何种界定都不能否认，"服务型政府"是中国学者应对政府改革，引入治理理论的一项自上而下的理论创新，创新的直接动因是利益需求的变化，正如霍布斯在《利维坦》中所言："在所有进行的推论中，把行为者的行为说得最清楚的莫过于行为的利益。"[③] 所以，服务型政府的打造就是在整合社会各方利益的基础上，通过服务功能的落实更好地完成社会治理，是一项"以新的观念为指导，通过制定新的行为规则，以调整利益关系为目标的自主创造性活动。"[④] 这是西方政党的经验，也是我国政府未来努力的方向。但我国未来要构建的服务型政府应当是具有中国特色的范式，即我国的服务型政府的基本维度应包括这样的三个方面：服务型政府的文化维度、服务型政府的行为维度和服务型政府的职能维度。

美国人类学家霍尔曾说："文化决定了人的存在，表达自我的方式，行为方式，思维方式规划和建设的方式。"[⑤] 在塑造服务型政府文化的过程中，我们要积极营造其形成的内部与外部条件，内部要重视教育培训的作用，虽然我国政府公务员培训已经形成较为完善的体系，但还是有一些工作需要完善，如创新培训内容，创新培训形式，创新培训途径，努力将交流培训、学校培训、部际培训等多种方式结合起来，真正将服务型政府文化的培养与公务员的实际工作结合起来，切实为服务型政府文化的塑造提供条件。同时，政府文化建设毕竟是属于上层建筑

---

① 刘熙瑞：《服务型政府——经济全球化背景下中国政府改革的目标选择》，《中国行政管理》2002 年第 7 期。

② 中国行政管理学会课题组：《服务型政府的定义和内涵》，《理论参考》2006 年第 6 期。

③ ［英］霍布斯：《利维坦》，黎思复、黎廷弼译，商务印书馆 1985 年版，第 557 页。

④ 诺斯认为："制度是由非正式约束（道德的约束、禁忌、习惯、传统和行为准则）和正式的法规（宪法、法令、产权）组成的。"参见［美］道格拉斯 · C. 诺斯《经济史中的结构与变迁》，陈郁、罗华平译，上海三联书店、上海人民出版社 1994 年版，第 3 页。

⑤ ［美］萨姆：《跨文化传统》，陈南、龚光明译，生活 · 读书 · 新知三联书店 1988 年版，第 76 页。

的一部分，最终由经济基础决定，所以我们要积极发展市场经济，我国在十八届三中全会的决定中也明确强调要让市场在资源配置中起决定性作用，这些都可为文化的培育和发展提供良好的外部保障。

积极为民众提供公共服务，在行动中落实服务功能，可以结合我国国情，引入 PPP 模式（Public - Private Partnership），即公私合作伙伴，是提供公共产品与服务的一种新模式。英国在 20 世纪 90 年代率先提出，最初主要运用于公共基础设施的建设，之后逐渐得到广泛应用。以英国保守党代表撒切尔夫人为例，上台执政后，开始推行以“新公共管理”为主要导向的政府改革，将市场竞争机制积极引入社会治理之中，以此来优化政府的行为与职能，为公众提供更好的公共服务。工党领袖布莱尔上台之后，积极推动“投资型政府”的建设，购买私营部门提供的优质服务，不仅弥补了政府的行为不足和资金短缺，而且极大地优化了政府的服务行为，增强了民众的认同。

通过政府的体制改革，转换政府职能，是确立服务型政府的核心工作。“理想的政府影响以及干预的程度范围不能由一成不变的原则来决定，它必须尝试和失败，让经验教训和政策调整以使政府在经济中发挥最佳作用。”① 我们不仅要优化政府的职能设置，明细政府的职权领域，还要重视财政的配套安排，完善政府职能的立法体系，规范政府内的授权行为。以政府的职能转换为核心来导向设置政府机构，同时创新政府官员的考核机制，建立科学的考核指标体系，强化平时的考核工作，优化考核信息搜集方式，注重将群众公认作为考核的重要尺度，听取群众的真实意见。只有三个维度构建成功，我们才能肯定服务型政府的构建有效。

（三）重视基层外围组织的建设与创新

从西方政党的社会治理经验中我们不难发现，基层党组织的建设都是政党打造的重点内容，结合我国国情，笔者认为，我国要将基层党组织和党的基层外围组织作为政党进行党内治理与党外治理的重要结合点。

第一，要加强服务理念，推进开放式创新。在我国新的形势下，民

---

① ［美］约瑟夫·斯蒂格利茨：《政府为什么干预经济》，郑秉文译，中国物资出版社 1998 年版，第 226 页。

众由过去的“单位人”转化为“社会人”，尤其是社会阶层的分化日益明显，社会利益的诉求日益多元，不同层级的需求都渴望得到满足与回应，如果充分调动几百万的基层党组织力量，服务群众，对于政党治理无疑是极大的帮助，但是，在现实生活中，我国的基层党组织在功能的发挥上存在很多的问题，比如，体制机制的缺失、服务功能的不到位、服务手段的落后、党内民主与人民民主的不完善等，都很大程度地限制了基层党组织发挥作用的空间，所以，要积极汲取先进的经验和做法，总结基层党组织服务工作的规律，为基层党组织的运作与工作指明科学的方向，这是发挥其治理中作用的基本要求。

第二，要加强党的基层外围组织建设。基层党组织必须加强服务理念，尤其是在社会治理大环境下，基层党组织应逐步实施从单位到社会、从上至下的、从封闭走向开放的协商民主。基层党组织是最接地气的，最了解人民的诉求和愿望，最熟悉基层情况的，充分调动基层党组织党员的积极性与主动性，发挥好服务，从细微之处维护人民利益，满足民众需求，为政党治理提供最基层的稳定保障。将党的组织建设与社区组织建设等紧密结合，创新社区功能和服务方式，使之与党的基层组织互相配合，取长补短，发挥各自优势资源，通过共同努力，打造成为党员和基层民众协商沟通、共同治理的重要平台。

（四）加强社会组织的培育和创新

社会组织在西方被称为“非营利组织”、“非政府组织”，很多国家都支持鼓励非政府组织的发展，充分发挥其在社会生活与公民政治生活中的特殊职能与不可替代的作用，化解社会矛盾，维护社会稳定。多中心治理理论为非政府组织参与政府的社会治理提供了依据，政府可以通过非政府组织获得更为广泛的社会资源，极大地发挥非政府组织作为政府与民众桥梁与纽带的作用，为民众参与社会治理提供保障。不论是民主党还是共和党上台执政，美国都非常重视与广大非政府组织的合作，尤其是在诸次危机事件的处理中，非政府组织发挥出的作用使西方政府与非政府组织的合作日益加深。不只在美国和日本，在西方很多国家，非政府组织均是与政府合作的主要社会力量。

第一，要正确处理政府与社会组织的关系。目前，我国社会组织的数量、规模都得到了极大的提升，社会组织不仅是社会治理的重要主体，政府治理的有益缓冲，同时也是国家治理现代化的安全阀，社会进步的稳定器。社会组织作为政府职能转变的重要承接，在矫正市场失灵、弥补政府不足、协调社会矛盾方面有着独特的优势，社会组织一手连着群众，一手连着政府，它可以成为政府与民众沟通的渠道与桥梁，也成为政府与民众对话、交流、合作的重要平台。但是，要正确处理政府与社会组织的关系，加快推进政社职能分开，进一步明确社会组织的权责，适合由社会组织提供的公共服务和可以解决的事项，要交由社会组织承担。

第二，要为社会组织的创立提供有益条件与环境，政府要对社会组织持鼓励、支持的态度，为社会组织的创立提供尽可能多的条件和发展的有益环境。简化社会组织的成立手续，要降低社会组织的成立门槛，鼓励企业、个人积极参与社会组织的建立与运行，支持并发展志愿服务组织。限期实行行业商会协会与行政机关脱钩，重点培育并优先发展科技类、慈善公益类、行业协会商会类、城乡社区服务类社会组织，成立注册时直接依法申请登记。让所有知识、技术、管理等要素充分发挥作用，竞相迸发活力，让一切可以创造社会财富的源泉充分涌动。

（五）整合民众在社会治理中的作用

“社会整合是协调或调整社会中不同因素的矛盾、冲突以及纠葛，使之成为一个统一体系的过程或结果。”[①] 任何社会都会出现不同程度的分化，因此，为了维持社会的稳定，任何社会都需要不同程度的整合。我国传统的社会整合手段主要是依靠外在的强制力，通过实施政治动员加以维持的，强制性的社会整合使得社会成员认同度较低。随着社会的不断发展和分化，社会的异质性增加，治理主体日益多元化，建立起一个适应治理主体多元化的社会整合机制，要通过利益整合、价值整合和社会保障机制发挥民众的积极作用。

第一，要健全合理的收入分配机制。马克思指出：人们奋斗所争取的一切，都与他们的利益有关。[②] 而收入分配制度与人们的利益直接相关，分配制度是否合理直接影响着民众参政的热情与积极性，影响着社会治理的深度与广度。要建立起初次分配领域的起点公平机制，再次分配领域的有效调节机制以及第三次分配领域的制度环境机制。

---

① 吴忠民、刘祖云：《发展社会学》，高等教育出版社 2002 年版，第 102 页。

② 《马克思恩格斯全集》第 1 卷，人民出版社 1968 年版，第 82 页。

第二，要形成全社会认同的社会价值整合机制。社会主义核心价值观从国家、社会、公民三个层面进行了阐述，要让社会主义价值观成为整合社会的价值基础，必须积极创新社会主义核心价值观在民众中进行宣传与教育的手段与途径，结合民众的文化多元和思想多元的现状，运用民众喜闻乐见的形式，通过民众可见、可受、可感、可悟的多个途径加以宣传和推广，使之深入人心，转化为行动。执政党价值是社会价值的重要体现，民众对执政党价值的认同度提高了，民众的参政议政热情与积极性才可能得到提高。

第三，要完善社会保障机制。加快社会保障制度的建设进程，逐步形成城乡统筹的社会保障制度，做到服务保障与经济保障协同发展。构筑街道社区保障工作平台，通过创新途径与方式拓宽服务的领域，提高服务的水平。民众只有安居无忧地生活，只有在社会中具有充分的保障，才可调动民众参与社会治理的积极性，成为社会治理的新的主体。

总之，对我党而言，必须走出传统的“非此即彼”的执政理念与斗争思维，用创新性、建设性的观点对不同观点进行引导与整合，将潜在的矛盾与利益的博弈放在民众参与协商的公共过程之中。在借鉴吸纳西方成功经验的同时，我们要根据中国的国情，建构具有中国特色的治理机制与多元共融模式。作为全球化与信息化的产物，治理理念对政府的职能权位提出了新的要求，它不仅强调治理效度的提升，参与力度的均衡，同时凸显民主协商的有效，服务意识的更新，从而实现从传统的单向度转向新型的多元互动。无论国体与政体性质怎样，社会治理是任何一个国家都必须重视、认真思考的课题，社会治理的目标除了建立并维护社会的公共秩序，还应涵盖提升治理能力与效率，提高服务质量，增强民众的满意程度，以及强化并改善公共责任机制等多方面的内容。社会治理的规律一再表明，人类社会越是发展，社会治理的具体目标就越趋于相同。因此，增进、维护、实现公共利益，提高公共服务水平，实现社会的公平与公正是所有社会治理的共同目标。

第三章　创新社会治理中基层党组织的角色与功能

从“社会管理”向“社会治理”转变是我们党执政理念与政策思路的重大转换。在管理主体上，“社会管理”强调管理主体的唯一性与绝对权威性，而“社会治理”强调主体的多元，多方协商平等参与实现共同治理。从严格意义上讲，“社会治理”应该叫作“治理社会”，因为并不是由社会来治理，而是由多个主体对社会进行治理①，所以，我国倡导的社会治理与西方倡导的社会治理并不相同，西方“市场—政府—非政府组织”的三大社会主体地位平等，分领域、分层次合作治理，是三元并立的格局，而我国实现社会治理现代化的目标是建立“党委领导、政府主导、社会协同、公众参与”的新格局。在主体上，我国要构建的是“一主多元”结构，“一主”指的是党的领导，“多元”指的是政府、基层自治组织、企事业单位、社会组织、人民团体、公民等。在基层社会治理中，基层党组织就是多元社会治理的领导者，一定要明确基层党组织在基层社会治理中的角色和功能。

一　基层党组织传统角色的理性反思

基层党组织传统角色定位是指党组织与基层单位高度重合，领导本单位全面工作并实行集体负责制的定位模式。② 依照这一模式，基层党组织在基层单位中发挥着领导核心的作用，在实际运作中普遍存在以党代政或是党政不分的现象，但这一模式的形成具有特定的历史背景与客

---

① 刘华：《中国共产党在社会治理中的角色研究》，《现代交际》2014 年第 10 期。

② 吴鹏：《基层党组织传统角色定位的历史条件分析》，《探求》2004 年第 2 期。

观依据，深入分析传统角色的历史条件与社会背景，对于我们深化改革，在新形势下科学、有效地推进社会治理创新具有重要的时代价值。

（一）基层党组织传统角色定位是特定历史时期的需要

新中国成立之初，执政党基层党组织如何定位，怎样设置，我国并没有可以借鉴的理论与实践经验。一方面我们不可能仿照西方的资本主义模式，另一方面我们在照搬苏联的“家长制”模式后又造成了很多的矛盾与问题。在这种情况下，在充分分析中国的国情之后，1956 年召开的八大在党章中做出明确规定：在企业、农村和学校等基层单位，党组织应当领导和监督本单位的行政机构和群众组织，积极地实现上级党组织和上级国家机关的决议，不断地改进本单位的工作。[①] 之后，我们在全国普遍推行党委领导下的行政首长负责制。由此可见，我国基层党组织行政化定位的思想是源于我国实际，是从我国国情出发的首创。

（二）基层党组织传统角色定位的经济基础是抽象公有制

三大改造之后，我们逐步构建起了单一的生产资料公有制，也称为全民所有制，实际上这一所有制形式并不存在一个人格化的产权主体，只是一种抽象的公有制形式。但是在现实中我们又存在着理论与现实的困境与矛盾，从理论上，公有制的实行要求具有高度发达的生产力水平，要求具有集中的计划管理能力与民主的公共权力委托形式与之相适应。在实践中，我国当时的生产力水平却非常落后，集中的计划管理能力与民主的公共权力更是缺乏，在这种情况下，执政党顺理成章地就成为公共事务的管理者与国有资产的产权代表，基层党组织也就成为我国基层单位行政工作的领导核心。由此可见，执政党以及基层党组织的行政中心角色是我国当时抽象的公有制产权制度的历史产物，这是我国基层党组织传统角色形成的经济基础。

（三）基层党组织传统角色定位的政治基础是公社化社会管理模式

从政治角度看，传统基层党组织的领导是我国政权体制的一个缩影，因为基层单位内部设置的党、政、工三套机构实质上就是我国国家政权体系党、政、人大三套机构的摹本。这一相似度基于两个方面的判断：一是结构相似。基层工会相当于各级人民代表大会，基层党组织相当于各级政权机关中的党委，基层单位的行政机构相当于各级政府机

---

① 《中国共产党章程汇编》，人民出版社 1979 年版，第 164—165 页。

构。二是本质相似。基层工会与各级人民代表大会、基层党组织与各级政权机关的党委、基层的行政机关与各级政府机关三个对应关系中，互相履行的职能相似，地位相当。正是基层单位行政化的模式决定了基层党组织在基层单位中领导着全面工作，处于权力结构的核心地位。当时我国在农村普遍建立了人民公社，城市也是一种公社化了的治理模式，在公社化治理模式之下，所有企事业单位都处于一个公共社会中，成员共同劳动，平均分配，这种模式就决定了国家政权的运作始终关联着抽象的公共利益，但这一抽象公共利益在现实中不仅缺乏物质基础，甚至缺乏有效的利益整合机制与规范的公共权力运作，于是，寻求一个能够代表抽象公共利益的伦理化、政治强权就成为公社化治理模式的必然需求，中国共产党作为执政党与领导党，理应成为民众利益的代表与这一模式的核心。基层三位一体的权力结构模式不仅成为构筑我国传统社会政权的微观基础，也体现出了公社化治理模式的政权化特征，因此，基层党组织成为基层单位各项工作的领导核心是我国当时公社化治理模式的历史选择。

（四）基层党组织传统角色定位的社会基础是人民群众的拥护与认同

如果把基层党组织的行政化定位视为客观事实而不仅是政策定位的话，我们必须承认的是其重要的社会基础是人民群众的拥护与认同，如果没有人民群众的肯定，即便我们在政策上赋予基层党组织领导核心的地位，基层党组织也很难在实际中发挥领导核心的作用。从理论与实践层面而言，任何一种权力要高效运转并得到巩固，都不能离开群众的认同，中国共产党也不例外，在血与火的生死考验中，人民群众无数次看到了党对宗旨意识的践行，历史一次次证明着党对人民群众利益的维护与坚守，人民群众对中国共产党的拥护与认同是历史的选择，也是人民群众自己的选择。正因为中国共产党代表了人民群众的利益，人民群众认可了共产党，也就认可了基层党组织行政化的政治定位。

特定历史的条件与社会背景造就了我国基层党组织的传统角色，客观地讲，这一定位最初是符合我国国情的，对巩固党的执政地位，推进社会主义建设都发挥过积极的作用，但目前这一模式已经背离了社会与经济发展的客观规律，我国新形势下要实现社会治理的创新就必须要对这一传统角色做出转换，才能适应治理大局，不断推进并实现创新。

二 基层党组织在社会治理中的角色期待

（一）宗旨意识的践行者

发挥基层党组织的作用，是马克思主义政党特有的优势，马克思主义政党与资产阶级政党对待党的基层组织的态度是截然不同的。由于资产阶级产生于资产阶级议会之中，最初资产阶级的活动只是局限于统治阶级与议会范围，直到普通民众拥有了选举权，资产阶级才开始在选区内设置基层党组织，即便这样，基层党组织也很难真正发挥作用，因为在非选举年的生活中，基层党组织发挥的作用非常小，只有到了选举年，基层党组织的活动才空前膨胀，为拉选票而奔走呼告。相比之下，马克思主义政党对待基层党组织的态度是完全不同的，马克思主义政党的本质决定着基层党组织必须要成为党的代言人，做党的宗旨意识的践行者，积极将全心全意为人民服务落实在行动和实践中。在社会治理中，基层党组织是党的方针、政策的落实者，通过基层党组织可以把党的温暖和关怀送到千家万户中。党的宗旨是全心全意为人民服务，人民群众只有真切地感受到这种服务，才能真正拥护党，才能跟党走，社会治理的目标才能实现。

（二）群众利益的维护者

基层党组织要在基层做好党的各项工作，落实党的路线、方针与政策，调动群众，代表群众利益，赢得群众拥护，实现群众利益。早在1850年，马克思与恩格斯就在《共产主义者同盟中央委员会告同盟书》中明确指出：共产党应该使自己的每一个支部变为工人联合会的中心与核心。[①] 之后，革命导师列宁在苏维埃俄国的建党中坚持了这一原则，按照地区和生产原则设置党组织，将党组织扎根于每个学校、工厂、机关、商店、企业、乡村等社会基层单位，这极大地提高了党的战斗力，基层党组织成为领导群众，践行群众利益坚不可摧的坚强堡垒。中国共产党同样是按照马列主义的原则建立自己的政党，在第一次国内革命战争之后，毛泽东就提出要“支部建在连上”，同时指出如果不能在思想

---

① 《马克思恩格斯选集》第1卷，人民出版社1995年版。

上、组织上建好党的基层组织，党的领导作用就不会很好地发挥。基层党组织的建设既保证了党与人民群众的联系，同时也通过基层党组织维护了最广大人民群众的利益。不论是在艰苦的战争年代，还是在社会主义和平建设时期，基层党组织始终能反映人民群众的利益诉求，始终能够及时发现人民群众的疾苦，为党和政府做出有利于广大人民群众利益的决策提供参考。

（三）优良作风的示范者

党章中明确规定：共产党的每一个党员，从中央到工人、农民、知识分子党员，都要毫无例外地编入党的一个基层组织。通过基层党组织把各个行业、各个地区、各个组织中的党员都纳入了党的组织体系中，基层党组织负责对党员进行管理、监督和教育工作，在日常生活中，监督党员履行义务，保障党员享有权利，组织党员学习，执行党的纪律和决议，并且要按照党章的规定经常性培养积极分子，吸纳新党员，同时要对不合格党员做出妥善的处置，对党内的腐败分子要坚决予以清除，极大地保证了基层党员的党性修养，保证了党员模范先锋作用的发挥，在基层社会中起到引领和示范作用。当前我国发展面临许多新矛盾、新问题、新情况，大部分问题聚集在基层，表现在基层。解决好这些问题，基层党组织是关键，党组书记是核心。必须打造一支理想信念坚定、作风建设良好、群众观念浓厚、工作能力过硬的基层党组织队伍。因此，基层党组织解决基层问题的关键因素是有一支先进的党员队伍。“要让基层党组织的活动与党员的道德实践联系起来，从而使基层党组织成为党员服务社会、实践道德、净化自身的组织。”① 要不断提升基层党员干部的理论水平与工作能力，使基层党组织成为党的形象的代表，基层党员干部成为党的形象的实践者。

（四）社会稳定的维护者

在社会治理中，基层党组织处于社会的最前沿，可以充分发挥自己所处的地位与作用，掌控基层社会稳定的大局，及时发现和处理基层社会的矛盾，尽量把矛盾化解在萌芽，控制在最小化，这是实现社会治理最经济的路径。因此，基层党组织在社会治理中有着自身的独特优势，

---

① 林尚立：《基层组织：执政能力与和谐社会建设的战略资源》，《理论前沿》2006 年第 9 期，第 7 页。

必须充分发挥基层党组织的作用，调动基层党员的积极性，发挥全体党员的模范先进作用，使基层党组织成为我们社会稳定的积极维护者。在具体工作中，基层党组织要不断提高协调整合以及解决各种社会矛盾的能力，尤其面临进行重要决策和执行大政方针的时候，基层党组织的工作出发点一定要以绝大多数人的利益为出发点，坚持统筹兼顾的原则，通过协调各方利益，充分调动广大群众的主动性与创造性。基层党员要运用示范引导、说服教育和帮助服务的方法，努力做好群众工作，教育引导群众与党同心同德，患难与共，要帮助群众正确认识我们在改革中出现的一些暂时性的问题和现象，同时要不断提升应对复杂事务，困难局面的能力，通过建立科学高效的工作应急机制，妥善处理可能发生的各类突发情况，正确把矛盾解决在基层，化解在基层，通过基层的稳定打造整个社会的稳定。

（五）政党服务的提供者

政党的功能有政治功能与服务功能，建设基层服务型党组织，是基层党组织的功能要求，其目的就是使基层党组织的工作方式、领导方式更能符合群众的需求，通过不同形式的服务使基层党组织更能团结群众、引导群众、贴近群众，从而取得群众的信任与支持。随着社会的逐步发展，政党的政治功能逐渐弱化，而服务功能逐渐强化。实际上，政党政治功能与服务功能的发挥从来都是一致的。服务功能是政治功能的题中应有之义，政治功能寓于服务功能之中，服务功能体现政治功能。只有强化政治功能，才能更好地去发挥服务功能；只有强化服务功能，才能更充分、更有力地发挥政治功能，而且很多时候政治功能体现在服务功能上。所以，没有脱离开政治功能而独立存在的服务功能，也没有脱离开服务功能而独立存在的政治功能。从某种意义上讲，如果服务功能是基层党组织的根，那政治功能就是基层党组织的魂，二者统一于党的根本宗旨，统一于我们党的基层实践之中。必须坚持将服务功能与政治功能贯穿于党建的全过程，服务功能主要包括党内服务与党外服务。党内服务能力主要包括党员教育培训，生活服务与权利维护，在市场经济条件下，为党员提供服务是增强党组织战斗力、影响力与凝聚力的重要途径。基层党组织需要改变过去行政化的思维方式，承担起组织党员和管理党员的功能，把服务作为加强党员教育的切入点与突破口，做到既督促党员奋发有为地工作，监督党员对自身义务的履行，又能为党员提供各种帮助与服务，充分调动起党员的积极主动性，发挥先锋带头作用，使党员能感受到党组织的温暖，将热情寄予工作之中。党外服务主要是通过党员联系群众这种最紧密，最经常的方式，为群众提供全方位、经常性的服务，使之成为建设服务型基层党组织的主要抓手和载体。与此同时，要积极盘活党的各种组织资源，整合党的群团组织、行政党务、社会组织与经济组织等多方力量，调动各方的积极性和创造力，使之共同参与到社会治理与服务中来，形成强大的服务合力，不断将党的动员能力与组织优势转化为社会建设的动力，更好地服务民众，服务社会。积极完善党组织的服务制度，实现服务型党组织的规范化、常态化，努力形成系统性的操作体系，努力提高党员工作队伍的整体素质，按照“精选、严管、强训、优出”的思路，确保基层党组织的工作人员有良好的思想素养，政治上过硬，具有多方面的能力与广博的知识，在具体工作中游刃有余，收到更好的效果。基层党组织是政党服务的“推进器”①，基层党组织要以党内关怀为机制引领，带动各级党政机关关怀基层党组织，基层党组织关怀党员，党员关怀群众以及社会各级力量关怀困难群体，形成上级关怀下级的层级递进局面，在这个过程中，基层党组织要发挥自身的服务功能，将党的力量充实起来，将党的影响力扩大，通过关怀群体，服务群体发挥组织联动作用，以资源社会化、党群一体化以及载体多样化形成良性互动的服务格局。

（六）信仰教育的主导者

改革开放以来，基层党组织对群众的信念教育方面取得了很大成效，但是，我们也要清醒地认识到，一些基层党组织缺乏吸引力与凝聚力，放松甚至是放弃对群众在信仰方面的教育和引导。这是非常危险的，充分发挥基层党组织在信仰教育中的主导作用，不仅是中国社会变革和政党执政的必然要求，而且是我们解决改革与社会面临诸多问题的重要保证。

群众精神信仰出现的新变化决定着基层党组织必须发挥在群众信仰教育中的主导作用。随着我国改革开放的持续推进，经济领域的进步在政治领域、思想领域、社会领域都产生了极大的影响。经济成分和经济

① 朱进芳：《论创新社会管理中基层党组织的功能转换与实现路径》，《大连干部学刊》2011 年第 12 期。

利益的多样化，生活方式与社会组织形式的多样化，就业形式与就业岗位的多样化都会相应地引起群众在价值观念、思想认识乃至精神信仰方面的变化。我国的民主政治不断进步，群众的民主意识也日益增强，民主公开的政治氛围为群众在信仰方面提供了更多的选择空间与自由，为群众认识与对待信仰方面的问题提供了较为宽松的心态氛围和意识环境，这就使我们需要面临两种趋势：一种是向积极的方面转化的趋势；另一种是向消极方面转化的趋势。基层党组织作为了解群众思想变化的最前沿，必须对形势做出正确的判断、预估与反应，充分发挥政治核心作用，加强对群众在信仰方面正确的引导与教育。

我国社会发展出现的新变动决定着基层党组织必须在群众的信仰教育中发挥主导作用。传统思想的遗留，西方思想的渗透，群众意识的多元等都决定着我们在意识形态领域斗争的长期性与复杂性。基层党组织作为党的信仰的集中体现者，始终肩负着宣传党的正确主张、抵制不良影响、用无产阶级思想占领思想阵地的政治任务。人的思想与信仰不会自发形成，而是要靠教育与引导，基层党组织在这方面必须发挥出自身的作用，对群众进行耐心细致的信念教育，用积极的精神风貌，用崇高的精神信仰，用先进的思想文化教育引导群众，努力成为引导群众信仰良性发展的强大推动力。

中国未来的发展趋势决定着基层党组织必须在群众的信仰教育中发挥主导作用。随着国家实力的不断增强，在国际舞台上将会发挥越来越大的影响力，一个民族要屹立于世界民族之林必须有自己的精神文化，这样才能鼓舞民心，凝聚力量。如果一个国家与民族没有共同信仰作为精神支柱，就会出现思想混乱、道德滑坡、行为失范、信仰动摇，甚至会影响到社会的稳定。所谓“基础不牢，地动山摇”。基层党组织处于基层的政治核心，保持基层的稳定是保持社会稳定的基础。所以基层党组织必须在群众信仰教育中发挥主导作用，统一群众的思想认识，提高群众的思想觉悟，引导群众树立正确的价值观。要教育和引导群众从国家发展的大局出发，以民族的自豪感与荣誉感为动力，坚定对马克思主义的信仰，增强社会主义的信念，增加对党和政府的信任。

因此，基层党组织必须加强自身建设，坚持正确的舆论导向，保持党组织的先进性，创新教育的方式方法；通过在基层开展扎实、艰苦、细致的工作，并结合基层实际工作，将信仰教育融入基层的改革和发展中。要贴近群众的生活与工作，把信仰教育与解决群众关心的实际问题结合起来，增强信仰教育的说服力，积极引导群众形成正确的信仰并坚定走下去的信心与决心，形成强大的凝聚力。

三　基层党组织在社会治理中的行为自觉

我们党的根本宗旨是全心全意为人民服务，执政理念是立党为公，执政为民。建设服务型基层党组织，根本意义在于赋予基层党组织更多的权力职能，使服务成为基层党组织区别于其他社会组织的一种属性、一种特质，使服务成为基层党组织的自觉行为和本能举动，避免只拘泥于口号，让服务理念真正落到实处，要实现服务功能的长效化、稳固化，从这个意义上讲，建设服务型基层党组织是实践中的创新。

（一）基层党组织的价值取向是为人民服务

牢固树立自觉的服务意识，是建设服务型基层党组织的思想基础，把服务型基层党组织的管理职能转变为服务职能，把为民服务，为民谋利作为基本职责，将基层党组织作为凝聚群众、团结群众的有效途径。通过教育启发、深入基层、扶贫助困，在共同的生产和生活中实现联系群众机制的常态化、长效化，不断巩固党的执政基础。

强化基层党组织"以民为本"的价值取向。我们推进的社会治理现代化不仅坚持了人民主体地位这一中国共产党和社会主义国家的政治根本理念，同时提出了"以民为本"的执政新理念。"民"是我们执政的根本，这不仅是我们共产党人的宗旨意识，而且也是我们执政的力量之源。共产党人只有人民的利益，没有任何自己的私利可言。基层党组织是接触群众的最前沿，不仅是执政党践行群众利益、维护群众利益，解决民生问题最根本的依赖，而且是执政党了解、把握、反映群众情况的最基层力量。基层党组织广泛接触群众，了解群众的苦衷，是群众具体信息的掌握者。了解群众真实情况，在实际工作中就能有的放矢，有针对性地开展工作，最大限度地维护群众利益，体现我们党的宗旨意识，在实际行动中落实"以民为本"的为人民服务新理念。

（二）基层党组织的道德指向是清正廉洁

将基层党组织打造成优良党风的榜样与典范，是我们塑造政治新常态的必备条件。政治新常态是“对国家政治生态的重新倡导与构建，它是一个地方政治生活现状以及政治发展环境的集中反映，是党风、政风、社会风气的综合体现，核心是领导干部的党性问题、党悟问题、作风问题”。[①] 能否构建政治新常态，不仅事关地方的党政形象，而且事关人心的向背，不仅事关当下，而且事关长远，不仅是一个地方经济与社会发展环境的重要标志，也是反腐倡廉成效的重要表现。在构建政治新常态的过程中，作为党的前沿阵地与战斗堡垒，基层党组织的重要性日益凸显，新的态势对基层党组织提出了新的要求。

基层党组织与基层党员处于党的建设与社会建设的第一线，直接决定党的形象，是党的形象的代表者。在群众的心目中，始终存在“群众看党员，党员看干部”的标准，基层党组织必须加强对党员的教育和引导，坚持以新形势下党的作风建设的新要求规范引导党员，坚持与时俱进、求真务实的思想作风；坚持理论联系实际的马克思主义学风；坚持真抓实干、争创实绩的工作作风；坚持密切联系群众的领导作风；坚持谦虚谨慎、艰苦奋斗的生活作风。在群众心目中树立良好的执政形象，将贪污腐败分子清除出基层组织，这不仅是对政治新常态的最前沿的打造也是最基本的践行。

（三）基层党组织的行为指向是率先垂范

基层政治是政治生态面貌的集中反映，是国家政治生活状况的具体表现，是广大人民群众对国家政治生态的真实体验，具有重要的影响力，基层党组织必须坚决贯彻和执行党的路线、方针和政策，在全社会起到上率下行的作用。基层党组织是基层政治生态的领导者、代表者、体现者和践行者，基层党组织在基层政治生态创建中责任重大，任务艰巨。这就要求必须切实增强基层党组织对党的政策的贯彻力与执行力，真正把党中央的路线、方针和政策落实到基层。基层党组织集中了社会各阶层的精英力量与优秀分子，是党的方针政策在社会各层面落实的坚强保证。随着社会的进步与发展，各类社会团体与社会组织大量涌现，他们都在社会发展中发挥着不可替代的作用，基层党组织作为党在基层的战斗堡垒要努力引导规范各级各类社会组织在国家政策法律与法规的

---

① 栗战书：《科学发展要有好的政治生态》，http：//news. cnwest. com/content/2011 －03/09/content_ 4240077. htm，2011 年 3 月 9 日。

范围内行动，同时能够在践行国家政策与保障民众利益方面走在前头。这同时需要加强基层党组织的执行力，基层党组织的执行力是指基层党组织对党的路线、政策、方针以及上级组织的相关要求与具体目标贯彻落实的能力。这是巩固党的执政地位的重要保证，也是加强党建的根本任务。加强基层党组织执行力建设，必须要处理好与上级党组织的领导力，与党员个人的执行力，党内民主与集中以及党政之间、党群之间的不同层级的关系。基层党组织要与时俱进，通过各种努力加强对党的方针政策的落实与执行，做到“于外善治，于内长安”①，应对不断出现的各种新问题，迎接各种新挑战，大力提高基层党组织的执行力，切实打造一支特别能战斗，特别能吃苦的基层组织队伍，真正使党的方针政策落到实处，为民所用。

四　社会治理创新模式中基层党组织的功能

任何政党都具有自己的功能，从宏观上讲，“政党功能实质是政党围绕自己的奋斗目标，作为具有一定结构的系统整体而存在，当系统整体与外界环境相互作用时，党的组织，党的制度与活动方式所具有的适应环境，改造环境，维持自身生存与发展的积极属性。”② 就宏观而言，各级党组织的功能是不一样的，尤其作为我们这样一个有着多重管理层次的国家，即便是处于同一层级的党组织，其功能表现形式也不完全一样。如乡镇、街道、村、社区的党组织其功能更多地体现为领导核心，而集体企业与国有企业中的党组织其功能则更多地体现为政治核心。我国必须在坚持党的自上而下的统一领导前提下，体现不同层级、不同领域的党组织的不同的具体的功能。基层党组织作为“党的路线方针的贯彻者、践行者与推动者，是党在基层全部工作和战斗力的基础”。③

---

① 张静音：《增城市国税系统提升基层党组织执行力水平研究》，硕士学位论文，兰州大学，2013 年。

② 中共安徽省委党校课题组：《改革开放以来农村基层党组织的功能调适及启示》，《中国延安老年干部学院学报》2009 年第 1 期。

③ 周多刚、徐中：《服务型基层党组织建设的内涵、现状与对策》，《党政论坛》2013 年第 3 期。

社会主义建设事业要不断发展，基础在基层，而基层的关键又在于基层党组织，基层党组织工作做得怎样，作用发挥得如何，直接关系到党的执政基础与执政地位。党的十八大报告明确指出："以服务群众、做群众工作为主要任务，加强基层服务型党组织建设。"

（一）领导功能

基层党组织是党的肌体的细胞，是党的基础，是全部工作的落脚点，党的方针政策要通过切实有效的基层党组织工作，去组织群众，团结群众，领导群众贯彻落实。广大群众的愿望、呼声与诉求要通过基层党组织反映到党的领导机关上来，而中国共产党对国家和社会的领导，要通过基层党组织的堡垒作用和党员的模范作用体现出来。作为执政党，中国共产党在社会治理中是领导核心，而基层党组织既是党执政的组织基础，也是进行社会治理的领导力量。是执政党在社会治理中发挥领导作用的具有首要地位的政治组织。

第一，基层党组织要对基层社会治理的发展方向发挥领导作用。在基层社会治理的发展方向上，基层党组织发挥着重要作用，甚至是发挥着决定性的作用，主要体现在两个方面：一方面，基层党组织必须准确清晰领会上级党委的发展规划、发展要求与发展方向，本着落实上级党委的精神，结合基层实际发展情况，制定出基层社会治理的发展思路，确立符合本地实际的发展目标；另一方面，基层党组织要对基层情况有详尽的了解，对基层社会治理的信息做出汇总，为调整基层社会治理的发展方向提供现实依据。基层党组织对基层社会治理发展方向的决定性作用保证了我国社会治理的发展方向。在现实中，我国的基层党组织之所以不能充分发挥自身的作用与优势，很大一部分原因是在于基层党组织没有客观翔实地把握当前社会治理的相关信息，难以在实际操作中根据基层社会的发展变化及时调整社会治理的方向，最终导致基层党组织的作用不能得到有效与充分的发挥，也难以达到社会治理的最佳效果。当然，要加强对社会治理发展方向的领导作用，基层党组织必须首先要充分学习和了解当前我国社会发展的基本状况，将党的理论与当地实际结合起来；其次，基层党组织对本单位的思想政治工作要进行统一领导，对本单位的重大问题要参与决定或做出决定，依照党管干部的原则，承担管理干部的责任，对妇联、工会等社会组织实施领导。

第二，基层党组织要对社会组织的发展起到领导作用。随着社会的日益进步，公民的权利意识也在逐渐觉醒，公民对自身权益的维护有了更规范、更有秩序的途径与方式。近几年来，我国的社会组织呈现出几何级的增长趋势，作为我国社会治理的重要组成部分，在当前的社会治理中发挥着协同、缓冲的作用。如果基层党组织缺乏统一的领导核心，其组织的发展与活动的开展就可能偏离我国社会发展的主轨道，一旦组织信念发生变化或是受到其他非法社会组织的鼓动和影响，还可能会给社会带来巨大损失。因此，在发展方向上，基层党组织必须发挥对其他社会组织的领导作用，保证其发展目标的可行和发展方向的正确。基层党组织要发挥这一作用，主要有三个路径：一是按照覆盖原则进行组织建构，实现对其他社会组织的覆盖是发挥基层党组织领导作用的前提；二是按照影响力的原则，建立健全基层党组织的外围组织，在具体工作中实现内外互动、配合，协同完成社会治理各项工作；三是按照有效性原则推进组织的运作，尽可能发挥资源与人力物力的效力，保证组织各项工作的高效完成。

第三，基层党组织要落实党的路线、方针和政策。基层党组织领导的最基本途径就是通过党的路线、方针与政策来实现。从我国社会治理的趋势来看，未来的社会治理将是全民的社会治理，目前我们进行的各项创新都是顺应这一趋势的。在这样一个大趋势下，基层党组织要发挥其在社会治理中的领导作用就不可能是通过大包大揽几乎所有的社会事务与行政事务来实现，基层党组织在社会治理中要发挥的领导作用应当是一种软实力的领导，即通过制定正确的路线方针与政策，规划社会治理的目标与方向来实现。通过这一途径将其他社会组织与公民吸纳在基层党组织周围，团结社会组织与公民共同参与社会治理，没有这一保证，基层党组织就会丧失对社会治理的领导性。发挥党对基层社会的正确领导，就要求基层党组织必须要保证其制定的路线、方针和政策的科学性，前瞻性与合理性；要做到这一点，又必须通过基层党组织了解基层社会的实际，使党的政策符合基层社会的实际。这样才能保证基层党组织的领导实效，才能充分发挥基层党组织的领导作用。

（二）协调功能

马克思主义政党是代表绝大多数人的利益的政党，除了人民的利益没有自己的私利，这一本质特征，“使得我们在协调各种社会矛盾关系、整合不同群体利益的过程中，处于十分有利的主导地位”。[①] 基层党组织处在改革开放和社会主义建设的第一线，置身于最广大的人民群众之中，所以我们必须了解把握新形势下社会出现的新问题、新情况，在科学分析人民内部矛盾的前提下，发挥好协调功能。在今天利益诉求日趋多元化的社会转型期，民众的诉求不断增长在一些地区甚至出现爆发式状况，如果没有合理合法的表达渠道，民众可能会采取其他参与方式，如果处理不当可能会出现参与危机，基层党组织直接面对着群众利益的分化与冲突，对群众的诉求有较多的了解与把握，基层党组织可以在利益表达、诉求与协调中发挥重要作用。基层党组织要通过民主协商平等对话的方式，通过协调各种主体之间的利益关系，增进双方的理解与沟通，跳出矛盾纠纷，化解冲突与争端，这是新形势下基层党组织的重要功能取向与目标。

第一，基层党组织要协调处理好党组织与其他组织之间的矛盾关系。党组织处于各项工作的核心，在具体工作的开展中，可能会与其他社会组织发生一些摩擦矛盾或是工作中的冲突，有时是核心工作与中心工作的冲突，有时是利益关系的矛盾，有时是工作协调方面的问题，在这种情况下，基层党组织就要充分发挥整合能力，本着服务大局的理念，与其他社会组织协调好，配合好，服务好，通过处理、协调矛盾，理顺各组织之间的关系，从而实现工作效率的最大化。

第二，基层党组织要协调处理好社会组织之间的矛盾关系。随着社会的不断发展，各级各类社会组织不断涌现，社会组织的成立一般是基于某些共同的兴趣爱好，理想追求，社会责任担当或是共同利益，一个社会组织一般而言只承担一项主要的社会职责，掌握的主要是一个方面的人力资源，他们可以依赖自己掌握的优势为社会提供某一方面的服务。我国目前非常重视社会组织的发展，我们也积极鼓励公民参与到社会组织中去，而且可以通过社会组织维护自己的权益，达成自己的愿望要求。但是，不同的社会组织具有各自不同的功能与工作，在实际工作中，一旦发生交叉又不能很好地协调解决，这个时候就需要基层党组织发挥自身的功能与作用，从中做好协调工作，利用自己可以调动的资源为各类组织提供便利与条件，努力促进社会之间的协调配合，各尽其

---

① 范俊彦：《强化基层党组织的功能》，《理论探索》2004 年第 2 期。

职、各司其职，为社会治理大局做出各自应有的贡献，发挥自己应有的功能。同样，我国社会组织的发展壮大并不是无序无规的，否则必将导致社会的不稳定，政治局面的不安定，我国政府鼓励非公有制经济的发展，也希望他们能通过自身的发展带动其他社会组织。对社会组织而言，要成为社会治理的主体，担当社会治理职责的关键是其掌握的社会资源。但是如何科学有序地引导其他社会组织的发展，并且处理好社会组织之间的矛盾关系成为当前党建工作的重要课题。

第三，基层党组织要协调处理好不同群体之间及群体内部的矛盾关系。随着社会的日益进步与分化，社会阶层出现多样化，在利益诉求上也发生了很大的分化，如果处理不好民众之间的矛盾，就会影响社会的安定团结与工作生活。在这种情况下，基层党组织就要充分发挥自身优势与职能，在群众间做好协调整合工作，找到群众利益的最大公约数，尽可能为群众提供便利，保证各阶层群众的利益得到落实，体现社会的公平公正。在协调过程中，基层党组织必须要认真处理好人民群众共同利益与特殊群体利益、群众的长远利益与当下利益、个体利益与集体利益等关系，形成科学有效的诉求表达机制与利益协调机制。

（三）服务功能

服务型基层党组织建设具有自身的理论内涵与依据，我们要让基层党组织的服务功能日益完善，必须首先回答“服务性基层党组织是什么”的问题，根据中央做出的关于基层党建的相关要求，再结合我国一些地方的实践经验，我们可以将“服务型党组织”界定为：秉承党的宗旨和执政理念，把服务作为工作载体，通过服务来提高党在基层的领导力、管理力与凝聚力的党组织。这既有充足的实践经验，又有充分的理论依据。

在不同的历史时期，基层党组织发挥着不同的功能，革命战争年代，基层党组织的主要功能是宣传群众、动员群众和组织群众。计划经济条件下，基层党组织的主要功能是对群众进行行政管理，在当时“单位制”的背景下，基层党组织是各项工作的管理者，掌握着本单位重大问题的决策权与干部的任免权，同时领导本单位的政治活动与生产行政，通过对行政事务的深度管理与行政介入发挥影响。改革开放以来，基层党组织的政治环境发生了很大的变化，传统“单位制”的瓦解，社会组织的涌现，社会流动性的加大，群众对基层党组织依赖感的减弱等都对基层党组织提出了新的课题。传统的以单位为依附的基层党组织按照旧有的行政方式组织群众、管理群众已经再难收到过去的效果，同时群众的诉求在不断变化和提升，这就使得基层党组织要发挥影响力的难度加大，要继续发挥核心作用，基层党组织就必须改变传统的观念，实现工作方式的转型升级，使得自身的工作紧紧围绕服务改革、服务发展、服务群众、服务民生、服务党员来开展。

党的十八届三中全会提出了全面深化改革的目标与任务，基层党组织作为基层全部工作的基础，担负着一项重大的政治任务便是服务于改革大局，在改革中体现其战斗堡垒的作用。基于此，基层党组织的主要工作应该围绕以下三个方面展开：

第一，落实党的改革目标。基层党组织要在基层工作中真正落实党改革的总目标，主动支持各项改革，尤其是与群众利益密切相关的民生问题，如弱势群体社保制度的落实、农民各项财产权利的保障、农业经营体系的完善等，使这些惠民政策在基层得到切实有效的落实与执行。

第二，配合改革大局做好群众的思想工作，改革涉及的是利益的重新分配，在改革的过程中可能会触动原有的利益格局，这就需要基层党组织提前、适时做好群众的思想工作，提高服务改革大局的意识与集体观念，教育、引导群众正确对待改革中的利益变化与得失，努力赢得群众对改革的最大限度的支持。

第三，做好改革涉及的利益群体的协调工作。协调各方利益是基层党组织的一项重要职能，这是维护社会稳定的重要一环，减少改革的阻力，保证我们经济、社会、政治等各项改革都能顺利开展，同时要尽可能使广大群众同享改革的发展红利。在当前的形势下，我们要解决现实中的很多问题，发展是关键，在群众致富的道路与过程中基层党组织要充分发挥引领作用，搭建致富平台，顺畅致富渠道，充分调动各方力量，破解阻碍致富的难题，突破阻碍致富的“瓶颈”，把党的各项惠民政策落到实处，做出实效。

拥有正确的群众观是做好服务工作的根本与前提：一是要在价值观上体现群众观，以群众赞成不赞成、高兴不高兴、拥护不拥护、答应不答应作为我们想问题、做决策的出发点与衡量标准；二是要在工作目标上体现群众观，基层党组织要把实现好、维护好、践行好群众的根本利益作为我们工作的最高宗旨加以贯彻落实；三是在服务方式方法上体现群众观，把群众最需要的、最急迫的利益诉求作为优先解决的问题，讲究服务的方式方法，从而收到更好的服务效果。民生是社会发展与改革的根本，尤其是弱势群体更应该成为我们民生工作的重点，重点服务好特困家庭及家庭成员的就业扶持工作；城乡困难群众的生活保障工作；经济困难与进城务工人员子女的上学教育问题；特困人口的医疗保障工作等，基层党组织通过对困难群体的服务与帮助，实现社会的公平与正义，增强党组织的影响力与感召力、凝聚力。

党章明确规定，要把服务党员作为基层党组织的一项基本职能来抓，为党员提供服务，这也是增强党组织的凝聚力与向心力的内在要求。一是维护党员的民主权利，使党员的选举权、被选举权、参与权与知情权得到最大限度的享有；二是解决好党员的实际生活困难，排除党员工作的后顾之忧，体现人文关怀，对于生活困难的党员、因病致贫的党员、在艰苦环境工作的党员在需要的时候能够得到党组织的帮助与关怀，能够体会到党组织的温暖，增强党员的荣誉感与归属感，这也是基层党组织在工作中必须把握的方面。

（四）纽带功能

纽带功能是指基层党组织作为联系政府与群众，党与群众，政府与社会组织的重要中介，基层党组织从事的是直接的社会治理活动，党与政府参与社会治理的实质是以基层党组织为依托，与社会互动共进。如果党中央与政府直接参与社会治理，成本极高，而且一旦缺少中间的缓冲环节，很容易造成群众与国家政治体制的直面冲突与矛盾，给党和政府带来难以预测的损失和很多不必要的麻烦。基层党组织直接从事社会治理的相关活动，是社会治理创新的重要依靠力量，尤其是在联系双方发挥纽带作用方面，尤为明显。

第一，基层党组织是联系党和群众的重要纽带。基层党组织作为党的组织基础，是党的前沿阵地与战斗堡垒，党的力量发展必须依赖于基层党组织的发展壮大，党的目标的实现，也要依靠各基层党组织的具体目标的实现。基层党组织成为党与群众相联系的纽带主要原因如下：

一是基层党组织扎根于基层，是获取社会治理与社会建设情况的重要信息来源，基层党组织基本都是由当地优秀的党员干部，党务工作者或是来自企业、部队与高校的优秀党员、干部组成，他们对决策的情况有着深入透彻的了解与感悟，对基层的情况把握得较为具体和准确，掌握的几乎都是基层的第一手资料，这些真实有效的数据与信息可以成为上级党组织制定目标和决策的重要依据。

二是基层党组织是传达和执行党的路线、方针、政策，引导人民群众参与社会治理实现党的目标的重要纽带。党对基层的领导实际上就是通过基层贯彻实现党的目标的过程，而基层党组织又是通过对人民群众的引导参与社会治理实现党的目标。基层党组织是党的具体工作的执行单位，也是党的声音的传播者，基层党组织在接受党的领导的过程中还会针对当前的基层实际进行必要而有益的改进与调整。

三是基层党组织可以向上级及时准确地反映人民群众的利益诉求与愿望表达，基层党组织不仅是党的组织，也是代表人民群众利益的组织，基层党组织通过向上级反映人民群众的愿望与呼声，对党的路线、政策、方针产生影响，进而更好地维护人民群众的利益，尤其是随着社会的日益进步，人民群众的利益诉求日益多元，基层党组织这一功能的发挥尤为凸显。

第二，基层党组织是联系政府和群众的重要纽带。在现代管理体制下，政府是社会治理的主要负责者与承担者。政府对社会治理创新应该有责任担当，但是政府也应该积极创造条件发挥群众在社会中的应有作用。社会治理不应该单纯是政府的事情，而应该是全民的事情，所以，如何把政府和群众在社会治理中密切联系起来，基层党组织应该起到作用。基层党组织担当纽带功能，不仅可以将政府的决策正确地传递给民众，而且可以成为社会治理创新的试点，还可以作为缓冲，使人们的不满能够得到宣泄，成为缓和政府与群众矛盾的中介。

第三，基层党组织是联系执政党与其他社会组织的重要纽带。是把各个社会单元连接在一起的重要纽带，它不仅可以成为联系党委与群众、政府与群众的重要纽带，而且可以成为党委、政府与其他社会组织的重要纽带。基层党组织成为党委、政府与社会组织的纽带是指，基层党组织可以发挥自己的地位与优势，调动各社会组织的积极性与优势资源，通过对资源的整合与协调服务于社会治理，进而创新社会治理。社会治理的创新需要各种资源的投入，非政府组织只能负责其中一个方面的社会治理工作，要进行整体社会治理的体制创新，变革社会治理的方式方法，就需要基层党组织发挥这方面的功能，将各种有效社会资源加以调动，整合与协调。发挥基层党组织这一优势作用，不仅可以发挥社会组织的优势作用，还能够有效、规范引导他们参加社会治理，确保他们在社会治理创新中的作用充分展现。

第四，基层党组织还具有行为指向功能。基层党组织是“反腐倡廉的第一道屏障，是党组织纯洁的过滤器”。[①] 努力将基层党组织打造成为反腐倡廉的先锋队，通过多种方式夯实党员干部的法律法规知识，使党员干部时刻牢记党的宗旨和性质，用正确的思想影响引导党员干部，使他们树立正确的人生观与价值观，明辨是非，分清善恶，每一个人都从自身做起，抵制腐败，拒绝腐败，让腐败没有容身之地，发展之所。坚持以新形势下党的作风建设的新要求规范引导党员，坚持与时俱进、求真务实的思想作风；坚持理论联系实际的马克思主义学风；坚持真抓实干、争创实绩的工作作风；坚持密切联系群众的领导作风；坚持谦虚谨慎、艰苦奋斗的生活作风。

社会治理是基层党组织承载的基本功能，《中国共产党党章》规定，党是由中央、地方和基层组织构成的，在权力结构中我们遵循的是全党服从中央，下级服从上级，但在党内政治生活中，党的各级组织遵循的是民主平等原则，党中央决定的是国家的重大决策问题，地方与基层党组织就本地区、本部门的事务做出决策，从中央到地方的党组织结构，是我们党行政功能、政治功能与社会功能的分层逐级地履行。但是在政府体制外的党组织，其政治权力明显弱化，社会权力凸显。所以，从结构上不难看出，“中央持有大量的政治权力，地方组织次之，而作为基层党组织几乎是没有政治权力”。[②] 换言之，越是延伸到地方的党组织，其政治功能越弱；相应地，其行政功能与管理功能越强。基层党组织没有相应的政府权力可以结合使用，但是，就党章对党组织的相关规定来看，则意味着基层党组织承担了政党的一部分社会功能，所以，从这个意义上讲，社会管理是基层党组织承载的基本功能，尤其是在新形势下，要加强和创新社会管理，这必然将对基层党组织的功能发挥提出更多的标准和更高的要求。

---

① 杨润良：《充分发挥企业基层党组织的作用》，《现代企业》2005 年第 1 期。

② 谭云勤、谭琪红：《从社会管理视阈看农村基层党组织的功能强化问题》，《理论导报》2011 年第 10 期。

第四章　创新社会治理中基层党组织面临的问题分析

截至2015年年底，我国的基层党组织达到440.4万个，比上年增加10.2万个，增幅为2.4%。传统领域基本实现党组织全覆盖，新兴领域党的覆盖面进一步扩大。全国7448个城市街道、3.3万个乡镇、9万个社区（居委会）、58.4万个建制村已建立党组织，覆盖率均超过99%。23.5万个机关单位已建立党组织，占机关单位总数的99.6%；50.8万个事业单位已建立党组织，占事业单位总数的90.7%。19.5万个公有制企业已建立党组织，占公有制企业总数的90.8%；162.7万个非公有制企业已建立党组织，占非公有制企业总数的58.4%。11.5万个社会组织已建立党组织，占社会组织总数的41.9%。就整体而言，基层党组织的发展状况是良好的，要求是相对严格的，工作上是比较认真的，制度是逐步完善的，但是，我们不能忽视当前在基层党组织中存在的一些问题，这些问题已经成为影响基层党组织发展，甚至是影响党的执政能力建设的制约因素，“一个执政党如果不能把党建设好，把国家治理好发展好，尽管有悠久的历史，丰富的经验，广泛的影响，也为人民做过不少好事，照样会毁于一旦”。①

一　创新社会治理对基层党组织的新要求

基层党组织在发展过程中存在着诸多问题，必须引起我们党自上而下的重视，这不仅需要内部的发展与调节，同时需要外部的保障与配合。因为基层党组织是党全部组织的基础，如果基层党组织自身出现了

---

① 邢贲思：《对建设马克思主义学习型政党的几点认识》，《求实》2010年第5期。

问题，那它将会对党的整体建设，执政基础产生严重影响。所以，我们要积极动员各方力量，对基层党组织工作进行有目标、分步骤的改进和调整。社会治理创新是新时期实现国家治理体系和治理能力现代化的要求，作为基层社会治理的关键要素，基层党组织必须适应社会治理的新要求，积极参与社会治理创新，主动承担社会治理的职责，在处理社会矛盾方面发挥自身作用，真正成为构建社会主义治理体系的支柱力量与领导核心，对于增强基层党组织在人民群众心目中的地位与作用，发挥基层党组织优势作用是大有裨益的。

（一）提升领导水平，发挥领导核心的作用

党的执政基础是最广大人民群众的拥护，牢固的执政基础是社会主义事业建设与社会治理创新的根本保证。不断提高基层党组织的领导水平与执政能力，是巩固党的执政基础的重要保证。执政党是社会治理创新的领导核心，基层党组织作为党在基层的代表，只有正确贯彻党的路线、方针与政策，具备较高的领导能力，才能真正起到引领、示范与促进作用。党的领导水平不仅关系到“四个全面”战略布局的实现与否，而且关系到中华民族伟大复兴的兴衰成败，因此，在社会治理创新中，基层党组织必须适应新形势，转变旧观念，把提升基层党组织的领导水平作为工作的第一要务，真正发挥好领导核心作用。

要提高基层党组织的领导能力，处理好基层的社会治理问题，必须打造一支高水平的领导队伍。要重视对基层领导的培训与教育，采用多种手段提升基层领导的政治理论教育水平，尤其是社会治理知识与能力的培训，灌输引导基层领导将先进的工作理念运用到基层的实际工作中去，提高基层党建工作的科学化水平。同时，我们要重视基层党组织干部的储备，注重后备干部的选拔与培养，发展优秀党员，努力将优秀的人才吸引到基层党员队伍中来。党的各级上级组织也要定期将优秀党员干部选派到基层，协助基层党组织的各项工作。鼓励退居二线，精力充沛的领导干部发挥余热，提供经验与方法，共同推进基层党组织工作的有效进行。

发挥基层党组织在社会治理中领导核心作用，必须勇于承担职责，在工作实践中提升自己的能力，在服务群众、团结群众、解决问题和化解风险中增长才干，进而为基层党组织的建设提供良性保障。提升基层党组织的领导能力，必须加强基层党组织的建设，基层党组织建设的内

容丰富，涉及思想建设、组织建设、作风建设、制度建设以及反腐倡廉建设五大领域，但其最终是落实在对党员的建设上，落实在对党务工作的推进上。在具体的社会治理实践中，很多基层党组织的工作没有得到真正有效落实，基层党组织几乎成了收党费、贴通告、发任务的代名词，这不仅使基层党组织失去了其真实的组织意义，也使基层党组织日渐脱离群众，对于党的建设与执政而言，这是非常危险的。所以，基层党组织一定要主动承担社会治理的职能，只有这样，才能够让基层党员干部和党务工作者更多地了解社会治理，接触社会问题；能够让基层党员干部和党务工作者在解决问题的过程中锻炼工作能力，树立为民服务的理念，增强为民执政的意识；能够让基层党员干部和党务工作者重新回到社会治理的中心位置。这不仅有利于从根本上改善基层党组织的社会地位，有利于加强基层党组织的自身建设，而且有利于为基层党组织的建设提供保障，从而提高党的执政能力，降低党的执政风险。

提高基层党组织的领导能力，必须在工作实践中锻炼分析问题、解决问题的能力。这就要求基层党组织积极解决社会矛盾，最大限度地降低执政风险，维护社会的稳定与安全。改革开放后，随着经济与社会的发展，我国流动人口逐渐增多，传统的管理办法难以收到实效，社会对人口的控制较之前的社会明显弱化，社会矛盾凸显，各领域的问题激增，尤其是涉及民生的问题更是成为群众最关切的利益焦点。上学、住房、就业、养老医疗、居住环境，甚至是生活压力、思想信仰缺失等问题都需要得到合理有效的解决，其中的一些问题久拖不决便会为日后社会的不稳定与不安全埋下隐患。面对诸多的问题与矛盾，一些群众深感困惑与忧虑，解决无望，投诉无门，若走司法程序倒是合法，但苦于花费高、程序繁、过程长，一些人望而却步。表面上看，很多人没有成为社会威胁的直接因素，但是其中一些人的怨怼却成为社会稳定、党执政的反面力量。尤其是那些生活在城市之中的外来人口，他们很多人过去生活在农村，因为求学、生存、就职等多种原因来到城市发展，其生存环境、生活境况并不理想，在面临社会矛盾与自身问题的时候，他们很难通过自己的力量加以解决，人脉不是很广，经济基础不是很雄厚，宗族、家族的帮助难以企及，工作单位也不再是传统的调解矛盾、解决生活困难的部门。面对群众的生活难题与家庭矛盾，基层党组织可以担当起社会治理的职责，一方面，调解矛盾，对涉事双方进行法律与思想方面的教育引导；另一方面，调动其他社会组织如社区、妇联等调解调停，使更多的矛盾解决在基层，尽量减少政府的财政支出，降低党的执政风险，维护社会的稳定和谐。

（二）转变理念，提高执政水平

在创新社会治理中，要提高基层党组织党员干部和党务工作者的服务能力，必须增强其服务理念，否则就偏离了基层党组织工作的方向。基层党组织作为党的战斗堡垒与前沿阵地，不仅仅要当好领导，同时也应该时时处处在服务群众中发挥作用，领导就是服务，作为党的领导干部如果心里没有群众，工作方向就不明确，长期下去，不仅不能提高基层党员干部领导力，反而会使他们与群众脱节，提高党的执政能力的目标只能成为空谈。在基层党组织日益被边缘化的今天，如果没有良好的服务人民的意识，就会失去群众，一切工作都会成为空中楼阁，党的路线、方针和政策也不能真正落实，社会稳定的基础就会动摇。

在创新社会治理中，要强化基层党员干部和党务工作者的学习理念。基层党组织的党员干部和党务工作者如果不树立终身学习的理念就最终会被时代淘汰，在具体工作中如果还坚持传统的工作方法与工作模式往往成为社会治理障碍，甚至可能增加治理成本与阻力。强化基层党员干部和党务工作者的学习能力，必须强化他们的学习意识，知道学什么、怎么学，带着目标去学，把握学习的方向和成效。基层党员干部和党务工作者首先要学理论，提高自身的理论素养，特别是马克思主义的理论水平，把理论学习和实践工作密切结合。同时要注意在工作实际中提升自己，特别注意通过三个途径进行学习：一是向模范党员学。模范党员是在社会各行各业中涌现出来的优秀代表，能够在群众中发挥模范带头的积极作用，基层党员干部和党务工作者向他们学习，能够为自己树立榜样，激励自己前行。二是向人民群众学习。人民群众是历史的创造者，是社会发展的最终决定力量，基层党员干部和党务工作者要虚心向群众请教，汇集群众智慧，凝聚群众力量，有助于工作的推进与完成。三是向实践学。实践是认识的主要来源，基层党员干部和党务工作者承担着大量的具体工作，应该注意在实践中去学习完善充实自己的工作。我们党的优良传统就是注重在实践中获得真知，只有掌握大量的第一手材料，才能了解社会，了解群众，才能贴近群众，不断提高自己的工作能力，才能解决大量的实际问题。

在创新社会治理中，要提升基层党员干部和党务工作者的群众理念。党执政的最大危险是脱离群众，要加强党与群众的血肉联系。必须要提升基层党员干部和党务工作者的群众观念。思想观念的树立不能仅仅依靠教育引导，还应该到社会主义建设实践中去培育、升华，进而形成思想上的认知，唯有如此，才能真正树立民本思想与群众观念。要相信群众，依靠群众，认真研究和把握群众工作的特点和时代规律，将群众工作做实做细，在为人民服务中增强党的信任度。创新社会治理，关键因素是基层群众自我管理能力的提升，在自觉自为中实现社会的良性发展，基层党组织的带动和引领作用是巨大的。必须增强基层党员干部和党务工作者与人民群众的联系，在处理问题的过程中，取得群众的信任；在复杂现实问题的解决中，理解群众，贴近群众；在矛盾问题的调解中，把握群众工作的规律与特点，在服务群众的过程中逐步提升自我认识，最终提升群众观念，夯实执政基础。

（三）改善工作方法，密切与人民群众的血肉联系

基层党组织直接面对人民群众，工作的方式方法对于做好群众工作，密切与人民群众的关系特别重要。

第一，要拓宽群众利益的表达渠道。要使基层党组织真正成为群众利益的代表，真正成为群众根本利益的维护者。在党的传统上，基层党组织主要是通过党员了解各阶层群众的利益与愿望。如今社会的阶层分化明显，社会矛盾复杂，如果还是依靠传统的自下而上的方式了解群众显然已经不能满足形势与任务的需要，更难以满足我党的发展要求。如何拓宽群众利益的表达渠道，很多地方已经形成了一些有益的做法，主要有：建立党员领导干部调查研究制度、基层联系点制度、公开接访制度；建立机关党员干部基层锻炼制度；建立机关党员干部结对帮扶制度；健全以党组织为核心的村、社区自治管理机制，党支部定期听取群众意见和建议，向群众通报制度，推广民意调查、各类社区论坛、民情议事会等形式。[①] 这些有益的探索都具有一个共性，那就是，在这些渠道中，基层党组织都是处于主动地位的，如果基层党员干部没有主动工作，不主动下基层调研，搜集民意，这些渠道便形同虚设，也就失去了

① 基层党组织工作实务全书编写组：《基层党组织工作实务全书》，人民出版社 2010 年版，第 270 页。

存在的意义。当然，基层党组织也经常听取群众的意见和建议，但是一般来说都是由基层党组织主动召集群众参加，如党支部定期座谈，听取群众意见，根据民意适时适度调整自己的工作与方法。在这种渠道中，党支部自身依然处于自我被动的境地，因为如果群众不乐意花费自己的时间去参加诸如此类的座谈或是会议，也是没有任何效果的。在群众看来，基层党组织只是走形式、“走过场”，没有真心实意要为民谋利，可能感觉这么做不过是对民众的施舍，等等，这就都丧失了这一渠道的本意和意义。要不断拓宽人民群众表达意愿的渠道，要最大限度地调动群众主动向基层党组织和政府表达权益，维护自身权益积极性。这就要让基层党组织担当起应有的社会职责，从法律上确认基层党组织，并赋予其相对应的法律权力与权限。只有这样，当群众遇到问题与困难找基层党组织申诉时，基层党组织才可以运用自己手中的权力维护群众的利益，否则，群众向基层党组织表达诉求的愿望也就会日渐萎缩，基层党组织了解民意的渠道也就会日渐虚化。所以，要让基层党组织担当起社会职责，必须赋予其一定的法律权力，这不仅是社会治理的需要，更是党组织自身发展的需要。

第二，创新工作机制。创新社会治理的工作机制主要包括创新诉求表达机制，矛盾调解机制，服务导向机制等，这些机制是党组织了解民意的基础，是维护社会稳定的基础，是提升执政能力的基础。因此，社会治理创新应该在党的领导下进行，也同时应该由党来进行调节、约束与规范。当前，我国群众的利益表达渠道很多，既有体制内的，也有体制外的，既包括合法的表达方式，如听证会、选举、诉讼等，又包括非法的表达方式如静坐、暴力抗法、群体冲突等，体制外的、非法的方式虽然也是在表达民意，但是他会给公民带来难预期的风险，承担不必要的代价，甚至会给国家和社会带来难以估量的危害。社会治理机制的创新不同于政治体制与经济体制的创新，社会治理机制创新主要是以解决社会事务与化解社会矛盾为主，通过制度建设缓和公民与国家之间，社会群体之间的矛盾与利益冲突，在这一过程中，基层党组织就有很大的作用空间，基层党组织担当起当地的社会治理职责，结合自身实际与当地发展实情构建与其相适应的社会机制体系，构建公民的利益表达机制、矛盾协调机制、服务导向机制，规范公民表达利益的方式与渠道，引导公民有序、良性参与社会治理，通过对矛盾与冲突的解决切实维护民众利益，增强党与群众的血肉联系。

第三，要创新社会治理理念。社会治理创新很重要的一方面就是治理理念创新，基层党组织要创新工作方法，必须转变治理理念，进而提高服务意识与能力。一是改变重视经济建设，轻视社会治理的理念，树立社会治理和经济发展“两手抓，两手都要硬”的理念。这一理念的树立不仅对地方政府非常重要，对基层党组织也非常重要。传统的绩效考核主要是以经济发展为核心内容，很少涉及社会治理的质量与配套设施问题，这都不利于社会治理的创新，因此需要我们做出应有的改变。二是改变重视管制，轻视服务的理念。要建设服务型基层党组织，使基层党组织真正能够为人民服务，为人民谋利益。长期以来，由于传统文化的影响，人民是国家主人的思想在我国公民心目中还没有完全确立并得到理性认同，人民群众主动争取自身权益的意识还不够强烈。这就要求基层党组织作为群众的代言人，要树立为民服务的理念，主动为民服务，自觉约束权力，自觉规范言行，为加强与群众的血肉联系奠定良好基础。三是改变重视政府管理，轻视多方参与的理念。社会治理创新是一项系统工程，仅仅依靠政府难以完成，社会治理创新的最终目标就是建立中国特色社会主义治理体系，构建党委领导，政府负责，社会协同，公众参与的治理格局。因而，在社会治理中，基层党组织应该树立多主体参与的思想，不要把职责与压力完全推给政府，而应当积极发挥自身社会治理主体的作用，协同政府、公民等多方力量，共同完成社会治理工作。四是改变重视事后处置，轻视源头治理的理念。传统的管制主要是事后处置，对触犯法律，违反制度规章的被管制者进行各种处罚，但是对事前教育工作却并不重视或是工作很不到位。要实现社会治理创新，我们必须要改变这些传统的做法与理念，把关口前移，加强事前规范、法制与思想教育、普及法律法规知识，减少事后处置的成本与代价。五是改变重视行政手段，轻视法律道德手段的理念。行政强制手段是我们传统的惯用手段，也一直根深蒂固地存在于我国社会管理工作者的思想与行动之中。基层党组织在承担社会治理职能的过程中，应该摒弃这种刚性的社会治理手段，而是要凸显法律与道德的作用，加强对被管理者的软文化与道德教育，树立综合施措，共同治理的理念，积极发挥自身作用，同时调动其他社会组织、政府、企业、机关等共同合作推进社会治理创新的实现。

基层党员干部必须下基层，解民意，贴民心。作为基层党务工作者，他们的工作能力高低，群众观念强弱直接决定了整个基层党组织的能力与水平。因此，作为基层党组织的党务人员，一定要深入基层，了解民众诉求，“走基层”“访民情”，了解群众的疾苦，掌握基层的实情，只有这样，才能在感情上与群众贴得更近，更易于被群众接受，更易得到群众的认可，利于基层各项工作的开展。在基层开展工作，基层党务工作者一定要平易近人，切不可认为自己高人一等，这样不仅不利于深入基层了解情况，反而会受到群众的冷淡与排斥。采用容易为群众所接受、所欢迎的方式方法进行。要善于疏导，注意发扬民主，尊重人、理解人、关心人，“采取吸引群众广泛参与的方法、群众自己教育自己的方法、平等讨论的方法、批评与自我批评的方法。要注意区分层次，针对不同特点，把先进性的要求同广泛性的要求结合起来，把思想教育同行为规范的培养结合起来”。①

（四）增强化解社会矛盾的能力，提高治理的科学化水平

我国目前处在“三期”社会：社会转型期、改革攻坚期和发展关键期，各种矛盾凸显，风险激增，问题集聚，阶层分化，信仰多元。如何在这样的矛盾凸显期既维持社会稳定，又维护民众利益，既要强调发展，同时也要注意稳定大局的维护，都是摆在党和政府面前的大问题。往往是经济越发展，社会面临的问题会越多；追求经济效率就会引起社会分化，就会给人们心理造成压力，就会引发新的矛盾，而这些矛盾不能合适地解决又会引发新的问题。这些都是我们在社会治理创新与基层党组织建设中面临的严峻挑战，对基层党组织提出了新的课题。这就要求在具体工作中，基层党员干部必须创新工作理念，在与民众的交流、沟通和互动中探索更多、更适合实情的方式与方法，少些高高在上，多些平易近人；少些行政强制，多些民本服务；少些独断专行，多些民主法治。总体来说，“社会管理手段要由重在行政控制，转向重在公共服务，强化服务意识，建立和完善各类社会服务机制”。②

第一，建立健全社会治理制度，积极推进基层民主政务公开。“推

---

① 中共中央宣传部理论局：《毛泽东邓小平江泽民论思想政治工作》，学习出版社 2000 年版，第 228 页。

② 戴均良：《社会管理的五个方向》，《瞭望新闻周刊》2005 年第 6 期。

进政务公开，增强公共决策制定的透明度与公众参与度。凡是涉及经济社会发展的重大决策，都应当坚持调查研究和集体决策的制度，并充分听取社会各界的意见”。[①] 对于基层党组织民主建设而言，主要就是实现基层选举、决策与治理的民主化。当前，我国绝大多数农村基本实现了直接选举，公民可以通过这一方式参与到领导人的选择任用当中来，这就为密切党群关系奠定了良好基础。但是，我们同时必须要注意的是，要将一些事前工作做到位，如对群众的教育和引导，使其充分认识到选举的重要性以及与自身利益的关联性，要按照自己的真实意图做出决定，而不是在乎蝇头小利置集体利益于不顾。当然，实现这一目的的保证是我们选举的民主、公开、公正，没有这个前提，任何的前期努力都是徒劳。同时，我们要在基层构建制度型基层党组织，而不是专制型或个人崇拜型基层党组织，要构建制度型基层党组织就必须保证制度的完善健全与稳定实效，不能因为领导人的变化而导致制度的变化，不能因为人事的变动而发生地区建设与经济发展的波动。要实现基层党组织的政务公开，这不仅有利于实现基层党组织与民众的沟通信任，而且有利于通过民众监督推进基层党组织的自身建设，杜绝基层干部“唯上不唯下”的状况，从而有利于民众对下一届基层党组织的班子构成做出正确的选择。

第二，拓展基层党组织的社会治理渠道。基层党组织作为我们党联系群众的最基层阵地，必须要真实掌握群众的动态，明确群众的最大利益诉求是什么，最大的矛盾集中点在哪里，将问题解决在基层，将危险扼杀在萌芽。这些年来，我国的群体性事件呈现不断上升的趋势，人们对于群体性事件从一无所知到见怪不怪，这样的转变非常危险，虽然显示出民众社会意识与公民权利意识的增强，但是也从一个侧面反映出我国潜在的社会威胁不可小觑。在这样的背景与环境下，基层党组织的作用显得尤为明显，如果我们可以将许多矛盾解决在最初时期，明了事情的关键节点，在法律与政策允许范围内满足民众需求，疏导民众情绪，及时有效上传下达，就可能会避免事件的升级扩散，降低事件发生的概率与可能性。基层党组织要通过多种手段让民众理解党的政策，全面了解社会，避免负面信息对人们内心的纷扰。可以通过微信、微博、官网

① 魏礼群：《积极稳妥推进行政体制改革》，《前沿》2010 年第 12 期。

等多种渠道与民众沟通，随时把握民意，了解民声，将国家的方针、政策权威地发布于民众，有效地制止谣言的煽动与民众对政府的习惯性质疑，就可以在根源上减少群体性事件发生的概率。多开展传播正能量的文娱活动。如重大节日、纪念日的征文比赛、有奖竞赛、辩论赛，组织基层党员红色旅游、革命故地重游、革命故事大家讲，举办茶话会，民意表达会，意见反馈会等多种方式与创新，主动积极靠拢民众，平日的工作扎实到位，民众就不会在谣言四起时轻信，不会在群体性事件发生时聚众，不会误读、误判政府的方针政策等，这些都非常有利于维护基层和社会的稳定，实现社会治理成果的最大化。

第三，建立服务群众的长效机制。建立服务群众的制度规章，保证工作有章可循，因为服务群众不是一次一时，而是长期持续。如果没有规章制度的硬性约束，服务群众的工作很可能就会因人而异，难以长效，因此，必须要让制度发挥作用，保证服务工作的持续，有效开展。“大众创业，万众创新”是中央的号召与部署，我们要利用这一契机，提升基层党组织的治理能力与服务能力，增强基层党员干部社会治理意识，激活基层党组织社会治理的动力。充分利用基层党组织中已有的创业与创新基础，进一步提高社会治理能力，依托创业人员与创新机制的优势，推动基层建设的发展。当然，建立创业与创新的长效机制，还必须为基层民众搭建平台，提供机会，做好保障，调动基层党员干部的热情与积极性，积极兑现公开承诺，在对比中找到差距，从成功中汲取经验，推动社会治理的长效化与常态化。

第四，建立基层党组织社会治理工作机制。这是保证基层党组织社会治理工作效率的前提和基础。要建立基层党组织社会治理的工作责任制就需要进一步加大对基层党组织落实社会治理工作的检查力度与密度，将社会治理工作的完成情况作为考核领导班子的重要指标和标准；还可以将社会治理工作进行分级分类，具体到人，保证社会治理工作有人做、有人管。一些基层党组织创造性地实行基层党员干部在社会治理工作中的蹲点挂名方式，保证每个村、学校、社区、企业均有专门负责社会治理工作的基层党员干部。建设社会治理工作责任制，还要求将基层党员干部解决社会治理的能力与水平作为基层党员干部选拔任用、述职评议的重要指标与参数，多方入手保证社会治理工作的落实。

（五）树立先进典型，强化党员的引领作用

第一，树立先进的典范，引导鼓励大家向先进典范学习，是发挥基层党员先进模范作用的重要途径。基层的先进典型是我们学习的榜样，是推进基层工作必不可少的动力之一，我们通过各种活动，评选出长期扎根在基层，奉献在基层，为基层建设做出突出贡献的党员干部典型，学习他们的先进工作理念与工作方式，树立正风正气，加大力度宣传他们的先进事迹，带动更多的基层党员干部投身于社会治理中，为基层建设做出自己的贡献。对于典型的宣传不应是短期的、暂时的，而应作为一项长期工作加以开展，每年评选、宣传、学习，让越来越多的优秀基层党员干部涌现出来，使他们成为基层建设的骨干、中坚与领军人物，带动更多的基层党员干部为基层的建设、治理与发展贡献智慧与力量。

第二，加强示范点的建设工作，我们树立基层的典型一般是基层党组织党员为主体，评选出的也主要是优秀党员干部个人，学习的是他们的先进感人事迹，但要能再增加示范点的效应，效果就会更加显著。要推行党员干部基层挂职锻炼，党员干部作为共产党的先锋队，应该积极发挥自身的带头作用，但久居办公室的党员干部对基层情况了解并不多，做基层工作显得力不从心，所学的理论如果不运用于实践当中，很难体现我们理论的先进性，也不利于我们工作的开展。所以，我们应当推行党员干部到基层挂职锻炼，担任一定的职务，熟悉基层情况，贴近人民群众，了解基层存在的实际问题，这不仅有利于党员干部的个人成长，更有利于党员干部在未来的工作岗位上，坚定群众立场，坚守群众意识，始终践行权为民所用的宗旨，为基层的发展做出自己力所能及的贡献。如一些地区制定实施了党员设岗定责制度，设立“党员责任监督岗”“党员科技创新岗”等，发挥每一个基层党员的自身优势，让他们在各自擅长的领域内发挥党员的先锋模范作用。

二　创新社会治理中基层党组织存在的现实问题

在传统社会中，基层党组织的主要定位是发展党员，培育党员，但是随着时代的进步与社会的发展，这样的定位与功能显然已经不能适应

新的形势。与时俱进，不断创新已经成为基层党组织在新时期面临的新的任务与课题。审视我国当前党的基层组织仍然有诸多问题不适应社会治理创新的要求，主要表现在以下几个方面：

（一）基层党组织被边缘化

与新中国成立初期相比，基层党组织的地位显得很尴尬。人们对基层党组织认识上有偏差，各级组织对基层党组织在社会治理中的作用重视不够，基层党组织对自身的定位不准，这些都对基层党组织的发展产生了一些不利影响。主要表现在以下几个方面：一是基层党组织长期得不到重视，地位被轻视，工作被忽视，一些基层党组织的干部党员缺乏对自身工作的清醒认识，忽略了自身能力的提高，淡化了责任意识与危机意识，甚至产生懈怠情绪。二是基层党组织的作用得不到应有的发挥，活动的空间与时间受到经济、行政等各方面工作的挤压，开展活动受到多方面因素的制约，对社会组织的控制与影响大打折扣。这些影响产生的直接后果是基层党组织的自身发展严重滞后于社会的发展与进步，在社会创新中日益被边缘化，功能日益弱化：党组织空缺、空转现象明显，权威下降，战斗力欠缺，凝聚人心的作用不断被削弱，创造力受到很大的冲击。

（二）基层党组织凝聚力弱化

改革开放以来，就发展党员数量与覆盖率而言，基层党组织有了极大的提高，但就其社会地位与发挥作用而言，却退步很多。基层党组织被边缘化导致基层党组织参与社会事务的能力与范围受到很大的限制，基层党组织本应发挥的作用与享有的地位与现实存在很大的落差，这种落差不仅影响到了基层党组织真实功能的发挥，进而影响到了基层党组织干部与党员的心理与行动。基层党组织本应在社会治理中承担更多的职能与责任，成为社会治理创新的主力军与主渠道，但是，从实际情况看来，基层党组织却并没有得到群众的太多认同，群众对于基层党组织的依赖感非常淡漠，归属感也并不清晰，极大地冲击了基层党组织对群众的吸引力与凝聚力。

基层党组织没有充分参与到社会治理中来，其工作方法与思维方式依然沿袭人治，凸显行政，漠视服务，没有紧随时代的发展与变化，更新观念，转换思维，落实行动。思想引导行动发展，没有服务的理念与思维，自然不会产生服务的行动与实践，所以也没有在社会转型中发挥应有的引导作用。基层党组织的地位树立与作用发挥皆倚仗于群众的支持与拥护，与群众的联系少了，参与社会的深度与广度的不够，支持度与认同度也就随之降了，这是一个恶性循环圈，长此以往，会动摇党的政治统治，因为“政治合法性来自公民的支持”。[①] 民主是社会治理工作开展的前提和必备条件，但就我国实际情况而言，基层党组织中民主思想并不牢固，相反，旧有的臣民观念，家族思想依然残留，在一些地区甚至非常盛行，因此，一些领导干部用行政的强制方式，越权处理事务也就显得顺理成章，但这样的方式不仅不利于问题的解决与社会矛盾的化解，反而从某种程度上可能激化社会纠纷，遏制民众的参与热情，阻碍民众智慧与力量的发挥与凝聚，甚至在一些时候，一些地区因为对立情绪导致的矛盾升级进而发生群体性事件。在处理相关问题的时候，一些基层党组织的处理能力甚至逊色于一些非政府组织；一些基层党组织的工作人员不学法，不懂法，遇到相关问题与情况不能依据法治思维来处理对待，要么主观臆断情绪用事，要么优柔寡断手足无措，这些现象的发生不仅不能够增强党和党组织在人民群众心目中的地位与作用，反而会将群众拒于组织之外，更加远离党组织。信息时代的到来人们更加感兴趣于具有流行元素和时代气息的各种活动，参与的积极性也极大提升，但是有些基层党组织的组织生活不够健全，开展的活动缺乏时代感，不具有吸引力，通过对乡镇实际情况的调查显示，基层党组织采用最多的方式是集中学习，处于第二位的是定期主体活动，相对而言，这两大活动不具有创新性，吸引力也较小，很难真正动员群众主动参与到社会管理创新工作中来，也难以发挥群众参与者的作用。再加上，有的基层党组织对于上级布置的活动，落实起来教条、刻板，没有结合当地实际灵活变通，照本宣科的方式也减弱了基层党组织的吸引力，一些基层党组织的干部思想落后，群众观念不强，这也在很大程度上影响了党员与组织，党员与群众之间的交流与互动。

（三）基层党组织党员队伍不稳定

第一，基层党组织队伍老龄化，这一现象在基层党组织中表现得非常明显，以张家口某乡镇为例，农村、企业与社区的基层党组织中 35 岁以下的青年党员在总人数中占 16.7%，35—45 岁中年党员在总人数

---

① 张凤阳：《政治哲学关键词》，江苏人民出版社 2006 年版，第 336 页。

中占46.6%，60岁以上的党员占65.9%，这一现状与我国社会的发展有着直接的关系。目前，我国农村地区的青壮年数量减少，一些青壮年选择外出打工，一些农村学生选择在城市发展，一些中途辍学的农村学生也选择漂泊在城市，不愿意回到农村继续过去的生活，农村基层党组织缺乏年轻人的加入，长此以往，党组织内年轻人日渐较少，老龄化现象日益严重。在企业和社区青年党员的数量也在减少，呈现出基层党员老龄化的趋向。老龄化造成的后果是多方面的，工作方法与思维方法得不到认可、思想观念落后停滞、组织活力不足、创新动力欠缺，等等。在基层企业组织中，党员流动性问题比较明显，在企业内部，新一代职工中，一些应届毕业生或打工流动人口占比较多，他们的工作不稳定，对组织的感情依赖较淡，党组织在培养对象方面也缺乏连续性，总体上是“看着多实际少”的局面，党组织的领导核心作用难以得到充分发挥。同时，党员队伍的年龄结构和文化水平分布不均衡，队伍老龄化，党员流动性大，结构不合理，这几乎成为我国基层党组织共同面临的问题。

第二，其他社会组织发展对基层党组织的冲击。在改革开放的过程中，大量的社会组织兴起，虽然在历史与制度方面新兴的社会组织不能和基层党组织相比，但是在服务理念与提供服务方面，新兴社会组织具有了不可忽视的优势。随着公民在社会组织中自我实现程度的提升，对社会组织的认同度也不断上升，这又从另一方面促进了社会组织的发展，而社会组织的壮大从某种程度上讲就会对基层党组织的发展造成一定的冲击和影响。认同度不高自然就会降低党员参与党组织的愿望。

第三，基层党组织的干部和党务工作者待遇不高，人才难留。基层党组织工作繁多，处理的社会矛盾与社会问题繁杂，一些问题甚至事关当地的发展与建设，但是基层党组织却得不到应有的重视，物力财力没有得到应有的保证，相对于其他政府机关、事业单位等基层党组织的薪资结构比较单一，一些农村地区的基层党组织没有任何待遇福利，工作人员的付出与回报严重失衡，这对党员先进性的发挥产生了直接的消极影响，难以对年轻党员产生吸引力，造成基层党组织留不住人才，年轻人才缺失。

（四）基层党组织党员干部群众化

马克思、恩格斯在创立共产主义者同盟时针对党员的先锋模范作用就曾经指出：共产党员不能等同于一般的群众，共产党员是具有高尚的共产主义觉悟，无所畏惧的先进战士。党员作为党的肌体和行为主体，是党发挥作用的重要依托，同时发挥党员的模范先锋作用也是党自身建设的重要内容，基层党组织战斗堡垒作用发挥得如何，有赖于党员先锋模范带头作用的发挥，而先锋模范带头作用的发挥又有赖于党员个人思想觉悟的境界与水准。但就现状而言，少数党员受经济影响较明显，关注自身利益多，关注公益事业少，“拿自己的利益当作判断的准绳”。[①]还有一些党员的荣誉感不强，在实际中，将自己混同于普通群众，对发挥自身模范带头作用有后顾之忧，加上留在本地的多是老年党员，一些时候有心无力，一些党员对于不关自己利益的事情视而不见，有的一些企业甚至根本没有建立基层党组织，即便有，在一些企业中也处于被边缘化的地位，这些都严重影响了党员先锋模范带头作用的发挥。

在革命与战争年代，党员是神圣与光荣的象征，党员不仅有着对自身的严格要求，而且具有强烈的归属感与责任感，很多党员也以介入党组织为荣，一旦成为一名光荣的党员，很多人便会在实际中以身作则，时时处处起到模范带头作用。改革开放以来，我国的社会与经济获得了长足进步，人民的观念也随之发生了很多改变，包括对财富的重新定位和理解，这对基层党组织的传统观念也造成了不同程度的冲击，一些基层党员过度关注经济的发展而忽略了党组织本身工作的属性，一些基层党员面对纷繁复杂的社会局面，对自身的定位出现了偏差，对基层党组织的认同明显丧失，要求也日渐放松，再加上不能有效发挥先锋模范作用，使党员在基层党组织中的作用明显下降，凝聚力大不如前，虽然社会环境与文化条件发生了很大的变化，我们并不提倡完全或者是过分牺牲党员利益来维护集体利益，但是，党员要积极投身建设事业，主动担当，率先垂范等依然是党员的本色，也是群众认同的角色承担。

从某种意义上讲，基层党组织的战斗力、凝聚力与形象塑造是由组成它的党员干部决定的，党员干部的素质，能力高低直接决定着基层党组织的水平与能力，决定着基层党组织在群众心目中的形象与地位。造成一些基层党组织党务人员工作能力不足的原因，有老龄化的问题，老年人不了解年轻人的思想动态，不接受年轻人的生活方式与思维方式，

---

① 洪谦：《十八世纪法国哲学》，商务印书馆 1963 年版，第 458 页。

不能掌握先进的工作方法适应年轻人的发展变化；也是由于部分党员的知识水平不够，缺乏对社会治理知识的掌握，服务意识不到位，综合素质有待提高。更重要的原因是，一些基层党员干部群众观念淡薄，为人民服务的立场不坚定，对待人民群众做不到换位思考，忧百姓之所忧，想百姓之所想，因此难以和群众建立起鱼水关系，也更难谈到党组织先锋模范作用的发挥。

（五）基层党组织的组织生活缺失

党组织的生活是党内生活的重要内容，主要是指党员参加所在支部召开的党员大会，党小组会，党员领导干部单独召开的民主生活会。它们是基层党组织自身建设的重要渠道与抓手，但是在实际中，党的组织生活存在很多不尽如人意的地方。

第一，党的组织生活质量不能保证。党的组织生活方式单一，内容空泛，效果有限。一些党组织开展组织生活就是读报纸、传达上级精神、看教育片、布置工作任务，收效甚微。一些党组织主要热衷于考察参观，方式灵活，颇受党员干部喜欢，但是，由于不进行引导总结，只是沦为了旅游观光，没有突出组织活动的主题，也没有起到党性教育的作用。甚至一些党组织几乎从不进行组织生活，对于集中学习、批评与自我批评活动更是寥寥，这就造成了党的组织生活流于形式，参与积极性不足甚至是政治冷漠。

第二，党的组织生活制度落实不到位。党的组织生活制度内容丰富，涵盖面广，涉及党员干部表决监督、交流学习、汇报总结、民主评议等多方面问题，在基层党组织的建设中居于重要地位，不可或缺。但在实际情况中，基层党组织对于组织生活的落实不到位的情况极为普遍。一些党组织能够选择性地落实组织生活制度，一些党组织甚至除了组织参观考察活动，表决对党员干部的选举、处分之外，其他组织生活一概不开展，很多党员干部对于党组织生活没有政治概念，认识程度存在很大的不足，亟待提高。

第三，党的组织生活受党内权力的不良影响较大。党章明确规定："不允许有任何不参加党的组织生活、不接受党内外群众监督的特殊党员。"但在实际中存在一个较为普遍的情况那就是领导干部的双重组织生活落实不了，而且是领导干部的权力越大，职位越高参加组织生活的次数越少，一些领导干部甚至从不参加组织生活。这种负面的示范，对组织内部的成员产生了极为不利的影响，尤其是一些不出现在组织生活而是出现在娱乐场所甚至是贪污腐化的领导干部，对于党组织更是破坏性的影响，这不能不引起我们的注意。

第四，党组织服务党员的工作虚化。党组织为党员提供服务这是由中国共产党的性质宗旨决定的，方式途径非常多：通过集中学习提升党员的理论水平；贴近实际为党员排忧解难；搭建平台发挥党员各自优势；互帮互助营造和谐组织氛围，等等。但是，在实际党组织生活中，除了偶尔开展的帮贫扶困党员活动，其他工作几乎一片空白，党员很少享受到组织提供的服务甚至根本没有，这样党员对党组织的归属感就很淡薄，认同感也不强，成就感更是无从谈起。

基层党组织是党全部组织体系的基础，是党战斗力和工作的基石与堡垒，可以说，党的组织生活是组织建设中的基础性工作。所谓的基础性工作，就是必不可少，至关重要。任何一个党组织，如果缺少了组织生活，不仅难以凝聚人心，增强战斗力，反而会削弱党的群众基础，降低党的影响力与号召力，长此以往，后果是非常危险的。如果党组织主要依靠自己手中掌控的权力来吸引党内外的人士，这样的吸引力难以持久，也难以激发出组织的活力。任何一个组织如果缺乏了活力，就难以对其成员产生吸附力，难以发展壮大，难以持续生存。综观基层党组织生活中存在的种种问题，归根结底，都在于我们对于基层党组织生活的重要性没有足够的重视，认识不到位。我们虽然将党建工作目标纳入党的组织生活中，但更多党组织重视的只是检查记录，书面的内容，对组织生活的质量、实效几乎没有测评与考核。对于党建问题的研究将更多精力放在了时政性议题上，而对于如何有效开展组织生活这些基础性问题鲜有人涉及。同样是由于不重视，一些单位连党组织生活的经费都不能保证，再加上一些组织领导人员不重视理论培训，认为理论学习无足轻重，这就使党的理论培训不能得到充足的资金支持，导致基层党组织的理论学习浮于表面。按照我国现有的党内权力体制运行原则，党内各级握有权力的主要领导干部在客观上处于强势地位，而且在党内的强势程度与其在党内所处的位阶高低，掌握的权力大小成正比，一般领导干部在党内处于相对弱势的地位，很难监督制约党内权力，在这样的权力结构特性下，党内同志的平等合作关系可能会在一定程度上被扭曲为权力依附关系，长此就会出现以权力意志处理党内事务，支配党内关系的现象，形成一些特定的“潜规则”，党章的权威在一些时候可能会被权力权威所取代，一旦上下级关系转化为权力依附关系，党内民主的形成就难以保证。

（六）基层党组织党员干部的党建意识不强

基层党组织中的党员干部只有党建意识强，定位准确才能更好地投入到党建工作中去，但就现状而言，党组织“一把手”的党建意识不强，定位不准。个别党组织的“一把手”将主要工作精力放在业务上、经济发展上，对支部建设与党组织建设管理工作不用心、不重视，对自身的角色定位不准确，存在着基层党组织建设工作“说起来很重要，做起来却次要，忙起来可不要”的现象，难以找到基层党组织紧扣中心工作，服务大局的着力点与切入点，有的党组织“一把手”尽量将党组织的工作与中心工作结合在一起，但面对具体问题的时候却出现劲头不足，成效有限的现象。

基层党组织没有将教育培训纳入重要议事日程之中，很多基层党组织存在重工作、轻教育的现象。特别是一些单位忽视党员的集中学习，不注重对党员的宗旨观念、党性修养的塑造与培养，造成一些基层党员对政治学习兴趣不浓，宗旨意识不强，思想观念落后，先锋意识模糊，党性意识淡薄。在日常工作与生活中，将自己等同于群众，关注个人利益多于关注集体利益，缺乏全局观念，对工作缺乏热情，不思进取，党员难以在具体党员生活中模范带头。有的只缴纳党费而不参加组织活动，有的党员党费总需要催缴，有的甚至连党费都不愿意按期、按标准缴纳，这些个别问题的存在，影响了党的形象，不利于基层党组织各项工作的开展。这样就造成党员政治理论学习动力不足，综合素质不高。基层党组织的党员干部作为社会的一分子，很容易受到社会风气尤其是不良风气的影响。很多党员干部学习动力不足，对理论学习和宣讲没有兴趣，不爱读书，难以静心钻研。同时学习的功利性明显，将学习与仕途的升迁连在一起，这样导致党员干部的综合素质不高，也不利于相关业务的开展与党务工作的完成。很多党员，甚至是领导干部思想解放的力度不够，团队精神有待加强。一些党员干部思想难以解放，裹足不前，对工作职能转换认识不到位，工作中按部就班，因循守旧，缺乏创造性和主动性，用全新的思维方式创新工作的意识不强。基层党组织成员的团队精神缺乏，以个人为中心的思想明显，在民主议事、工作协调、相互学习、共同进步方面做得很不够。

此外，还存在对党员干部教育管理的“虚化”。一些基层党组织制度不健全，管理不到位，“三会一课”制度不落实，个别基层党组织甚至存在行政会与支部会兼顾开，造成开支部大会的不规范与不严肃；一些基层党组织的党务工作者从来没有接受过专业、系统的培训，党务知识欠缺，对党员干部的教育管理手段比较传统，管理缺乏力度；在对党员的评价上，往往将行政与业务工作的优劣，作为评价工作业绩的主要依据，而对政治素养、政治表现等没有组织实施科学的评价考核，这些都造成了对党员干部教育管理的“虚化”问题。这些理论与现实问题的存在，是我们未来基层党组织建设中不能回避的问题。不加强基层党组织的建设，就不能真正发挥基层党组织在社会治理中的作用，没有基层党组织作用的发挥，就没有党执政基础的夯实，就没有群众政治认同的增强，长此以往，党的执政地位也会受到影响。因此，社会治理创新模式中加强基层党组织的建设已经成为我们面临的重要执政课题。

三　基层党组织存在问题的原因分析

我国基层党组织数量巨大，影响其发展的因素众多，存在的问题也颇为复杂。有些问题是囿于特殊条件限制但并不具有普遍性，有的属于一般操作性的问题，还有的是在社会治理体系现代化视域下新出现的问题。分析基层党组织存在问题的原因，主要概括为以下几个方面：

（一）基层党组织面临普遍的认同危机

认同危机是认同主体在认知心理上的矛盾表现，是在既有认知心理基础上的不信任状态。认同与不认同在认同主体的内心中并不是非此即彼的，认同当中有不认同，不认同当中有认同。“认同危机是认同发展和演化到一定阶段所必然出现的一种否定状态。从认同危机角度看，认同危机也是一种认同，它是成熟了的、对自己的认同进行否定的认同。”[①] 在承认当前人民群众对中国共产党认同度较高的同时，也要客观地认识到人们对基层党组织认同危机的存在。这种认同危机是人民群

① 王成兵：《当代认同危机的人学解读》，中国社会科学出版社 2004 年版，第 18 页。

众思想上的纠结与不解，广大人民群众对中国共产党的领导是信任的，对党的领导地位是肯定的，但是，他们在日常生活中，由于对身边的基层党组织不满意，又会产生对党的领导，特别是对党的领导干部的怀疑，从而出现认同危机，这也是人们对政治社会满腹牢骚的根源。

认同危机是现代性社会中，特别是社会转型时期普遍存在的一种现象。认同具有变动性的特征，认同主体的内心世界最容易被变动的外在环境和价值观念打破，同时主体诉求也随着时间的变化在不断地变化着，有学者认为："认同危机恰恰是自我意识的觉醒。在传统社会下，传统和习惯起着导向作用，一切都可以按部就班地运行下去，人民享受着日出而作、日落而息的安定生活，对于他们来说，生活是有规则的，身份是基本固定的，身份感是没有必要过多忧虑的。"① 一如既往的封闭，没有外在的纷扰就会保持内心的安静。然而，现代性打破了这种宁静和稳定，一切都变得那么不确定，自我独立不复存在，世界共同"在场"的价值多元影响不可避免，传统观念被打破，社会流动加剧。在社会转变过程中人的思想表现出极大的不稳定性，在认同中有迷茫，在信心中有疑惑，在希望中有顾虑。基层党组织是党员干部与人民群众接触的最前沿，是党全部战斗力和工作的基础，代表着整个执政党的形象与作风，在新的历史时期，由于人们认识能力的提升，人们对基层党组织要求的新变化，再加上当前基层党组织在发挥自身功能方面的欠缺，人民群众对基层党组织产生了认同问题。这种认同问题表现出一种矛盾的内心，人民群众对党有着深厚的感情，但是他们对于自己所接触的基层党组织并不是自己心目中的党的形象，对于自己身边党员的行为并不认同，从而产生一种失落感和无助感，出现了对基层党组织的认同危机。根据一项对河北省张家口市某乡镇所辖两个村的村民发放的调查问卷显示，对村党支部表示"信任"和"基本信任"的村民分别占全体受访村民的 21.6% 和 52.5%，而表示"不太信任"和"反感"的分别占 20.8% 和 5.1%，这足以说明问题的实际存在甚至是严峻的。

（二）价值多元动摇了党的主导意识形态

中国共产党的指导思想是马列主义、毛泽东思想以及中国特色社会

① 王成兵：《当代认同危机的人学解读》，中国社会科学出版社 2004 年版，第 22 页。

主义理论体系。在长期的社会主义革命和社会主义建设中，党的主导意识形态始终在广大人民群众的思想意识中占据核心位置，成为人民群众前行的思想指引。为中国共产党基层党组织工作的开展提供了强大的思想支持与精神动力。

随着改革开放的发展，当代中国公民由于全球化、市场化、工业化、现代化、网络化的影响，人的价值观常常处于多元变动中，特别是在比较利益中具有明显差异的，处在社会分层结构中不同地位的人们，其持有的政治立场、经济立场和价值立场有明显的差别。改革开放 30 多年来，社会转型加剧了人的分化，特别是思想观念的差异严重影响了社会的整合。价值是主体对客体有用性的反映，不同的主体对于同一事物的价值意义是不同的，价值认同有主体差别性。但是，人的需求是有共同性的，所以不同的人在共同问题上是可以达成共识，获得一致认同的。利益在整个价值认同中具有十分明显的指向性，一个政党和政府能否获得最广大人民群众的拥护和认同，必须是能够实现最广大人民群众利益的政党和政府。但是，任何一种价值观念都不是抽象的、永恒的，而是一种具体的、历史的存在。每个人都生活在不同的社会场景中，都从自身的感受中理解社会，思想意识总是产生于特定的社会环境中。改革开放 30 多年来，我国取得了巨大的成就，我们党和政府得到全社会的普遍认同。但是，中国社会也在经历着社会各个方面的转型，社会生活多样化，经济成分多元化，社会组织结构复杂化，就业方式、利益关系和分配方式日益多样化，这样就必然造成人们的思想观念、价值取向和社会生活方式发生了深刻的变化。社会利益分化，价值多元，必然伴随着矛盾和斗争，不同的利益主体总是从自身的社会地位出发去解释自己的价值观。价值多元、利益分化就会成为达成政治认同的障碍。“现代性给社会带来的震荡和变化，又很容易瓦解人们的政治认同，造成政治认同危机。”① 政治是经济的集中表现，政治价值的认同危机是复杂的经济利益关系的表现，人们是从自身的利益标准去解释政治价值的价值。法国著名政治学家莫里斯·迪韦尔热就指出：“意识形态和科学理论它们之间的区别是：一方面科学理论不包含价值判断，而意识形态则

---

① 吕元礼：《现代化进程中的政治认同危机及其克服》，《社会主义研究》1996 年第 3 期，第 44 页。

包括一个价值体系；另一方面，科学理论基本上是依靠已经科学检验和证实过的事实，意识形态则不仅原则上归纳了这些事实，而且大大超过这些事实，很大程度上依赖主观印象、表面观察和带有倾向性的解释。”① 在肯定总体政治价值认同比较高的同时，也要看到当今中国外价值多元对党的主导意识形态的影响。马克思主义是我国政治价值的指导思想，坚持马克思列宁主义，坚持马克思主义的中国化、时代化、大众化是构建中国政治价值的基础。马克思主义是认识世界、改造世界，为广大人民群众创造幸福生活的强大思想理论武器。然而，如何在新的历史时期坚持和发展马克思主义，如何用马克思主义的立场、观点、方法解释社会现实问题，是能否在广大人民群众中树立马克思主义信仰的关键。我们不可否认在马克思主义中国化、时代化、大众化的问题上，我们还存在诸多的问题，对于应用马克思主义去思考解决中国现实问题，只停留在学界的层面。广大人民群众对于马克思主义理论的理解在很大程度上还是片面的，群众的马克思主义理论信仰还不能与其现实的问题联系起来。“广大群众的态度不是由他们对理论的看法决定的，马克思的《资本论》或列宁的《怎么办》的所谓的缺陷，在95%的群众甚至从未读过这些著作的情况下，怎么能决定数千万人的态度呢？广大群众形成其信念和思想倾向是根据他们的经验，而不是通过阅读或上进修班——就连已经部分摆脱了统治阶级思想影响并且已不同程度地具有一定阶级觉悟的劳动群众也不例外。广大群众通过与社会主义者交往而获得的与他们对资本主义现实的日常体验不同的、具有决定作用的经验，显然是从社会主义者的实践中，而不是从他们的理论中感受到的。”② 群众对马克思主义的更多理解是从信仰马克思主义的党员干部身上去体验与认识的，如果他们看到的马克思主义者中很多都是做一套、说一套，他们怎么能够相信这种理论能够武装起全心全意为人民服务的人民公仆。所以，基层党组织，特别是基层党员干部的行为具有极大的社会感染力，基层党员所做和所说的悖论，既是对马克思主义的亵渎，也是对百姓的愚弄，这些假马克思主义者的所作所为严重动摇了人

---

① ［法］莫里斯·迪韦尔热：《政治社会学——政治学要素》，杨念功等译，华夏出版社1987年版，第9页。

② ［俄］戈尔巴乔夫、勃兰特等：《未来的社会主义》，中央编译出版社1994年版，第135页。

民群众对党的主导意识形态的信仰。

（三）基层党组织缺乏政治绩效的支撑

政治绩效是对政治统治的综合考察，包括经济发展、社会安定、公平正义等。经济发展体现在人民生活水平的提高，国家经济实力的增强。政治绩效既是政治体系的政治价值正确性的体现，也是党和政府先锋模范带头作用发挥的结果。只有取得良好的执政绩效，政治体系才能获得广大人民群众的拥护。因为对于广大人民群众而言，对政治社会最现实的要求就是能否给自己带来实惠，能否实现社会公平公正，能否实现社会和谐与发展。公民对于政治国家满意度最现实的评价标准就是能否改善人民生活，能否增加居民收入，这一切来自国家的经济发展。对经济绩效的认同是公民对一定政治统治发展经济，满足人民群众需要方面的认同。“任何政治统治的稳固，都必须以民众的认同与支持为基础，这种认同不仅出于一定的观念、文化的影响，而且必然以民众对政治统治实际行为的认识为基础，也就是说以被统治者对政权履行职能的效率、对公共利益的维护和民众个人利益的满足为基础，即以国家的政治产品满足社会需要的程度为基础。”① 改革开放以来，由于中国长期以来与西方国家比较在经济方面的落后，使我们党和政府深刻地认识到，没有经济的发展就不会获得人民的政治认同。始终把经济建设放在一切工作的首位，坚持以经济建设为中心，大力提高综合国力。改革开放 30 多年，中国取得了举世瞩目的发展成绩，在经济发展与人民群众生活的改善方面都是有目共睹的。

绩效是现代型政党合法性的主要来源，这主要是由于“冷战”结束后，政党本身的阶级性与意识形态都处于弱化的趋势，西方各国政党纷纷推行“第三条道路”，国内政党逐渐走向趋同，各政党争取选民依赖更多的不再只是自身的价值取向、意识形态等精神层面的内容，而真正赢得民心的重要因素是政党能否为民众带来利益的满足，能否促进经济的发展，能否推动社会的进步等绩效指标。中国共产党作为中国最广大人民群众的利益代表，基层党组织必须履行自身职责，在发挥政治领导核心作用的同时，在服务人民群众的过程中，必须取得政治绩效，这

---

① 龙太江、王邦佐：《经济增长与合法性的“政绩困局”——兼论中国政治的合法性基础》，《复旦学报》2005 年第 3 期，第 59 页。

样，才能获得人民群众的拥护，才能增强其政治合法性。但是，在现实情况中，一些基层党组织很难完成这样的绩效目标。有的是由于外在因素的阻碍，有的是因为内在的组织机制缺乏科学性造成的。完成的绩效与群众的要求存在很大的差距，这就使基层党组织失去了群众的信任，基层党组织的合法性也随之降低。例如，在一些非公有制企业和“两新”组织中，由于党组织工作方向同企业组织自身发展方向联系不够紧密，抑或企业领导对党组织活动支持不够等原因导致基层党组织难以通过自身活动保障职工权益、监督企业组织活动，往往使基层群众认为，这些党组织只是一个“花瓶”机构，对其不再信任。① 尤其是在贫困的农村地区，农村党组织更是承担着带领村民致富的重任，如华西村在以吴仁宝为核心的党委领导下集体致富，群众对其赋予了极大的信任和认同，一旦农村党组织在领导村民致富上难以发挥领导作用，不能产生实质性效果，其政治威信就会面临严重的挑战。我们在对西安大荔县安仁镇的调研中就深有体会，安仁镇群众对基层党支部的信任是由于共产党员带领群众在冬枣产业中的致富引领作用。

（四）基层党组织的执行力不强

党的基层组织担当着执行具体使命的任务，基层组织执行力不强必然影响党的执政能力。中国共产党既是领导党同时也是执政党，除对国家政治生活产生影响之外，还会对国家的全部生活产生影响。也就是说，党对国家的影响是全面的。党的路线、方针和政策对国家的整体发展具有重要的制约作用，无论是在革命战争年代，还是在社会主义的建设时期，历史已经证明中国共产党的领导是中国革命和建设取得成功的保证。可以说：“中国共产党的诞生改变了国家与社会合一的传统路径，而以执政的基层动员把中国社会整体带进政治体制，从而第一次以政党力量统合了国家与社会，政党因此成为国家和社会的纽带；而基层政党组织，则是国家与社会的黏合点。”② 党的基层组织，即街道、乡、镇党的基层委员会和村、社区党组织，是本地区的领导者，在政府体系中党组织负有对基层经济、政治、社会的发展的领导职责。而非政府体

① 刘童：《基层党建现代化研究》，硕士学位论文，中共江苏省委党校，2013 年，第 22 页。

② 姚尚建：《从政治社会学视角看党的基层组织的功能与执政能力提高》，《岭南学刊》2009 年第 2 期。

系的基层党组织，虽然对本单位不具有直接的领导职能，也对其发展具有一定的影响作用。党的十八届三中全会强调要扩大党组织的覆盖面，实现党的组织和领导的全覆盖，要求哪里有群众哪里就有党的工作，哪里有党员哪里就有党组织，哪里有党组织哪里就有健全的组织生活和党的工作的发挥。这就要求基层党组织在整个社会基层充分、全面发挥其影响力。但是，在实际工作实践中，基层党组织执行力不强，功能发挥不彻底，模范引领作用不足。

第一，贯彻落实党的路线、方针和政策的能力不足。党的路线、方针和政策是全党智慧的结晶，是具有全局性、长远性、战略性的指导，只有将它们转化为具体的实践行动，才能真正发挥其作用。基层党组织应该是贯彻执行党的各项路线、方针和政策的组织者、推动者和实践者；但是，基层党组织的落实能力的强弱就成为制约因素。特别是在当前市场经济的复杂局面下，在价值多元的影响下，在社会问题不断凸显，腐败问题长期积累，两极分化不断加剧的历史形势下，基层党组织落实党的路线、方针和政策的难度加大，在这种更高要求的历史时期，党的基层组织更显示出能力不足、功力不够、创新缺乏。

第二，维护社会稳定的意识不强。公共治理包括政治治理、行政治理和社会治理三个方面，政治治理主要是由中央组织来承担。随着市场经济的发展，公民自主意识不断增强，传统行政治理已经不能适应社会发展的需要，基层社会的自治成为普遍趋势。但是，从总体上来说，基层社会的自治能力还没有充分发育完善，在国家退出社会领域后，其权力真空会导致公共理性的丧失。在这种情况下，基层党组织在基层社会治理中作用的发挥就显得尤其重要。基层党组织必须承担起领导核心作用，要通过自己的工作凝聚群众，获得人民的拥护，得民心、聚民力，维护社会的稳定和发展。但是，现在很多基层党组织并没有意识到所承担的这一重任，不能主动通过自己工作起到自己应有的作用，普遍存在担当意识不足，治理能力欠缺，自我认知模糊，很多基层党员甚至往往混同百姓。有时甚至把党的阵地拱手让给其他社会组织，从而降低了党的威信和影响力，使社会公共利益得不到有效的维护。

第三，组织建设和党员管理的责任意识淡漠。党要管党，从严治党，基层党组织在这方面的责任重大，必须教育好、培养好自己的党员队伍。要通过自己的努力始终保持共产党员的先进性，使广大党员在思想政治上保持坚定的理想和信念，要有全心全意为人民服务的奉献精神。要提高党员为人民服务的本领，在能力上跟得上时代发展和社会进步的需要。但是，由于基层党组织自身建设的动力不足，自我提高的意识不强，很多地方基层党组织建设处于无人管理的状态。我们在基层调研中发现，有些地方的党员甚至好几年没有过组织生活，特别是长期在外务工的、工作场所不固定的一些党员，已经淡忘了自己的党员身份。还有的基层党组织不注意发展新党员，更不注意把群众中优秀的人才吸引到党的组织中来。不会善于发现人才、关心人才和培养人才，使党的队伍后继无人，党在群众中的威信降低。所以，基层党组织一定要发现人才，使基层党组织成为为党、政府、社会集聚人才，输送干部的基础组织。在组织建设和党员管理方面真正起到“娘家人”的作用，让广大党员具有归属感、认同感和责任感。

（五）基层党组织人才培育和经费保障不足

基层党建工作要收到实效必须具备高素质的党务人才，可是在诸多基层党组织中，人才的缺口都是一个难以忽略的现实“瓶颈”。由于缺乏人才的输送和培养机制，一些基层党组织成员的素质参差不齐，能力有高有低，工作质量难以得到保证。在农村，“由于大量接受过教育的高素质人才流入城市，使得农村劳动者文化素质普遍较低，在农业技术推广机构和各类职业学校受过培训的人数比重也较低”①，这就造成了农村党组织缺乏新鲜血液，组织结构老化，思想僵化。在“两新”组织中，由于组织发展迅速，同样存在党建人才的缺乏的问题，造成“两新”组织中党建工作难以适应社会发展的需要。

另外，基层党组织缺乏财政经费的保障机制，也严重影响了基层党组织的发展。一般来说，在大型国企与政府机关中，党组织的活动经费能够得到充分的保证。但在一些农村地区，特别是贫困地区，还有些非公企业和“两新”组织中，由于种种原因都存在活动经费保障机制不健全、资金不到位的现实困境，这成为基层党组织工作难以有效开展的一个重要原因。以农村基层党组织为例，活动经费主要来源有三个：一是基层党员缴纳的党费；二是基层政府的行政拨款补贴；三是村办集体

---

① 李中、詹玲：《新农村建设背景下我国农村空洞化问题研究》，《当代经济》2010 年第 13 期，第 29 页。

经济。但是，由于基层党员缴纳党费的比例不高，在我们的调研中甚至发现有些地方有高达26%的党员不能正常按时缴纳党费。在不少地区，村集体经济的发展状况存在着很大的地区差异，这样在不同的发展地区，农村财政对基层党组织工作的支持力度也就不尽相同。2006年农业税的取消大大减轻了农民的经济负担，但从另一个角度看，也扩大了基层的财政缺口，一些农村地区的财政情况捉襟见肘。一旦离开乡镇的支持基层党组织的活动难度非常大，在这样的境遇下，很多地区的基层党组织活动难以正常开展，更不要说发挥领导核心，为民谋利了。同样，在一些非公企业中，由于非公企业是自负盈亏的经济组织，以成本的最低化和利润的最大化为其追求目标，企业在更多时候会将资金用于扩大再生产和追资扩容上，而不愿意投入到党建工作中。虽然公司法明确规定非公企业必须支持党建工作，但具体的法律条文“既没有具体规定企业党建经费的出资比例，也没有规定不履行法律义务可能承担的法律后果”。① 这就使党建工作的成效在很大程度上依赖企业主的个人政治觉悟和偏好，如果企业主关心支持党组织的建设，党组织的工作则能有序开展，否则，党组织很可能在非公企业中被逐渐边缘化，虽然存在却难以作为，其他“两新”组织中的党组织活动状况也基本相似。

（六）基层党组织工作方法和组织设置的创新滞后

基层党组织在具体工作中同样要讲究方式方法，因地制宜，因材施教，寻求适合本地实际与环境条件的工作方法。基层党组织工作方法的科学性主要体现在工作方法能否适应形势的变化，能否适应服务对象的变化，能否随着时代发展不断创新等多方面。这就要求基层党组织改变传统思维，适应时代发展，把握时代脉搏。目前，“我国社会分层的多元化、公民社会的发展、科技革命尤其是现代信息技术的革命是对政党工作影响较大的几个社会发展的新现象”。② 如果我们基层党组织工作方法老化，党员干部思想僵化，那就难以有效地推进基层工作。尤其是互联网在我国迅速普及，新兴通信技术不仅为人们提供了一种全新的信息交流方式，更提供了一个全新的平台促进公民社会与民主意识的发

① 中共四川省委组织部课题组：《非公有制企业党建工作保障机制探析》，浙江在线新闻网站。

② 王长江：《政党现代化论》，江苏人民出版社2004年版，第118—125页。

展。这就要求基层党组织必须充分利用现代信息化手段，创新党建工作方法，占领网络阵地，强化党的声音，掌控党的话语权。要通过网络平台服务党员、教育党员和组织党员，实现党务工作方式、方法的创新。但是，我们很多地方的基层党组织，还是在延续着传统基层党组织的工作模式，或是出于主观认识的不到位，或是出于客观条件的不具备，没有充分利用信息科技促进基层党组织的建设与工作的开展。

组织设置的创新是基层党组织在新的历史条件下面临的又一重要问题。组织设置科学就可以充分发挥组织功能，辅佐基层党组织良性高效地开展工作。但是在实际中，我国基层党组织存在一些僵化的组织设置理念，极大地阻碍了基层党组织设置的创新。主要表现是：一方面，组织设置的行政化色彩仍然很浓；另一方面，组织设置的空洞化问题突出。前者为权力的过度使用，后者为权力的无法使用。行政化现象主要体现在农村、社区、单位等基层党组织中，主要是因为在计划经济时期基层党组织长期担任的党政合一的领导者角色，掌控生活、社会、经济等各方面资源，掌管政务、党务等各方面的事务造成的。

空洞化现象主要体现在“两新”组织中党组织的设置方面，“两新”组织指的是“新经济组织和新社会组织，具体包括个体工商户、私营企业、股份合作企业、外商及港澳台商投资企业、混合所有制经济组织等各类非国有集体独资的经济组织，以及除传统的工会、共青团、妇联、科协、工商联、文联、侨联以及台联八大群众团体之外的其他社会组织。”① 随着改革开放的不断深入，“我国的非公有制经济急剧壮大，在我国国民经济年平均增长率为9%左右的环境下达到了20%的年增长率”。② 按照党章规定，社会组织与企业中凡是有三名以上正式党员，就应成立党的基层组织，这为在“两新组织”中设立党组织提供了制度依据，但就实际情况看，党组织的设置速度明显滞后于两新组织的发展速度，党的十六届六中全会在工作报告中明确指出：推动新经济组织、新社会组织的党建工作，扩大党建工作的覆盖面，充分发挥基层党组织凝聚人心、促进和谐、推动发展的作用。党的十八大报告再次明

① 刘童：《基层党建现代化研究》，硕士学位论文，中共江苏省委党校，2013年，第24页。

② 侯劲雄：《“两新”组织党建工作的困境及破解路径》，《理论导刊》2012年第7期。

确指出：全面推进农村、社区、企业、机关、新社会组织、学校等的基层党组织建设。扩大党组织的覆盖面，实现党组织对“两新”组织的引导是必要的，但是要实现党组织对“两新”组织的全覆盖在实际中又有很多困难。

首先，因为“两新”组织的延续存在不稳定性，它是随着市场的发展不断变化的，“两新”组织的破产、解散或是兼并活动较为频繁，党组织很难在其中形成固定的依托关系，很可能会随着“两新”组织的变动党组织也必须面对解散或是重组的现实。

其次，因为“两新”组织的加速发展已经成为公民社会的必然趋势，如果通过组建大量的基层党组织与“两新”组织去竞速，这显然有违党组织的发展规律，也会造成基层党务资源的难以承载，与扩大基层党组织覆盖面的初衷大相径庭，不仅会使基层党组织陷入“有组织无活动”的窘境，还会使党组织出现空洞化的现象。

最后，“两新”组织的人员构成非常复杂，一些组织在党员人数或是党员素质方面并不具备成立党组织的客观条件，上级党委如果只是为了扩大基层党组织在“两新”组织中覆盖率而吸纳“两新”组织成员入党，这势必会影响到党组织整体素质和政治业务能力的提高，而且“两新”组织的组成人员流动性非常大，党组织很难对他们进行持续有效的教育宣传与管理。

第五章　创新社会治理中基层党组织建设的路径选择

要发挥好基层党组织在社会治理中的应有作用，关键是建设一个优秀的基层党组织，在新的历史条件下，转变角色要求，始终坚持执政为民的理念，争当先锋和表率，在社会主义现代建设中做出最大的贡献。在现代社会治理体系中，基层党组织要把实现社会善治作为价值取向，努力适应国家治理体系现代化的新要求，夯实基层党组织的组织基础、思想基础、作风基础和制度基础，不断完善基层党组织建设的体制机制，努力建成符合现代社会治理体系要求的，能够在多元社会治理中起到核心引领作用的基层党组织。

一　基层党组织建设的价值取向：社会善治

社会治理是多元治理主体通过平等合作，依法对社会事务、社会组织和社会生活进行规范和管理，最终实现公共利益最大化的过程。库依曼和范·佛利艾特指出："治理的概念是它所要创造的结构和秩序不能由外部强加；它之所以发挥作用，是要依靠多种进行统治的以及相互发生影响的行为者的互动。"① 社会治理就是多元主体对公共生活的合作管理，靠的是共同体中所有人的理性，合作共赢已经成为普遍的共识。中国社会治理是在中国共产党的领导下进行的，必须更大程度地发扬民主加强法治。基层党组织是多元社会治理中的一元，要发挥好基层党组织在社会治理中的应有作用，必须坚持正确的价值取向，一切工作要围绕着形成社会治理的良好状态进行建设，为实现社会善治做出自己的努

---

① 俞可平：《治理与善治》，社会科学文献出版社 2000 年版，第 3 页。

力。治理的目标是实现社会善治，善治“就是使公共利益最大化的社会管理过程和管理活动。善治的本质特征，就在于它是政府与公民对公共生活的合作管理，是政治国家与公民社会的一种新型关系，是两者的最佳状态”。[①] 只有共同的理性才能实现共同的治理，不能在一致认同基础上达成共识，就不会出现一致的行动。

社会善治作为公共利益最大化的社会管理过程，在基层社会治理中就是要形成基层党组织、基层政府和群众的一种新型关系，在平等、法治、民主、公正、透明、参与、廉洁和稳定的社会秩序中实现社会的和谐。在社会治理中基层党组织的建设必须按照社会善治的价值取向，在社会治理的多元结构中，发挥好领导核心作用。

基层党组织是基层社会治理的领导核心，但是基层党组织要以平等的身份，本着服务群众和社会的理念去做好自己的工作，绝不是高高在上的官老爷，而应该成为带领群众发家致富，实现社会公共利益最大化的领军人。平等是多元治理主体相互关系的显著特征，基层党组织要本着服务社会的理念，在服务中实现领导，在领导中为人民服务。法治是理想的社会目标，是人类进步的标识，反映一个社会的文明程度。在社会治理中基层党组织必须坚持法治思维，这是实现社会“善治”，实现社会和谐的基础。基层党组织建设必须树立法治观念，弘扬法治文化，确立法治信仰，坚持依法治党，依法治理社会，提高基层党员的法治水平，培养党员的法治思维。要高度重视立法建制工作，形成一套较为完善的制度体系，做到有法可依，以政治制度化的方式，将社会治理导入制度化的轨道。要引导和规范党员和公民的行为，接受法律和制度的刚性约束，加强法制宣传和教育，提高全社会的法律素质。十八届四中全会提出了“推进基层治理法治化，发挥基层党组织在全面推进依法治国中的战斗堡垒作用，建立重心下移、力量下沉的法治工作机制”。依法治国的重点在基层，法治化进程的基础在基层，强调基层党组织在依法治国中的作用，是党的先锋模范作用在基层的体现，党必须在宪法和法律的范围内从事活动，为基层党组织建设提供理论支撑和实践方式。将基层党组织与依法治国相联系，也是中国国情下的一个特色话题，基层党组织是党在基层社会的体现者、代表者，提高基层党组织的法治思

① 俞可平：《论国家治理现代化》，社会科学文献出版社 2014 年版，第 59 页。

维和法治方针以化解矛盾、维护稳定，具有重要的现实意义。社会主义民主与法治是统一的，民主是社会治理的基础，没有民主就无法去奢求多元治理，没有法治也无法保障民主的实现。基层是人民意见最集中的地方，只有充分发扬民主，才能汇集人民群众的聪明才智，才能调动人民的积极性，动员最广大的人民群众参与到社会治理中。基层党组织的民主建设是实现基层民主的关键，民主需要在党的领导下进行，同时民主也需要基层党组织发挥带头作用，要通过民主协商，激发广大党员和人民群众的积极性。基层党组织在社会治理中必须坚持公正的价值追求，公正是做好公共事务的关键，治理的本质是协调各方利益关系，基层党组织在社会治理中的一项最重要功能就是协调利益，整合力量，如果不能做到公正，就不可能凝聚共识，也不会出现共治。公正与透明是相伴随的，更是合作的基础，合作是在平等基础上的一致行动，坚持公正与透明才能做到共治与共享，才能在共同参与过程中实现社会治理的最大效益。廉洁是社会善治的突出表现，基层党组织在社会廉洁建设中更是责任重大，因为基层的廉洁是社会廉洁的基础，是广大人民群众最能切身体会到的党的作风。基层党组织作为基层社会的领导核心，如果不能做到廉洁奉公，就会严重影响社会风气，就不能在人民群众中树立威望，就不能带领广大人民群众进行社会主义现代化建设。

因此，基层党组织在社会治理中只有坚持“善治”的目标追求，才能做好社会治理工作，基层党组织也只有在社会善治的价值指引下，才能在社会治理中发挥好应有的作用。

二　实现基层党组织建设的“两个转变”

在国家治理体系和治理能力现代化建设的背景下，基层党组织必须转变传统的角色和功能。基层党组织在社会治理中角色与功能转变的原因：一是中国共产党作为我国的领导党和执政党，在新的历史时期面临的任务不同了；二是执政党所处的社会环境发生了改变，新中国成立以来，特别是改革开放30多年来，我国的政治、经济体制都发生了巨大的变化，基层党组织只有适应这些变化，调整自己的角色与功能才能在社会治理中创新。

(一) 基层党组织的角色转变

“角色”一词源于戏剧，自美国社会心理学家米德（G. H. Mead）和人类学家林顿（Ralph Linton）开创性地将其引入社会科学研究，角色概念被广泛应用。霍尔斯蒂（K. J. Holsti）首次在国家政治关系中应用角色理论分析了国际视野中的国家角色，阐释了“角色表演”与“自我角色观念”“地位”和“他者的规定”之间的关系。[①] 由于角色主体不同导致的角色地位、角色关系的差异，执政党角色的“角色表演”有其自身的特性和要求。执政党是国家政治生活中掌握国家政权，并行使国家政权的政党，是政党地位的最高形态。执政党“角色表演”主要受“自我角色观念”影响，同时政党“地位”和“他者的规定”即社会期待，也会限制其行为选择，并在道德层面为其提供价值取向。执政党“自我角色观念”是基于政党性质和目标基础之上应尽职责和历史使命的自我确定，在不同的政党关系层面形成了自我与外部环境的适当倾向或职责意识。就其要素包括政党地位、政党属性、政党价值取向、政党信念和意识形态；一定社会的政治传统、社会舆论、利益集团和公众的需求；以及政党领袖的个性和政治需求。这些因素一方面影响执政党角色的理念和价值取向等“自我角色观念”的形成，另一方面也决定了执政党的角色地位及其社会期待即“他者的规定”。政党的“自我角色观念”来自执政党的性质和宗旨；政党“地位”是政党身份转换过程中处于不同政治体系中的位置。取决于政党在国家经济、政治、文化中的制度安排，政策和策略的价值追求，以及其他组织和人民群众的关系，政党地位是政治使命和应尽职责的重要表征。《论语·泰伯》中指出：“子曰：‘不在其位，不谋其政’。”反之，在其位就要谋其政、尽其责。“他者的规定”来自社会共同体构建过程中的秩序需要，受特定社会的文化、制度、群体规范和社会期望的影响，具有鲜明的阶级性和历史性。马克思认为：人们自觉不自觉地，归根到底总是从他们阶级地位所依据的实际关系中——从他们进行生产和交换的经济关系中，吸取自己的道德观念。他者角色规定不仅影响执政党的执政行为，更会影响政党角色观念的形成。“他者的规定”是一个国家政治民主的性质、传统，公民的权利义务观，以及政党章程阐述的宗旨、地位

① 阎学通：《国际政治科学》，社会科学文献出版社 2014 年版，第 103 页。

和作用的反映。总之，执政党角色就是反映政党内在关系的“角色自我观念”，以及反映外在关系的执政党“地位”和“他者的规定”及其相互影响的总体表现。

中国共产党从其建立的那天起就是为人民大众谋福利的党，是全心全意为人民服务的政党。在革命战争年代中国共产党为民谋利的主要任务就是推翻压在人民群众头上的“三座大山”，推翻旧的制度，建立新中国，中国共产党那时的角色是中国革命的领导党，是带领中国人民进行革命的领导核心。新中国成立以后，中国共产党的角色就转变成了执政党和领导党，成为带领中国人民进行社会主义建设，实现国家富强、人民幸福，维护社会稳定发展的执政党和领导党。基层党组织在不同的历史时期由于角色地位的不同，其承担的角色也是不同的。基层党组织首先要认识到自己在新时期的“地位”和“他者的规定”，形成正确的“角色自我观念”。面对市场经济和社会转型，基层党组织必须转变传统的、社会革命时期的“政治话语”和思维模式，特别是要适应社会从“单位人”向“社会人”转变的时代特征，改变“单位制党建”的单一模式。要改变单纯的行政领导，向服务型政党角色转变。这既是由党的性质决定的，也是由党的“地位”和人民群众的愿望决定的。基层党组织作为党在基层的代表，领导和服务成为其主要职责，但领导是更广泛意义上的服务，党的十八大报告强调，基层党组织要“以服务群众、做群众工作为主要任务，加强基层服务型党组织建设”。[①] 在新的历史时期，如果基层党组织不能转化角色，不能以服务为本，缺乏服务意识和能力，就不能在人民群众中富有影响力、带动力和凝聚力，就没有生命力，就会失去其价值。“基层党组织只有以人为本、以民为本、以为人民服务为本，克服以官为本、以物为本、以钱为本、以 GDP 为本，才能牢固树立正确的政绩观、全心全意为人民服务，才能建设服务型基层党组织。”[②] 要以服务型基层党组织的角色，思考基层党建问题，通过基层党组织的建设更好地发挥基层党组织在社会治理中的作用。要转变党建思路，对基层党组织的功能和职责重新进行科学定位，从而在组织上、思想上、制度上、党员素质以及监督考核等方面对党建

① 《中国共产党第十八次全国代表大会文件汇编》，人民出版社 2012 年版。

② 刘红凛：《基层服务型党组织建设的困境与进路》，《探索》2015 年第 3 期，第 21 页。

工作提出新要求，建立与完善与基层服务型党组织建设相适应的平台与政策。

（二）基层党组织的功能转变

基层党组织在社会治理中的功能转变是以角色转变为前提的，角色变了功能也必然要相应改变。基层党组织是在农村、城市社区、机关、企业、事业单位和社会组织中的党支部，党的基层组织涵盖全国各个地区、各个行业。党的十八大对基层党组织建设提出的要求是："要创新基层党建工作，夯实党执政的组织基础。党的基层组织是团结带领群众贯彻党的理论和路线方针政策、落实党的任务的战斗堡垒。"这实质上指出了新时期基层党组织的功能和职责。同时也提出了"建设学习型、服务型、创新型的马克思主义执政党，确保党始终成为中国特色社会主义事业的坚强领导核心"。[①] 因此，基层党组织的作用主要表现为：夯实党执政的组织基础、贯彻党的理论和路线方针政策、联系服务群众的桥梁和纽带、落实党的任务的战斗堡垒。但是，如何落实基层党组织的职责，特别是在社会治理中如何发挥基层党组织的作用，需要重新定位其功能。基层党组织的功能是由党的性质决定的。一般来说，"政党就是代表一定阶级、阶层或利益集团的一部分积极分子，为了执掌、参与或影响国家政权，以实现其政治理想而结合成的具有政治纲领、组织章程、组织结构和一定群众基础的政治团体"。[②] 中国共产党作为中国的执政党，是中国人民根本利益的代表，具有天然的先进性，它的宗旨永远都是全心全意为人民服务，这就决定了政党功能是为了实现最广泛人民群众的利益服务的。同样，基层党组织也要围绕服务人民、服务社会作为新时期对自身功能的准确定位。只有坚持为民服务的总方向，才能不辜负人民对党的期望，才能赢得人民的拥护，从而巩固党的执政基础，确保党始终成为中国特色社会主义建设的坚强领导核心。基层党组织处在社会、生产的最前沿，与广大人民群众的联系最直接、最经常、最具体、最方便，只有服务好群众，才能更好地团结群众、引导群众、赢得群众。这样才能真正把党的理论和路线方针政策落实到基层，让人

---

① 《坚定不移沿着中国特色社会主义道路前进，为全面建成小康社会而奋斗》，人民出版社 2012 年版，第 50 页。

② 李红权：《中西方政治制度：现状、差异与发展》，东北师范大学出版社 2010 年版，第 125 页。

民群众去理解、认识和贯彻执行。

实现基层党组织服务功能的转向，是我们党对政党建设规律，对管党治党规律以及自身执政规律的深刻认识，有着深远的理论和现实意义。党的执政地位是人民赋予的，人民满意不满意是党的执政地位是否巩固的基础。中国共产党只有密切与人民群众的关系，带领人民群众在社会主义建设中取得新的、伟大的成就，实现最广大人民群众的利益，真正把党的宗旨落实到位，才能获得人民的认同和支持。在我们党的历史上，社会主义建设取得伟大成绩的时候，是人民生活水平得到显著提高的时候，人民对党认同度就高。我们必须清晰地认识到，现在很多地方的基层党组织还存在脱离群众，危害群众利益的事件，在一些基层党员干部中形式主义、官僚主义、享乐主义的不正之风还在一定程度上存在，这是必须要加以注意的，要坚决剔除的。否则，我们党在面对复杂的国内外形势中，就会失去人民的支持。从国外的政党实践中，我们也能够吸取教训，20 世纪末世界上一些长期执政的政党之所以丧失执政地位，例如苏联共产党，就是因为苏共没有始终坚持为人民服务的宗旨，不能切实改善人民群众生活，脱离人民。党的领导干部不能一心为民，大搞特殊，官僚主义盛行造成的。相反，古巴共产党虽然西方国家对其进行严密封锁，从政治和经济上打压其发展，但是，古巴共产党始终能够密切联系群众，充分发挥基层党组织在服务人民中的作用，基层领导干部与人民同甘共苦，赢得了人民群众的广泛支持，古巴共产党的执政地位十分巩固。当今西方一些政党也特别注重在改善民生，提高人民生活水平、服务人民方面下功夫，从而巩固自己的统治，赢得大选。例如，新加坡人民行动党，坚持把人民群众的需要作为其执政的出发点，在社会保障方面为新加坡人民提供了良好的生活保障，他们提出的“居者有其屋”基本国策，最大限度地满足人民对住房的需要，获得了稳固的执政基础。

因此，在新的历史时期，基层党组织的作用也只有在为民服务中显示其强大的力量，基层党组织是落实党的任务的战斗堡垒，更是党在基层社会的“服务枢纽”。基层党组织从行政领导的功能向服务人民功能的转向，是时代的要求，更是党的宗旨在新时期的体现，是我们党始终保持活力，长久不衰的法宝。

三　基层党组织建设的“三个期待”

角色期待是角色应当，在创新社会治理中基层党组织的建设要符合人民的期待，角色期待是社会和他人对一定角色的行为期待，要扮演好一个角色，必须符合角色期待的价值指向和伦理要求。中国共产党的宗旨与其社会治理角色期待是一致的。只有符合其应有的角色要求，才能发挥好角色功能。基层党组织建设必须全心全意为人民服务，在社会治理中，基层党组织要成为示范者，起到表率作用，在社会治理实践中，必须取得人民满意的政治绩效。

（一）全心全意为人民服务

在社会治理中，基层党组织要始终以全心全意为人民服务为价值指向，做到立党为公，执政为民。价值取向和价值追求是政治模式的基本特征，不同的政治体制其政治价值是不同的。社会治理是协调关系，解决社会矛盾，而利益矛盾是治理的核心，基层党组织在社会治理工作中的利益指向，反映了党的性质和宗旨。中国共产党与其他执政党的最大区别，就是在其政治价值追求中以全心全意为人民服务为取向，一切以人民利益为重。中国共产党始终把广大人民群众的根本利益作为党和国家一切工作的出发点和落脚点，始终把发展为了人民、发展依靠人民、发展成果由人民共享、促进人的全面发展作为其价值追求。把全心全意为人民服务作为基层党组织社会治理角色期待的价值指向，既是人民的期盼，也是党和国家长治久安的需要。邓小平指出：“工人阶级的政党不是把人民群众当作自己的工具，而是自觉地认定自己是人民群众在特定的历史时期为完成特定的历史任务的一种工具。”① 习近平总书记也指出：“我们党来自人民、植根人民、服务人民，党的根基在人民、血脉在人民、力量在人民。失去了人民拥护和支持，党的事业和工作就无从谈起。”“全心全意为人民服务的宗旨不能忘，群众是真正英雄的历史唯物主义观点不能丢，始终坚持立党为公、执政为民。”②“为公”与

---

① 《邓小平文选》第一卷，人民出版社 1994 年版，第 218 页。

② 习近平：《习近平谈治国理政》，外文出版社 2014 年版，第 367 页。

“为民”指明了政党的基本价值取向，是党的宗旨的具体体现。一个政党必须解决为谁执政、靠谁执政、如何执政和执政目标的问题；立党为公、执政为民回答了中国共产党的执政理念，是政党人民性的体现。一个政党只有符合广大人民群众的利益和愿望，能够最大限度地实现社会公共利益，才能获得最广泛的社会认同，才能符合历史发展的客观规律。党的力量源泉是广大人民群众的拥护，党的价值只有在为国家、为人民服务的过程中才能实现。基层党组织在社会治理中必须肩负起对国家利益、社会公正和公民权利实现的责任，这是获得人民群众拥护和支持的伦理基础。角色期待是民心所向，是角色“应当”，只有顺民意、谋民利，才能得民心，这是党的生命源泉，是基层党组织地位稳固的基石。

（二）先锋模范的表率

在社会治理中，基层党组织既是治理主体，也是治理客体。作为多元治理主体中的一元，基层党组织是社会治理的引领者、协调者、示范者，起着总揽全局、协调各方的作用。基层党组织的言行是导向标，是参照物，必须干在实处，走在前列。基层党组织要以自己的先进性，让人民放心，让人们信服。作为社会治理的客体，基层党组织要成为先锋模范的表率，必须加强党的自身建设。中国的问题关键在党，治国必先治党，治党务必从严。习近平总书记说，“打铁还需自身硬”，党自身过硬，才能肩负起社会治理的领导核心职责，才能更好地为人民服务。明代政治家钱琦说：“治人者必先自治、责人者必先自责、成人者必须自成。”如果一个政党不能起到表率作用，不具有先进性，就不能凝聚人心，就不能起引领作用。当前，中国共产党以反“四风”为重点加强党的作风建设，坚持以“零容忍”的态度惩治腐败，以反腐倡廉的新进展和新成效取信于民。没有党自身的治理，就不会有社会的治理。中国共产党作为我国的执政党，是全国人民的主心骨，是人民群众的领路人，只有始终保持党的先进性，才能让人民放心，让人民紧跟党走。这是人民对基层党组织社会治理角色伦理的期望，也是党立于不败之地的根基。

（三）良好的政治绩效

执政绩效是基层党组织领导有效性的表现，是在社会治理方面所取得的业绩和效果，包括政治绩效、经济绩效、社会绩效。社会治理的目标是实现社会善治，如果社会治理工作没有取得成效，没有得到广大人民群众的认可，这样的社会治理不管其价值追求是什么，都是不成功的。在社会治理中，基层党组织的执政绩效是对政党社会治理工作的全面考察，包括社会政治文明、经济发展、文化繁荣和社会稳定等方面。基层党组织社会治理的绩效既是党的路线、方针、政策正确性的体现，也是基层党员先锋模范带头作用发挥的结果。只有取得良好的执政绩效，基层党组织才能获得广大人民群众的拥护。因为对于广大人民群众而言，对基层党组织社会治理工作最现实的要求就是能否给自己带来实惠，能否实现社会公平公正，能否实现社会和谐与发展。毛泽东曾经说过："一切空话都是无用的，必须给人民以看得见的物质福利。"① 新中国成立以来，党的领导地位合法性的重要基础就是领导全国人民取得了社会主义建设的巨大成就，改变了旧中国一穷二白、满目疮痍的面貌。改革开放以来，我们党始终坚持把发展作为执政的第一要务，把改善民生、增强国家的综合实力作为立党兴国的基础，把"是否有利于发展社会主义社会的生产力，是否有利于增强社会主义国家的综合实力，是否有利于提高人民的生活水平"② 作为对一个执政党的评价标准。因此，中国共产党及其基层组织之所以始终能够得到全国人民的拥护，就是由于执政 60 多年来，特别是改革开放 30 多年来，取得了举世公认的、全国人民满意的执政绩效，这是中国共产党长期执政的基础和保证。取得良好的政治绩效也是基层党组织获得人民群众拥护，基层党组织自身建设的追求目标。

四　夯实基层党组织建设的"四个基础"

实现基层党组织建设的目标是一项综合工程，必须搞好组织、思想、作风和制度建设，只有打好这四个方面的基础，才是基层党组织建设的根基。

（一）组织基础：力量保证

党的基层组织是党的战斗堡垒，加强党的基层组织建设是中国革命

① 《毛泽东文集》第二卷，人民出版社 1993 年版，第 467 页。

② 《邓小平文选》第三卷，人民出版社 1994 年版，第 372 页。

和建设取得成功，是中国改革开放，建成有中国特色社会主义强国的重要保证。加强党的基层组织建设历来是党的建设的重要内容。中国共产党从建立初期就注重在全国建立和发展基层组织，壮大党的队伍，扩大党的影响。1925 年在中共四大上通过了《中国共产党第二修正章程》，认为组织问题是党生存和发展最重要问题，规定凡有党员三人以上均得成立一个支部，每支部公推书记一人或推三人组织干事会，隶属地方执委会。1927 年的中共五大提出要使党的基础建立在产业支部上面，要广泛建立以支部为基础的组织，积极在广大工人群众中做政治工作，并且对党的组织框架作出了新的规定。1927 年毛泽东在革命实践中确立了“支部建在连上”的重大原则，党的基层组织在革命实践中发挥了重要的作用。1939 年陈云担任组织部长期间曾指出：支部是党的最下层组织，也是党的最基本组织。党的一切口号、主张、政策，依靠支部才能具体深入到群众中去。[①] 正是有了坚强的基层党组织，才能把党的政策贯彻下去，增强了党的领导，为团结一切可以团结的革命力量，为中国革命的胜利发挥了巨大的作用。新中国成立以后，党的基层组织建设更加被高度重视，中共八大第一次提出了“党的基层组织”这一概念，突出了党组织的基础性，基层党组织掌控了基层社会。改革开放以来，党中央对基层党组织建设在社会主义现代化建设中的作用，以及增强党的阶级基础和扩大党的群众基础等重大问题都进行了明确规定。江泽民指出：“党的基层组织是党的全部工作和战斗力的基础。”是“贯彻党的路线方针政策、团结和带领群众完成单位任务的坚强战斗堡垒”。[②]

基础不牢，地动山摇。2011 年 2 月 23 日，习近平在中央党校省部级主要领导干部社会管理及其创新专题研讨班结业式上作总结讲话时指出：“党的基层组织和基层干部是加强和创新社会管理、做好群众工作最基本、最直接、最有效的力量，是我们党执政为民最为重要的组织基础。各级党委要切实加强基层组织建设，推动基层组织把知民情、解民忧、化民怨、暖民心作为经常性工作，按照情况掌握在基层、问题解决在基层、矛盾化解在基层、工作推动在基层、感情融洽在基层的要求做

① 《陈云文选》第一卷，人民出版社 1995 年版，第 145 页。

② 《江泽民文选》第二卷，人民出版社 2006 年版，第 45 页。

好群众工作。”①

新的历史条件下，基层组织建设出现很多新的问题，特别是在市场经济、城市化过程中，传统的单位制被打破，社会流动加剧，单位制对人们的管理作用越来越降低，特别是随着农村劳动力的流动，企业改制造成的下岗再就业人数的增加，各种社会组织不断涌现，急需基层党组织进行新的建设。组织建设是力量保证，是党的事业兴旺发达的基础，有一支强大、合格的党员队伍才能真正发挥党的全心全意为人民服务的宗旨，才能处处起到先锋模范带头作用。党的组织建设主要包括党的民主集中制建设、扩大党组织的覆盖面、加强党的干部建设、提高党员素质等方面。

第一，党的组织建设的重要任务就是要加强党的民主集中制建设。中国共产党是按照民主集中制原则建立起来的马克思主义政党，必须搞好党内民主。要充分认识到发展党内民主在党的建设中的重要意义，这是提高党的执政能力，巩固党的执政基础，保持和发扬党的先进性的重要保证，是保持党的生机与活力的关键。基层党组织更是党的民主集中制建设的重点，坚持民主集中制的建党原则是发挥基层党员积极性的根本之策，是让广大党员参与社会管理的主要途径。

首先，要建立健全党内民主制度，形成党内民主和人民民主互促的共进机制，不断完善科学的决策、管理、监督和运行机制，让全体党员在组织中有自信，在群众中有威信。要根据农村基层党组织、公有制和非公有制企业基层党组织、社区党建工作、学校科研机构以及社会组织等基层党组织的特点，形成适合地方特色、行业特点的基层民主制度。现在有些地方在探索党内民主与人民民主的实践中，已经形成了一些有益的做法。我们在河北省沧州青县的调研中发现，他们在农村治理中普遍形成了“党支部领导，村代会做主，村委会办事”的青县治理模式。党支部领导要坚持“依法领导，民主领导，科学领导”，村党支部书记要按民主程序竞选村代会主席，以村代会主席身份主持村代会工作，依法取得对村民自治的领导权，充分发挥政治和组织优势，积极引导和鼓励党员竞选村委会成员和村民代表，大力在村民代表中发展党员，把党的领导依法融入村民自治组织和自治活动。村党支部要抓住村代会这一

① http：//www.gov.cn/ldhd/2011－02/24/content_1809442.htm.

载体，把党的领导过程变成组织引导村民民主选举、民主决策、民主管理、民主监督的过程，变成集中民智、凝聚民力，实现民意的过程，把党组织的主张变成村民自治组织和农民群众的自觉行为，实现党的领导与村民当家做主的有机统一。

其次，要切实坚持搞好党务公开，增加基层党组织工作的透明度。要充分利用现代办公手段，通过网络和媒体公开决策程序和办事流程，真正实现党内监督和社会监督，通过舆论监督提升工作效率和办事效果。要通过党务公开促进党员参与管理党内事务和社会事务，要使每个党员清楚基层党组织在想什么、干什么，从而愿意团结在党的周围，愿意在奉献社会的过程中实现自我价值。

再次，要提高党员的民主权利意识。民主是一种权利也是一种义务，党员主体地位的体现是通过维护党员的民主权利来实现的，如果党员的权利意识不强，就不会主动去维护自己的民主权益，就会影响党的民主制度的发展。一种优良的制度的执行，既需要制度的执行者，同样也需要制度规范的人的素质，没有良好的素质制度也是一张白纸。提高党员的民主权利意识，要注重教育引导，教育广大党员要知晓自己的民主权利，懂得应用自己的民主权利，同时也要知道如何维护自己的民主权利。同时要让党员通过民主生活会，去切身体会自己的民主权利，要让他们在现实的生活中体会到自己拥有权利，也能给自己带来实惠。还要通过一定的制度设计，来引导党员自觉履行自己的权利与义务，克服他们不愿民主、不会民主、不能民主的问题。

最后，要积极探索基层党组织民主实现的多种形式。民主是党活动的总原则，是必须遵循的程序。基层情况复杂各异，在不同的地方，在不同的行业以及不同的事务中，民主形式可以各异，要寻找适合具体地方的民主实现形式。

第二，扩大基层党组织的覆盖面是当前党的组织建设的重点，这是当前迫切需要解决的现实问题。基层党组织在基层社会的覆盖面和渗透力随着社会的转型有衰弱的趋势。如何让党的组织渗透到社会的各个行业、各个角落，让党的领导无处不在是我们必须解决的问题。

首先，要做好流动党员的管理，哪里有群众哪里就有党的工作，哪里有党员哪里就有党的组织。流动党员主要集中在外来务工人员中，其中很大一部分是农民工，这些流动外来务工人员一般很少与当地组织联系，他们外出务工的主要形式是通过当地的老乡介绍的，或者是通过当地的劳务中介组织的劳务输出。所以，一般很少和当地党组织有来往，由于离家比较远，又经常不回乡，这部分党员的组织生活在输出地也无法开展，组织生活基本停止；党员身份也得不到认可，党员核心凝聚力也无法发挥。这就要求我们的各级党委，发挥流出地和流入地基层党组织的作用，流出地的地方党组织要关注和关心流出党员的情况，通过多种方式，特别是现代互联网的便捷途径，如微信、QQ 和网络电话，加强与他们的联系，通过组织引导，发挥他们在流入地的党员先锋模范作用，同时也要引导他们为家乡服务，以党员全心全意为人民服务的标准服务家乡、服务社会。流入地的基层党组织要摸清底数，加强动态管理，要及时把流入的党员纳入本地的企业、街道、社区党组织中，要主动与他们联系，让他们在异地也能以一个共产党员的严格标准要求自己，真正过好组织生活，真正发挥党员的主体作用。

其次，新型社会组织的基层党组织建设工作刻不容缓，截至 2015 年年底，在各级民政部门登记的社会组织共有 661861 个，其中民办非企业单位 329122 个。党的十八大特别强调要加强社会组织的党建工作，社会组织涉及面广，发展迅速，在短时间内大量出现，而党建工作普遍都比较薄弱。从历史发展的经验来看，任何时候离开党的领导，任何领域离开党的领导都会出现问题。社会组织是我国经济发展、社会繁荣和公共服务的重要主体，在推动国家治理中越来越显示出其重要性。在社会组织中健全党的组织工作，是促进社会组织健康发展的根本保证，只有健全和加强党的领导才能引领社会组织沿着正确的方向发展，保证党的方针政策能够在社会组织中全面贯彻落实。加强社会组织的党建工作，要加强党对社会组织的领导，把党的工作融入社会组织运行和发展过程，积极探索新时期社会组织党建工作制度，探索符合社会组织发展特点的党的领导方式。大力在社会组织中培育党的力量，切实提高社会组织中党的威信和力量，增强社会组织党的凝聚力和战斗力，充分发挥社会组织党的战斗堡垒作用和党员的先锋模范作用。各类社会组织党的工作要灵活多样，符合组织发展的实际情况，可以按单位建立党组织，有 3 名以上正式党员的社会组织，要按照党章规定，设立党委、总支、支部。可以按行业建党，对于一些行业特征比较明显，管理规范的行业可依托行业协会建立党组织，行业协会要对行业党建工作给予足够的重视。也可以按照区域建立党组织，要按照不同的区域，打破单位、行业界限，建立统一的党组织，特别是要加强社会组织与当地基层党组织的联系，在地方党组织的领导下搞好社会组织的党建工作。

第三，加强党的干部建设。党的干部建设是党的执政能力建设的保证。党的执政资源主要包括党员队伍、党的基层组织和党员干部，没有良好的干部队伍党的建设就缺乏了强有力的引领力量。党的干部是政党活动的组织者，起着动员发动、协调各方、带头引领的作用。干部是党的形象的代表者，在党员和群众心目中党的干部就是标杆，就是榜样。邓小平说："党是整个社会的表率，党的各级领导同志又是全党的表率。"[①] 基层党的干部肩负着贯彻执行党的路线方针政策的职责，他们对党的精神的领悟关系着基层党组织的发展方向。基层党员干部的思想作风、工作作风以及品德修养是人民群众对党的评价的直接感悟，党的先进性是通过干部的形象表现出来的，在党的威信高的地区一般都是党的干部受人民称赞的地区，在人民群众对党的干部不满意的地方，党的威信就会受到严重影响。党的干部不同于一般党员，是党的骨干。干部在党的组织中占重要地位。[②] 干部的决策关系党的事业的成败，干部选拔培养的好坏关系国家社会的发展前途，关系党的事业是否后继有人。正因为干部在党的事业中的重要性，就必须重视干部建设，重视干部培养，努力建设一支信念坚定、能力突出、敢于担当、一心为民的干部队伍。党的干部要树立正确的权力观，党的权力来源于人民，共产党人必须一切为了人民，除了人民群众的利益没有半点个人私利，党的权力就是要全心全意为人民服务，这是党的宗旨，是党的权力的价值指向和建设路径。党没有超乎人民群众之上的权力，"各级领导干部要牢固树立科学的世界观、人生观、价值观和正确的权力观、地位观、利益观，坚持权力为民所用、情为民所系、利为民所谋，始终与人民群众同呼吸、共命运、心连心。"[③] 有服务人民的思想，还需要服务人民的能力，当前党的领导干部，特别是基层党的领导干部，必须加强其能力建设，领导干部只有具备服务社会和人民的能力才能胜任党的工作，才能履行好

① 《邓小平文选》第二卷，人民出版社 1994 年版，第 177 页。

② 《陈云文选》第一卷，人民出版社 1995 年版，第 211 页。

③ 《十六大以来重要文献选编》(下)，中央文献出版社 2008 年版，第 535 页。

党的执政使命。各级领导干部的能力如何直接关系党的执政水平，在新的历史条件下，我们党正面临着执政考验、改革开放考验、市场经济考验、外部环境的考验，如果能力不足，就会给党的事业带来危险。从现实情况来看，我们党的干部队伍整体素质和能力是能够适应要求的，但是，在不同的地方，特别是基层党组织中干部队伍能力不足的问题仍然不同程度地存在，影响党的执政效果。增强党的干部队伍建设是一项系统工程，必须总体谋划、多措并举、强化机制，要适应新形势重点提高党员干部的领导水平与执政水平，提高拒腐防变和抵御风险能力。要求广大党员干部树立科学发展的理念、依法办事能力、不断创新的能力、解决民主问题的能力、应付突发事件的能力以及社会舆论的引导能力。

在干部培养和教育中，首先要把好入口，不能“带病提拔”，要建立干部考核提拔科学公正的用人机制，任人唯贤，坚持德才兼备，以德为先的用人标准，注重实绩，注重群众舆论，要把各方面优秀的党员提拔到领导岗位，人尽其才，才尽其用。干部考核评价机制要以干部的实际业绩为主要指标，让有能力、有素质的干部凸显出来，通过干部考核引领干部的努力方向。要注重党员干部完成日常工作，履行岗位职责，为民服务实效，关键时刻表现等来评价党员德才表现。在干部考核中坚持群众评价与业绩表现、日常表现与突出贡献、领导评价与民意调查相结合，增强干部业绩考核评价的准确性和实效性。其次，要加强对党员领导干部的马克思主义理论修养的教育，提高他们的马克思主义理论素质。当前在广大党员干部中普遍进行的“两学一做”活动，即学习党章党规，学习习近平总书记系列重要讲话精神，做合格党员。就是一场对党员干部进行的马克思理论修养教育活动。做一名合格党员首先必须是具有深厚马克思主义理论修养的党员，不能掌握马克思主义理论这个武器，就不能在实际工作中正确地贯彻党的路线方针政策。马克思主义理论既包括马克思的观点和学说，还有对马克思主义理论的创新和发展，因此，党员干部既要学习马克思主义经典，更要学习马克思主义中国化的理论成果，这是中国革命和建设的理论原则和经验总结，是我国革命和建设的宝贵财富。最后，要把反腐倡廉放在突出的位置上，干部掌握着大量的公共权力，在政治、经济、文化资源上具有一定的支配权。干部权力的使用能够符合党的执政宗旨，这些资源就能向正确的方向流动，如果干部权力的使用违背党的宗旨，这些资源就会被浪费，甚至起到负面效应。加强干部队伍的廉政建设，是干部队伍建设能否起到正面效应的关键。干部廉洁了，党风才能端正，才能公正地行使权力，才能让权力起到应有的作用。民心才能凝聚，党群关系才能融洽，党员干部的应有作用才能充分体现。

第四，提高党员素质，积极发展优秀党员。要把提高党员素质和积极发展新党员结合起来，既要注重党员质量，同时也要后继有人。从目前的情况看，党员素质总体是好的，但是随着时代的变化和社会的发展，也有很大一部分党员，出现了种种问题，例如有的党员政治信仰动摇，丢失了全心全意为人民服务的宗旨，只享受权利，不履行义务，甚至为了个人利益损害党的形象；有些党员纪律观念淡薄，责任意识不强，缺乏一个共产党应有的担当，降低了党员的标准。因此，提高党员素质成为一项刻不容缓的任务，但是党员素质的提高也是一个长期的过程，需要各方面的努力。提高党员素质主要是提高党员的政治素质、理论素质、纪律素质、道德素质、文化素质等。讲政治是一个共产党员最起码的要求，不论在任何地方，共产党员必须有明确而坚定的政治立场，要有政治敏锐性，必须有敏锐的政治眼光、政治觉悟、政治立场。在新的历史条件下，共产党员必须具有贯彻执行党的路线方针政策的能力，始终同党中央保持一致，坚持民主集中制，具有正确的权利义务观，在全心全意为人民服务中实现自己的价值。共产党员的理论修养主要是要掌握马克思主义的立场、观点和方法，通过对马克思主义基本原理的学习，内化为自身的一种认识世界、改造世界的能力和素养，树立远大的共产主义理想，在自己的工作岗位上为党的最终目标奋斗终生。共产党员必须具有高度的组织纪律性，要成为遵纪守法的模范，要有高度的法治意识和守法意识，服从组织要求，个人服从组织，少数服从多数，下级服从上级，全党服从中央。要认真学习宪法和党内法规，做一名合格的党员。共产党员也必须是一个有道德的人，必须具有高尚的道德情操和道德品质，道德是做人的基础，共产党员更应该成为道德的楷模。具备高尚的道德品质，才能诚心诚意为人民服务，一个具有高尚道德品质的人，才能成为一个有益于人民的人。共产党员必须提高自己的学习素质，在个体发展上，学习是进步的重要途径。不能坚持经常学习的人，就不会有进步。共产党员要想站在时代的前列，成为人民群众的领导核心，必须具有高瞻远瞩的眼界，如果没有较高的文化素养，就不能在知识经济时代成为人民群众的领路人。所以，党员必须热爱学习，善于学习，肯于学习。

做好发展新党员工作与党员素质提高是一致的，让更多有素质的人加入党组织，是提高党员素养的重要途径。在党员发展中，要积极发展与严格把关相结合，处理好数量与质量的关系，公正、客观地考察入党积极分子，严格按照党员标准和程序发展党员，抵制不正之风。要对发展对象进行全面审查，要了解其思想觉悟、思想道德品质以及入党动机，了解其能否忠诚于党的事业，能否坚持全心全意为人民服务的宗旨。建立健全党员发展制度，保证程序公正，各级党委要以高度责任心做好党员发展工作，这既是党的事业能否后继有人，又是我们党不断取得更大成绩的基础和保证。

（二）思想基础：动力保证

从思想上建党是马克思主义建党学说的一条重要原则。基层党组织的思想建设是组织建设、作风建设、制度建设的基础。毛泽东很早就重视思想领导问题，指出："无产阶级思想领导的问题，是一个非常重要的问题。边界各县的党，几乎完全是农民成分的党，若不给以无产阶级的思想领导，其趋向是会要错误的。"① 人的思想认识是行为指向的基础，只有解决了思想认识问题，才能解决行为问题。中国共产党是工人阶级的先锋队，是中国人民和中华民族的先锋队。只有具有高尚的道德品质，具有坚定的马克思主义信仰，具有坚定的理想信念的人才能成为合格的共产党员。共产党没有半点个人私利，除人民的利益之外，再无自己的特殊利益。作为一个共产党员必须具有超越一般人的思想境界，只有这样才能履行党的宗旨，才能把国家利益、人民利益放在首位。思想建设是保证每一个共产党员无论在任何时候，一切言行都合乎最广大人民群众利益的前提。中国共产党的历史使命也决定了必须进行党的思想建设。毛泽东指出："掌握思想教育，是团结全党进行伟大政治斗争的中心环节。如果这个任务不解决，党的一切政治任务是不能完成的。"② 中国共产党自成立以来，虽然在不同的历史时期具有不同的历史使命，但是作为一个世界上最大的、最先进的政党，始终把人民解

① 《毛泽东选集》第一卷，人民出版社 1991 年版，第 77 页。

② 《毛泽东选集》第三卷，人民出版社 1991 年版，第 1094 页。

放，国家独立和富强作为自己的奋斗目标。在新的历史时期中国共产党承担着实现中华民族伟大复兴的“中国梦”，要把我国建设成为富强、民主、文明、和谐的社会主义现代化国家，全面实现工业化、城镇化和现代化的强国目标。要实现这些光荣而又艰巨的历史使命，我们党必须保持其先进性和纯洁性，加强党的思想建设就成为党担当历史使命的必然要求。同时，我们党在新的历史时期，也面临着新的考验和挑战，特别是面临改革开放、市场经济以及复杂的国际环境，一些领域存在着思想混乱、道德失范、诚信缺失、价值多元、西方思潮入侵等危险，如果不能清醒地认识我们存在的问题，我们党就会有丧失执政地位的危险。在我们的党员和干部中，还存在精神懈怠、脱离群众、消极腐败的现象，基层组织软弱涣散；一部分党员干部中宗旨意识淡漠，官僚主义突出，贪图享受思想严重，如果我们不加强党的思想建设，勇于从严治党，善于自我发展，自我革新，我们党的根基就会动摇。因此，加强基层党组织的思想建设，既是历史经验的总结，也是现实国家发展的要求。当前党的基层组织的思想建设，必须抓好以下几个方面的工作：

第一，强化基层党员干部的理想信念教育。习近平总书记指出：“理想信念是共产党人精神上的‘钙’，没有理想信念，理想信念不坚定，精神上就会‘缺钙’，就会得‘软骨病’。”理想信念教育是基层党组织思想建设的核心。对共产党员进行理想信念教育是党的一贯传统，任何时候理想信念都是支撑党员干部成为一个合格党员的精神动力。理想信念是世界观、人生观和价值观的集中体现，人的理想信念具有不同层次，最高理想是指引前行的不竭动力。《中国共产党章程》规定：“党的最高理想和最终目标是实现共产主义。”共产党员必须树立共产主义的远大理想，坚信自己的政治追求，这是共产党人的精神支柱，是战胜任何艰难险阻的动力源泉。邓小平曾经指出：“现在中国提出‘四有’，有理想、有道德、有文化、有纪律。其中我们最强调的，是有理想。根据我长期从事政治和军事活动的经验，我认为，最重要的是人的团结，要团结就要有共同的理想和坚定的信仰。我国过去几十年艰苦奋斗，就是靠用坚定的信念把人民团结起来，为人民自己的利益而奋斗。没有这样的信念，就没有凝聚力。没有这样的信念，就没有一切。”①

① 《邓小平文选》第三卷，人民出版社1993年版，第190页。

共产党员必须把远大理想与时代要求相结合，建设中国特色社会主义是共产主义远大理想在现阶段的集中体现，共产主义远大理想是人民对美好未来的追求，信守共产主义幸福生活的实现，是共产党人忘我奋斗的信念支撑。

第二，强化基层党员干部的思想道德教育。一个优秀的共产党员必须是具有良好道德品德的人。作为一名合格的党员，履行好党员应有的义务，就要有超越自我利益的价值追求，道德是调节利益关系的，如果一个人处处只为自己考虑，以自己的利益最大化为行为标准，自私自利，甚至为了实现自己的利益不惜损害他人利益，这样的人既不是一个有道德的人，更不可能成为全心全意为人民服务的共产党员。德行和党性是统一的，毛泽东在《纪念白求恩》一文中向广大党员提出要做“一个高尚的人，一个纯粹的人，一个有道德的人，一个脱离低级趣味的人，一个有益于人民的人”。党员必须加强道德修养，带头践行社会主义道德规范。良好的道德品质对于共产党的领导干部更加重要，领导干部是掌握有公权力的人，对于实现社会公共利益具有重要的作用，官德的社会影响力更大。一个党员干部如果在道德上有瑕疵，往往是导致腐败的开始，很多党员干部正是由于放松思想道德修养，情趣低下，不讲职业道德、不顾家庭美德、不屑社会公德而走向犯罪的。2006 年，我们党提出的“八荣八耻”社会主义荣辱观教育，就是针对当时在党内和社会中存在的一些不文明现象、不健康思想，特别是拜金主义、享乐主义、极端个人主义在社会中的影响，有些人是非不清，善恶不辨，美丑不清。必须通过教育让人们明辨是非、区分善恶、知道美丑，促进整个社会道德水平的提高。国外也有很多国家重视对党员干部的道德教育，1996 年 7 月，古巴为加强国家干部的道德纪律建设，防止腐败的产生，制定并颁布了《国家干部道德法规》。该法规对国家干部提出了 27 条规定，劳尔·卡斯特罗等古巴党政领导人都在《国家干部道德法规》的保证书上签了字。这些做法值得我们在新的历史时期对党员干部加强道德建设时借鉴。

第三，强化基层党员干部的廉洁自律教育。廉洁是一种无形的力量，是拒绝腐败的基础。东汉著名学者王逸说，“不受曰廉，不污曰洁”，共产党员肩负着特殊的历史使命，没有廉洁自律的思想和品质，就不能成为一个合格的党员。建设一支廉洁自律的党员队伍关系着党的执政地位能否巩固，共产党要长期执政必须赢得人民广泛的拥护，不能保持廉洁奉公，就不会受到人民的拥护。中国共产党是全心全意为人民服务的政党，党所奋斗的一切不是为了自身利益，只有执政廉洁了，党风才能端正，权力公正了，民心才能凝聚，腐败遏制了，党群关系才能融洽。党员干部的廉洁自律教育是反腐败工作的重要基础，党风和社会风气密切相关，我们党是执政党，党员干部是一支特殊的力量，在社会生活中具有极强的影响力，党员干部的腐败影响的是各行各业和整个社会。党员干部是否廉洁，关系着党和政府的形象和威望。在廉洁自律教育中从党员干部抓起是抓住了矛盾的主要方面，必须让党员干部正确对待手中的权力，应用好人民赋予的权力，始终能够保持与人民群众的密切联系，管好自己，管好家人，管好身边的每一个人，做到清正廉洁，勤政为民。要坚持以教育为主，让不廉洁思想消除在萌芽状态，加强监督，加大处罚力度，在干部考核、组织任用时把为官意识作为一项重要的考察指标，树立起有权不谋私，用权为人民的思想，要让每一个党员干部清清白白做官，堂堂正正做人，始终保持高尚的道德人格和共产党人的浩然正气。

廉洁自律教育常态化，以教育筑牢廉洁自律防线。学习必须常抓不懈，做到廉洁风常吹，预防针常打，警世钟常敲，以人为本，形式多样，密切联系工作实际。以思想政治教育为基础，提高党员干部的理论素养，树立正确的世界观、人生观、价值观和利益观，真正理解“立党为公，执政为民”的思想，坚守党的信念，增强宗旨意识，甘当人民公仆。要强化学习党纪法规教育，纪律和法治观念是预防腐败的第二道防线，认真领会党章、党纪规定，增强纪律观念和法制观念。要经常开展警示教育，用典型案例现身说法，始终保持清醒的头脑，违背原则的事坚决不做，远离违背党纪国法的事，要经常提醒自己，干净做事，诚实做人。要树立典型，通过表彰先进典型，大力宣传身边人的先进事迹教育党员干部，形成廉洁为荣，贪腐为耻的良好社会氛围，使党员干部不敢腐、不能腐、不想腐。

强化监督和管理，用约束手段遏制腐败行为。贯彻民主集中制，完善决策机制，防止权力使用的任意性，使权力运行规范化、程序化、制度化，相互制约，相互制衡。建立党员干部行为的全程监督机制，把事前监督和事中监督作为重点，把问题暴露迁移。要发挥党内监督、民主评议的作用，通过党员学习会、民主生活会发现问题，解决问题。要充分发挥舆论监督的作用，畅通群众监督渠道，让权力在阳光下运行。

有计划地对党员干部进行终身廉洁自律教育，特别是针对不同行业、不同年龄、不同岗位的党员干部进行有区别的教育。对于新党员要严格考核，集中学习，要把考试与平时考察相结合。对于具有执法权力行业的党员，要进行行业自律规范，必须让他们遵守行业的特殊纪律和规范要求。对于新提拔的领导干部，要在试用期进行干部廉洁从政的培训，从一开始就绷紧廉洁自律这根弦，提高在实际工作中预防腐败的自觉性。对于从政多年的党员干部，也要定期进行廉洁自律教育，避免惰性思维，麻痹思想。对于老党员，要让他们重温廉洁自律的有关规定，克服“59 岁”腐败现象的发生，保持晚节，始终以一个共产党的严要求履行自己的职责，顺利实现角色转换。

第四，强化基层党员干部的党章党规学习。目前全党正在进行“两学一做”的党员教育活动，即学习共产党党章党规，学习贯彻习近平总书记系列重要讲话精神，做合格党员。对于一个党员来说，学习党章党规是最基本的要求，否则就不可能成为合格党员。习近平总书记指出：“党章是党的总章程，集中体现了党的性质和宗旨、党的理论和路线方针政策、党的重要主张，规定了党的重要制度和体制机制，是全党必须共同遵守的根本行为规范。没有规矩，不成方圆。党章是党的根本大法，是全党必须遵循的总规矩。在各级党组织的全部活动中，都要坚持引导广大党员、干部特别是领导干部自觉学习党章、遵守党章、贯彻党章、维护党章，自觉加强党性修养，增强党的意识、宗旨意识、执政意识、大局意识、责任意识，切实做到为党分忧、为国尽责、为民奉献。”① 党章党规是全体党员的行动纲领，集中体现了党的整体意志和共同理想，对全体党员规定了行为规范。基层党组织由于人员复杂，价值观多元，利益各异，通过党章党规的学习，保证党员行为统一在党的规范之下。党章确立了党的活动和党员生活的基本原则，是党的政治纪律、组织纪律、工作纪律，是党员检查自己行为的一面镜子，对于每一个人能不能成为一个党员，是不是一个合格党员，提供了标准。党规党纪是高一层次的对党员的要求，超越了法律对普通公民的要求，一个共

① 习近平：《认真学习党章　严格遵守党章》，《人民日报》2012 年 11 月 20 日。

产党员不只要遵守国家法律，更要遵循党规党纪，这是党员不可逾越的底线。

从严治党首先就要加强党章党规教育，一个党员如果能够按照党章党规约束自己，一定会成为一个合格党员。这是党员言行的总规矩和总遵循。能够遵守党章党规，才能谈得上不忘初心，否则就是一句空话。

（三）作风基础：效率保证

作风就是风格。“党的作风是党的性质、宗旨、纲领的重要体现。高度重视作风建设，是我们党的优良传统，是我们党区别于其他政党的显著标志。”“我们党领导的革命、建设、改革取得的每一个胜利，都同作风建设取得的进步密不可分。”① 党的作风建设是政党自身建设的需要，体现了政党的价值取向、精神操守和工作状态。

基层党组织作为党各项工作的基本保证与领导核心，是党的各项政策的具体落实者与执行者，基层党组织的作风建设搞得怎样，直接关系着党在基层的执政形象，关系着基层党组织的战斗力，关系着群众对基层党组织的政治认同。

总体而言，当前的基层党组织与绝大多数党员干部的作风是符合主流的，能够积极推行党的方针政策，扎实推进党的各项工作，有序落实党的各项部署，得到群众的称赞与拥护。但不容忽视的是，一些基层党组织的党员干部依然存在理想信念缺失、宗旨意识不强、党员意识模糊、群众观念淡薄等多种情况，这些不仅损害了党的形象，动摇了党的执政基础，而且疏离了党群关系，影响了基层党组织阵地堡垒作用的发挥，基层党组织作风建设存在的主要问题有：

第一，理想信念缺失，宗旨观念淡薄，先锋模范作用不明显。总体来看，基层党组织的绝大多数党员干部都能保持与党中央政治方向的一致，都能自觉维护党和群众的利益。但是，由于改革开放后产生的一系列经济与社会问题，一些有悖于社会公平正义的现象以及一些冲击传统价值观的现实使党员干部的理想信念出现反差甚至是断层，他们中的一些人开始在不同程度上对社会主义理论提出质疑，对共产主义理想产生怀疑，对党的道路前途丧失信心；一些领导干部出于现实困惑或是精神空虚开始迷恋宗教，在虚幻世界里寻求自身价值的体现与寄托，这样的

---

① 《十五大以来重要文献选编》（下），人民出版社 2003 年版，第 2021、2022 页。

行为违背了共产党员的纪律要求。党员沉溺于宗教，实际上就是在理论上、思想上、行动上与党分道扬镳。在全国宗教工作会议上，习近平总书记明确指出："共产党员要做坚定的马克思主义无神论者，严守党章规定，坚定理想信念，牢记党的宗旨，绝不能在宗教中寻找自己的价值和信念。"还有一部分党员干部摆在第一位的不是群众的利益与党组织事业的发展，而是自己的政治前途和经济利益，甚至将自己的政治仕途与群众的利益、党的事业分裂开来。一些经济能人只顾自己的事业发展，不关心群众疾苦，没有在工作中将群众利益放在第一位，遗忘了党员宗旨，违背了群众利益，不仅没有发挥党员的先锋模范作用，而且引起周围群众的不满，造成了一些地方干群关系和党群关系的紧张，严重的还会影响当地的社会稳定。究其根源都是理想信念的不坚定，习近平总书记曾多次强调：革命理想高于天；理想的滑坡是最致命的滑坡，信念的动摇是最危险的动摇。因此，必须坚定广大党员干部的理想信念，这是搞好基层党组织作风建设的关键。

第二，理论学习欠缺，不爱学、不善学现象突出。建设马克思主义学习型政党是加强基层党的作风建设的重大举措，党员干部应该结合时代要求与自身实践，不断学习，尤其是加强理论学习。但在一些基层党组织当中，学习风气不浓，不善学习现象十分突出。一是在学习态度上，党员学习意识不强，没有将学习作为一项重要任务来抓，他们更看重的是基层工作实际而忽视理论学习，闲暇时间宁肯用来应酬、上网也不愿意学习理论。二是在学习方法上，党员干部缺乏科学的学习方法，不能深入实际调查研究，不善于将理论学习与工作实际结合起来，照抄照搬，难以很好地落实"从群众中来，到群众中去"的群众路线。不能正确运用综合分析方法，只注重现象忽略本质，认识不到理论的指导作用。三是在学习能力上，一些党员干部难以深入领会和准确理解马克思主义与中国特色社会主义理论，工作主要凭借的是经验，不善于通过理论学习将工作经验上升为理性认识。这些现象的直接后果是造成一些党员干部理论水平低，逻辑思维混乱，难以运用马克思主义观点和方法解决工作与经济社会中的突出问题。

第三，专制作风明显，形式主义、官僚主义作风依然存在。随着我国民主法治进程的不断推进，广大基层党员干部的民主素养也在不断提升，但依然存在的一些现象必须引起我们的关注，这些已经成为制约基层党组织作风建设的重要掣肘。一是领导干部的民主意识淡薄，专制思想浓厚，在工作中更多的是沿袭旧有的思维方式，独断专行，拉帮结派，一些监督形式形同虚设，传统的“一言堂”非常明显。二是形式主义与官僚主义凸显。一些基层党组织的干部脱离群众，脱离实际，在权力运用过程中以公济私，官僚习气严重，个人主义明显。迎接上级任务“走过场”，摆样子。一些部门领导招商引资前不做市场调研，不征求群众意见，甚至是不提交党委会集体研究，而是个人拍板定调，最后造成严重后果，引起群众不满集体上访。

第四，基层腐败成为削弱群众基础的重要原因。长期以来，中央都把加强基层党风廉政建设作为反腐倡廉的重点工作来抓，在取得成就的同时我们要看到党风廉政建设依然任重道远。以权谋私，贪污侵吞，中饱私囊，假公济私等现象层出不穷，已经成为群众最为怨声载道的重灾区。有的在单位财务上弄虚作假，私分虚报；有的侵占新农合政策中村民的救命钱，把新农合当作唐僧肉；有的私设小金库，挥霍公款，集体侵吞征地拆迁等各种补偿款，这些基层腐败成为侵害利益、引发民众不满的重要领域和原因。此外，一些领导干部生活作风建设方面也存在很多的问题，追求奢侈讲排场，生活腐化堕落，违背党规党纪，婚丧嫁娶大操大办等，这些都成为新形势下制约基层党组织作风建设健康发展的重要因素。

因此，我们必须着力加强基层党组织的作风建设，其路径和对策主要有：

第一，加强思想和理想信念教育，为基层党组织的作风建设提供思想基础。党员干部在基层一线，直接接触基层群众，其思想政治素质的高低直接影响党的路线方针的贯彻落实，影响党在群众中的地位与认同度，影响我国经济和社会发展。因此，一是必须加强对基层党员干部思想和理论教育，夯实思想基础，坚定理想信念。定期进行思想教育，内容涉及理想信念、宗旨意识、理论解读、党纪法规，方针政策等，使每位党员干部深刻认识到自己肩负的职责与使命，加强内在约束，自觉依法办事，勤政为民，维护群众利益，为群众办实事、办好事。同时用理论指导实践，更好地服务于基层、服务于社会。二是开展主题教育活动，引导基层党员干部加强党性修养，继承党的优良传统和作风，建立良好的道德风尚和健康向上的思想观念，增强大局意识与看齐意识，深刻理解把握党中央的各项方针政策，与党中央保持政治高度一致，树立道路自信、文化自信、制度自信与理论自信。三是建立党员干部作风建设教育培训的长效机制。积极探索并建立党员干部作风教育管理机制，把基层党员干部的作风建设纳入干部培训的总体规划，通过定期、长效的教育培训不断增强党员干部的先锋队意识，真正做到："平常时候看得出来，关键时刻站得出来，危急关头豁得出来"，时时处处发挥党员的先锋带头作用，用良好党风带动政风、民风、社风的进一步好转。

第二，大力发展地区经济，为基层党组织的作风建设提供经济基础。把党的作风建设与地区的经济发展结合起来，围绕中心，服务大局，是搞好基层党组织作风建设的有益经验。引导党员将坚定的理想信念转化为促进地区经济发展的重要推动力，把优良作风转化为科学发展的能力。调查显示，在经济发展较好、群众较为富裕的地区，党支部的影响力和号召力就比较强，党员干部的先锋模范作用发挥较好，作风建设开展得也比较好；但在一些经济条件落后、群众生活较为困难的地区，党支部基本没有号召力，党员干部先锋模范作用发挥就有限，威信差，党支部几乎无所作为。所以，大力发展地区经济是搞好基层党组织建设的经济基础。基层党组织必须要有所为，根据本地实情，制定出符合实际，以科技为依据，以市场为导向的发展规划，用良好的地区经济收益推进基层党组织的作风建设，带动政风民风，反过来，再通过良好的作风建设引领经济发展，让群众更好地增收获益。

第三，加强领导班子建设，为基层党组织的作风建设提供组织保障。领导干部的政治素养、工作作风、业务能力直接决定着基层党组织工作开展的实效，建设一个群众信赖、民意认同的领导班子是地区经济社会发展的必要前提，更是抓好基层党组织作风建设的重要保证。一是选配好领导班子。特别是支部书记，不仅要注重工作能力与政治素质，更要注重备选人的道德品行，坚持"品行为先、心系基层、崇尚实干、村民认可"的用人导向，同时要有原则、常态化、近距离地接触干部，多层次、多侧面、多渠道掌握信息，把优秀基层党员培养成为基层干部，使他们成为我们党在基层一线坚强的战斗堡垒和前沿阵地。二是建立科学的管理机制。在对基层干部的培养问题上，目标考核、选拔任用、经济薪酬、评议审计等各方面实行规范化管理，严格办事程序，形成优胜劣汰、能上能下的干部管理机制。三是建立好干部备用机制，建设好基层后备干部的队伍，要把政治意识强、科技水平高、群众基础好的优秀党员选拔出来，重点加以培养，逐步建立起一支数量充足、素质过硬的基层后备干部队伍。

第四，加强基层党组织文化建设，为基层党组织的作风建设提供精神支撑。加强基层党组织文化建设，使之焕发持久的、能动的、有形的教育力量是推进作风建设的有效途径。一是要营造健康的组织氛围。建立良好的组织成员关系，注重民主与互助氛围的营造，努力工作，团结协作，同时通过接受优秀的文化成果塑造党员干部对组织文化的认同，使文化这种无形的力量焕发出有形的凝聚与激励作用。二是从地区或单位实际出发，坚持立足基层、贴近群众，通过寓教于乐的方式将党的方针政策等传达给群众，办专栏、演戏剧、放电影、读书会、书画展等，通过潜移默化的教育方式提升群众的文化修养，营造良好的社会风气，为作风建设提供良好土壤与环境。三是将作风建设与精神文明创建活动结合起来，纳入“花园城市”“美丽乡村”“旧城改造”等工作中，牢固树立社会主义核心价值观，使之内化于心，并外化于行。

此外，还要把党的作风建设与制度建设、反腐倡廉建设结合起来，加大对基层党组织领导干部权力的制度约束，加大惩治腐败的力度，多管齐下推进全面从严治党的有效落实，为基层党组织的作风建设提供良好政治生态，共同开创基层党组织作风建设的良好局面。

（四）制度基础：长效保证

制度具有根本性、长期性、全局性与稳定性，制度的制定既要明确具体，便于落实，又要与实践经验结合起来，或者是将实践经验转化为制度成果，彼此衔接，形成合力。加强基层党组织的制度建设是夯实基层党组织重要组织部分，是组织建设、思想建设、作风建设和反腐倡廉建设的保证，是实现党建工作常态化、规范化的基础。这些制度主要包括：

第一，“三会一课”制度。“三会一课”即定期召开支部党员大会，支部委员会、党小组会以及组织上好“党课”。这是健全党的组织生活，加强党员教育，严格党员管理的重要形式，是加强支部建设，提高支部战斗力，凝聚支部人心的重要保证，从而加强党的教育，严格党员管理，健全党的组织生活，提高基层党组织的战斗力和堡垒作用。在具体落实过程中，我们一定要明确“三会一课”的相关要求，落实“三会一课”的相关规定，规范“三会一课”的相关记录，使其更加规范化、制度化、长效化。同时，我们要积极创新党课教育形式，严格考勤制度，引导、督促各级党组织开展正常的党内组织生活，保证每名党员得到严格的党内生活的锻炼。同时要把“三会一课”制度的落实情况作为入党积极分子考评、年终评先选优以及党组织党建工作成绩评定的重要依据。

第二，学习教育制度。为了进一步加强党员教育，强化党的理论学习，不断提高党员领导干部的政治素养，我们一定要建立完善党组织的学习教育制度。学习内容主要是围绕党的大政方针，党的基本理论知识，国内外形势发展以及相关法律法规以及传统文化等，在提高党员干部的政治素质的同时，丰富其精神世界，在充裕的知识熏陶之下，成长为坚定理想信念、工作扎实认真、行为严格守法的合格共产党员。同时，落实中心组学习制度。制定好年度学习计划与统筹安排，坚持每月一次的理论学习制度，基层党组织的班子成员要提高思想认识，处理好工学矛盾，切实做到学以致用，以用促学，学用相长，通过学习思考、研究地区、部门在发展中遇到的新问题和新思路，在创设学习型党组织的同时树立勤于学习、善于思考、解放思想、锐意进取的学习典范。

第三，民主决策与监督制度。民主集中制是党的根本组织制度，是我们党最大的政治优势，充分发扬民主，维护集中统一不仅是这一制度的根本要求，也是加强和改进党的作风建设的重要环节。必须加强对基层党组织的民主集中制教育，建立健全执行民主集中制的保障措施，严格各部门的工作职能，分工合作，有效集中，协调一致，形成良性的运行机制，力争做到每项决策合民情、顺民意。尤其是要建立健全民主决策制度，包括基层民主议事规则和集体决策制度，深化基层事务管理体制改革，实行决策、执行、监督三分开的管理制度，推进事务决策民主化、程序化与制度化。同时健全民主监督制度，把好选举关，保证党员、群众按照自己的意愿真实行使选举权；切实抓好日常监督检查，有效落实，监督到位；完善基层干部绩效考核制度，建立、完善主体明确，责任清晰，奖罚科学的考核评价体系，将基层党组织作风建设的考核成果纳入考核体系当中，实施责任追究和成果表彰，实现党的作风建设的可量化。

第四，党员谈心制度。在坚持实事求是的基础上，本着经常教育的原则，通过对党员的经常性谈心了解党员思想动态，提醒党员常思党纪，常修党性、常省不足。谈心的方式多种多样，可以是党员遇到困惑和矛盾找领导谈心，也可以是领导根据工作实际情况找党员谈心，尤其党中央不断强化党委主体责任的情况下，各级基层党组织的领导与成员都要树立"抓好党建是最大的政绩"的工作观念，对于党员中存在的较为普遍性的情况可利用支部大会、中心组学习、组织生活会等多个机会集体谈心，指出问题，进行提醒；对于涉及部分党员或是在局部领域苗头性的问题可由分管领导或支部指定专人通过小型座谈会的形式了解、沟通，提出改进意见，探讨改进措施；对于有批次的关涉考察、晋级等的党员干部，可由党组书记或支部书记组织集体面谈，提出希望要求，进行鼓励提醒；对于涉及个别人的个别问题，可由直接领导进行单独谈心，纾解其思想困惑，引导其健康发展；同时，领导与领导之间，党委（党组）书记与党委（党组）成员之间，党员与党员之间，也要经常性开展谈心活动，使其制度化、长期化，客观公正，坦诚相见，"真"字当头，说真话、动真情、亮真心，这样的方式不仅有利于沟通思想，加强理解，更能促进团结，求同存异，共同为我党的建设事业凝心奋斗。

第五，投入保障制度。各级财政要保证并且不断加大对基层党组织工作的资金投入，改善基层党组织的办公条件，提高基层党组织公共服务的运行经费，优化基层党组织的工作环境，确保基层党组织"有钱办事"。有条件的地区要建立关爱帮扶基金，由县财政给予资金保障，对当地"三老干部""贫困党员"以及"特殊党员"进行关爱、救济与帮扶。此外，还要落实好对党员的激励和约束机制，通过各项制度的约束、引导与激励，真正将基层党组织建设成为信念坚定、富民有方、团结进取的前沿阵地和基层堡垒，使基层党员干部有位更有为。

此外，还要严格发展党员制度，健全党务公开制度，落实党员纪律处分制度等，切实使制度成为基层党组织健康发展、不断壮大的重要保证，使基层党组织真正成为基层的战斗堡垒与前沿阵地。

五　建立和完善基层党组织建设的“五个机制”

（一）密切联系群众的工作机制

社会治理的重点在基层，广大人民群众是社会治理的主体，脱离群众的社会治理是寸步难行的，也不会得到人民群众的拥护和支持，也不会取得治理效果。基层党组织是党在基层社会的代表，必须形成密切联系群众的工作机制，这样，才能在创新社会治理的实践中发挥好自己的作用。

第一，要建立群众事务商议机制。群众有着较为多元的利益诉求，政府和基层党组织应积极听取公众的共同意见，努力探寻不同利益方的共同点，找到最大公约数。在整合过程中，要想达成更多共识，政府需要借助审议、谈判、对话等多种形式让民众更多地参与到公共事务中来，通过民主商议机制最大限度调动民主、体现民主、实践民主。当然，民主商议机制主要是由民主议事、民主听证、事务公开以及商议谈话等制度构成，以上这些制度的结合，加上自治团体等相关机制的协调配合，共同构成民众事务商议机制的基础，同时以此为依据形成基层社会治理机制的办事标准与民主机制。

第二，形成民众服务供给机制。在合理评估民众服务性质与界定基层领导机构需要承担责任的前提下，政府应该以民众服务类型的不同为依据创建与之对应的供给机制。基本的民众服务及相关的行政管理由政府、街道办以及相关的职能部门共同负责完成，隶属于街道、乡镇与城区领域的基层民众服务，不得向基层社会团体和基层自治团体延伸。政府行政管理的政策目标与社区管委会的政策目标应有一个明确的划分，不可越权、越位，政府做好自己该做的，社会团体和自治团体应承接政府转移的民众服务事务以及相关职能划分，遵循“费随事转，权随责走”的购买服务原则，使业务经费与公共事务管理经费可以获得财政保障。积极倡导社区的民众服务的“一站式”，并努力实现服务的连锁化、标准化、品牌化与专业化，同时社区民众与相关单位要积极参与到民众服务评判中来，通过监督、提建议等多种方式提升社区的服务质量与服务效率。要形成基层治理机制的良性循环，我们必须以单个的机制设计为框架，从民众需求的整合、民众需求的识别到民众决策的形成再到民众服务的智力方供给与责任分化机制的配套完善，通过各个环节的协调配合，促使这一系统有序运行，实现系统内部各个环节与各项功能的有机整合。

第三，构建多层治理合作机制。基层要实现社会的良治需要多种手段的配合协调，但是共同目的都是要让不同的治理对象之间形成和谐的协作机制，政府积极调动社会资源，在基层开展民众服务与行政管理，最终达到社会的长期稳定，这是合作治理的最佳模式。其中，基层自治团体通过传达民众信息与反馈基层意见建议的方式协助政府治理的实现，但基层自治团体并不负责具体落实行政目标，只是在宪法允许的范围内指导民众通过民主的方式商议关乎民众利益的大事；政府则是由具体的对应的行政部门负责，借助行政管理和行政力量对相关事务进行有效处理；基层村社的民众服务可采取政府服务购买的方式，对于非大众的服务项目，政府只需要提供相应的服务平台，但要通过多种方式鼓励社会团体与各类社会组织参与配合。由于各自的目标不同，不同的治理对象所采取的行动与价值取向也会有差异，但是，为了共同的治理目标，政府与社会团体，自治团体之间必须要进行互补性的合作，开展各项管理协作。当然，自治团体与社会团体必要的时候可以通过契约开展协作，在整个治理过程中，不同的治理机构，要实现彼此间的协调合作，就要在不同的治理方对自身恰当角色的探究中，通过资源互惠以及权利互动最终达成。

（二）基层群众的诉求表达机制

当前，我国社会正处于利益分化、矛盾交织的关键阶段，尤其在基层社会的发展过程中，一些群众的利益受到损害，一些群众的利益得不到有效维护，一些群众诉求无门，由此产生甚至是集聚了很多矛盾与问题。要顺利推进基层治理，实现基层经济发展，使群众成为基层稳定的重要力量，我们必须多方努力，拓宽社情民意表达渠道，健全群众利益诉求解决机制，建立群众利益协调机制，通过社会管理和服务平台在各部门间建立定期研究和联动维权机制。

第一，要拓宽社情民意的表达渠道。搭建多种沟通平台，畅通信访渠道，提高信访事项办理效率，将领导接访作为制度性内容确立下来，使群众话有处说，怨有处诉，事有人办，难有人解。通过直接或间接的方式拓展与群众的联系渠道，充分发挥各级人大代表、政协委员的作用，收集民意，反映民意，认真做好提案，扩大群众参政的正当性与有效性。还可以构建与群众互联互通的信息系统，通过政府网站、服务热线、民主座谈会等多种形式听取民声与民意，保证信息畅通，同时要加强对社情民意的汇总分析，真正使之成为地方政府与单位决策的有益借鉴与参考。

第二，要建立群众诉求整合机制。基层治理的最终目的是满足基层群众的基本诉求，引导调动群众的积极性与主动性，使之实现从治理对象向治理主体的转变，将群众独立的、分散的诉求加以整合，将具有差异性的主体意愿加以汇集，依托于正式的组织以及行政体制，使之成为可以维护群众利益的共同议题。诉求整合的主要要素包括：具有保障基层群众表达诉求的权力机制，使群众可以表达，畅通表达，乐于表达，在公共议程制定的过程中要积极将群众的诉求融入其中。创建合理的评估制度。群众的诉求比较分散、多层次、多元，作为基层自治机构应该理性、全面地对群众的诉求内容进行分析、整合、筛选、比较，提取有效的信息与需求，更好地将群众诉求反映至上级行政部门，起到桥梁作用。基层党组织与相关领导部门应积极进行基层群众的利益整合与协调工作，将民众共同利益最大化，成为收集民众利益诉求的有效载体。

第三，要健全群众诉求解决机制。不断创新执法方式，健全法律援助体系，拓展参与民主监督和民主管理的途径，充分调动群众的积极性，配合各级人大部门，协同司法机关与执法机关，加强对法律执行情况的监督与检查，对各类侵犯群众利益的行为严惩不贷。健全行政调解、人民调解、司法调解、工会维权、劳动仲裁等群众诉求解决机制，合理有效地解决矛盾纠纷，真正维护群众的合法利益。发挥社区在社会治理中主体作用，整合政府下沉到社区的各项工作职能，有效承接政府部门面向社区的公共服务项目，受理、代办、承办、转办关切社区居民利益的公共事务，更好地维护居民利益。

（三）教育管理党员的长效机制

“建立健全服务教育管理党员的长效机制，必须着眼于管基础、管根本、管长远。”[①] 在教育管理服务各项工作落实中，使党员始终做到“不忘初心”，思考：“我是谁”“我从哪里来”“我现在在哪里”“我将来要到哪里去”的问题，这是对共产党员本质的回归，再思考与重新定位。

第一，要形成基层党员教育的长效机制。教育是一项基础性工作，也是治本之策。教育的作用不仅在于提高广大党员干部的道德情操，加强党性修养，还在于提升广大党员干部的思想政治觉悟，激励大家坚持党的宗旨，做好基层党组织的各项工作。通过教育的方式来改进和加强党员的素养与思想道德境界是被实践证明了的行之有效的途径。所以，我们要有效开展党员培训工作，制订符合工作实际的培训计划，有步骤扎实开展培训教育工作。党的历代领导集体都非常重视对党员干部的培训工作，毛泽东曾经指出：“在我们的许多同志中间，仍然存在着违反马克思列宁主义的观点和作风，这就是：思想上的主观主义、工作上的官僚主义和组织上的宗派主义。”[②] 毛泽东同时指出，要通过党内思想教育的方式克服我们党内的这些严重缺点。老一辈无产阶级革命家都将对党员干部世界观、人生观与价值观的教育放在党的作风建设研究的首位，对党员干部进行全心全意为人民服务的宗旨教育、艰苦奋斗教育以及共产主义人生观等教育，教育他们树立正确的权力观与群众观，深切明白基层党组织应该是为群众服务的基地；同时，要对党员干部进行反腐倡廉教育和警示，教育党员干部经常想一想入党为什么？当官干什么？将来身后留什么？教育引导广大党员干部树立正确的地位观与利益观，筑牢思想道德和党纪国法两道防线，提高防腐拒变和抵御风险的能力，依靠党的思想政治教育、党性党纪党风教育以及遵纪守法教育形成党员教育的长效机制，让正确的世界观、人生观与价值观成为基层党员干部从事工作的思想保证与行动指南。我们还要建立基层党员轮训制度，尤其是在国家重大决策或是理论思想出台后，要及时开展党员的轮训工作，将国家最新理论成果，政策方针传达、渗透给党员，使党员用先进思想武装头脑，指导工作与实践。

---

① 陈希坡：《当前农村基层党建存在的问题及思考实践与探索》，《才智》2012 年第 19 期。

② 《毛泽东文集》第七卷，人民出版社 1999 年版，第 116 页。

第二，要形成基层党员长效管理机制。加强党的组织建设是形势和任务发展的需要，也是我们党自身发展的需要。在组织建设中，很重要的一条就是要加强民主集中制建设，不断完善健全党的各级代表大会制、干部交流制、集体领导制、党内选举制、基层民主制、权力监督制等党内民主制度，在党的方针和路线的指引下，活跃党内生活，调动党员干部的积极性与创造性，在全党形成统一认识、统一意志与统一行动。我们加强和改进基层党组织的建设，目的就是健全党的每个细胞，联系群众，将党的方针政策落到实处，使党提出的各项任务都具备实现的坚实基础。党建的历史一再证明，我们党什么时候加强组织建设，党的战斗力就会增强，就能战胜各种困难，无往不胜；相反，忽略组织建设就会大大削弱党的战斗力，使革命和建设遭受损失。在新形势下，尤其是要实现社会治理体制的创新，作为领导者，必须增强党的战斗力，打造一支作风过硬的执政队伍。

在开展党员发展工作的同时要注重改善党员队伍的结构。我们大力选拔德才兼备的领导干部的目的就是提高党的干部队伍素质，保证干部队伍的新陈代谢，使党永葆青春活力。同时要做好入党积极分子的教育工作，加强思想上入党的教育，遵照程序，严把党员入口关，做到合格一个，发展一个，提升党员队伍的质量，确保党员队伍的纯洁。同时又不断优化党员队伍的结构，重视在新社会组织与非公有制经济中发展党员，将思想立场坚定、理论素养较强、工作能力突出的优秀人员吸收到党员队伍中来，打造基层党组织发挥作用的有力平台，优化党员队伍结构。充分利用信息化手段，通过多种方式加强对党员的管理工作，使党员始终做到心中有党，心中有责，心中有民。经常性地开展各种活动保持党组织的党员的凝聚力与吸引力。在此基础上，探索建立党员在居住地发挥作用的机制，使党员的辐射作用增强，有党员在的地方就有党组织在，最大限度发挥党员的模范带头作用，服务居住地群众，影响居住地群众，团结居住地群众，使周围群众更多地了解党组织的工作，支持党组织的工作，配合党组织的工作。

管理也是服务，在加强对党员管理工作的同时也要在生活中、工作上多帮助、关心党员，健全党内激励关怀机制与表彰机制，更好地为党员提供服务，使党员时刻能感受到党组织的温暖与关切，把对党员的服务与管理有效结合，融为一体，在提升服务中强化管理，尤其是对工作表现突出、思想境界高、理论素养强的党员要及时表扬，树立学习的典型与榜样，在党内形成有益、有效、有为的竞争，激发党员的荣誉感与责任感，更好地促进党组织作用的发挥。

（四）基层党建责任机制

建立和完善基层党建责任制度是我党在政治新常态下从严治党的有效形式与具体体现，是党的建设不断加强的重要保证。建立和完善基层党建责任制度就是要在实践中形成党委统一领导，“一把手”负总责，分管领导具体负责，各级组织抓落实的总体工作格局，做到集体领导与个人分工结合，各级领导“一岗双责”，一级抓一级，层层抓落实，实现基层党建工作与管理、教育等一起部署实施、检查考核、总结汇报。

党委集体的责任主要是充分发挥党委的领导作用，坚决执行党的各项决议，把党建工作列入工作议程并作为重点工作来做，定期研究讨论，提出指导性意见；建立党委成员负责基层组织工作联系点制度，党委成员对分管单位的工作进行指导，同时要积极参加支部的民主生活会，模范执行党风廉政建设的各项规章制度。

党委书记的责任主要是发挥好带头作用，带头执行党的路线方针政策，带头学习党的思想理论，带头贯彻民主集中制，带头联系群众等切实履行党建工作第一责任人的职责，加强与基层党组织的联系，博采众长。基层党组织的责任主要由党组织集体、党组织书记与党组织成员完成，党组织集体积极建设作风过硬的领导班子，健全好党的各项建设制度，发挥好政治核心的作用；党组织书记作为本单位党建工作的第一责任人，必须充分发挥组织优势与政治优势，抓好党组织各项工作制度的落实，加强党员教育管理工作，增强党组织的战斗力与凝聚力；党组织成员要按照党建工作责任制的具体分工，加强自我修养，严格要求自己，在工作中发挥表率作用。只有按照这样的责任分工落实到位，我们的基层党建责任制度才可以落实，真正推进基层党组织各项工作的开展。

作为基层党组织工作遵循的一项重要制度，基层党建责任制度在实际中发挥着重要的作用，但是，如果党建责任主体不确定，就无从落实党要管党与从严治党的责任。目前就实际情况而言，我国在基层党建工作中存在“量化分析与实际分析的脱节，考核指标可行性与前瞻性欠缺，基础工作与创新工作的错位”① 等诸多问题，究其原因，主要表现在：一是思想认识不到位。一些单位长期以来都是将经济建设作为唯一的中心工作来做，对党建工作的长期性与持续性认识不足，对党建工作的重要地位与基础、根本认识不足。二是领导责任体系不健全。基层党委工作职能多，涉及范围广，需要对不同类型的基层党组织进行分类管理和指导工作，加之各类基层党组织考核培训工作中责任分工的不明确，使基层党建工作存在着管理不够，监督不力的问题。三是缺乏扎实的调查研究与工作态度。部分基层党组织虽然建立了基层党建工作责任制度，但与本单位的实际情况并不是完全吻合，照抄、照搬的成分较大，这样就使在具体的基层工作中党组织对于新情况、新问题研究认识不足，工作方法落后于形势的发展，工作内容缺乏创新。

总之，基层党建责任制度长效机制建立和完善必须做好以下几个方面的工作：

第一，建立完善领导责任机制。要牢固树立“抓好党建是本职，不抓党建是失职，抓不好党建就是不称职，抓好党建也是政绩”② 的思想，引导各级党组织的领导干部立足党的建设大局抓好基层党建工作。基层党组织书记作为工作的“第一责任人”，“书记抓，抓书记”是推动基层党组织书记履行管党职责行之有效的途径与方法。各级基层党组织要明确工作责任，分解相关任务。通过党建责任机制督促基层党组织进一步狠抓落实，带头抓工作部署、抓投入保障，带头抓工作指导、带头抓党建责任制的落实，真正实现“一岗双责”。要明晰党委班子的各自责任：“领导班子的‘集体责任’，书记的‘第一责任’，专职副书记的‘直接责任’，班子其他成员的‘具体责任’”。③

第二，建立完善工作运行机制。要使基层党建责任制能发挥实效，必须形成长效机制。一是要形成党建工作研讨机制，基层党组织坚持每个季度召开党建工作例会，对基层党组织的工作进行部署，了解责任制的落实情况，并对工作中出现的情况与问题做出分析与决策，同时下一级党组织领导要把党建工作的情况作为述职中的一项重要内容。二是建

① 童水林：《基层党建责任制存在的问题及对策》，《学习月刊》2008 年第 10 期。

② 姜荣：《以党建责任制作为构建基层党建新常态》，《先锋队》2014 年第 11 期。

③ 同上。

立完善基层党组织党员干部党建工作联系点制度，深入基层调查研究，通过在基层工作中发现问题、解决问题的方式以点带面，带动全局，使联系点成为破解党建工作难题的示范点与试验区。三是建立完善督促检查制度，通过巡回检查、委派督察组等方式对基层党建工作进行督促检查。四是落实党建工作保障机制，通过多种途径加强党务工作者业务与政治理论的学习培训，加强党组织书记的队伍建设，制定可行的培养制度，将重点放在思想立场坚定、文化层次高、示范作用强的党员身上，保证队伍质量。

第三，建立完善基层党建工作汇报机制。基层党组织可以本着“互相学习，共同提高”的原则在各基层党组织之间进行交叉互检，在各基层党组织之间进行横向对比，要向党建效果好、成绩优的基层党组织学习，借鉴他们的成功经验与做法，通过对比发现自身的不足，找到自身的差距，积极引导各基层党组织认识到党建工作的重要性与全局性，增强党建工作的忧患意识，形成内在动力，同时坚持形式与效果的统一，探索逐级建立基层党建工作情况的月汇报制度，通过这项持续性工作的推进，及时准确掌握基层党建工作的运行状态与进展情况，及时总结有效做法，厘清存在问题，为组织部门有针对性地开展下一步工作提供准确的信息与决策依据。

第四，建立完善目标考核机制。在完善党建责任制的过程中，要坚持“量化目标、强化责任、严格考评、兑现奖惩”[①] 的原则，把党建工作纳入绩效考核中，重视目标管理工作，形成权责统一的目标考评体系，使党建工作从软任务转变为硬指标，把党建工作成效考真、考实、考准。一是要科学设定考核内容，以各级党组织的特点、目标与量化要求为依据，设置考核分值与指标，细化考核内容与办法。二是创新考核的方式方法，把党委班子落实基层党建的情况作为述职的重点内容，在年终向全体党员干部进行述职述廉。三是确定评价等次与指标权重，坚持将党建成效与经济建设成效捆绑考核，同步安排，党建工作责任制的考核分为优秀、达标、不达标三个等次；对相关责任人的考核则对应划分为先进、称职、不称职三个等次，体现工作的优劣。

① 程勉中：《源头、目标、过程：理解党建责任制的三个维度》，《理论学习》2013 年第 11 期。

第五，建立完善奖惩激励机制。将考核结果以适当的方式公开，使公众做到胸中有数，更好地接受群众监督。经常召开党委（总支）书记落实基层党建责任制度的专项会议，同时进行民主测评，把测评结果作为年终责任考核的重要内容，作为推荐评选基层党建工作先进单位个人的重要依据，做到“述职述党建、评议评党建、考核考党建、任用干部看党建”。[①] 要处理好党委管党与书记管党、书记管党与基层党组织管党、书记管党与部门管党、汇报工作与党建述职“四个关系”，切实履行党建责任制，收到实效。

（五）基层党组织考评工作机制

开展基层党组织考评工作有助于基层党组织的健康发展。基层党组织工作的开展关系到整个党的事业在基层的推进和收效，对基层党组织工作进行考评有助于基层党组织保持先进性与长久性，有助于规范基层党组织的工作，有助于基层党组织领导地位与领导角色的发挥，是促进基层党组织工作开展的重要推动力，通过考评工作的开展促使基层党组织的工作逐步实现科学化与规范化，增强其核心地位，充分发挥基层党员的积极作用；通过考评工作的开展提升基层党组织的工作效率，增强相关部门的职业精神与专业技能，为基层党组织更好地发挥作用提供保证。

开展基层党组织考评工作有助于党更好地执政。基层党组织作为党的前沿阵地与基层堡垒，是党的各项工作开展落实的渠道与桥梁，基层党组织发挥的作用到位，基层党员干部自身正气，为民执政的理念牢固，就能够将党的先进性体现在实际的为民服务中，让百姓感受到党的温暖，关注到党的形象，信服于党的领导，服从于党的威信。在新形势下，基层党组织的工作面临着许多挑战，我们必须努力探索各种渠道和方法，应用规范严谨的考评工作推动基层党组织不断完善革新，顺应时代的发展，夯实党的执政基础。

基层党组织考评工作能极大地促进基层党组织的党建工作，增强基层党员对工作重要性的认识，密切党组织与群众的联系。但是做好考评工作必须避免以下问题：有些地方对基层党组织的考评内容划分得不清楚，考评方面涉及工作职能的部分不是很科学，一些地方对基层党组织

---

① 姜荣：《以党建责任制新作为构建基层党建新常态》，《先锋队》2014 年第 11 期。

的考评过分注重考评结果，而忽视了考评的过程，再加上一些地方对基层党组织工作的界定本身不是非常清晰，一些基层党组织在面临着考评临近的时候才去抓工作，应付、马虎，在这样的情况下，就使考评实际的效果与达成目标之间存在一些差距，也从一定程度上弱化了考评的意义与要收到的效果。

我国建立基层党组织考评制度的目的就是促进党建工作的科学化，巩固党的执政地位，夯实党的执政基础，实现社会的有效治理。要做好以下几项工作：

首先，推动基层党组织工作的规范化、标准化。基层党组织工作考评的目标除了促进党建工作的科学化之外，还应该将考评内容作为基层党组织工作的评价标准之一，同时要让工作责任到人，让每个基层党员充分认识到自己工作的重要性，明确自身肩负工作的重要意义，清楚自己工作的目标与标准，实现基层党组织工作的标准化，相关治理部门必须要将考评工作贯穿于基层党组织的日常工作之中，使工作做到有目标、有标杆，提升基层党组织的工作效率与工作效能。

其次，实现政府和相关下辖单位要将考评内容细致化、科学化。我国是在政府和相关的基层部门共同治理之下进行考评工作，通常考评内容包括：党支部的建设、思想道德建设、为民服务工作以及工作创新能力等不同的方面，对每一部分内容赋予不同的分值，此外，还为每一项设定目标标准，评分细则，通过一个周期的考评，及时对考评对象的工作进行总结，查漏补缺，继承改进，结合前一阶段的实际情况对下一阶段的工作目标和方向进行确认和指定，这样不仅可以将前一时期的好的做法、好的作风继承下去，而且可以有的放矢，针对工作中存在的实际问题进行改进，逐步实现工作的更优更好。

最后，将考评结果与要达成的目标结合，增强治理效果。在对基层党组织进行考评的过程中，要特别注重并强调考评工作的客观公正，相关治理部门要将考评结果与达成目标相结合，将其作为主要的参考标准，为下一阶段工作的开展制定方向与目标，使其更为科学、高效。通过这样的考评方式，使考评结果更为客观公正，减少了主观印象与人为因素的干扰，促进了考评工作的有效开展。

要使基层党组织的考评工作落到实处，还需要政府和相关职能部门发挥应有的作用。一是政府及相关职能部门要从思想上重视考评工作。

考评工作不仅可以有效推动党组织的工作效能，而且可以加强并巩固党的执政地位，通过对工作的考评总结出先进的经验，探索出有益的工作规律，兴利除弊，进一步推动工作的科学高效，同时发现存在的不足，改进完善，但如果没有思想的重视，这些效果就会大打折扣，如果工作人员认为考评仅仅是“走过场”，搞形式，那考评结果就会浮于表面，实效也会受到影响。我们不仅要从思想上树立考评工作的重要性，同时还要加大宣传，扩大考评细则的认知度，增强考评结果的认同度。二是政府与相关部门要加强对考评工作的管理与规范。在加强基层党组织工作考评的问题上，相关政府部门要加强管理力度，抓住重点，有的放矢，固定周期，进行考评，不可流于形式，浮于表面，不同的地方基层党组织可以根据实际情况对考评内容做出调整、增减、变化，使考评更具有现实性与针对性，更能体现考评的本意，也更能实现考评之后对工作的推动与改进，使考评收到实效。三是政府与相关部门要注重考评结果的反馈。考评结果作为对基层党组织工作的重要考核标准，必须要做好反馈与结果公开，一方面肯定基层党组织的成绩，另一方面明确基层党组织的不足，对相近地方的考评结果要做出综合分析与反馈沟通，使基层党组织做到胸中有数，改进有方，有针对性地发扬优势，改进不足，为下一步工作的开展指明方向，设立标准，促进基层党组织工作的开展，提升基层党组织效能的实现。

六　完成基层党组织建设的“六项任务”

（一）改善基层党组织的条件

必要的物质条件是一切组织得以生存、发展的基本前提，中国共产党作为一个政治组织，它的正常运行同样离不开一定的物质条件与经费保障。为基层党组织提供必要的人财物保障既是基层党组织工作落实的基础条件，又是基层党组织抓党建工作的重要内容。要让基层党组织更多更好地发挥服务功能，必须要增强基层党组织服务群众的物质基础与实力，一方面保证资金的配套与定位，使之有能力服务群众，有实力为民办事，更好地完成服务过程与服务工作。另一方面也要保障干部的基本报酬，医疗、养老等各方面保险，调动基层党员的积极性，使内生动力成为基层工作的重要保证。因此，基层党委要尽力为基层党组织的相关工作提供物质支持与保障，确保基层党组织开展活动有场地，工作开展有资金，工作督察有专人。同时要按照中央精神通过财政转移支付等建立稳定规范的基层党组织工作经费保障制度。

基层党组织作为党最基层的组织，如果生存条件差，环境艰苦，经费匮乏，这就极大地影响了基层党组织各项工作的有效开展，在实际调研中，我们经常会看到在那些经济实力雄厚的地区，党组织运行正常，工作开展得较好，党组织的吸引力与凝聚力也较强。但是，在那些经济薄弱发展落后的地区，党组织开展工作必备的经费得不到保证，有的甚至没有办公场所，在这种情况下，这些地区的党建工作非常被动，有的甚至陷入一种尴尬境地，这充分表明，基层党建不是空中楼阁，基层党组织要开展工作，进行建设，物质条件是必不可少的。

要提高基层党组织物质条件的保障水平，需要保障机制的支持，结合理论与实践主要有“财政拨款、党费拨付、农村社区、城市社区通过发展集体经济自筹、企业自筹”① 的渠道。可将党建经费纳入到执政成本中，每年按照财政收入状况或可用财力额度，“建立党建工作专项资金，用于重大活动安排和考核表彰奖励”。② 在我国一些地区正在探索“企业管理费中列支企业党组织活动的经费，据实在税前扣除政策，‘登记申报、年检年报’”③ 等制度，这是对基层党建物质保障工作的有益尝试。总之，各级财政要列支专项基层党建的经费，保证基层党建工作的顺利开展。

在调研中，我们也看到，现阶段我国农村党建的经费主要是依赖于财政拨款，比如农村基层党组织活动场所的建设资金主要是由中央、省、市、县各级财政共同分担，各自的负担比例不相同。对于农村村干部的补贴主要是由县乡两级财政负担，主要以县财政为主。对于党员干部远程教育网的建设主要是采取“财政拨一点、党费补一点，自己筹一点”的方法来解决。未来，我们各级党委对党费的分配与使用还是要向基层倾斜。同时，在条件允许的情况下，要坚持“因地制宜，功

① 刘贵丰：《关于党的基层组织建设物质保障状况的调查与思考》，《红旗文稿》2007 年第 18 期。

② 姜荣：《以党建责任制新作为构建基层党建新常态》，《先锋队》2014 年第 11 期。

③ 陈升：《基层党组织建设创新实践的成功路径》，《唯实》2013 年第 7 期。

能完备，适度超前”的原则，保证人力物力对基层的投入，加强基层党组织的基础设施建设，如活动场所，科技培训，医疗防疫等硬件设施强化整合，使之成为为民办事，凝聚党员，联系群众的重要平台，壮大基层力量，夯实基层组织，整合基层资源，强化基层作用。

（二）弘扬党的主流意识形态

重视意识形态工作，弘扬主流意识形态是我们党的优良传统，在中国共产党领导人民进行革命、建设与改革的进程中，我们党始终坚持不懈进行意识形态的宣传教育工作，阐明主导思想，甄别、辩驳错误路线，教育党员干部，引导人民群众，凝聚革命力量，在革命与建设中坚持正确的意识形态，“中国共产党通过对意识形态领域实施有效整合，形成主流意识形态，构成党的思想理论建设的基础，并成为发展中国特色社会主义现代化建设事业的战略指导思想和行动指南”。[①] 可以说，“意识形态工作是我们一切工作的生命线，是党团结全党和全国各族人民实现党和国家各项任务的中心环节，也是我们党和社会主义国家的重要政治优势”。[②] 在今天，坚持并巩固马克思主义主流意识形态在我们社会主义建设中的指导地位，依然是中国共产党的神圣职责与担当。习近平曾经用三个“事关”来概括意识形态工作的极端重要性：事关党的前途命运，事关国家长治久安，事关民族的凝聚力和向心力。

作为基层党组织要牢牢把握意识形态的话语权、领导权、主动权，成为宣传我们党主流意识形态的主阵地、主渠道、主力军。但是，在今天基层党组织的建设中，存在一些不容忽视的问题：

一是经济工作与意识形态工作孰轻孰重问题。改革开放以来，“以经济建设为中心”的理念已经深入国人之心，作为社会主义建设的最前沿，在认识上，我国基层上到领导干部下到党员群众对经济建设的重要性都能认识到，也达成了不同层级的政治共识，但是对意识形态工作重要性的认识依然比较模糊，要进行经济建设，热情高、思路广、方法多，但要谈到意识形态工作，推诿多、畏难情绪多、积极性不高；在政绩观的引导下，更多的领导干部愿意将精力与财力投入到经济建设中而

---

① 崔晓晖：《意识形态认同：新时期中国共产党社会整合的思想基础》，博士学位论文，吉林大学，2008 年。

② 范显斌：《基层党组织要站在意识形态工作最前沿》，《湖州日报》2013 年 9 月 25 日。

不是意识形态建设中；在职责分工上，领导干部也更倾向于经济部门，认为意识形态部门不需要占用太多人力，而经济建设则更能施展拳脚，有所作为。

二是对群众的思想动态的掌握与引导不及时、不充分。意识形态的主要功能在于将中央的决策与声音传递给人民群众，将党的思想理论转化为人民群众的建设实践，将中央的意图融入创造性劳动中，调动广大人民群众的创造性与主动性，引导动员人民群众投入社会主义建设事业中来。在此过程中，把握群众动态，将社会多元行为以法律为基础融入到主流行为规范中来，凝心聚力。要真正发挥意识形态这些作用与功能，基层党组织肩负的责任重大，基层党组织必须行动起来，把党的声音正确、准确、及时地传播给人民群众，同时要对群众有着感同身受的情怀与站位。但在基层实际中，目标与现实总是存在一些差距，基层群众自治施行以来，群众的民主意识增强了，对党政策引导的认同提升了，但是，对于基层党组织而言，能够组织、教育、引导群众的机会减少了，传统的手段也不灵了，通过基层党组织传递党的政策方针的途径没有过去有效了。可以这样讲，现在党员干部的文化水平提高了，做群众工作的办法却少了；交通便捷了，与群众的距离却疏远了；科技发达了，能听到群众的声音尤其是真话却不多了。这些现象在我们调研中经常见到，在调研比较中我们也发现，那些意识形态工作做得到位，主流意识形态占据阵地的基层党组织往往战斗力很强，群众影响大，群众认可度高；反之，情况则不乐观。

三是对不良思想的文化警觉度不高，抵制力度不够。随着经济的日益发展，科技的不断进步，人民群众的精神生活越来越丰富。在我国的一些城乡社区，迷信活动、落后文化、消极思想却大有市场。一些领导干部求神拜佛，不信马列信鬼神的也经常发生，这种现象在社会上产生了极坏的思想导向影响。还有一些地区教会与宗教组织的影响力甚至超过了我们的党组织，一些民众的党组织的感情淡漠难以认同，种种迹象都反映出我们基层主流意识形态存在不容忽视的问题。这一现象的出现，除了群众自身的原因外，基层领导干部与广大党员对意识形态认识不到位，文化警觉度不高，在工作中对不良文化的抵制力度不够也是不能回避的因素。

意识形态工作关系到党和国家的命运与前途，具有战略地位，主流意识形态是党执政的思想基础，是党组织号召人民、凝聚人心共识、赢得群众支持认同的重要精神武器。因此，我们必须形成高度共识，各级党委担负政治责任与领导责任，各级党员提高认识，齐抓共管，自觉战斗在意识形态工作的第一线，自觉站在意识形态工作的最前沿。

意识形态工作能否顺利推进，能否发挥凝聚共识、汇集民智的作用，关键在于我们能否培育一支政治觉悟高、战斗力强的意识形态工作队伍。

第一，努力建设一支政治觉悟高、战斗力强的意识形态工作队伍。众所周知，意识形态具有自身鲜明的政治属性与情感倾向，不论是意识形态工作的领导者，还是工作的具体实践者，都必须将政治立场强、政治觉悟高作为工作的首要要求，将具有坚定的社会主义信念与理想作为工作的根本前提。当前的社会纷繁复杂，人民群众的意识形态逐渐多元，整合难度加大，同时自媒体时代的到来使人们几乎是在一个平台上接受并获取信息与资源，这也增加了意识形态工作的难度，但机遇与挑战并存，所以，基层的意识形态工作者必须不断努力学习，更新知识，改变观念，将自身打造成为“知识博、能力强、素质高、见识广”的复合型人才。同时，我们要发扬党整合意识形态的优势与思想理论建设的优良传统，加强社会主义核心价值观的教育宣传工作，回顾历史，我们党始终重视思想理论建设，将思想理论建设作为党建的首要工作来抓，帮助我们战胜了一个又一个的困难，取得了一个又一个的胜利。而且我们成功实现了马克思主义的中国化，既一脉相承又与时俱进，既承继前人又突破陈规，既符合国情又有所创新。新形势下，基层意识形态工作者要在工作中提升理念，整合资源，调动力量，创新机制，强化队伍，强化作风。提升基层党组织的舆论引导力，不断创建一支政治觉悟高、战斗力强的意识形态工作队伍是我们意识形态工作收到实效的根本保证。

第二，创新意识形态工作的手段与方法。意识形态工作的目标能否达到，效果实现程度如何，传播意识形态的手段方法与形式途径有着重要的作用。这就需要我们意识形态工作者深入了解、研究、把握群众思想动态的新变化与新发展，探索新形势下意识形态工作的新特点与新规律，创新意识形态工作宣传的新途径与新方法。要充分利用科技发展与网络平台，转变观念，将传统的发布政务信息平台打造成为征集民意、反映诉求的渠道；将政务工作从上而下的理念机制转变为政民互动，将管理刻板的政务人员形象转变为亲民爱民的实践，通过多种形式的活动与载体让党的主流意识形态深入人心，获得民意，增强我们党意识形态的整合力、说服力、凝聚力。坚持做到把虚事实做。把意识形态工作转化为为民办事的实际，维护群众切身利益，关怀群众，体恤群众，贴近群众，将发展好、维护好、实践好群众的根本利益作为新形势下我们党意识形态工作的出发点与落脚点。要化抽象为具体。基层意识形态工作者要与群众加强沟通，实现思想交流的双向互动，把我们党抽象的理论转化为为民务实的具体行动，用通俗易懂的语言与方式让群众接受理解党的政策方针，同时让群众明白政策方针对群众自身生活的影响以及带来的具体而现实的变化，使群众听得进去，记得明白，用得顺手。要变呆板为生动。寓教于乐，接地气的方式才是群众最喜闻乐见的形式，基础意识形态工作者在实际的宣传中要创新方式，将意识形态思想渗透进群众娱乐之中，将意识形态教育理念融入日常生活之中，突出主流意识形态对群众社会意识引导方面的个性化特征，春风化雨，细致润物，使群众在潜移默化中树立对主流意识形态的信任与接纳，增强对主流意识形态的认知与认同。

第三，借力于适当的工作载体。任何意识形态都蕴含着特定的价值理念、行为准则与道德约束，但要对社会生活与群众思想发挥作用，都必须借助于一定的平台与载体。就我们党的主流意识形态而言，思想政治教育、舆论宣传、信息网络、文化艺术、宣讲教育、党校培训等都是行之有效的平台与载体。其中思想政治教育尤为重要，因为思想理论的宣传教育是我们党，是基层党组织的根本工作职责。“党的思想理论建设是党的建设的根本，也是党的建设的基础，是党与国家对主流意识形态的宣传教育。”① 在基层进行思想政治教育，我们必须换位思考，用改革开放为群众带来的生活变化与物质精神丰富的事实说服教育群众，加深群众对党意识形态的感受与认同。舆论宣传要成为用主流意识形态引导社会导向的重要载体，要有效地引导调控大众媒体，传播正能量，发布权威的正面信息，掌握舆论的主动权与主导权，让真相走在流言前

---

① 季耀华：《加强基层党建工作　提升现代媒体舆论引导力》，《现代妇女》2014 年第 10 期。

面，而不是被动应付，敷衍塞责；让信息网络为主流意识形态的传播服务，信息网络带来了信息结构与机制的巨大变化，它在为主流意识形态的传播带来新挑战的同时也为我们拓展了新空间，提供了新载体，创造了新平台，所以，我们必须认清形势，与时俱进，转变观念，趋利避害，引导网络成为主流意识形态传播的阵地与渠道，引导舆论的正确良性发展。

（三）加强基层党组织设置融入力度

从21世纪初开始，全国各地都在积极探索基层党组织的设置方式创新，各地付出了很大努力，也取得了一定的成效，但这样的设置方式也存在着一些现实的不足，表现为服务不及时、不到位的问题，服务表层化、形式化的现象等。“它们不但没能走出嵌入型党组织的根本局限，反倒因为弱化自身的治理能力而演化为附着性党组织”①，这些传统的基层党组织实际上悬浮在社会组织的表层，在基层治理中更多的时候处于“真空状态”，这不仅阻碍了基层党组织功能的发挥，而且不利于社会治理的创新。可喜的是，在当前的诸多创新与探索中，很多地方形成了具有自身特殊的治理模式，例如河北省青县和黑龙江佳木斯市逐渐探索形成了“一个组织，三个关系”的青县模式②、“三位一体”的佳木斯模式③，以及“四议两公开”的邓州模式④，贵州遵义市、内蒙古包头市、上海浦东区等地，探索形成了“产业链党组织”“区域性党建”“联合党支部”“项目党组织”“楼宇党组织”等多种形式，这些都全面深化了“融入型党建”工作，创新了基层党组织的工作形式，实现了党建助推经济的效果。贵州织金县以“四个融入”为特征的发展型党组织建设，陕西铜川市耀州区推行的“融入型”党组织管理模式，实行五权分设、制约协调的四川省“仪陇模式”，在村庄设立监事会的广东省“蕉岭模式”等都带有“融入型党组织”的特征，虽然这些探索在机制、设置、途径要素等方面还存在一些问题，不够规范，但

---

① 马国均：《基层服务型党组织的本质内涵与建设路径》，《思想政治教育研究》2013年第5期。

② 新望：《时势造就“青县模式”》，《中国社会导报》2006年9月4日。

③ 马国钧、马萍：《关于创新村级治理模式的思考》，《理论探讨》2011年第3期。

④ 尹书博：《“四议两公开”工作法是发展农村基层民主的有效途径》，《中国人民大学报刊资料中心·中国共产党》2010年第6期，第115页。

是创新了许多“融入式党组织”的积极因子，这既是我们改革党执政方式的根本途径，又是我们实现社会治理创新的有效举措。从目前总体情况看，我国各级党政机关与事业单位以及部队的基层党组织经过不断的改革与调适，都已经基本具备了融入型党组织的功能与特征，但是服务的深度与质量还不够理想。而社区、国有企业与农村的基层党组织多数还在嵌入式党组织和融入式党组织之间徘徊，既没有走出以党代政的误区，也没有在融入环节中实现突破，所以，现在工作的难点主要是我们的基层党组织如何融入社会组织与非公经济组织中去，基于此，我们必须开拓基层党组织融入社会组织与非公经济组织的新途径与新方法。

第一，拓宽基层党组织依法融入的渠道。在政党政治的前提下，执政党与国家的法令政策、社会组织与经济组织等的董事会决议、规则章程等都可以作为基层党组织融入这些组织的法律依据。但最关键的问题是，这些组织的法人如何认同并接纳基层党组织的融入工作，所以，做好组织法人的思想工作，达成思想上的共识是前提条件。首先，可以通过释疑解惑、促膝谈心、典型示范等方法，引导组织法人在党和国家的政策、法令允许范围内将我们党的意图合理转化为组织本身的内在需求，必要时可以通过形成组织决议、修订组织章程等方式诚心诚意接受基层党组织的适度融入。其次，鼓励基层党员通过多种途径融入组织之中，在具体工作中促进组织综合效益的最大化，在工作上坚持以情感人、以理服人，有序、规范、适当地对组织进行思想与政治领导。同时可以尝试努力将组织中优秀的法人培养发展成为共产党员，将优势力量吸纳进我们的党组织中来，增强基层党组织凝聚力与创新能力。再次，可以在组织法人认可的前提下，尝试“应聘入职”“双向进入”“交叉任职”等结构性途径，组织“难急突击”“重点攻关”“志愿服务”等节点性途径，探索在“居民组”“产业链”“项目部”等设置党组织等过程性途径，使基层党组织的适度融入组织的运行过程、中心工作与运作结构中去，努力成为组织生产与经营的骨干与核心力量。一旦我们的基层党组织和基层党员可以合理适当地融入这些社会组织与经济组织中去，会发挥出其他组织或个人无法替代的建设性作用，通过实现与这些组织利益上较高的关联度，有效积极地参与到组织的建设与治理中，在治理结构、业务过程与工作的关键环节中发挥作用，在治理中推动发展，在发展中实现治理，这是融入型党组织发挥作用的最佳效果。

第二，调适主客体之间的关系。党组织实现对客体的融入之后，许多成员就会承担起更多的责任，一些人就扮演着双重甚至多重角色，一方面他们需要恪守各自所在组织的规章制度与内在规律，另一方面他们还需要遵循整合后组织的相关规章与规范。在这种情况下，就需要成员对自身承担的不同角色进行必要的转换与调适，既做到履行职务又做到不越权越位，保持主客体间关系的融洽，实现主客体间共振效应的最大化。要达到这样一种和谐共振，就需要多种渠道的保证实施，如制定约束、合约商定、机制促进等，协调好组织融入后内部的合作共生关系，使双方都焕发出新组织的功能与要素，通过客体要素与党组织要素之间的理解、支持、配合，实现目标设计上同向、感情思想上同心、工作推动上同步，这样既可以增强融入客体对党组织的信任度和认同度，又可以提高党组织对融入客体的影响力与渗透力。对于党组织而言，党组织承担着更多的职责，要充分发挥自身优势，调动、整合有效资源，利用行政与业务两个平台，在促进发展、协调关系、整合利益方面显示身手。充分考虑客体的实际需求，坚持提供服务业务化与组织活动业余化的原则，使各项工作紧紧围绕重点任务与中心工作展开。对于融入客体而言，在新组织的人力资源配置与调整组织结构等敏感问题上，要充分协商酝酿，达成共识之后稳妥有序操作，利用党组织融入助力与服务提供，凝心聚力，攻坚克难，更好地提升生产效益与市场信誉，实现党组织融入客体的作用最大化。

第三，构建科学高效的运行机制。基层党组织既是党组织与外部环境信息与资源交换的中介，又是党覆盖并渗透到社会中的终端体系，在今天的民主法治社会中，党组织要从外在性因素转化为融入客体的内生性变量，必须需要相应的运行机制与制度规范的支撑。从我国目前的情况看，要解决城乡基层党组织存在的共性问题，有效的一条路径就是积极推进城乡社区的重建工作，继续深化基层党组织重构，通过构建新型的基层治理机制，寻找到党在基层工作的有效性与保证自治组织自主性二者之间最佳的结合点。基层党组织在融入客体后，要努力与法人或者是董事会形成工作方面的共识，通过签订合作协议、修订组织章程、建立工作机制等方式，实现党组织融入后各项权力的科学配置，实现党组织与客体之间关系的融洽、默契的配合以及机制运行的耦合。同时要根据党组织与客体的双重适应性，构建直接切入业务、利益联系密切的运行程序，从而形成融合度较高的结构方式与治理模式。党组织和客体的权责界限要进行精细划分，可以尝试建立党政联席会议的工作运行机制，将重大问题由党组织与客体之间共同讨论决定，用制度、程序、机制将内部关系理顺，防止出现新的“以政代党”与“以党代政”的情况。党组织对客体的重大问题进行研究后提出相关建议，之后要由行政组织提请决策机构审议并通过。就是以服务为路径，以推动绩效发展为纽带，创建载体，促进党员与党组织作用的发挥。如可以建立党员服务区、攻关组、突击队、代办点、先锋岗、志愿队等，使党的要求在绩效中体现，在工作中落实，在决策中渗透，从而促进融入客体工作的有序开展。为了使这些载体的作用发挥到最大，党组织要用合约确定服务型党组织建设目标，按照项目化的管理方式签订责任主体、推进政策、考核条件和奖惩标准等，按照绩效管理办法规范整个流程，同时采取参与考核、跟踪督办、量化测评等方法促进落实，以保证基层党组织绩效目标的有效达成。

（四）加强基层党组织的队伍建设

要保证基层党组织工作的顺利开展，我们必须加强基层党组织的队伍建设，能否建设一支锐意进取、率领群众前进、充当改革骨干的党员队伍是基层党组织工作成败的关键。

第一，要选好人，抓队伍，为基层党组织的工作提供组织保证。要选好人，就要按照好干部的“信念坚定、为民服务、勤政务实、敢于担当、清正廉洁”① 的新要求，把优秀的党员干部选配进班子，在选拔人才的问题上，要用其所长，坚持“德才兼备，以德为先”。要抓队伍，将党员队伍建设成为具有先进性的集体，充分发挥他们在基层党组织工作中的骨干作用、桥梁作用与带头作用，尤其当改革触及党员个人利益的时候，党员要发挥好表率作用，正确对待个人得失，在党员中依然要提倡奉献精神，不能将党员混同于普通百姓。当群众思想出现波动，要主动承担起说服教育的工作，以情感人，以理服人。要抓班子建设，将领导班子建设成为领导改革的指挥部和核心力量，提高班子的整体素质，不仅包括专业知识素质，还应包括业务能力素质，要使班子成

---

① 习近平：《建设一支宏大高素质干部队伍》，http：//news. xinhuanet. com/2013 - 06/29/c_ 116339948. htm，2013 年 6 月 29 日。

员具有进取心和改革意识，富有朝气与活力。

第二，提升基层党组织成员的素质，为基层党组织的工作提供能力保证。在对基层党员的素质提升上，我们可以借助多种方式进行，针对基层党员干部安于现状、不思进取的问题提出有效的方案措施，严肃组织生活，落实学习制度，用知识武装基层党员干部的头脑。可以聘请专家解读，基层党员讲授，外出培训，党员自学，成员讨论等，以坚持不懈的学习为手段，以“实用、实际、实效”为原则，加强对党员干部的教育培训。改进教育培训的方式方法，对不同层次、不同岗位的党员进行有针对性的分层分类教育，增强教育的前瞻性、主动性与针对性，通过党校培训、远程教育、实地考察等多种手段筑牢基层党员的文化知识与理论基础，对党的政策方针做到了然于胸，这样在与群众的沟通与工作中才会与时俱进，有的放矢，立场正确。同时积极培养塑造基层党员干部的宽阔胸怀与长远眼光，要比群众有更高的站位，要比群众有更远的谋划，提高科学判断形势的能力，提高执政危机意识与危险意识，从而在实践中将学习作为第一要务加以对待落实。

第三，要营造良好氛围，为基层党组织的工作提供环境保证。在基层党组织建设过程中，要始终坚持民主集中制的原则，建立一个团结协作、和谐有序的集体，营造一个民主友好、竞争融洽的工作氛围，并努力将领导干部的个人能力整合凝聚，增强整体合力。同时健全完善党组织的决策机制，健全决策前、决策中、决策后的沟通协调与反馈机制，发挥好党与群众的桥梁与纽带的作用，为基层党组织的工作营造一个良好的氛围，提供环境保证。当然，基层党组织也要对基层党员给予政治上的关怀、生活上的关心、物质上的扶持，增强党员的荣誉感与集体观，坚定党员为民服务的信心与决心，带动影响更多的优秀分子向党组织靠拢，把更多更好的人才集中到党的队伍中来，增强党组织的战斗力，使每一个组织成员都能自愿、主动担负职责，成为做好基层工作的有力保障与生力军。

（五）提高基层党组织的执行力

执行力是一个源于企业管理领域的概念，2006 年被纳入党的建设工作中来。加强基层党组织的执行力已经成为我们当前面临的一项重要任务，其重要意义不言而喻。加强党组织的执行力是我们加强党的执政能力建设的必然要求，是保持党的先进性的客观要求，是完成我们党肩负使命的内在要求。因为我们党的路线方针政策都需要依靠基层党组织去宣传、落实、推进，提高基层党组织的执行力是确保我们党政令畅通、基础稳定、蓬勃发展的根本保证。目前来看，绝大多数基层党组织能够严格按照中央和上级的要求发挥堡垒作用，但是一部分基层党组织的情况并不乐观，在执行力上还存在一些问题。表现为：执行力上的机械盲目性。对于中央和上级政策的理解简单机械，囫囵吞枣，只是当好“收发室”“传声筒”与“扩音器”。不对政策做出实际理解，不把政策与地方实际加以结合，所以提不出有针对性的发展思路与举措，在发展上缺乏主动性、创造性、预见性。执行力上被动应付，对于中央和上级的决策只是做简单的号召，以讲话落实讲话，以会议落实会议，以文件落实文件，没有实际落实举措，敷衍了事，大而化之。执行力上保守落后，虽然能够正确理解中央和上级的政策，但囿于思想认识的落后和实践经验的不足，缺乏敢干敢闯的魄力和勇气，在落实政策的过程中采取观望态度和尾巴主义，坐失良机。对于新问题新形势不能与时俱进改变传统理念和方式，在执行政策的成效上大打折扣，事倍功半，执行力上歪曲走样。对中央和上级的政策理解走样，任意扩大或是随意缩小政策的目标与范围，或是以偏概全，片面或是错误地理解，或是采取功利性态度，对中央和上级政策“各取所需”，有利于自己的就执行，不利于自己的就不执行，或者是“上有政策”“下有对策”，造成中央和上级政策在基层落实的权威动摇，效果打折。执行力上受人为因素的干扰，中央和上级的政策不论制定得多么完备，最终还是要依靠基层党组织的党员干部去贯彻、去落实。所以，这就使一些政策在落实过程中难免会受到人为因素的干扰，一些党员干部政治素质不强、理论水平不高、眼界意识不宽、大局意识不强，在执行政策中出现力不从心、站位不高、团体利益凸显、截留上级政策等多种情况，这都严重影响了中央和上级政策的权威与力度。

提高基层党组织的执行力，既有赖于基层党员干部素质的提升，也有赖于制度的制定落实，提高基层党组织执行力的根本保证主要有以下几个方面的努力：

第一，健全完善民主集中制，力求决策的科学化与民主化。执行的首要环节是决策，提高执行力的前提是正确的决策。只有决策正确，执行才能有正确的目标和方向。民主集中制作为我们党根本的组织制度，是形成正确决策的根本保证，我们要坚持党委的集体领导制度，完善党委内部的议事与决策机制。凡属党组织工作中的重大问题都应组织广大党员民主讨论，充分听取各种意见，通过建立有效机制，保证基层党员和下级党组织的意见建议正确有效地反映到上级党组织中来，同时上级党组织要集思广益、虚心听取，不断推进决策的科学化、民主化。早在2012年6月28日全国创先争优表彰大会上的讲话中，习近平就指出："民主集中制是我们党的根本组织制度和领导制度，它正确规范了党内政治生活、处理党内关系的基本准则，是反映、体现全党同志和全国人民利益与愿望，保证党的路线方针政策正确制定和执行的科学的合理的有效率的制度。因此，这是我们党最大的制度优势。"①

第二，发扬党内民主，促进党内和谐。要使执行高效、和谐的外围环境同样重要。因为组织的执行不是一个人的事情而是要靠集体的合力完成，这不仅需要成员的各自努力，更需要成员间的紧密协作，形成良好的合作精神，创设良好的合作环境。发扬党内民主就是要保障党员享有民主参与、民主选举、民主决策、民主监督的各项权利。首先，拓宽党内民主渠道，保障党员对党内事务的知情权，保障基层党员和下级组织的意见要求等真实意思及时、顺畅地反映到上级党组织中来，上级党组织根据下级组织与党员的正确意见及时调整政策，加大决策的科学化水平。其次，完善民主议事机制，保障党员的参与权。对党内重大决策，在不违背组织纪律的前提下，要通过党内民主议事机制等，让党员最大限度地参与进来，民主讨论，共同商议，增加决策的合理性，减少决策的"暗箱操作"与"潜规则"。最后，要改革完善选举制度，保障党员的选举权和被选举权；建立党员民主评议制度，保障党员的监督权等。

第三，创新党员教育机制，提升个体的执行力。党组织的执行力是由党员个人的执行力组成的，个人的执行力是组织执行力的基础，没有强大的个体执行力，组织自然就缺乏强大的整体执行力。要根据社会发展的需要，结合岗位要求，对不同层次、不同类别的干部，采用脱产培训、在职自学、自主选学以及在岗培训等多种方式进行政治素养、岗位

① 辛向阳：《习近平民主集中制思想的科学内涵》，http：//theory. people. com. cn/n/2015/0330/c83859－26771627. html，2015年3月30日。

技能、职业道德与党性修养的教育培训，切实打造一支政治素质强、作风过硬、执行力强的党员干部队伍。

第四，加强制度建设，严肃责任追究。这是提高基层党组织执行力的制度保障。制度是党的意志的体现，具有权威性，违反制度就要受到制度的惩罚。同时，制度以模式化的方式，成为党的组织和党员干部共同遵守和执行的行为准则和依据。高效的执行力必须要有清晰的责任目标和任务分解，要有定期的跟踪督察，要有严格的责任追究。提高基层党组织的执行力要把机制建设作为重点，加强制度保障。首先是责任目标明确。要根据中央和上级的政策部署，结合本地实际，制定出符合实际的发展思路和目标，再将目标细化分解，确定完成人、完成标准与奖惩措施。其次是加强跟踪，督办查办，注重实效。对于执行情况定期督察、掌握最新动态，对于遇到的新问题、新情况，及时反映给上级组织，加强指导和反馈。最后是完善考核机制，明确责任权利，通过客观公正的量化考核，评定优劣。此外，还要严格责任追究机制等，运用制度的刚性约束，确保基层党组织执行力的提升。

此外，要坚持党要管党的原则，打造党内管理的科学化，为基层党组织执行力的提高提供组织保障。通过各方努力，严密党的组织体系，提升党的组织效率，增强党组织的凝聚力，增强战斗力与执行力。

（六）推进基层民主法治建设

基层民主法治建设是在党的领导下，基层民众按照法律和规章制度对基层公益事业、公共事务和企事业单位经营管理活动的实践。加强基层民主法治建设，构建充满活力、和谐有序的基层民主法治环境，既是依法治国战略的重要内容，也是基层党组织建设的内在要求，加强基层党组织民主法治建设的主要途径有：

第一，加强基层党员干部的民主法治素养，为基层党组织民主法治建设提供组织保证。基层干部执政能力的高低和民主素养的强弱直接决定着党和国家的各项政策在基层的落实和贯彻。要加强基层党员干部的民主法治素养需要强化基层党员干部的三种意识：首先是强化思想意识。深刻认识到民主法治建设对于基层发展的重要意义，深刻理解民主法治建设是基层发展的重要保证，有意识地培养、强化、运用民主法治思维开展基层工作，指导基层工作。也可以成立专门工作小组，专人负责，增强工作责任感，真正把民主法制工作列入党支部的议事日程，确保工作有序开展。其次是强化学习意识。一些基层干部囿于传统思维方式，民主意识不足，不尊重群众意见，行政色彩明显，对政策掌握不到位，把握不深入，方法不得当使一些工作陷入被动，甚至激化了党群、干群矛盾，这些民主法治思维的欠缺不利于基层的稳定与建设，所以，要制订计划对基层党员干部进行政策法规培训，培训开展群众工作的方法与技巧，通过学习不断提升民主法治素养，使基层干部实现工作理念上从“人治”向“德治”和“法治”转变，工作方式上从“命令型”向“服务型”转变，自身素质上从“经验型”向“市场型”转变，从而在工作中有的放矢，扭转被动局面。最后是强化服务意识，关心群众疾苦，倾听群众呼声，强化宗旨意识，通过法律途径维护群众利益，在为民服务中增强威信，增强战斗力与凝聚力。同时要教育引导基层群众通过法律手段维护自身的合法权益，让基层的稳定繁荣沿着民主法治的道路前行。

第二，加强对基层群众的法制宣传教育，为基层党组织民主法治建设提供主体保证。加强基层民主法治建设，是维护基层社会稳定，推动基层全面发展的有效举措。在加强法治的宣传教育中要坚持三个原则：首先是突出重点对象，把党员代表、先进分子作为普法重点，制定基层普法规划和相关保障制度，通过远程教育网站、法制学校、法制宣传栏、法制图书角等方式开展法制教育和宣传，同时也可以印制、发放普法手册、普法知识读本等扩大宣传范围。其次是注重贴近实际。在内容上，选择与基层经济发展、社会治理、生产生活等关系密切的相关法律知识，使这些知识对于基层群众的实际生活发挥指导和引领作用。在方法上，充分利用节假日和空闲时间组织送法入户，放映法制录像片、法制影片，安排宣传图片巡回展；在电视台、广播电台和报纸杂志上开辟法制专栏，以案说法等栏目，开展面向基层群众干部的法制宣传。最后是创新载体平台。除了传统的宣传载体和平台，还要开辟新的渠道：和上级组织部门合作，利用远程大讲堂讲授法制知识，制作法制讲座影像，借机中央部署的相关活动放映法制影片，利用 12 月 4 日法制宣传日开展普法活动等，组织开展丰富多彩、形式多样的法制宣传教育活动。如一些基层创新地通过“六个一”平台、一报（法制月报）、一网（远程教育网）、一点（普法宣传示范点）、一校（法制学校）、一角（法制图书角）、一窗（法制宣传窗）的方式开展法制宣传教育，内容丰富，方式新颖，收到了很好的实际效果。由静而动，让法制知识入脑入心，在潜移默化中培养民主法治的素养。

第三，推进基层事务的民主管理与依法办事，为基层民主法治建设提供政治保证。基层事务千头万绪，牵涉经济发展、土地征用、社会治安、财务管理等多个方面，我们要努力将各项事务纳入依法治理的轨道，坚持双向约束，不仅“约民”，而且“约官”。各级、各部门都要充分尊重群众的民主权利，凡涉及群众利益的重大事项，一定要通过民主决策程序讨论决定，充分保障群众当家做主的权利。首先是切实抓好基层民主决策制度的落实。在一些基层党组织中，少数干部的决策科学性与民主性较差，随意性、盲目性较大，要推进“深入了解民情、切实珍惜民力、广泛集中民智、充分反映民意”的原则，对基层群众关心的重大问题，涉及群众切身利益的具体问题要按照民主方式解决，使决策能够代表大多数人的意见与意愿，在充分征集民意的基础上努力提升各项决策的科学化、民主化水平。其次是抓好基层民主管理与民主监督的落实。要切实解决一些基层中存在少数干部不作为、自由散漫、功劳意识强、责任意识差的问题，通过民主评议制度与目标责任制管理加大对这些基层干部的管理和引导，每年年初对于基层干部的工作职责与责任目标进行公示，请群众监督，年底由上级部门组织全体党员、干部与党员代表等对支部成员的相关成绩进行民主评议，综合德能勤绩进行群众打分，同时将评议结果与年终待遇挂钩，以达到“干部有压力，群众有动力”的氛围营造。同时从基层实际出发，按照不同情况，分类指导、因地制宜，努力做到就群众需要什么就公开什么，对于基层事务公开中遇到的新情况、新问题，及时发现，及时解决。尤其是对于财产公开这样的敏感问题，要做到“三个统一”：统一公开时间、统一公开模式、统一公开内容，以增加工作透明度，强化对基层干部的约束监督，激发基层群众的参政热情，更好地为基础民主法治建设提供动力保障。

各级党委、政府要把基层民主法治建设提上重要议事日程，调动基层干部的积极性，发挥基层群众的能动性，让基层民主法治建设早日结出丰硕果实。

第六章　创新社会治理中农村基层党组织的建设

随着改革开放的进行，社会发展取得了显著的进步，尤其是工业化、城镇化的加速推进，使农村社会环境发生了深刻的变化，农村社会治理情况更加复杂，治理难度加大。农村基层党组织面临新形势、新考验，如何在农村社会治理中起到基层党组织的应有作用，在农村经济社会发展中发挥功能，必须创新基层党组织的建设工作。

一　我国农村基层党组织执政环境的深刻变化

随着社会主义市场经济的发展，农村经济体制改革的逐步推进，农村社会正处于加速转型中，社会结构、利益结构、阶层结构、思想观念都发生了深刻的变化。

（一）经济体制变革，多种经济成分和经营形式并存

在计划经济体制下，农村处于最薄弱的环节，很多问题关系到农村最基本的利益问题，所以，农民对于经济体制改革的要求也最为迫切。改革开放前，在我国农村地区，主要的经济形式就是人民公社，人民公社是农村地区的主要经营方式，这种生产关系的求纯虽然在一定程度上促进了当时经济的发展，但是，这种“三级所有，队为基础”的“政社合一”体制存在很多的弊端，最典型的就是吃“大锅饭”，农民生产积极性不高，超越了我国生产力的发展水平，违背了当时我国经济发展的规律。这样的体制弊端不仅制约了我国农村经济的发展，而且极大地挫伤了农民的生产积极性。在之后的发展中，甚至农民的温饱都成了问题。改革开放后的家庭联产承包责任制彻底改变了农村的分配方式，多劳多得取代了平均分配，农民拥有了更多的自主权。尤其是新世纪以

来，农村经济的发展更为迅速，出现了多种经济形式与多种经营方式，个体私营经济、集体经济、农村合作经济、中外合资经济等多种经济形式并存，养殖、经商、种植、租赁、承包等多种经营方式共同发展，各种方式互补不足，在促进农村经济发展中发挥着不可替代的作用。同时，我国农村地区的生产方式也发生了极大的变化，机械化、组织化、规模化水平不断提升，极大地提高了生产效率，我国农村地区进入到以机械化为主的时代。

随着城镇化推进与农业劳动力向城市转移，一些农村地区出现了耕地闲置的状况，再加上收益情况不理想，一些农民耕种土地的积极性不高，动力不足。为了提高农村的生产效率，充分利用土地资源，国家出台相关政策允许土地合法流转，虽然在流转中出现了一些问题，但总的来看，土地的正常流转为农村经济的规模经营提供了基础，新兴养殖业、种植业、观光旅游业、生态农业等现代产业迅速发展，乡镇企业异军突起，现代化的农业产业集聚区不断涌现。农村地区“出现了经济联合体、生产大户、股份制、股份合作制等多种新经济组织”①，随着村民自治的不断推进，农村的利益群体迅速分化，利益主体不断强化。随着社会结构变化，产生了不同的社会阶层与职业群体，专业经济组织、专业合作社、社会化服务组织等，很多新的社会组织不断涌现出来，成为农村经济发展中不可或缺的一支重要力量。

（二）职业分化，利益群体间矛盾凸显

多种所有制形式的出现，必然伴随着农村职业分化的出现。由于市场经济的发展，农民进行多种经营已经成为必然选择。但是，由于不同的人所拥有的资源条件、个人能力以及机会的不同，村民之间的经济差异越来越大，社会阶层的分化成为农村发展的必然结果。“改革开放以来，我国的社会阶层构成发生了新的变化，出现了民营科技企业的创业人员和技术人员、受聘于外资企业的管理技术人员、个体户、私营企业主、中介组织的从业人员、自由职业人员等社会阶层。而且，许多人在不同所有制、不同行业、不同地域之间流动频繁，人们的职业、身份经

① 马建新：《新时期农村基层党组织建设面临的新挑战及对策——以河南为例》，《中州学刊》2012 年第 6 期。

常变动。这种变化还会继续下去。"① 农村社会的异质性显著增强，不同的利益群体开始出现。具有相近地位和背景的人，由于利益和价值取向的一致，就会逐渐形成相对稳定的群体，不同的利益群体具有不同的利害关系，群体之间的矛盾就日益显现。

当然，不同利益群体的形成，除职业分化、经济地位不同等原因之外，还有血缘关系、地域关系和政治权力不同等原因。同时，血缘地缘关系以及经济和职业分化又会影响农村政治权力的分属。这样就使得农村矛盾呈现特别复杂的情况，这种矛盾既有村民和干部之间的矛盾，也有不同利益群众之间的矛盾，矛盾的内容涉及土地、社会保障、资源利用、干部选举、涉法诉讼等方面。利益群体成为村民表达意愿、追求利益的组织支持，农村的集体上访、群体性事件某种情况下就是这种矛盾的表现。利益群体之间的矛盾给农村社会的稳定、农村经济的发展以及农村社会的治理带来了不利的影响。

（三）思想多元，整合难度加大

随着社会转型，社会主义市场经济的不断发展以及农村阶层多元分化的加剧，农民的价值观念和思想意识都发生了很大的变化。特别是一些不良思想和观念对农民旧的价值观的冲击，使社会整合难度加大。

农村思想价值观念的变化是社会生产方式和生活方式发生变化的结果。是随着工业化、城市化的发展在思想价值观方面的表现。中国的改革首先是从农村开始的，通过家庭联产承包责任制的建立，一家一户成为农村生产的基本单位，集体劳动和集体活动被个体生活所替代，农民在获得自由、自主生产方式的同时，对个体利益的关心更加直接化，农村集体被隐形，家庭小集体成为农民思想和行为的出发点，个人主义思想被凸显，集体意识淡化，农村组织化程度降低，农民趋利思想严重。个体主义思想的大量泛滥，必然导致利益矛盾冲突的增加，社会团结就会受到影响，整合难度加大。

随着工业化和城市化的发展，农村流动人口增加，农民职业选择的多样化，扩大了农民的视野，重塑了农民的思想。新的思想和价值观念打破了农民旧有的思想，甚至颠覆了过去的思想和价值观。思想认识的变化是秩序变化的重要诱因，当前在很多农村地区出现的离婚率上升，

① 《江泽民文选》第三卷，人民出版社2006年版，第286页。

犯罪现象增多，群体性事件频发，与农民这种思想观念，价值取向的变化有着很大的关系。特别是在社会转型、价值多元、认识混淆的时期，旧的思想还会在一定时期内存在，新的、正确的思想和价值观念还没有形成，这种混乱必然导致社会问题复杂多样。在农村有着明显的思想观念上的“双重性”，表现为：既受到商品经济的影响，又有着小农意识的保守思想；既有对新型文化生活的追求，又摆脱不了陈规陋习的影响；既有对科学知识的向往，又受封建文化的束缚；既渴望民主法治，又信奉权威，臣民思想严重。这种矛盾性就是不成熟的表现，必然反映在现实生活中，就会出现传统与现代的纠葛和不和谐，在丢失传统文化和习俗民风过程中，新型的社会主义思想价值观念没能形成。使在农村社会中过去普遍存在的孝敬老人、淳朴民风、乡规民约、传统道德、礼仪文化等在这种裂变中不复存在，这就使社会问题增加，社会整合难度加大，社会不稳定加剧。

（四）人口流动频繁，社会秩序复杂

农业劳动力的转移作为一种现象，是伴随着城乡一体化与城市化进程中出现的，是一种必然趋势。随着农业机械化水平与生产率不断提高，农村产生了大量的富余劳动力，同时，在工业化的推进下，经济形式越来越多样化，非公有制经济异军突起，建筑业、服务业不断发展，这为农业劳动力的转移提供了广阔的天地。在我国农村地区，劳动力从中西部向沿海地区转移，从农村向城市转移已成为一种不可忽视的现状，而且流动规模不断加大，流动速度不断加快，流动方向逐渐多元，从过去的从农村向城市的单一流动转变为从农村向城市、发达地区、产业集聚区多向流动。尤其是产业集聚区，吸纳了大量的农业劳动力。在我国很多的农村地区，当地政府大力发展县域经济，加大招商引资的力度与支持优惠，依托本地产业园区与产业集聚区，培育产业特色，壮大产业规模，发展特色产业集群，作为构建现代城镇体系、现代产业体系的有效途径，产业集聚区不仅是发展区域经济的重要举措，同时也是产业自主创新的有效载体，近年来获得了长足的进步。这使农业劳动力的转移有了新的方向与渠道，也成为农村基层党组织发展面临的一个不可忽视的环境改变，如何在产业集聚区中同样发挥出基层党组织的功能与作用，是未来发展县域经济，加强基层党建绕不过去的现实问题。

在任何一个国家的发展进程中，都要经历城镇化阶段，城镇化作为农业现代化与工业化的重要载体，不仅是农耕社会向现代工商业社会的转型过程，而且是农业社会向工业社会迈进的必经阶段。在这一进程中，农村社会的转变具有关键性的意义。我国第一部针对户籍制度的《中华人民共和国户口登记条例》在1958年颁布实施，这就从法律上限制了农村向城市的人口流动以及城市间的人口流动，从制度上形成了城乡间的二元结构划分，改革开放的家庭联产承包责任制虽然极大地解放了生产力，但是却并没有从根本上触动存在多年的城乡二元结构，很多农业大省农村人口多，发展机会少，改革空间小。受城乡二元化结构的影响，城镇化进程明显滞后，很多农村人口收入水平低，占有生产要素少，享受公共服务资源少，与城市的差距拉大。但农村人口又不可能大量融入城市，为了实现社会的公平，维护农民的利益，使更多的农民成为改革开放的受益者，享受到更多的社会资源与服务，一些地方政府积极探索农民的就地城镇化。一些地区探索的新型农村社区在农村产生了很大的影响，发挥了很好的作用，通过在产权改革、户籍管理以及社区服务等方面的有益尝试与突破，实现农民利益的最优化，这种有效的方式不仅可以统筹城乡发展，而且对于破解“三农”难题都具有重要意义，很多地方政府都是予以积极支持的，这也成为未来农村与城市经济融合的有效途径，如何发挥基层党组织在新型农村社区的影响也成为未来的一个必须解决的问题。

二　创新社会治理中农村基层党组织存在的问题

农村是社会治理的重点地区，农村基层党组织是党在农村的代表，是农村社会治理工作的领导核心。农村地区社会治理的状况某种程度上是农村基层党组织能不能很好发挥治理作用的表现。但是，由于城市化、社会转型带来的种种变化，以及农村基层党组织本身存在的问题，基层党组织的战斗力、号召力与凝聚力不强，使基层党组织在社会治理中作用的发挥并不明显，甚至在有些地方根本不起作用。

（一）党组织的领导力和影响力下降

农村基层党组织是农村社会的领导者，必须起到领导和服务的功能，但是在很多地方，农村基层党组织的领导力和影响力下降了，主要表现在以下几个方面：

第一，社会的多元化使基层党组织的影响力有限。在传统的计划经济下，经济发展水平不高，社会结构简单，思想形态单一，利益诉求较为一致，基层党组织运转起来较为顺畅，党员能够积极工作，群众能够尽力配合，基层党组织在党员群众心目中地位较高，较为重要。但是，随着社会的进步与发展，受社会结构日益多层、利益诉求日益多样、意识形态日益多元、人口流动日益加快等多种原因的影响，基层党组织开展工作较之前来说难度加大，效果欠佳，影响力有限。在群众心目中，基层党组织分量不重，在具体生活中，基层党组织发挥作用的时候不多，在实际工作中，解释现实问题不理想，使基层党组织在群众中的影响力有限。

第二，在市场化、信息化、网络化的现代性社会中，农村基层党组织已经失去了传统基层组织所起的功能，与广大人民群众过去那种紧密相连的关系松散了，使基层党组织在农村社会治理中的执行力下降。市场化削弱了基层党组织的资源整合功能，在计划经济条件下，基层党组织发挥作用主要依靠的是对利益资源与组织资源的掌控，但在市场经济的条件下，市场经济削弱了基层党组织的这一功能。一方面，在市场经济的作用下，社会组织形式日益多元，很多社会组织不断涌现，这些经济、社会和自治组织按照一定的规则与章程自成体系，一些与群众也有着较为直接的利益联系，在群众中具有较强的号召力与影响力。毫无疑问，这些组织的不断出现就使社会的利益资源与组织资源日益分散化，基层党组织依靠传统的资源占有来发挥影响力的空间越来越小，同时还要面对多种权力协商、竞争的情况，这些都使基层党组织的资源整合功能受到了影响。另一方面，市场经济产生了大量非公有制企业，企业主是生产资料的占有者，工人中存在很多的党员，但从某种意义上讲，这些党员只是企业主的雇佣者，能够发挥作用的空间不大，发挥先锋作用的积极性也较为有限，企业党组织书记虽为党的代言人，但是在企业中，毕竟发展才是企业的生存命脉，党建工作得不到应有的重视，党组织书记在一些具体工作中还是要受制于企业主，有时候甚至沦为配角，开展工作一些时候显得理不直气不壮，这都影响了党组织在企业中核心作用的发挥。信息化影响了基层党组织利益表达功能的发挥。利益表达作为政党的基本社会功能，具有两层含义：“一方面是政党要代表民众表达利益，另一方面是民众的诉求要通过政党得到解决。”① 不论是何种途径，利益表达都需要一定的载体，信息要在非信息化条件下，基层党组织便是主要的载体，信息要从中央逐级传到地方再传到基层，或者从基层传到地方再传到中央，这种层级传递和获取信息的途径，主要的载体就是基层党组织，群众也必须依赖基层党组织。在信息化时代，信息的交流具有扩散与多向的特性，在这种横向交流模式下，任何一个个体都可以与其他个体发生信息联络，群众之间成为具有普遍联系的整体，所以，在这种情况下，社会的管理机构便处于弱势地位，而且需要向服务机构转变，同时，主导社会的不再是各级各类管理机构，取而代之的是广大群众。也就是说，群众可以通过互联网这种更为便捷、低成本的方式来表达自己的诸多诉求，中央的诸多信息也可以通过网络快捷地传给群众，互联网使得群众越过基层党组织来表达利益，参与政治成为可能，可见，在信息化时代下，群众对基层党组织的依赖程度也在逐渐减弱。

第三，农村基层党组织成员的思想观念落后也削弱了基层党组织的战斗力。由于信息与交通条件的限制，一些处于偏远地区的基层党组织干部接触新事物，接受再教育与接收新知识的机会非常少，再加上当地的经济发展滞后的实际情况，农村地区基层干部的科学文化素质普遍偏低，对党的方针、政策、路线理解得不深、不透、不全面，这就造成了在实际村务工作中的被动局面。有的村干部思想僵化，不求新，不能与时俱进，总是拘泥于传统的经验方法、思维框架，对新时期的农村形势没有客观的、长远的打算与眼光，对新形势下农村基层工作的重要性没有清醒的认识，工作被动迟缓，应付拖沓。有的基层干部认为，在市场经济条件下，正是显示个人本领、大有作为的好时期，经济发展是最为重要的，其他都应该让位于经济建设，所以，村干部需要做好的就是维持好“班子”，守好“摊子”，经济发展就好，党务工作无足轻重，只要保证村里不出乱子，工作不出差子就万事大吉；有的基层干部满足于现状，不愿意接受新生事物，不愿意追求新知识、新经验、新方法，不

① 谭云勤、谭琪红：《从社会管理视阈看农村基层党组织的功能强化问题》，《理论导报》2011 年第 10 期。

想承担风险，不敢担负责任，思想保守，裹足不前。这些都极大地影响了基层党组织的战斗力。

（二）组织建设滞后功能弱化

组织建设应该适应社会的发展变化，特别是在社会转型，城市化急速发展，人口频繁流动的现实社会中，党建工作必须与时俱进。当前，农村社会及农村党员的新情况主要表现在以下几个方面：

第一，农民的阶层分化明显，利益诉求日益多元。社会的发展与职业的多样打破了农民阶级的传统格局，党员内部出现了农村企业管理者、农村手工业者、农村服务业者、农业劳动者、进城务工者、兼业劳动者等不同的社会阶层，阶层分化带来收入差距的拉大，话语方式与利益诉求的差异，党员地位与角色的变化等，党员的同质性逐渐被裂解，内部关系日益复杂，从而延伸为农户与农户之间的矛盾、村民小组之间的矛盾、村与村之间的矛盾、村与镇之间的矛盾等多种矛盾的交织叠加。

第二，党员流动频繁。在封闭状态下的传统农村，大多数农民以村庄为生活半径守望田园，但随着农村经济的发展，乡镇企业的异军突起，农民工进城的浪潮，打破了传统农村与农民的生活方式，改变了传统农民的单一身份，农民从过去的单纯生产者转变成为具有法人地位的市场经济主体，由过去的社员转变成为享有群众自治权的村民，成为多元思想与身份并存的“矛盾统一体”。流动党员增加了基层党组织教育与管理的难度，很多农村党员长期生活在都市与乡镇，回乡参加组织生活的时候极少，乡镇组织活动难度也较大，他们成为“隐形党员”“口袋党员”。再加上很多农村地区外出务工的青壮年占比很大，常年在外经商、跑运输、开工厂、开采矿山等非农产业农民逐年上升，这都增加了基层党组织活动的难度，有的村支部到会党员不足法定人数，预备党员转正、会议表决等必备程序难以有效进行，党组织生活的正常开展难以保证。

第三，党员结构失衡。农村基层党组织党员数量与党员质量的矛盾问题较为突出，很多青壮年外出打工，经营能手外出创业，技术能人外出谋生，村里剩余的主要是留守儿童、空巢老人以及老弱病残等，农村精英的流失极大地影响了党员队伍的结构，削弱了农村党员的活力与生机，党员队伍中青年党员少、中老年党员多成为很多农村地区的共同结构现状。

但是，一直以来，农村的基层党组织还是按照旧有的行政地域来划分、设置，没有与时俱进地进行更新与调整，对流动党员的管理处于静态化，活动内容单一，活动形式死板，不能适应活动流动化、党员分散化的趋势。这样的设置与方法导致党员教育出现“空当”，党组织影响出现“空白”，党的概念出现“空洞”，再加上缺乏有效地发挥农村党员作用的载体与渠道，停留在口号多、效果差、见效少的状态上。一些党员处于党组织管不了、管不着、管不到的状态，对一些思想进步、有才华、有抱负的党员同样覆盖不到，无法对他们进行培养，融入与吸纳。同时一些农村基层党组织吐故纳新的机制不能与时俱进，计划经济之下，农村在坚持“德才兼备”的原则上发展“道德力量”的党员，而今天，仅凭道德力量很难继续维护权威，这就需要我们优化基层党组织的党员进入机制，让更多的好人、能人成为党组织的一员，在带领村民致富方面走在前面。因此，如何选拔、培养一批农村致富“领头雁”与党组织的带头人成为新形势农村基层党组织自身建设面临的迫切任务。

（三）党组织的凝聚力不强

在农村，基层党组织的凝聚力主要体现在两个方面：一是组织内部党员的团结协作；二是组织对外部成员的吸引与感召。如果党内成员有序竞争但团结一心，在具体工作中精诚合作且同荣共辱，最大限度地调动党内的优势资源，党员各尽其能、各司其职，面对困难齐心协力，面对挑战共同克服，面对问题共商决策，党员发挥先锋模范作用，带动群众一起努力，那就会收到最佳效果，最大限度发挥基层党组织的作用。相反，如果党内成员之间尔虞我诈，貌合神离，在具体工作中不能相互配合，面对责任相互推诿，面对难题相互等靠，面对荣誉相互贬斥，那么党内就谈不上团结，谈不上凝聚，更谈不上进步。在农村基层党组织内，由于很多党员身份认同意识差，不能以党员的高标准要求自己，注重私利多于公利，考虑自己多于考虑别人甚至集体，这就大大影响了我们党组织的凝聚力。尤其在一些农村地区，基层党员对党外成员的影响力有限，覆盖范围较小，榜样力量不强，这就使党外成员对党组织的认同度下降，归属意愿不强。再加上有的基层党组织干部作风不扎实，工作漂浮，脱离群众，甚至腐化堕落；有的基层党组织干部作风不民主，

“宗族”观念、地域观念浓，在农村事务中搞“一言堂”；有的基层党组织干部党性修养不高，办事情不能从基层实际出发，在处理基层矛盾时唯利、唯亲、唯上，损公肥私，引发村民的不满，基层意见很大；有的只忙于自己致富，却不能在带领群众致富上发挥榜样作用，干群关系与党群关系紧张，这些都严重影响了基层党组织凝聚功能的发挥。在调研中我们发现，基层党组织凝聚力强，基层党组织作用就发挥得好，就能促进基层工作的开展，党的影响力就会得到提升；反之，基层党组织凝聚力弱，党员不能有效发挥模范带头作用，党组织的战斗力就会受到削弱，党的政策在农村地区的推进力度与效度就将减弱，最终弱化党的影响力与感召力，使之缺乏渗透力，使相关政策的效果大打折扣。更为关键的是，长此以往，会削弱党在基层的政治认同，降低公信力，弱化执政基础。

（四）党员队伍思想素质不高

市场经济的发展带来了经济与社会的繁荣，但是，不能忽略的是，市场经济对人产生的一些负面影响，这些反映在党内，反映在基层，出现了一些不应该有的现象。我们的党员接受的教育一直都是无私奉献，不求回报，不讲私利，正像老一辈无产阶级革命家董必武所说的，一个自觉的革命家和一个普通人不同之处虽然很多，但最重要的区别，就在于他们对于“我”的态度不同，是唯我？还是忘我？我们党的宗旨是全心全意为人民服务，共产党员除了人民的利益没有自己的私利可言。但是，影响共产党员宗旨意识的一些因素不容忽视：

首先，社会处于转型期，价值多元，阶层分化，市场经济的法则严重影响着人们的日常工作和行为方式，共产党员同样是活生生的个体，他们不可能把自己的现实生活截然分为两部分，把两种矛盾的、具有不同逻辑的规则同时容纳在一个人的道德观、价值观中。马克思、恩格斯也承认：人们奋斗所争取的一切，都同他们的利益有关。邓小平同志曾说：不讲多劳多得，不重视物质利益，对少数先进分子可以，对广大群众不行。一段时间可以，长期不行。革命精神是非常宝贵的，没有革命精神，就没有革命行为。但是，革命是在物质利益的基础上产生的，如果只讲牺牲精神，不讲物质利益，那就是唯心论。这段话清楚地告诉我们，提倡奉献精神，并不是否定党员干部正当的个人利益；按劳分配政策对广大群众适用，对党员干部同样适用。

其次，社会处于转型期，人们原有的道德体系受到了冲击，新的道德体系还没有完全建立起来，新的利益分配机制与原有的道德价值观发生了错位，冲击着共产党员的理想信念，出现了金钱至上、犬儒主义、权钱交易、权色交易等问题，这些问题反映在基层党组织内，就会使部分党员的理想信念发生动摇，唯利是图思想明显，入党积极性不高，只看重入党的物质利益与利益所得。

最后，市场经济趋利、自由平等、等价交换等原则对基层党员干部也产生了很多负面影响，有的甚至导致价值观扭曲，形成权力商品化、交易化，一些理想信念不坚定的党员甚至是将共产主义的理想转变为对物质与金钱的贪婪，使自己的党性、灵魂与人格商品化，只讲实惠不想立场，只讲利益不讲原则，有的党员干部本位思想严重，有令不行，有禁不止，甚至带头违法乱纪，贪污腐化，严重损害了党在人民群众心目中的形象。

（五）干部工作作风与方法不当

在我国的一些农村地区，基层党组织工作还停留在过去的传统做法中。坚持传统固然有其应该肯定的一方面，但是我们不能否认的是，在改革开放中，我们会遇到，也会出现很多的新问题，如果还是沿用老式的方式方法办事，难免在工作中会出现难题，碰到新情况就会束手无策，显得力不从心。有些老党员工作方法简单粗暴，以势压人，在工作中不能以理服众，以情感人，群众观念淡薄，群众意见较大，导致在工作中威信不足，群众基础较差；有的老党员干部理论知识较为陈旧，不能与时俱进更新知识与观念，开拓精神不足，使得在具体工作中年轻的党员难以认同，工作实际效果较差；有的老党员干部工作作风不扎实，在工作中不能廉洁奉公，不能秉公办事，讲人情多，讲原则少，损害了党在群众心目中的形象；有的基层党组织的领导干部对很多的现实情况不满，理想信念不够坚定，对社会主义建设事业多有疑虑，这些情绪表现在具体工作中就显得思想不积极，工作热情不足，干好干坏一个样的状态，等等。正是因为在农村地区一些基层党组织的领导班子整体凝聚力与工作能力不强，使基层党组织的工作效能受到影响，一些工作难以有效开展，使农村党支部失去了应有的威信。

（六）党员的教育管理工作滞后

随着改革开放的逐步推进，基层党员的成分结构、思想状态、行为特点以及文化程度等都随之发生了很大的变化，这一点在农村表现得尤为明显，但与之极不相符的是对党员的教育和管理方式却一直没有进行太大的创新，基本上还是在沿用过去的传统模式。或虽定期召开农村党员民主生活会，但是内容基本是以枯燥的讲读为主，将党的方针政策直接读给党员听或是选出党员代表读，这就使党员对党的政策方针并无过多的实质性的了解，只知其表；或只为应付上级检查，走过场，摆样子召开党员活动，既无针对性又无实效性，更多的是一种形式主义；或只是遵循相关的制度规定开展党员活动，既无创新也不能与时俱进，使基层党员对于这样的方式缺乏兴趣和热情，教育效果有限。

此外，有的党组织的党员的政治理论素养不注重提高，有的对党员的教育管理工作重视不够，有的只关注在村党员，对在外打工的党员或是退休的党员疏于联络，教育管理工作几乎是空白状态；有的对基层党员的思想动态、实际情况并不掌握；有的对党员缺乏思想上的交流，只是浮在表面的形式；有的对党员的教育管理方法过时、呆板，不能调动党员的主动性与积极性；有的党组织对党员个人的思想品质问题和个人生活小节方面放任不管、熟视无睹，造成了不良的影响；有的党组织对党员的关心温暖不够，使党员的党组织的认同与感受不足、不深；等等，这些无疑都影响到了农村基层党员的教育管理工作，使其效果不明显，群众与党员对党组织的存在感较淡。

（七）党组织的物质基础薄弱

改革开放以来，由于农村经济体制的改革，市场经济的发展，在一些地方，特别是经济比较落后的地区，集体经济大大削弱，农村基层党组织失去了社会管理应有的物质基础。这在很大程度上影响了基层党组织工作的开展。物质基础的薄弱主要体现在农村的基层党组织用于开展工作的经济基础薄弱，集体经济基础较差，基层党员活动没有必需的资金保证，这就导致一些必备的活动不能正常开展，对党员的组织教育管理工作处于虚置的状态，党员的精神状态、纪律意识、权利义务很多观念面临着虚化的危险。长此以往，共产党员先进性的体现也只是一句空话。

此外，基层党组织的资金不足也影响了党组织工作人员的收入，更不要谈利益获取，一些农村地区的基层党组织党员工作辛苦，但是收益甚微，这就影响了他们的工作积极性，一些党员只是实现了自身的致富，却不能成为农村经济发展的带头人，这也就在一定程度上削弱了基层党组织的榜样与表率的作用。在我们的调研中发现，经济条件比较好的农村，基层党组织的工作开展相对比较好，农村公共服务能力强，基层党组织在群众中的威信就高。这充分说明，物质基础对于基层党组织建设的重要影响作用。

三　创新社会治理中农村基层党组织的功能调适

任何政党都具有自己的功能，从宏观上讲，政党功能的实质是政党围绕自己的奋斗目标，作为具有一定结构的系统整体而存在，“当系统整体与外界环境相互作用时，党的组织，党的制度与活动方式所具有的适应环境，改造环境，维持自身生存与发展的积极属性”。[①] 就微观而言，各级党组织的功能是不一样的，尤其作为我们这样一个有着多重管理层次的国家，即便是处于同一层级的党组织，其功能表现形式也不完全一样。如乡镇、街道、村、社区的党组织其功能更多体现为领导核心，而集体企业与国有企业中的党组织其功能则更多地体现为政治核心，我国必须在坚持党的自上而下统一领导的前提下，体现不同层级、不同领域党组织的不同的具体的功能。

就我国目前而言，加强社会治理的动力和源泉在基层，难点与重点也在基层，而农村地区就是这些基层中的最基层，农村基层党组织作为农村各项工作与各类社会组织的领导核心，党在农村全部工作基础和战斗堡垒，所以加强农村基层党组织的建设，发挥农村基层党组织的作用对于加强我国农村社会治理具有重要作用。关于农村基层党组织的功能，在我国学术界出现了不完全相同的观点：国内学者肖纯柏结合政党的基本功能与农村基层党组织的实际情况认为，农村基层党组织的具体功能主要是四个：“领导核心功能，服务功能，政治录用和政治社会化

① 中共安徽省委党校课题组：《改革开放以来农村基层党组织的功能调适及启示》，《中国延安老年干部学院学报》2009 年第 1 期。

功能，利益表达与利益协调功能”；[①] 按照我国学者王怀起的理解，基层党组织的功能主要有“组织基础功能，领导核心功能，引领推动功能，桥梁纽带功能”；[②] 按照党章的规定，新世纪农村基层党组织的功能主要包括领导核心功能、政治社会化功能、利益表达和利益综合功能、政治录用功能四个方面；而如果按照1999年2月13日中共中央印发的《中国共产党农村基层组织工作条例》的具体规定，农村基层党组织主要承担着五大功能：“一是总揽全局，把握国家的大政方针；二是教育和引导；三是协调和整合；四是培养和推荐干部；五是保证和监督”。[③] 上述观点都对基层党组织的功能做出了清晰的认定，但主要是从静态视角来阐释的，而且1999年颁布的《中国共产党农村基层组织工作条例》迄今已经过去了多年，这将近20年恰恰是中国发展变化最大的一段时期，这20年，农村的社会生态环境已经发生了很大的变化，农村经济也获得了长足的发展，农村人口的结构也不再是从前的模式，这一系列的变化都使农村基层党组织时刻处于变化发展的社会生态环境之中，农村基层党组织必须随之变化并且积极去适应、调整，才能发挥出自己的领导核心作用。

任何一个组织，必须对自身有一个准确的定位，才可以在具体工作中有的放矢，发挥作用，基层党组织也不例外。就基层党组织而言，如果对自己的功能认识不清、定位不准，不仅不会促进农村社会的发展，反而会危害自身的肌体安全。在历史上我们曾经有过教训，计划经济时代的基层党组织与行政组织之间几乎是画等号的，在很多时候发挥着行政功能，按照命令与计划行事，呈现出“党政合一”的态势，这一定位虽然是源于当时中国的基本国情，但是，也极大地偏离了基层党组织应有的功能，在当时的中国农村，从生产分配到招工招干，从参军入学到救济财物的发放，农村的基层党组织都发挥着决定性的作用，在那样的历史情况下，农村基层党组织逐渐被打造成为一个“无所不能，无事不管”的全能组织。诚然，当时党的建设同国家对农村的要求以及

① 肖纯柏：《农村基层党组织功能实现途径研究》，博士学位论文，中共中央党校，2008年。

② 王怀起：《基层党组织在社会管理中的作用研究》，硕士学位论文，郑州大学，2013年。

③ 胡坚：《乡镇党的建设》，党建读物出版社2005年版，第310—311页。

农民的利益诉求是基本一致的，所以农村基层党组织的高度行政化发挥了积极的作用，产生了积极的影响。但是，随着改革开放与市场经济的实行，基层党组织功能的高度行政化逐渐显露出了其自身的弊端。在当前社会治理创新的新形势下，农村基层党组织必须进行功能调适，这样才能更好地发挥自己的作用，促进农村经济的繁荣与发展。

（一）从“行政功能”到“政党功能”的转变

随着农村改革开放的深化与推进，农村基层党组织将自身的功能定位在政党本身，政党要成为领导核心，通过发挥利益表达与整合、政治录用以及政治社会化功能，保证党的路线方针政策在农村的贯彻落实，这是我国农村基层党组织在新世纪对自身功能定位的目标模式以及未来的发展趋势。

所谓领导核心功能，就是指基层党组织在社会各类组织中居于核心地位，对各项工作具有决定权，能够引领群众，凝聚人心，其行为效果对其他组织与党外群体具有示范作用和引领功能。农村基层党组织的领导核心作用发挥得越充分，民众对执政党的政治认同度就越高，农村社会就越和谐，党群关系就越融洽。但是，从社会治理的层面讲，领导核心的功能是存在一定的边界的，农村基层党组织具有领导核心功能，并不意味着“党委领导一切”，“党权高于一切”，核心不是唯一，也不是排他，而是在尊重广大村民意愿、维护民众利益前提下的领导核心。

所谓利益表达功能就是通过一定的方式将社会一定阶级、阶层的愿望、利益表达出来的功能。而利益整合就是指将政党代表群体的意见和要求加以整合，兼顾各方利益，使之变为党的主张和政策，实现党与民众的最有效沟通。利益表达，是农村基层党组织实现功能的重要支点，利益表达也不是只做简单的“传声筒”，而是既要重视上情下达，将党的政策准确清楚地传递给农民，为反映利益奠定民意基础，又要注重下情上达，及时有效地将农民的诉求反映到决策层，工作做得越到位，利益表达的功能就发挥得越充分。当然，要真正能够整合民众利益，农村基层党组织就必须坚持公平正义，不偏不倚，才能将各方利益整合起来，协调部署。处理好农民之间的利益，处理好农民与国家的利益，而不是被某一利益群体所左右，更不能形成利益集团绑架民意。我们不难发现，进入21世纪以来，农村基层党组织的功能发挥越来越多地趋向于政党功能，逐渐摆脱了计划经济下的行政功能，巩固了党的执政地位，并且按照中国共产党的性质与宗旨要求承担责任，发挥功能，不断实现从“行政化”向“政党化”的转变。

（二）从行政管理转向服务与教育

在改革开放的新时期，要实现农村基层党组织的功能，就要从依靠行政权力转向依靠服务与思想政治工作，实现这一转变主要是基于以下原因：

第一，历史因素，我们都知道，1983 年中央做出了政社分开的决定，此后，村民自治制度在农村逐步得到了推广，广大村民的独立性与自主性日益提高，对本地区的事务参与热情逐步提升，民主意识与参与意识也得到了极大增强，这就意味着国家和政府对农村事务的直接干预与控制在逐渐减弱。在这种情况下，村民对于党和国家的政策支持，不仅取决于党的方针政策为民谋利的落实程度，而且取决于党组织的影响力与感召力，以及群众对党维护自身利益的感受程度，这就要求农村基层党组织要加强对群众的思想政治工作，增强群众对党的政策的拥护与认同，加强对民众的服务，积极配合各项工作的开展，从而达成实效。

第二，政府的行政权力本身的变化，在市场体系中，政府行使行政权力的范围与力度较过去相比大大缩小，政党可以在政府退出的空间施加影响，开展工作，进行政治活动，但是绝不可以运用过去的行政手段，取而代之的最有效的应是非权力的方式，而最能让民众接受的非权力方式就是提供服务与思想政治教育，所以，农村基层党组织要使自己的功能得到发挥，必须为本地区民众提供尽可能多的服务，使各项工作真正代表民众利益，维护民众利益，得到民众最大的支持与拥护；同时要辅以细致入微的思想政治工作，凝聚民众思想，促进基层党组织建设的提升与优化。

如果说，在计划经济下，农村党组织依靠行政命令与权力就可以开展工作，发挥功能的话，那么在改革开放后，这样的方式是难以像过去一样奏效的。革命战争年代，农民群众之所以会拥护中国共产党，自愿跟党走，关键就是在农村广大党员、干部以及基层党组织能够与群众同甘共苦，维护群众利益，身先士卒，率先垂范，所以，群众才会在思想上接受中国共产党的路线、方针、政策，在感情上接受中国共产党的领导，进而愿意团结在党的周围，听从党的各方面工作安排，拥护党的各项决策。所以，当时的农村基层党组织在农村工作中是处于领导核心的，掌有任免当地干部与决定重大问题的几乎一切行政权力，毋庸置疑，基层党组织掌握一切行政权力是具有双向性的，农村基层党组织既可以运用自己掌握的行政权力服务群众，维护群众，体现党的意志；又可以运用自己掌握的行政权力独立决策很多行政事务，在具体工作中与群众沟通少，命令多，服务少，行政多。同时，不能忽视的是，不论在什么样的历史时期与历史环境下，党都不能放松对自身的建设，但在计划经济下，农村的基层党组织将更多的时间花在了琐碎的行政事务上而忽略了自身的相关建设，也疏忽了与群众的思想政治工作，这就使在通过行政命令这样的途径去实现基层党组织功能的情况下，基层党组织依赖更多的是行政权力带来的外显性权威而不是自身的吸引力与思想政治工作的凝聚力，长此以往，不仅容易产生党群矛盾与干群矛盾，也容易削弱党的执政基础，减弱民众对中国共产党的政治认同感。

改革开放初期，邓小平曾指出："共产党实行领导应该通过什么手段？是用这种组织形式，还是用别的方法，比如共产党员的模范作用，努力学习专业知识，成为各种专业的内行，并且吃苦在前，享受在后，比一般人负担更多的工作。"[①] 这段话的倾向性非常明显，党组织要让开展的工作收到实效，必须通过发挥党员干部的先锋模范作用与对群众的深入细心的思想政治工作，而不是行政命令与行政权力。事实的确如此，改革开放后，农村的社会有了很大的发展，社会环境，群众的利益诉求亦发生了很大的变化，农村基层党组织要实现自身的功能，必须要为民众提供更多的服务，履行政党职责，为民生，谋民利，让更多的农村民众能够共享改革开放的成果，增强物质基础，丰富精神生活，努力实现儿童学有所教，青年业有所乐，妇女生有所依，老人老有所养，民众才会真正拥护党的领导，在意识形态多元的冲击下坚持共产主义信念，接受党的思想引导，认同党的执政地位，团结在党的周围为社会发展共同努力。30 多年来，我国的农村基层党组织建设正是本着这样一个思路开展工作。目前，绝大多数农村地区的基层党组织都在转变观念，主动摆脱传统的功能实现途径，转而依靠党的正确决策、党员干部的表率作用、对群众的思想政治工作以及服务民众等途径，收到了很好的效果。

---

① 《邓小平文选》第二卷，人民出版社 1994 年版，第 231 页。

四　创新社会治理中农村基层党组织建设的路径选择

党的十八大提出要以改革创新的精神推进农村的基层党组织建设，始终把加强和改善党对农村工作的领导作为推进农村改革发展的政治保证。创新社会治理必须在新的历史条件下，对基层党组织的建设提出新的要求，开拓建设新模式，拓展建设新路径。

（一）推进集体经济，增强物质基础

要强化基层党组织的作用，强化城乡社区的自治与服务功能，国家的人力、物力与财力投入是基本保证。但是，最根本的途径则是积极发展集体经济，通过集体经济的发展，不断壮大农村基层党组织的“造血”功能。

第一，利用自身优势，打造因地制宜的经济发展模式。如有的地区具有特殊的地理优势和丰富的自然景观，可以发展观光业与旅游业，这已经成为一些城市郊区农村经济增长的主要渠道，这不仅充分利用了当地的优势资源，同时极大地推进了村级经济的发展，也带动了当地村民的致富；有的地区农产品丰富，可以发展系列特色农业，不仅可以提高当地农产品的附加值，而且可以增加农业创收能力，极大地提高了农民的积极性与生产热情；有的地区矿产资源丰厚，可以开采矿产同时进行矿产品的加工，带动了当地的就业而且提高了农民的收入。还有一些农村地区，探索出了一条“龙头企业”带动农户发展的新型发展之路，创立自己的农业品牌，整合当地的农业资源与力量，通过与农民签订产销合同，开创产购销“一条龙”服务，激活了经济，拓宽了市场，增加了收入，极大地推动了农村经济的发展。

第二，借助外力，充分利用国家政策，拓宽经济增长渠道。要积极争取国家政策、项目与资金的扶持，因地制宜招商引资，拓宽发展集体经济的路子与渠道，促进集体经济的发展。要有效利用国家招商引资的政策，充分发挥自身优势吸引一些优秀企业投资建设，如可将注资企业直接引入农村生产基地，为村级经济引入资金与发展项目，实现企业与集体、农户三方的互利共赢，实现三产之间的协调配合，在发展第二、第三产业的同时，农业部门应当给予相关政策的指导，如租赁拍卖以及

土地承包等方面，使政策的优惠能够吸引企业与商户，这样不仅可以带动农村经济的发展，而且可以提高农户的就业与收入，从而为基层党组织的建设提供必备的物质基础。

第三，大力培育、壮大群体力量，使之在集体经济发展中发挥带头作用。要抓好对这部分人的培训工作，逐步提高他们领头人的意识，增强他们带领致富的能力。结合本地实际，有针对性地实施“富民强村”的工程，推进村级经济的发展步伐，推进农村生产力的发展，繁荣农村经济。同时，我们更要完善农村集体资产的管理制度，切实落实村务、政务、财务的公开制度，让当地农民真正在集体经济的发展中受益、致富。真正通过村级经济的发展、壮大增强基层党组织服务群众的基本条件，奠定基层党组织开展活动的坚实的物质基础。

（二）优化组织设置，提升引领作用

改革开放后，中国的社会与经济都发生了很大的变化，广大农村地区也不例外，虽然农村的实际工作与过去相比发生了很大的变化，但是基层党组织的设置却并没有发生太大的变化。显然，旧有的模式已经不能适应实际工作与社会现实的需要，要使基层党组织发挥应有的作用，我们必须要根据形势的变化丰富基层党组织组建的形式，对基层党组织的设置模式做出相应的调整。我们旧有的基层党组织建设的组建方式主要是按照行政区划和行政组织来设置的，在新形势下，旧有的模式显得难以适应形势的发展。所以，我国的很多地区做出了不同的尝试，如郑州荥阳尝试探索出的“支部联建”的形式，以利于农村经济发展为原则，以先富带后富，从而实现共同富裕为目的，打破过去的行政标准，对农村党支部进行优化重组，组建成为联合支部，实现了优势资源的联合与优势资源之间的互补。“支部联建”的方式主要是通过“村村联建，村企联建，企企联建，村站联建”[①] 等方式，充分发挥先进村的模范带头作用，通过学习培训的方式将先进村的管理理念与管理经验、管理制度输出给后进村，带动后进村的发展，激发后进村的活力，调动后进村村民的主动性，变“要我学”为“我要学”，调动后进村主动向先进村学习取经，提升村民的素质，丰富建设的经验，逐步实现经济水平

① 吴艾玲：《和谐社会视角下农村基层党组织建设探析》，《济南职业学院学报》2010 年第 1 期。

的提高。先进村也在帮助后进村的过程中积累了更多的经验，增强了信心，鼓足了干劲，在带动后进村的过程中实现了经济的进一步发展。同时，后进村改变了过去陈旧的工作方式，解决了职能弱化的问题，在经济发展的过程中增强农村党支部的功能，在增强农村党支部功能的过程中带动了经济的更快发展，实现了经济与政治功能的双重发展与进步，受到了村民的一致好评。这一先进经验在邻近很多地区得到了推广和学习，从一些已经实践的情况看，这一党建的新方式，在农村地区非常有效，优化了干部结构，整合了优势资源，提高了干部素质，调动了党员的主动性，不仅符合农村经济发展与改革的方向，而且得到了干部与村民的一致认同，值得在我国各地的农村基层党组织中推广使用。

农村基层党组织是农村社会的主心骨，要加强农村基层党组织建设，我们必须适应农村社会转型出现的新情况，针对农村社会发展出现的新问题，创新农村基层党组织的组织设置。因为农村基层党组织的设置必须适应农村经济发展的需要，适应农民利益的诉求，特别是随着以专业合作社为代表的新型经济组织的出现，流动党员成为农村党员变化的新情况，党员在不同地域、不同经济组织之间流动，使党员管理难度加大，党员作用发挥减弱，基层党组织必须覆盖这些新型领域，占领这一新阵地，根据党员流动的状况改进基层党组织的组织设置，变静态党组织为动态党支部，改变单一的属地设置方式，紧紧跟随党员流动进行组织跟进，服务党员，服务群众，真正做到哪里有群众哪里就有党的工作，哪里有党员哪里就有党组织，哪里有党组织哪里就有健全的组织生活和党组织作用的发挥。组织设置的优化是新时期农村党建工作的创新和发展，是党的基层组织联系党员，凸显党员身份，凝聚党员力量，发挥党员先锋模范作用，增强基层党组织社会引领力的重要方式，组织设置的优化不仅是创新社会治理中农村基层党组织建设模式的改革，而且是发挥农村基层党组织在社会治理中的作用的时代要求。

（三）加强制度建设，形成长效机制

“制度一般是指在一定历史条件下形成的政治、经济、文化等方面的体系或要求大家共同遵守的办事规程和行动准则。”① 加强农村基层

① 黄卫平、陈家喜：《制度建设与政党发展》，社会科学文献出版社 2013 年版，第 118 页。

党组织建设必须发挥制度的作用，通过制度建设推进基层党组织建设的科学化、规范化、经常化与时代化。制度建设是党的建设的重要方面，具有根本性、全局性、长期性、稳定性的特点。农村基层党组织建设必须根据农村政治、经济、文化等方面的实际情况，通过制定科学、系统的制度体系，保证基层党组织建设的良好效果。要加强农村基层党组织建设的制度设置，形成社会治理的长效机制，需要做好以下几个方面工作：

第一，完善农村基层党组织的党内民主制度。最大限度地调动广大党员的积极性，保证党员干部真正成为人民群众的公仆，全心全意为人民服务。在民主监督中规范党员干部的权力运行。农村基层党组织的党内民主制度主要包括党内民主选举制度、党务公开、民主监督制度和党内民主决策制度。

首先，党内民主选举制度是保证党的领导权掌握在人民群众信任的干部手中的基础性制度，只有把真正代表党员意识，坚守党的宗旨和理念的、有能力的党员选举到领导岗位，淘汰那些自私自利、思想腐化、能力不足的党员干部，才能凝聚党的力量，才能促进干部的正常流动，能上能下，从而使党员干部积极为人民服务。要在候选人提名、投票方式和不合格干部罢免等方面进行制度改革。候选人提名一定要尊重村民的意愿，要广泛征求群众的意见。现在全国农村基层党组织基本实行“两推一选”的选举方式，各地也要针对实际情况在此基础上进行制度创新，扩大党内推荐的范围，加大村民对候选人的选择权，坚决避免选举被少数人操纵；“制定严格的投票制度，保证投票主体和程序的公正，坚持平等投票、公开竞争、秘密划票、公开计票、及时唱票的原则，进行匿名投票，现场进行唱票，现场公布投票结果等”。[①] 此外，还要建立不合格党员和干部的退出机制，对于在工作中履行职责不力、有腐败问题的干部，在一定比例的党员和村民的提议下，可以启动罢免程序，从而打破能上不能下的僵化制度。

其次，党务公开是基层党组织公信力的基本保证，是农村基层党组织和党员干部能够在人民群众中树立威望的重要方法，是落实党员干部

① 丁伟：《新形势下服务型农村基层党组织建设研究》，博士学位论文，中共中央党校，2014 年。

责任制的基础。党务公开必须做到信息真实全面，程序规范合法，形式灵活多样，要及时让广大党员和群众了解党务发展动态，更要方便群众知晓党务活动内容。

再次，加强基层民主监督制度的建设，主要包括党内党员监督、上级党委的监督、村民对党组织和干部履行职责的监督。通过完善制度建设，真正起到良好的效果。

最后，通过规范党内决策行为，保障党员民主权利、促进民主决策程序的科学化、完善党内民主决策制度。民主决策制度，毫无疑问，制度建设是关键，因此，我们必须完善制度的制定、严格制度的执行、增强制度落实的效果。农村工作涉及农民生活的方方面面，只有决策规范才能保证决策的正确性，正确的决策有利于农村发展，决策的好坏同时也要由人民群众做出评判，只有符合最广大人民群众的利益的决策才能称为好的决策。同时，民主决策的前提是民主决策的理念，所以我们特别要提高党员干部和广大群众的法制观念和民主意识，提高民主素养、决策能力和决策水平。农村干部必须广泛征求基层党员和群众的意见，实行公开透明、民主监督、少数服从多数的原则，同时处理好民主选举、民主管理和民主监督的关系，研究农村的实际情况，把业务能力强、领导水平高、办事公道、能够真正表达人民群众利益的人选举为领导干部，使决策符合人民意愿，在广大党员干部和人民群众中树立依规办事的好习惯。要完善党内民主决策制度就要推进民主决策程序的科学化，实现决策过程的制度化、程序化，提高决策的透明度，而且要保证决策过程的完整性，从项目的提出、调查研究、咨询论证、方案制订、方案选择、方案拍板要有一套完整的程序。同时，需要克服决策的随意性和领导意志性，要始终把专家观点和群众意见作为决策的重要参考，落实决策责任追究制度，对于决策失误造成的损失，必须追究决策者的责任。

第二，严格党内监督制度。高效的执行要有严格的监督作保障，监督能否做得到位，制度建设是关键，没有严格的制度，监督就是一句空话。从历史的发展来看，监督制度化是监督工作能否起到实效的关键。农村基层党组织党内监督制度的建设，主要包括农村党员的组织生活制度，要健全领导班子的民主生活会制度，形成良好的党内监督氛围。要通过党内批评与自我批评，认识缺点和错误，严肃党内纪律。不仅要制定合情合理的群众表达意愿的渠道和方法，而且要畅通党内外群众监督渠道，健全民主评议、组织考察、群众信访工作制度，十八届六中全会制定了《关于新形势下党内政治生活的若干准则》，修订《中国共产党党内监督条例（试行）》，这同样是农村基层党组织党内工作和监督制度制定的基本依据，更是新时期农村基层党建的基本方向。

（四）创新党群关系，夯实执政基础

作为共产党人，我们必须始终坚信人民群众是我们党力量的源泉和胜利的根本。密切联系群众是中国共产党的本质特征，是党能够取得成功和胜利的经验和法宝。因此，能否始终保持和发展同人民群众的血肉关系，直接关系到党和国家的盛衰兴亡。在新的历史时期我们必须要创新党群关系，这既是时代的需要，也是党的事业的需要。在新的历史条件下，党群关系出现了新的特征，这就需要党的建设必须与时俱进，不断解决党群关系中出现的新问题、新情况。

党群关系要适应党执政环境的改变。革命战争年代我们党处在打天下的艰苦环境中，党与人民群众建立的血肉关系牢不可破。但在当今社会中，我们党是执政党，党的执政条件已经发生了极大的变化。这就容易使一部分党员和干部，改变了过去的思维方式，不注重同人民群众之间的联系，一些人甚至成了骑在人民头上的官老爷，这些都是削弱党群关系的严重威胁。我们必须继续发扬党的优良传统，在全党进行马克思主义群众观和党的群众路线的教育，始终让全体党员认识到我们党永远是全心全意为人民服务的政党，要实现长期执政我们就必须不断实现好、维护好、发展好最广大人民群众的根本利益，不断创新党群关系。同时，我们也要清醒地认识到，任何权力都是人民赋予的，我们要始终做到“权力不忘责任重，位高不忘公仆心”。关心人民群众的生活和疾苦，要在新的历史时期，更好地服务于民，造福于民。各级党组织和领导干部，必须结合本部门的实际情况，抓住党群关系的主要矛盾和现实问题，不断探索党群关系的新思路和有效途径，充分发挥基层党组织推动社会发展，服务人民群众，凝聚人心的积极作用，在理念创新，工作方法创新方面下功夫，积极推动基层党建工作上一个新水平。

与此同时，我们也要看到，当前我们党群关系、干群关系不和谐的因素仍然存在，这些不利因素影响社会发展，影响社会安定，突出表现主要有以下几个方面：一是官僚主义作风在我们的党员中还大量存在。

一些党员忘记了自己人民公仆的角色，忘记了全心全意为人民服务的宗旨，脱离群众，做官当老爷，以权谋私，贪污腐化，损害民利，工作作风简单粗暴，一些人甚至走上违法犯罪的道路，引起了人民群众的强烈不满，极大地损毁了党在人民群众中的形象。二是服务人民群众的能力不足。在农村基层党组织中，很多党员干部素质不高，工作作风漂浮，带领农民致富能力不足，与人民群众的要求还有很大差距，导致基层党组织在人民群众中的威信下降，统领作用弱化。三是社会分配不公疏离了党群关系。每个人都关心自己的切身利益，更在乎与别人比较而获得怎样的利益。分配不公，贫富悬殊会严重损害党群关系。党员干部是公权力的掌握者，如果出现分配不公，群众就会把自己的不满指向党员干部，如果党员干部与民争利，利用自己手中的权力搞腐败，损害群众的利益，这就会更激起广大人民群众的不满。四是党员干部与群众沟通的欠缺引起了党群矛盾。密切联系群众是我们党的光荣传统，我们党在革命和建设中取得的各项成绩，都离不开人民群众的支持。由于社会的变革，特别是市场经济的发展，社会阶层呈现出多样化的趋势，使人与人之间出现了思想、文化、经济以及政治上的分化，而阶层分化又导致了不同阶层之间的矛盾和隔阂。随着人民群众民主意识的不断增强，平等诉求强烈，群众对自身利益和社会事务表现出了很强的关心。这就要求党和政府必须畅通党群沟通的渠道，化解误会，增进信任。如果沟通机制不畅，人民群众的呼声不能及时得到反馈，党员干部不能经常听到群众的意见，就可能导致党群和干群关系的紧张，出现误解和隔阂，长此以往，就会导致矛盾，甚至出现对抗。

党群关系只有处于和谐、协调的良好状态，党在人民群众中才有威信，基层党组织才能很好地发挥社会治理的作用。因此，党员干部要始终牢记密切联系群众的优良传统，无论在任何时期都要始终把人民群众的利益放在首位，真正理解人民群众是党的力量源泉和胜利之本，始终坚持全心全意为人民服务的宗旨，把人民群众拥护不拥护、赞成不赞成、高兴不高兴、答应不答应作为指导党的工作的根本标准。全党同志必须清醒地认识到正是由于最广大人民群众的支持，党和国家的事业才取得了巨大的成绩。相信人民群众、依靠人民群众、为了人民群众，始终站在最广大人民群众的立场上，这是每一个共产党员必须具备的政治品质。党的十八大后，我们开展的党的群众路线教育实践活动，就是体察民情、了解民意、集中民智、珍惜民力、诚心为民的体现，这就要求各级领导干部必须“坚持问政于民、问需于民、问计于民，真诚倾听群众呼声，真实反映群众愿望，真正关心群众疾苦，依法保障人民群众经济、政治、文化、社会等各项权益”。①

习近平总书记在十八届一中全会上的讲话中指出：“崇高信仰始终是我们党的强大精神支柱，人民群众始终是我们党的坚实执政基础。只要我们永不动摇信仰、永不脱离群众，我们就能无往而不胜。”习近平指出人民对美好生活的向往，就是我们的奋斗目标，必须把为民、务实、清廉的价值追求深深植根于全党同志的思想和行动中。坚持发展为了人民、发展依靠人民、发展成果由人民共享。这就要求必须大力发展经济，经济发展不仅是重大的经济问题，而且是重大的政治问题。只有通过发展才能满足人民群众的各种利益要求，才能让人民群众感受到实惠和温暖。在很多农村地区，经济发展仍然是制约社会发展的主要“瓶颈”。特别是贫困地区和弱势群体成为社会矛盾最集中的地区和人群，也是产生党群矛盾的重要诱因。当前，我们党和国家加大精准扶贫的力度，把党的干部下派到农村，实施帮扶政策，在很大程度上解决了农民迫切需要解决的问题，使广大农村地区的群众体会到了党的温暖，增加了人民群众对党的感情，树立起了党在群众中的威信。这是党的执政能力的体现，是赢得人民群众广泛认同的基础。此外，在发展经济的同时，也要完善各种体制机制，建立各种行之有效的监督机制；规范领导干部的言行，防止权力滥用；加强基层民主，让人民群众广泛参与管理国家和社会事务，发展社会主义民主政治；畅通人民群众的利益表达渠道，疏通压力释放、矛盾缓解、情绪排解的通道，通过双向参与和沟通，实现矛盾化解、利益协调、扶贫助困的基层解决机制。因此，各级党委和政府，特别是农村基层党组织要与时俱进，积极探索执政条件下的密切联系群众的有效形式。要不断扩展思路和方法，创造性地开展工作，要不断学习，不断推新，把新时期密切联系群众的工作真正做到家。

（五）提高党员素质，服务人民群众

基层干部作为基层各项工作的直接参与者与组织者，其自身的素

---

① 胡锦涛：《在庆祝中国共产党成立90周年大会上的讲话》，《人民日报》2011年7月2日第2版。

质、业务能力的高低直接关系到上级部署的各项工作能否完成，关系到工作目标能否达成，关系到基层党组织战斗力能否有效提升，所以，加强基层干部队伍的建设至关重要。

第一，抓班子建设，为基层党组织选好带头人。一方面是“选”。发扬民主，完善选人用人机制，规范选拔程序。按照《中国共产党基层组织选举工作暂行条例》与《中国共产党章程》等法律法规，在基层选举中加大“公推直选”的力度，使更多优秀的、称职的干部进入到党的队伍中来。把建立强有力的农村党支部作为农村的重点任务来抓，真正选拔出一批懂经济、谋民利、有方法、讲民意的优秀干部，让他们成为农村党支部的主力。在选举中，要打破传统的行业、地域和身份的界限，按照配备“双带”“双强”[①]型村干部的标准，来建立农村优秀后备干部的人才库，可以在民营企业家、优秀的务工人员、退伍军人、“田秀才”等人中选拔出有致富能力、能带领致富的干部，并将其推上领导岗位，有针对性地将这些人选派至不同的岗位进行实际工作锻炼，在实践中培养其为村民服务的意识，增强其为村民服务的本领；另一方面是“配”。要结合本地区实际，大胆创新，探索适合本地区的干部任用方式。如“探索从县（区）直部门选派干部到乡村挂职，担任乡村领导职务，拓宽乡村领导干部选用渠道”。[②]可以尝试将有一定技术专长、文化程度高的乡镇干部选派到村里任职，以此提高村级组织的工作能力。

第二，加强对基层干部的教育培训。充分发挥各级党校在干部培训中的主阵地、主渠道与主力军的作用，加强对基层干部的培训，提高其理论水平，丰富其市场经济的知识；联合和与农村经济发展紧密的高校合作，加强对农村干部的培训，使他们在不断的学习与培训中开拓视野，增进见识，提升水平，用所学知识指导农村实践，提高服务群众，带领群众，发展农村经济的能力；采取讲座、竞赛、学习多种形式对基层干部进行法律法规、市场经济相关知识、农村实用技术的培训；采取在同一乡镇、跨乡镇甚至跨县区之间的交流互动，互相取长补短，借鉴

---

① 吴艾玲：《和谐社会视角下农村基层党组织建设探析》，《济南职业学院学报》2010年第1期。

② 李一文、周旭明：《村民自治背景下加强农村基层党组织建设的对策建议》，《甘肃理论学刊》2013年第7期。

学习，共同提高；要把文化知识多、政治素质强、经营理念明的退伍军人，回乡知识分子中的优秀党员纳入到我们的后备队伍中来，重点加以培养，增强办事能力。强化基层干部能力的提升。基层干部的理论素养、业务能力事关村级经济的发展与村级事务的开展，他们作为农村经济的领路人，可以利用自己掌握的市场经济知识指导农村的经济工作，利用地方优势，发展特色产业，优化产业结构，发展集体经济，增加集体物质的积累。

（六）完善基层民主，调动多元力量

党内民主是党的生命，基层民主是党内民主的根基，是党内民主实现创新的生长点所在。随着经济水平的提高，农村基层民主得到了迅猛的发展，很多村民较过去而言，民主意识与民主思维有了很大的提升，对于村务参与的热情有所高涨，对于农村的发展更为关注，也更理解农村的发展关乎百姓的生活这样的道理，所以在农村经济发展中较为积极参与，希望发出自己呼声的愿望更加强烈，更希望国家政策能体现自己的利益诉求等，这些都是值得肯定的进步。但与此同时，我们不能忽略的是，我们今天的农村基层民主依然存在这样一些问题，如财务的审计不严，议事的程序不畅，公务的透明度不高，农村党员干部的民主意识有待提高等，这些问题引发了村民的不满，如果处理不好还可能会发展成为群体性事件，造成不应有的党群矛盾与干群矛盾，对基层党组织功能的发挥起到了很大的阻滞作用。

第一，完善基层民主机制。一是要推行民主选拔机制。将基层实际情况与形势发展需要有机结合起来，将组织意图与民意倾向有机结合起来，在基层干部的选拔任用的问题上，要不断完善直选基层干部的方式方法，将业务能力强的选配进领导班子，将群众信任的经济能手充实到基层的干部队伍中去。二是要推行村务民主监督机制。强化农村事务监督机制建设，设立村级事务监督委员会，由乡镇纪委领导，委员会代表村民监督村务，对于群众反映强烈集中的问题要通过举行村民听证会与质询会，集中听取民意，针对村民提出的问题，村、支“两委”要现场予以答复和解释。三是要推行村级事务民主决策机制。积极推进农村基层的民主政治建设，在处理农村事务时，凡是涉及经济与社会发展的重大问题，必须按照程序提请村民代表大会和村民会议讨论决定，将民主贯穿于农村建设的全过程。村务、财务公开力度加大，保持公开工作

的常态化，真正实现村民自治。

第二，创新基层民主形式。一是要加强村级财务的审核与计算。财务的收支情况应该主动清晰地告知村民，尤其是重大的开支必须要经过村民大会的同意才可以支配，对于不合理、不民主的开支应该抵制，一方面加强村民对财务的监督，另一方面要尽量将村级财务用于村民的致富上。二是严格议事日程，严格遵照相关法律法规的约束，在与村民利益相关的重大事件上必须要召开村民大会或是村民代表大会，讨论通过后上报到乡镇府，获得乡镇府批准后方可行动，做到“有事有议”，绝不能“先斩后奏”，也绝不能“代民做主”，更不可以操纵民意，或是违背民意，扭曲民意等。三是增加公务的透明度。使村务公开与村级财务公开落到实处，使重大的决策与财务收支村民胸中有数，使民主决策与民主议事成为村级工作的常态，尤其是“两推一选”制度要得到有效的落实，真正让有能力、有群众基础的干部能够进入到党的队伍中来，为村党支部的班子成员参与村民委员会的选举提供基础，为村支书与村主任的“一肩挑”增强认同。此外，还要加强村民代表大会工作中党支部的领导作用，确立党支部在村民代表大会中的领导地位，使党的意志能够通过合法的方式、民主的途径转化为村民的意志与利益要求。在加强党支部领导的同时，必须尽量减少落后思想与当地宗派势力的干扰与不良影响，有组织地对村委会的权力进行制约和监督，保证当地相关工作的有序合法进行，最大限度地维护村民的利益。

第三，改革创新村民委员会组织。按照我国《村民委员会组织法》的相关规定，“其性质是基层群众性自治组织，其主要职责是办理本村的公共事务和公益事业，调解民间纠纷，协助维护社会治安”[①] 等。由此可见，其主要职能是从事社会管理，但实际上，村委会不仅是农村地区的管理者，也是农村市场经济的保护者和孵化者。所以，对村民委员会组织的改革和创新是建立农村地区的经济基础，实现治权与产权的统一。一种是运用“分离”思路。即在集体经济基础薄弱的村民自治组织，逐步分离村民委员会的原有功能，建立起“政、社、团”分离的乡镇体制，将村民委员会的一部分功能交给自治组织，只提供社区服务

① 李一文、周旭明：《村民自治背景下加强农村基层党组织建设的对策建议》，《甘肃理论学刊》2013 年第 7 期。

功能；一部分功能交给农民合作经济组织，为本乡镇农民提供信息、生产资料与农产品的加工运输、营销储藏以及产权交易等；另一部分功能交给社团组织。通过“分离”的思路加强农民经济合作组织建设，加强成员增收能力，提升基层党组织服务经济活动的能力；此外，还要运用“二合一”思路，即在集体经济发展较好的地方恢复“政、社、团”合一的体制等。

（七）强化监督机制，搞好廉政建设

近年来，国家和政府对于“三农”问题越来越重视，在推进新农村建设中做出了政策方面的倾斜，资金方面的投入，但是在基层走访调研的过程中，我们却发现，基层民众对乡镇党委和村级组织的怨言不少，意见较多，一些农村地区的矛盾较为突出，主要原因是：一些村民对土地征用补偿措施的不公平积怨较多；农田水利设施建设质量的低下败坏了党和政府的执政形象；克扣国家拨付的惠农、支农资金引起了民众的不满；国家相关政策在农村落实与认定的失衡：如农村低保户的认定问题，有的村干部违反规定，把本不符合低保条件的亲戚朋友纳入到低保范围，而一些生活确实困难的农户并没有被评定，在群众中产生了很坏的影响，严重挫伤了村民的积极性，减弱了村民对党和政府的信赖；中央拨付的专项资金在各级政府的监管下逐级发放到基层，但是，由于基层政府的监管不严，资金只能做到基本发放到基层，资金的享有者并不清楚这些资金的分配标准、分配额度以及分配去向。最为典型的如农田水利项目，对于水利项目应该如何去改善，资金费用大概是多少、如何使用，最有发言权的应该是农民，但在实际操作中，很多农民完全不知情，更不要说参与决策，本应该发挥主体作用的农民被异化，整个过程被相关部门和工程承包商几乎垄断，基层民众的监督几乎不存在。此外，还有很多类似的问题与矛盾，这些问题之所以在基层不断出现，究其根本，还是监督不力、监督机制不健全造成的。在新形势下，要加强基层社会治理和服务，将会有更多的资金、物力、人力投放到基层，这对决策的发展是非常必要的，但是，如果没有健全完善的监督机制相配套，财力、物力真正受益于的不是民众，而是一些贪赃枉法者，这样，我们受损的不仅仅是基层民众，更是党的政府公信力与党的执政合法性。

改革开放以来，农村社会发生了巨大的变化，广大农村党员干部在农村改革中做出了重要的贡献，广大党员保持了先锋模范带头作用，农村基层党组织不断加强，党员素质得到极大的提高。但是，我们也要看到，随着农村经济和社会转型，特别是城镇化、生产方式、社会结构和利益关系发生的变化，农村党风廉政建设面临着许多新的情况和新的问题，面临新的考验。因此，深入推进农村基层党风廉政建设具有重要的意义。同时我们也要认识到，当前农村党风廉政建设的重点是加强制度和机制建设，当前农村党风廉政建设问题的主要根源是制度缺陷，必须加大制度创新，完善制度、创新制度，加强监督和执行力度，建立健全长效机制。

加强党风廉政建设的制度创新是新的历史时期面临的新的问题和新的挑战的需要。党的十八届六中全会研究了全面从严治党的重大问题，制定新形势下党内政治生活若干准则，修订《中国共产党党内监督条例（试行)》，就是从顶层设计对党风廉政建设的发展和创新。当前，农村党风廉政建设还存在很多不完善的地方，必须通过制度的改革和创新，形成制度体系，通过全方位的制度建设，构建反腐拒变的安全网络。我们必须达成共识：加强农村基层党风廉政建设，是巩固党的执政地位的基础性工作。

第一，要健全农村基层党组织的权力约束制度。腐败是对公权力的滥用和私用，权力行使的公开和公正是抑制权力不当使用的重要保证。现在很多农村都普遍实施了村务公开制度，并且结合各地的实际都制定了具体的办法和程序。但是很多地方的这一制度执行并不理想，形式化的现象特别突出。我们在很多地方的调研中发现，村务公开项目模糊，公开内容具有选择性，公开时间延迟，甚至出现公开内容和实际不符的现象。这样就不能真正实现村务公开的目的，也失去了这一制度的实际的效果。所以，要想使村务公开制度真正能约束干部行为，起到监督权力行使的作用，必须创新公开的形式和途径。这里需要做好以下几个方面的重点工作：一是要提高农民监督村务事务的意识，要把村务作为自己的事情看待。二是要规范村民代表的选举和组建，要发扬民主，充分尊重农民意愿，把农民最信任的人选举到农民代表中来。三是要建立农村监事会制度，监事会有权对农村事务的决策具有否决权。四是建立群众听证会制度，定期对农村重大决策举行听证，群众具有质询、评议及表达意愿的权利。五是要扩大村务公开的宣传面，可以通过网络、自媒体传达至每一个村民，包括外来务工人员。要丰富村务公开的内容，做到及时、详细、清楚。另外，上级党委和政府要强化督察检查力度，特别是对于政策性的问题要及时让农民了解，定期开展监督检查，加强工作指导。

第二，要完善农村党员干部廉洁自律的群众评议制度。群众的眼睛是雪亮的，农村干部是否廉洁，群众心中是有数的，一些干部之所以胆敢不顾忌群众意见，我行我素，工作散漫，甚至违法违纪，就是由于群众在党员干部的评议中分量不足。要搞好党员干部廉洁自律的群众评议，必须做好以下几个方面的工作：其一，要使群众评议具有实质性效果，必须建立群众评议结果的奖惩机制，要让那些在群众评议中有问题的党员干部在职务升迁、评优奖惩、年终考核等方面受到影响。让那些在群众具有良好口碑的党员干部能够得到提拔重用。其二，上级领导必须重视群众评议工作，建立上级领导联系群众、听取群众意见的机制。建立领导干部责任承包联系点，与人民群众保持畅通的沟通渠道，特别是注重现代网络沟通方式，降低沟通成本，能够做到及时沟通，真正成为人民群众的知心人，群众问题与困难的解决者，党的温暖的输送者。其三，要不断提高群众的思想、政治和法律素质，特别是要提升他们的法治素养，经常进行民主法治教育，理解权利与义务之间的关系，真正做到依法、依理、依规评议，使群众评议工作有序、有效发展。

第三，要完善农村党员干部廉洁自律的教育制度。要培育农村干部为民、务实、清廉的工作作风，培养他们严于律己、廉洁奉公、勤政为民的思想作风，必须加强教育。教育是党风廉政建设的基础，必须发挥教育在党风廉政建设中的基础性作用，这是实现党的执政先进性、纯洁性的保障，是提高党员干部水平，实现党风好转的根本措施。要形成党委领导、政府负责、纪委协调和监督、各部门具体负责的管理领导体制和机制，形成各方面齐抓共管，共同参与党风廉政教育。使广大党员干部树立正确的世界观、权力观、利益观和价值观。牢固树立“权为民所用、情为民所系、利为民所谋”的思想意识，不断增强党员干部的自我约束能力和自律能力。在教育中要贴近农村基层党员的思想实际，具体分析当地经济社会发展、传统习惯和生活方式的变化给农村党员干部思想观念带来的深刻影响。要确定教育内容的重点和方式，开展有针对性的教育措施。要建设良好的农村廉政文化，在农村加大正面宣传引导力度，消除陈旧观念，让积极健康的思想和价值观念占领农村社会，克服不良风气，形成“以廉为荣、以贪为耻”的文化氛围。

第四，要完善农村基层权力运行的监督机制。反腐倡廉，监督是关键。腐败是公权力的滥用，是权力的不受约束，推进农村基层党风廉政建设，必须加强对农村基层党员干部的监督和约束。对农村权力运行的监督必须加强对权力运行各个环节的监督，特别是重点环节和重点部门的监督。监督农村干部的选任是抑制权力腐败的首要环节，要提高干部选任的透明度，健全选举机制和民主选举制度，不断扩大党内民主和党外民主。领导干部任职之前要公示，对于干部选任过程中出现的问题要实行问责制，2016 年 6 月 28 日颁布了《中国共产党问责工作条例》，明确规定坚持集体领导与个人负责相结合，失责必问，问责必严。特别是对于出现的造假、失察等现象，必须追究有关人员的责任。依据不同的情况与负责人，分担全面领导责任、直接领导责任或重要领导责任。此外，把好民主推荐关、组织考察关、党委酝酿关、会议讨论关、依法用人关，真正落实署名推荐制和责任追究制。加大对权力行使过程的监督，对党员干部，特别是对领导干部“一把手”实施全过程监控，实行政务公开，加强审计监督，对权力行使结果的监督，通过责任追究对那些以权谋私、滥用权力者予以惩处。要充分发挥纪检监察部门对农村基层权力运行的监督，保证党的路线、方针、政策的贯彻执行，要从思想上、组织上、制度上保证党员干部履行自己的职责，全心全意为人民服务。要充分发挥制度在权力行使过程中的保障作用，要依据制度和法律规定，对各部门行使的权力进行梳理，明确各部门的管理职能和权限，从而监督权力的行使过程，对于那些发生在农村基层权力行使过程中的腐败现象要严厉惩处，只有加大处罚力度才能震慑腐败行为的发生。

（八）张家口市基层党建“四字诀”创新分析

第一，一定三有。即对农村干部实行“一定三有”的激励保障机制——“定职责目标，收入有保障，干好有希望，退后有所养”，围绕“一定”，推行村干部岗位的目标管理、任职承诺制度，村党组织书记任用调整、评议考核由县区组织部门备案管理制度；围绕“三有”，统一制定“基础职务补贴 + 绩效补贴 + 集体经济创收奖励”制度，全面落实村级干部的待遇报酬，规定标准不低于当地劳动力平均收入水平。

2008 年以来，全市从村书记（村主任）中定向选拔了 16 名进入乡镇领导班子，招聘了 58 名乡镇事业编制人员，考录了 20 名乡镇公务员，同时市委每年拿出 100 万元重奖 100 名市级“一好双强”的村党组织书记。此外，市委还参照企业职工养老保险办法，为村“两委”干部办理了基本养老保险，并对已离任但不符合养老保险条件的村干部，依据任职年限给予了一定的生活补贴。“一定三有”的实施，保持了农村干部队伍的相对稳定，激发了村干部尽责履职创业干事的工作热情。2010 年 4 月 18 日，张家口市“一定三有”做法得到李源潮同志批示，同年 11 月 30 日，李源潮同志专门就“一定三有”的创新到张家口调研并在全国推广。

第二，一四二法。在农村治理过程中，出现了权力滥用，腐败现象，因决策失误造成群众利益受损等诸多问题，在健全完善村务、党务公开制度的基础上，将“四议两公开”拓展创新为“一清四议两公开”工作法，在村务实践中，依据“一县一策”的思路，把村干部所属的 70 多项工作的政策依据、权力限制、运行流程汇编成册，以规范、约束并监督村干部行使权力，切实提高村级事务决策科学化和管理的民主化与制度化。

第三，六位一体。随着基层民主意识不断增强，农村民众的利益诉求明显增多、社会管理的难度也逐渐逐步增大，为了进一步发展完善村级民主自治机制，加强和创新农村社会治理，市委推行村党组织、村民委员会、村经济合作组织、村民代表会议、村务监督委员会、村和谐促进会“六位一体”的村级组织运行机制，形成村党组织领导保障、村委会管理实施、村代会议事决策、村务监督委员会实施监督的村民自治新格局，实现从为民做主到让民做主、从干部定事到群众理事、从村官自治到村民自治的有益转变，促进了农村社会和谐稳定，推动了农村的科学发展。《人民日报内参》第 1904 期刊发表了《张家口推行“六位一体”创新社会管理》的经验做法。

第四，三大网络。以村党组织为核心、以广大党员骨干的农业技术普及、农村治理防控、农民公共文化服务的“三大网络”建设。一是农业技术普及网络。本着“支部就是推广站，党员争做技术员”的原则，立足全市农业产业化建设，建立“党组织引领，党员干部示范，技术部门帮扶指导”的创新普及模式，重点推广“张杂谷 5 号”、冬暖大棚种植等成功经验，加快引进农业新品种，推广农业新技术，加快农业产业结构调整，推进农民致富增收。二是农村社会治理防控网络。本着“支部就是联防队，党员争做调解员”的原则，动员农村党组织和广大党员发挥主动，汇集才智，协调处理农村社会的各种利益纠纷与矛盾，以此促进农村社会的和谐与稳定。三是农村公共文化服务网络。本着“支部就是文化室，党员争做宣传员”，组织农村党组织、党员积极开展文明乡村、文明户等精神文明的创建与评选活动，致力把农基层村党组织打造成为引领经济发展，促进社会和谐，传播先进文化的战斗堡垒。《中央创先争优活动简报》第 534 期刊发了这一经验做法。

第五，乡编村岗。针对乡镇职能转变的现实需要与情况，实行“人员编制在乡镇，工作岗位在农村”的政策，一是切实保障优秀村党组织书记的政治待遇，把群众公认、业绩突出的村党组织书记录用为乡镇事业编制人员；二是选派政治立场坚定，业务能力强的乡镇干部到信教群众聚居村、民居建设示范村、治难转后重点村担任村第一书记或党组织书记；三是落实优秀大学生村官的乡镇事业编制，截至 2014 年，全市共下派 875 名乡镇干部到村担任书记或第一书记，为 506 名优秀大学生村官落实乡镇事业编制。2009 年 7 月 3 日，李源潮同志对张家口的做法做出了肯定性的批示。

第六，星级管理。以农村党组织“五个好”：领导班子好，党员队伍好，工作机制好，工作业绩好，群众反应好为标准，以工作业绩为依据，以目标考核为标准，以奖惩落实为保障，对农村党组织进行百分制考核，对农村“两委”班子实行星级化评定，由高到低依次为五星级、四星级、三星级、二星级、一星级、不定星 6 个标准，同时规定，五星级村“两委”班子的比例不高于全市行政村总数的 20%，不定星村的比例不少于全市行政村总数的 5%。对于五星级村“两委”班子的评定先是由县（区）委组织部申报，再由市委组织部审定，评定出后由市里每年拿出 1 万元予以奖励；四星级村“两委”班子则由乡镇党委先行申报，后由县（区）委组织部门审定；三星级村“两委”班子由乡镇党委研究选定。星级评定不搞终身制，实行动态管理，每年评定一次，星级考核结果将作为村“两委”评先选优、年度奖惩的重要依据。

第七，双述双评。每年底，上级组织部门组织村“两委”干部对照任期目标承诺书与年度目标责任状，分别向乡镇党委和本村村民、党员代表述职，接受党委考评与党员群众测评，考评与测评结果将与村干部的绩效工资挂钩，同时将结果作为享受各项待遇福利的重要依据。通过“双述双评”，强化了对村干部的管理与考核，通过这样的机制运作，近年来，共调整、淘汰和依法罢免村干部 164 名，体现了公平公正，也凸显了农村党建的民主与公开。

第七章　创新社会治理中城市社区基层党组织的建设

在我国计划经济体制向市场经济体制转轨的过程中，城市的社会管理呈现出了诸多的复杂变化，传统的“单位人”转变为“社会人”，老龄人口越来越多，群众的利益诉求，思想观念，社会结构也随之改变，新的社会群体不断涌现，新的社会问题不断累积，新的社会事务不断发生，单位制逐渐解体取而代之的是社区制的逐渐形成，作为基层社会重构和整合的重要载体，社区治理结构的转型对于社会治理的良性运行以及治理的现代化具有重要的影响。特别是在城市社区中如何更好地发挥基层党组织在社区管理、社区服务、社区建设中的作用具有重要理论和实践意义。

一　城市社区治理结构转型的历史背景

（一）社会转型与社区治理结构的变化

社会转型是一个社会学术语，有其特定的含义，是指从传统型社会向现代型社会转型的过程。具体而言，就是从乡村的、农业的、封闭的半封闭的传统型社会转向城镇的、工业的、开放的现代型社会。国内学者论及“中国社会转型”时，重点强调的往往是社会结构的转型，即“社会主义体制的不断发展和完善，组织模式和社会生活从传统走向现代的转型变迁过程”。[①] 马西恒认为，中国社会转型在事实上从促进社会分化转向了实现社会整合，而从我国社区治理结构的变迁进程来看，

---

① 郑杭生、杨敏：《中国社会转型与社区制度创新》，北京师范大学出版社 2008 年版，第 204—205 页。

中国的城市社区建设则为社会结构分化后的重新整合提供了黏合剂。① 从1986年开始，我国民政部率先倡导在城市开展以“民政对象为主体”的社区服务，社区的概念第一次进入到了中国政府管理的视野当中。随着社区的不断发展壮大，社区服务对象也开始由民政对象扩展至社区居民，在此背景下，民政部在1991年提出了“社区建设”的发展规划，强调减少国家干预，增加社区居民的自助、互助与他助，通过拓展居住地域的管理与服务，增加居民对社区的归属感与认同感，并逐步实现社区自治。民政部在同一年召开的全国城市社区建设实验区的工作会上，进一步指出：我国社区建设的运行模式为“党委领导、民政部牵头、相关部门配合、街道居委会主办、社会各界支持、民众广泛参与”。之后，在党的十六大、十七大报告中更是指明了和谐社区的建设与发展方向。随着社区建设的不断深入，我国的社区逐渐发展成为一个网络组织与中介体，不仅与政府、专业性组织、社团、居民等各种社区治理主体进行着面对面的接触，同时互相作用、不断促进。在社区治理中，政府、社会与社区三者之间的相互关系与作用究竟如何，学术界在调研的基础上提出了“政府主导型的强政府治理结构、社区主导与政府支持的‘小政府、大社会’的自治型的治理结构、政府推动与社区自治相结合的混合型的治理结构”② 三种模式，这充分表明，我国的社区建设既不是简单的社区化过程，也不是传统的行政化过程，而是伴随着社区功能的逐渐内化，整合利用各种资源，从而将行政权推广到社区所有的人力、财力、物力中，以解决转型期我国社区建设资源不足的“瓶颈”问题。

（二）单位制解体与社区的形成

从理论上讲，我国社区治理结构的变迁是从单位制解体开始的，这是因为我国社会的转型一方面使大量的社会问题与矛盾沉淀于社区基层；另一方面也使社会职能日渐分化。在计划经济体制下，国家掌握着行政权力，垄断着几乎所有的资源，这些资源的载体便是“单位”，而个人则完全依附于单位，单位为职工提供住房，提供社区管理与服务，实质成为兼具社区功能的特殊的企业组织，这就导致国家、单位与个人

---

① 马西恒：《社区建设：理论的分野与实践的贯通》，《浙江社会科学》2001年第11期。

② 宋梅：《社区治理结构的转型与社区公共服务的发展》，《理论观察》2009年第4期。

之间形成了依附与庇护的关系，其根本原因在于我国是社会主义国家，所有资源都由国家统一分配，单位的资源是来源于国家的，国家再分配的功能必须依赖单位制来体现。但是，随着社会主义市场经济体制的逐步建立，长期高度集中的一元化社会体制随之解体，尤其是单位制的解体，直接导致社会成员对原有单位依附性的减弱，社会福利、医疗服务、教育后勤等功能逐渐从单位剥离出来，工作单位与居住地不断分离。同时，市场经济产生大量的体制外群体导致人口的流动迅速增加，这些都加速了社会成员从“单位人”向“社会人”的变迁。市场经济体制下的“社会人”有一个共同属性就是：“他们不再一定依附于某个单位，但都归属于所生活和居住的社区。这样，社区便作为一级组织凸显出来，取代原来的单位组织而成为国家与社会的连接点”。[①] 从单位分离出来的各种社会事务与服务就逐渐由社区中的基层组织与群众自治组织承接，社区体制逐渐形成，社区功能日益扩大，涵盖了从社区服务、社会福利、就业安置、社会救济到治安联防、环境治理、医疗保健、社区共建等多个方面。因此，社会转型影响深远，不仅促进着我国经济体制改革的深入，社会现代化水平的提高，城市化进程的加速，同时，也呼吁着城市基层社区的结构变迁，推动着城市基层社区功能的转化。在这些深刻变化下，城市基层社区治理结构的转变已经成为社会发展的必然趋势与客观要求。

二　城市社区治理结构转型的现实探索

改革开放带来中国社会显著变化的同时也推动着城市化的进程，随着城市商品房的大量兴建，居住在城市中的居民开始拥有属于自己的商品化产权与由此而衍生的利益，居民与社区关系也随之发生改变，从原有的身份关系转变成为以房屋产权为基础的契约关系，业主们努力维护自身的权益，民主意识不断增强，参与行为也越来越广泛，在此期间，基层党组织体察到居民的民主诉求与需求动向的变化，于是适应形势发展，及时调整工作思路，转变工作方式，通过街道党组织向街道层面的

① 何增科：《社会管理与社会体制》，中国社会出版社 2008 年版，第 57 页。

行政组织反映情况与呼声，积极推进传统行政力量代言人——居民委员会的功能与管理方式的转化，力促居民委员会实现从行政型事务机构向公共型事务机构转变，用民主协商取代行政命令，用服务理念取代管理思维。在党和政府的直接指导下，各地政府结合本地实际，积极探索社区治理的具体方案，很多社区成立了代表业主利益的业主委员会，原有的社区治理结构也发生着深刻的变化，由此，我国城市社区建设由试点进入到全面推进阶段，在这一变化中基层党组织发挥着关键作用。在城市社区治理结构转型的过程中，主要探索形成了三种治理模式：

（一）政府主导型的治理模式

这一模式的背景主要体现为：计划经济下，政府控制社会及其成员的主要形式是单位制，所以单位承担了其成员的住房、就业、福利、教育、服务等一切职能，社区充其量只是“补单位之缺，拾单位之遗”的辅助性组织；同时国家与社会的关系突出表现为“强国家，弱社会”，国家实力强大，社会组织功能并不发达，国家与政府的力量几乎渗透到了社会生活的方方面面。在这一背景下，政府主导型的治理模式具有五方面的主要特点：

第一，政府组织是社区治理的主体，“居民委员会虽然在法律上是基层居民群众的自治组织，但它是被纳入到政府体系中的组织，其独立性和自治性都受到限制”。①

第二，街道办事处作为政府在城市的派出机构，在法律上只能对居民委员会进行指导，但在实践中，街道办事处为居民委员会确定工作任务，领导居民委员会的选举，控制着居民委员会的经费来源，甚至在一些时候，政府甚至直接给居民委员会下派行政任务，而且还指定具体指标进行考核，这就混淆了政府事务与自治组织的事务，政府不仅承担着对社区治理的无限责任，而且承担着社区治理的诸多风险，当政府履行的职责与提供的服务可以满足社区居民，社会与社区都是稳定的，一旦当政府职能履行不到位，服务提供不及时或是缺位时，社区居民就会产生不满情绪，或是出现社会不稳定的因素。

第三，政府组织几乎包揽了社区内的一切公共事务，社会组织尤其是非政府组织的发展受到了限制，这些组织的社会服务功能没有得到充

① 钱正明：《党组织与社区治理结构》，硕士学位论文，复旦大学，2008 年。

分的发挥。

第四，社区治理的方式以行政管理为主，执行的主要是上级政府派出的行政任务，政府通过对社区组织与资源的控制达成治理目的。

第五，社区居民自觉参与社区活动的积极性不高，民主意识淡薄，主动性较差，依然习惯于对政府和单位的依赖，即“社区冷漠症”。政府主导型的治理模式虽然具有一定的优势：能够发挥出政府对社会资源与社会力量的组织动员功能，在短期内体现出社区建设的高效，但这种模式制约了社区建设的深入开展，限制了社区自治能力的逐步提高，从实质上相当于行政型社区的治理模式。

（二）政府推动与社区自治相结合的治理模式

这一模式的背景主要体现为：随着单位制的弱化，单位承担的大量社会职能开始向社区和社会组织转移，由此政府与社会的关系发生了变化，社会组织在社会治理中不断焕发出生机，作用日益凸显，政府组织与社区、社会组织的关系也开始由传统的领导、控制、命令向指导、合作与协商过渡；在城市，政府的管理层级逐渐减少，街道办事处作为政府的派出机构与社区组织逐渐融合，并被社区组织取代，从而完成政府组织的职能简化与权力下放，就目前实际情况而言，我国城市社区建设正处于第一阶段向第二阶段的转变时期。这一治理模式是政府在改革与体制创新中的有益尝试，政府在培养、指导、协调、整合社区组织的过程中，逐渐让位于社区与社会组织，这需要不断地探索，是一个艰难的制度创新过程。

政府推动与社区自治相结合治理模式的实质是合作型社区模式，呈现出的特点主要有：

第一，治理主体逐步扩展，在合作思想的指导下，政府组织不断将权力下放，把过去由政府组织承担的部分社会职能转由社区内的社会组织来承接，实现了政府组织职能转变与社区组织职能加强的同步进行，这就使治理主体不断扩张，由传统的政府组织扩展至社区内的自治组织甚至是非政府组织。

第二，社区实现了诸多转变：社区自治组织的法律权力不断得到体现，社区的自治功能日益加强，社区的民主选举逐步推进，社区的自我管理、自我服务、自我教育的能力显著提高。

第三，社区资源投入的渠道多样化。传统的社区资源投入主要以政府投入为主，社会组织投入为辅，政府推动与社区自治相结合的治理模式下，社区资源投入渠道日益增多，这不仅夯实了社区的资源与资金基础，而且增强了社区吸收、利用这些社会资源为社区居民提供高质、高效社会服务的能力。

第四，在这一模式下，政府权威与社区组织的权威共同发挥作用，在为社区居民提供服务方面，政府与社区共同作用，取长补短，可以实现优势互补。

第五，由于居民的切身利益与社区公共事务的处理、社区公共利益的维护日益紧密联系在一起，社区的管理制度与组织制度为社区居民参与社区管理提供了一定的途径与制度保障，社区居民参与社区事务决策与社区公益活动的积极性提高，主动性加强。

（三）社区主导与政府支持的治理模式

这一模式的背景主要体现为：社区组织取代单位，日益成为基层社会组织的主体，承接起了整合社会、服务民众的诸多功能，在政府与社区、社会组织的互动过程中，我国逐渐确立了强国家与强社会的关系模式。就目前的实践情况而言，我国主要处在由第二阶段向第三阶段过渡时期，虽然我们做出了多方面的努力，但不能否认的是，这一过程将会比较漫长，同时由于我国各城市间社区建设的基础差异，决定着各城市在社区建设的发展阶段与程度上也必然存在一定的差异性。社区主导与政府支持治理模式呈现出的主要特点有：

第一，社区治理的主体是社区自治组织、社会组织、居民本身，政府组织通过在第二阶段与社区组织与社会组织的不断合作，社区组织与社会组织的自治能力不断增强，逐步转变为真正地承担社区服务，决策社区事务的自治性组织。

第二，政府通过与社区共担资源提供的责任，增强了社区的责任意识，提高了社区吸纳社会资源的能力。

第三，社区民主政治的不断发展，在社区相关法律的保障下，社区的民主决策、民主治理、民主选举日益推进，成为社区民主政治进步的主要特征，同时为更高层级、更大范围的民主体制创新提供了宝贵经验与良好的社区基础。

第四，社区组织作为一种网络组织，具有一定的灵活性，可以通过社区内的资源互补、信息互通发挥作用，政府在通过法律与制度对社区组织进行监督与管理的同时，也为社区组织的发展提供制度上与法律上的保障。这三个阶段作为我国社区的发展进程，由于各地的情况差异，在全国也便会呈现出不同的进度，这也为之后我国社区的创新提供了不同的经验与可供借鉴的模式实践。

三　基层党组织对社区治理的嵌入

改革开放后，我国社会发生了许多深刻的变化，多元的利益和多层次的阶层正在逐步取代单一的社会结构，阶层分化、利益多元、文化价值观念的多样等正在解构原有的社会阶层结构与价值体系，这就向社会系统提出了整合的需求。社会整合的结构存在多种形式，因特定条件的差异，在不同社会与不同时代有所不同。“当一个社会的政治体系的政治社会化程度充分发展时，政府的社会整合功能最强，而政党的功能随之则较弱；反之，当一个社会政治体系的政治社会化程度尚未充分发展，政府在整合社会中就很难发挥更大作用，这时整合社会的责任就落到了政党身上，中国在向现代化变迁过程中有其特殊的社会整合规律，这种规律的一个重要体现就是政党在社会整合中发挥着不可替代的作用。”① 这种作用更多地体现在公共事务协商、社区选举、社区居民参与决策社区事务等不同的方面。

（一）基层党组织对社区治理嵌入的历史背景

要使社区从行政性任务中得以解脱，就必须增强社区的自治性，增强居民的民主意识，充分调动基层民众参与到公共事务的处理与决策中。就社区自治而言，“选举是自治的起点，并决定着自治的基本态势”②，但在传统运作模式下，虽然形式上社区的换届选举是民主选举，但是，由于社区被体制所吸纳，其实质只为街道办事处的执行机构或是派出机构，基本上已经失去了“三自”的性质，因此，即便是民主意义上的换届选举，但从候选人的产生到实际选举的进行遵照的却是街道

---

① 王伟达、刘玲灵：《在构建社会主义和谐社会进程中提高党的社会整合能力》，《沈阳工程学院学报》（社会科学版）2006 年第 2 期。

② 钱正明：《党组织与社区治理结构》，硕士学位论文，复旦大学，2008 年。

办事处的意志，在整个选举过程中，没有广泛的选举前期宣传，很多居民对选举一无所知，谈不上民主权利的落实；没有充分调动居民参与，选举人并不具有民意基础；没有充分依据法律的规定，很多程序并不完全合规。这就决定了社区要回归“三自”，就要从换届选举遵照法定民主形式与程序做起。广泛的宣传、组织动员、党员的有效参与，这些都是选举成功的重要基础。为了使社区能有效地为居民服务，更好地协调社区实际与居民需求之间的关系，更好地动员居民参与社区事务的处理与社区的建设，在具体的工作实践中，基层逐渐探索出了一个新的体制“议事会”，即社区的议事机构。遵循民主的原则，协商的机制，由居民代表小组推荐议事会的代表，对于居民委员会的重要事务由议事会统一商议决定。各种社区组织与资源被吸纳进议事会构建的权力机制与组织沟通中，议事会成员也可以发挥各自的优势，运用各自的资源、能力、影响力将协商结果付诸实际，并根据其对社区公共事务的贡献大小，确立其在该结构中的地位与角色。这就将党支部、居民委员会、社区单位与社区居民有效地整合了起来，社会精英作为议事代表，在参与社区事务中逐渐形成了与其他政治精英的互动，他们也愿意通过民主规范的社区公共参与彰显自身价值与在社区中的作用，从而赢得社区的尊重。议事会作为协调社区的一项重要机制，不仅调动了很多社区精英的能量，而且通过对社区重大事务的参与决策，使各项工作更能被社区居民认同，各项措施更能贴近居民需求与实际利益，这不仅极大地提升了居民对社区公务参与的热情与积极性，而且激发了居民的社区责任感与民主意识。一方面，社会精英通过议事会做出各项决策与措施为维护社区居民的利益，解决社区居民的实际难题，这可以获得居民的认同与信任，使更多的民众参与社区事务；另一方面，社区各项活动不是在封闭和孤立的状态下进行的，居民的参与也是在个体诉求与意愿得到普遍认可的前提下开展的，因此，社区各项活动必须联结、协调成为一个有机的整体，互相作用、互相影响、互相促进，从而创造足够的空间与时间使之在居民中得以展现。另外，公共生活应当坚持以人为本的原则，所以，议事会的进行同样应当以居民个体价值与利益的自我实现作为最终的构建目标，这与基层党组织的思想是完全吻合的，即促进人的发展。因此，在议事会中，基层党组织必须积极发挥自身的优势与作用，对社区进行有效的整合和控制，调动社区精英广泛参与社区建设与公共事务，努力实现社区居民的追求与目标，达成最大目标的认同。

当国家力量在社区自治中适当退出，出现了社会价值群体的多样化，社会阶层分化的多元化，社会性资源利用的失控等诸多现象，正是在这样的背景下，基层自治逐步推进，实现对社会资源的调动，实现对社会的有序控制，实现民众对执政的认同是我国实现基层群众自治的基本目标。因此，充分利用社会资源实现自我管理、自我教育、自我服务，整合社会主体在价值上实现最大公约数，实现整个社区的有序与稳定，要实现这些目标、整合社会，就必须由中国共产党来承担这些功能。因为中国共产党组织在中国具有强大的政治影响力与动员力，已经构筑形成自上而下的严格的组织体系，能够发挥领导作用，担当政治核心，有效整合社会，引导社区业主委员会。由是观之，党组织对社会的整合与动员主要体现在：

第一，党的领导，这不仅体现在党对国家重大政治原则、发展方向、重大决策的领导以及向国家政权机关推荐重要干部，同时也体现在基层党组织对基层民主自治的领导之中，在居民委员会的选举中，基层党组织积极发动社区党员参与竞选，一旦党员当选并在居民委员会中占有人数优势，就可以极大地发挥党员的作用，在诸项工作中起到模范带头作用，以身示范，体现党的先进性，体现领导作用。党员在基层党组织和居民委员会的自治运行中担负的职责是不同的，基层党组织在居民委员会的原则、方向、重要决策中都必须发挥领导作用。但在居民委员会中，由于党员同时是居民委员会的成员，所以相应地也承担着居民委员会的具体事务，在这种情况下，基层党组织对居民委员会的领导就是通过基层党组织领导居民委员会中的党员而间接实现。如果基层党组织对社区事务事无巨细一一过问，不仅不利于党员承担在居民委员会的相应职责，而且也冲淡了基层组织在原则、方向、重要决策方面对居民委员会领导作用的发挥。

第二，虽然基层党组织在社区中发挥着强大的社会整合与社会动员功能，但社会整合与社会动员如果出于自发则具有滞后性和不确定性，隐含着缺陷与不良后果，从这个意义上讲，基层党组织必须要加强对社区业主委员会的领导与指导，使之更加规范、有序。

（二）以嵌入社区治理方式的改变为前提发挥基层党组织的作用

基层党组织要在社区治理中充分发挥自己的作用，就必须改变传统的介入方式，克服传统方式的弊端，继承传统方式的优势，创新借鉴新方式与新路径，努力调整架构与运行机制，加强自身建设。我国传统的社区治理模式实质是在党政合一体制下完成的，党组织主要就是通过支部建设居委会干预居民区公共事务来实现基层党组织对居民委员会工作的直接介入，同时，党支部书记通过组织关系实现对居民委员会的驾驭，实际上为党组织直接介入社区治理提供了制度基础与合法性来源。在功能上，“支部建在居委会上”的党政合一的体制就容易造成党支部与居民委员会在部分功能上的重叠交叉，这就使党组织的自身建设可能会受到社区治理职能的制约，要实现社区的现代化治理就必须改变党组织原有的介入社区的治理模式，由直接、全方位介入转变为用党的自身建设促进居民对社区事务的参与，借助调动党组织的资源为基层群众自治提供条件，为社区治理进行引导与调控，从而实现党组织功能的转变。

要实现党组织的功能转变，必须改变党组织全面出击的态势，而是要重点教育党员，努力将每一名党员塑造成为一面旗帜，发挥他们的示范力量与影响作用，促进带动居民参与社区事务，为基层党组织在社区作用的发挥赢得合法性与广泛的社会基础。在此过程中，党组织必须努力挖掘党建资源，调动党员的主动性尤其是在职党员，因为在职党员具有较为充足的社区治理经验与能力，而且在职党员的潜在人数较多，但在现实中，在职党员的政治参与和组织关系通常是通过单位来实现的，在单位体制之外，在职党员对于社区事务的参与缺乏必要的动力与机制促进，因此，随着社区治理结构的不断转型，基层党支部要将更多的精力倾注在建设社区党员、培养社区党员、动员社区党员上，就党组织与党员队伍的建设与社区治理紧密结合在一起，打造基层党组织对社区治理的动员模式。针对社区党员组织关系在单位的现实约束，社区党支部也可以诉诸单位的组织力量与动员优势，对居住在本社区的在职党员进行动员，由单位提供资料，让党员在社区进行实名登记，促进这些党员在社区建设中积极发挥自身力量。同时要健全评估制度，对在职党员的参与情况进行后期跟踪与评估，并将评估情况作为党员在单位升迁、职务调整的参考依据。

计划经济下的单位体制是以党的组织体系为基础而确立的，是围绕着党的领导和权力而存在的，是政经一体的性质，这些单位组织不仅是社会构成的主体，而且是社会生活与生产基本组织，在计划经济时期，它保持了国家的统一性与整体一致性，保证了党的领导与核心作用，因此，党在基层的基础实际上是建立在单位组织之上的。但改革开放对传统单位组织造成了巨大的冲击，完全不同于传统单位的各种新的社会组织和经济组织不断涌现，中国就逐渐从单位制向社区制转化，其核心表征是社会主体的最终的依归不再是单位而是社会，人们对于自己生活的安排围绕着社会展开而不再以单位为核心，人们居住的区域更多的是商品房构建的社区而不是单位的统一住房。对于中国共产党而言，以单位组织为党的社会根基而执政的传统便面临着转型的任务，如何才能适应中国社会变化的客观趋势，以科学的方式接入社区，在构建社区过程中发挥党组织的功能，如何从战略高度夯实党的社会根基，从根本上保证党在中国社会的执政基础和领导地位，正是针对这种挑战我们提出了社区党建的重大课题。

（三）社区基层党建工作的着力点

我国社会转型与现实的严峻决定了新时期社区党建的性质不同于传统的基层党建，其趋向不是执政党简单的自我完善，而是如何在新的社会关系与社会结构中，坚持和巩固党的领导核心地位，保证党对社会各种力量的有效整合，实现基层党组织作用的最大化。从本质上讲，我国社区党建的内涵意蕴与目标指向应为：改善基层党组织的活动方式，强化党对社区建设与社区活动的主导作用，密切党组织与社区民主的联系，巩固基层组织党的基础地位。基于此，新时期我国的社区党建担负的两大任务是：一是密切联系群众，巩固和发展党的社会基础；二是健全完善基层党组织，创新活动方式。后者是前者的基础，前者是后者的价值归依。两大任务并合在一起，核心就是基层党组织如何通过完善自身的组织体系，积极有效的组织活动，实现对社区的有效整合，从而在社区中构建牢固而广泛的社会基础。这两大任务决定了在社会转型期，我国的社区党建工作主要应该包括六个方面：

第一，组织建设。组织建设主要包括组织本身与组织体系两个方面的建设。二者相辅相成，不能割裂。要建设组织本身，目标是要增强每一个党组织的战斗力与影响力，在社区党建中，主要体现为对居民区党支部的建设。而组织体系的建设，则是将党组织打造成为具有强大凝聚力和吸附力的领导力量，在社区中，主要是整合两大组织：一是将从单位游离出来的社区党员重新组织到社区党组织中，实现社区党组织对社区党员的有效整合。二是加强社区党组织与社区中各类新的社会组织与经济组织的联系，实现党对社会基层组织的有效整合。任何执政党，要构建强大的组织体系都必须加强党组织本身的建设，这是党组织体系的基础，没有党组织的夯实与建设，再完美的党的组织体系也是形同虚设，很难在实际中发挥应有作用。

第二，干部建设。社区党组织能否发挥作用，党组织的战斗力尤为关键，但核心力则在于党组织能够拥有一支信念坚定、为民务实、作风清廉的干部队伍，如果这样的干部队伍能够得到社区居民的信任、拥护与认同，那社区党组织就会焕发生机，拥有生命力，能够凝聚民众，更好地进行社区建设；如果党组织的干部队伍作风懒散、意识淡薄、唤不起民众的认同感，那社区党组织的工作很难开展更不要谈收到实效。因此，社区党建的中心工作之一就是要培养党的基层干部，使他们能够成为一支与时俱进的、创新的、具有活力的群体，这是社区党建工作取得成绩的根本保证。

第三，党风建设。基层党组织直接接触群众，面对群众，联系群众，其工作作风与领导作风的优劣，不仅直接影响到党组织与群众的关系，甚至关系到党在群众中的地位与形象。由此可见，在社区党建层面，基层党组织的党风廉政建设具有非同寻常的意义，它不是浅层的，而是深刻的；不是局部的，而是全面的；不是策略性的，而是战略性的。从社区党建的角度讲，基层党风建设既能强化党组织，巩固并扩大党的社会基础，又能同时达成社区治理目标，其重要性不容小觑。因此，社区党建的关键在于加强党组织成员为民服务的理念，落实为民服务的实践，保持党员的先进性，发挥模范带头作用，全面、深刻地密切党群关系。

第四，民主建设。由于社区党建与我国的基层民主建设存在深刻的内在联系，它不仅关系着社区党组织自身的战斗力与活力，而且关系到基层民主建设的总体发展，重要性不言而喻。要加强社区党建中的民主建设，我们要充分调动自身的政治资源，同时还要将社区党组织之外的政治资源利用起来。最为重要的是基层群众自治，通过社区党组织与基层群众自治之间的有效互联、互通、互动，健全和完善党组织自身的民主活动方式与体制机制，将党组织自身打造成为有活力、影响力的组织。

第五，体制建设。体制建设是社区党建中的一项系统工程，内容丰富，包括党的组织体制、工作体制、监督体制、领导体制与动员体制等多项内容，同时各项工作的开展都要紧紧围绕着民主集中制这一党的核心原则，实现民主基础上的集中，集中指导下的民主。具体的价值取向有两个：一是实现党的组织、党的领导和党的管理制度化；二是全面提高党的活力，即全面提高党的领导力、凝聚力、影响力与战斗力。社区党建中的体制建设应坚持一切从实际出发的原则，实事求是，与时俱进，其实质不是为体制而体制，而是以社区党建的现实要求、实际状况与内在规定为基础进行的体制建设。

第六，政治动员。中国共产党以及基层党组织的发展和壮大，不仅依赖于基层党组织的组织建设、干部建设、党风建设、民主建设与体制建设，还要依赖于全面的党内政治动员，使各级党组织，尤其是基层党组织与党员真正成为社会发展的主导性力量，组织建设、干部建设、党风建设、民主建设与体制建设是党内政治动员的保证和基础，党内政治动员则是组织建设、干部建设、党风建设、民主建设与体制建设的归宿与依靠。社区党建的政治动员主要体现为两个方面：一是充分动员社区内的各单位的党组织参与社区活动和社区建设；二是充分动员社区的党员，重点是在职党员参与社区活动和社区建设；使党的各种优势资源不断向社区集中，并在社区发展中获得壮大，互相促进，互相带动，从而增强基层党组织的活力，加强对基层党员的管理和教育，巩固和保持党的领导核心地位。

四　我国城市社区基层党组织建设的发展状况

（一）我国城市社区党建的实践探索与典型案例

我国城市社区党建在经过20多年的实践探索，在理论上与实践中都取得了丰硕的成果。就理论而言，中共中央组织部颁布的《关于进一步加强和改进街道社区的党的建设工作的意见》可谓是社区党建理论的集大成者；在实践中，社区的内涵日益清晰化，设置也日趋科学化；社区地位也逐渐得到了强化；社区党建的领导体系逐步形成；硬件建设得到了很大的提升；社区整合资源的功能不断得到发挥；社区党组织的覆盖面不断扩大；在一定程度上，社区党组织建设与社区服务逐步融合并创新出了很多有效的载体；随着社区的战斗力与凝聚力明显增强。在全国范围内，成绩较为突出的主要有以下几种模式：

第一，天津模式。即在党和国家领导人的直接指导与亲切关怀下逐步形成。天津作为我国社区建设的发源地之一，同时也是我国志愿者社区服务组织的起始地。“1989 年，天津市和平区街新兴街就创新成立了我国内地第一个志愿者社区服务组织——新兴街社区服务志愿者协会，开创了一代新风。”① 它以“一切为了群众，一切依靠群众”为根本服务宗旨，以社区服务为核心，坚持社区党建先行，实现资源共享，共驻共建。天津模式以实践向我们证明了在社区党建中坚持群众路线的重要性与必要性。

第二，青岛模式。即“一把手抓，抓一把手，民政部门大力推进，相关部门合力共建，人民群众广泛参与”。② 其中突出特点即“一把手工程”，所谓的“一把手工程”实质就是各级党委政府要充分重视社区党建，在各项工作中，作为“一把手”的党政领导要亲自挂帅，直接指导，齐抓共管。主要要求有以下几个方面：一是要求“一把手”对社区的党建工作全面部署，指导规划，严密把关，重大问题必须亲自过问；二是“一把手”带头进社区做调研，定思路，作动员，抓研讨；三是要求“一把手”抓“一把手”，一级向一级负责，形成高效贯通的上下级组织体系。这一模式的成功经验表明，只有坚持党的切实领导，社区党组织才能在社会上、政策上、工作上得到最广泛的支持与保障，获得社区党建的强劲、可持续发展的强大动力。

第三，沈阳模式。“沈阳模式”是第一个被学术界认可、得到官方命名的社区建设典型。其主要意义在于以社区体制改革为突破口，合理调整社区，科学定位社区，率先对社区做出“小于办事处，大于居委会的中间层面”的定位，标志着我国“法定社区”的正式诞生。同时沈阳模式为我们解释了社区党组织建设的客观规律：社区党组织建设是

---

① 王青山、刘继同：《中国社区建设模式研究》，中国社会科学出版社 2004 年版，第 102 页。

② 同上书，第 154 页。

一个从“有形社区”到“无形社区”，从“法定社区”到“功能社区”的过程，“沈阳模式”为其他地区的尝试与探索提供了宝贵经验。

第四，广州模式。广州虽是我国改革开放的前沿，但是社区组织建设起步却比较晚，但成绩非常显著，发展速度非常快，后发优势非常突出，以至于在全国产生了深远影响。广州模式的显著特点主要有以下几个方面：

一是充分利用党教育培训的活动平台。每逢国家重要思想学习贯彻之时，广州都要在社区进行充分的教育培训，让更多的社区民众与党员了解国家政策、方针，发挥了很好的渠道与阵地作用。目前，广州的社区党建成就显著，硬件设施得到了极大的改善；社区工作者的整体素质有了较大幅度的提升，党建的工作机制与领导体系基本形成，社区战斗力与影响力明显增强。

二是“硬件”与“软件”两手抓，各级政府大力推进社区的硬件建设，在财力、物力上予以倾斜，各街道实现了社区服务中心的全覆盖，社区实现了服务站的全覆盖。同样，各级政府对于软件建设也非常注重，高度重视社区领导班子的建设，选派一大批年富力强、经验丰富、扎实肯干的年轻人担当重任，极大地改善了社区的知识结构与年龄结构。

三是将社区党建与居民关注的利益问题结合在一起。社区党组织建立各种形式的党员服务组织，以服务民众为出发点与落脚点，通过全方位的为民生活服务活动与多岗位的文明创建活动提高凝聚力与影响力。全市约有2000个社区建立了邻里互助点、邻里援助站、邻里热线电话等，参与人数越来越多，影响力日益提升。广州市领导在调研中得知，群众最不满意的问题主要集中在治安、卫生、交通与居住等方面，尤其是最为突出的治安方面，有的社区党组织和党员积极发挥先进性，有的区委拨出治安专款加强治安工作，有的社区组织党员参加社会治安联防活动，经过一系列努力，各级各类危害群众利益的违法犯罪行为大大降低，治安情况明显好转，社区在创建活动中做出了积极的贡献。

四是社区党组织的覆盖面广。广州的非公党建、村镇党建、小区党建做得独具特色，社区党组织把党建工作触角向社区各阶层、向新经济组织与新社会组织延伸，将党建的工作重心向社区服务于社区党建转移，白云区的社区党建主要集中在三个载体上：在工作载体上，坚持八进社区，即文体活动、健康教育、文明新风、科技知识、法制教育、综合治理、计划生育、警务工作；在思想载体上，努力树立“主人意识、共建意识、核心意识、服务意识”四种意识；在物质载体上，充分利用各省区内有形与无形的各类资源，逐步建立共建、共用、共享的公共资源管理机制。番禺区建立了一个“钟村镇党团员加油站”，作为教育基地与沟通窗口；广州阳普医疗有限公司成立了非公有制企业党组织，通过“党员先锋岗”的载体开展“我为党旗添光彩——产品质量百分百达标”的主题实践活动，取得了很好的效果。

第五，上海模式。上海市的社区建设从社区服务开始起步，随着经济体制改革的拓展，民众对单位之外的社会保障提出了要求，上海市积极建立城市社会保障体系，逐步实现“四个层次一条龙”[①]，即市、区、街道、居委会四个层次为各类民政工作对象提供一条龙服务的社会福利工作网络。在政府的大力推进与街道居民委员会的积极参与下，上海的社区服务取得了喜人的成绩，不仅被赋予越来越丰富的意义，而且承接了越来越多的任务。1996 年，上海提出了“两级政府，三级管理”的城区管理新体制，1997 年进一步确立“二级政府、三级管理、四级网络”的社区管理体制，上海的社区建设不断取得新的进展。综观上海的社区服务建设，突出特点主要有：

一是政府的主导作用。不论是在社区服务与社区建设的具体措施上，还是在街道、居委会、社区的系列改革中，政府都发挥着主导者的作用，在政策措施上，是以政府的思路为引导与要求；在实践中，是以政府的物力、人力与财力的投入为保证；这些都使得上海的社区建设模式以强政府而突出。

二是“以街道为核心，以居委会为着眼点”。虽然社区建设的主要出发点是希望借助社会力量，调动社会资源来解决改革中出现的诸多问题，但是要从根本上解决社区存在的现实问题还是要依靠社区中的组织加以推进、落实，因此，在上海的社区建设中，街道办事处与居民委员会始终处于核心的地位，完成社区建设的各项举措，维护社区民主的各项利益。

---

① 何海兵：《我国城市基层社会管理体制的变迁：从单位制、街居制到社区制》，《管理世界》2003 年第 6 期。

三是坚持党的领导。这是上海社区建设成功的重要保证。上海模式的第一个显著特点就是在社区建设中始终强调党的领导作用，基层党组织在各种自治形式中始终发挥核心作用，让党的组织贯穿在社区组织构架中每一个环节，从而保证了党的领导和基层党组织的工作贯通在社区建设的始终。中国共产党不仅是我国国家建设与社会发展的组织基础，而且是我国国家建设与社会发展的领导力量，国家的各项事务与党的组织、党的领导紧密相连，同样，国家的改革与社会的重构也是直接以党的组织网络和组织力量为资源进行，因此，上海市委在培育和依靠社会资源的同时，加强了党在城市基层社会中的领导，以保障城市建设与社会发展的方向性、有序性与目标性。在社区建设的整个过程中，不论是前期的行政化发展还是后期对自治与民主的推进，党的组织与领导作用都一以贯之地得到加强，推进社区党支部的民主选举，指导社区依法实行自治，协调社区内的各类组织，始终保持发挥各级党组织与党员的先锋模范作用。

（二）社区基层党组织在城市治理中应扮演的四重角色

第一，要扮演好思想引导者的角色。在社会发展的新形势下，政府进行社会治理的中心逐渐在下移，城市社区党组织作为城市社区治理的主体，应该进一步凸显其核心作用，在党委的领导下，充分发挥政治指导者、思想引导者、社区管理统筹者与利益协调者的关系，为城市的社区治理提供组织保证与政治保障。较西方而言，我国城市的社区还不很成熟，出现时间晚，发育不完善，自治意识不强，在遇到相关问题的时候居民的参与热情也较弱，参与度也偏低，尤其是处于同一社区的居民，虽然地理上相距很近，但是，由于收入的差异，学历的不同，家庭背景与社会地位的差距使居民思想多元且复杂，只有思想统一才可以有效开展社区工作，实现社区自治。有鉴于此，社区党组织在社区治理工作中的思想教育工作就显得尤为重要，这是保证社区党组织政治导向作用发挥的有力途径，通过强有力的思想教育工作把居民的思想统一到社会治理上来，作为社会治理的主体，应该积极发挥作用，通过加强公民道德建设和思想政治教育，宣扬社会美德，弘扬家庭美德，为打造和谐社区乃至和谐社会提供基本保障。还要积极发挥党员的先锋模范作用，调动党员参加社区的各项事务，树立榜样，示范引领，推动促进社区的精神文明建设。此外，还得加强社区的文化建设，通过良好的文化氛围团结居民、塑造居民、引导居民树立包容、互助的意识与思想。

第二，要扮演好政治指导者的角色。党对社区主要是政治领导，对于社区的其他事务更多的是由社区自己处理决定，而不是党委的大包大揽，这样的形势就决定了社区要在城市社区的社会治理中更多地发挥作用。一方面，要积极稳妥地落实党的大政方针与有关政策；另一方面，也要充分考虑社区的实际情况，最大可能地维护社区居民的合法权益，最大限度地发挥社区居民的民主权利，在落实政策的同时，要积极发挥自身的政治指导、政治保障与政治监督作用，提出意见建议，实行提议监督，从而对社区的重大工作进行指导，但必须要分清界限，提议不代表决定，监督不等于管制，提议和监督是对公民权利的保障而不是侵犯。在具体工作的推进中，逐步培养公民的民主意识与自治意识，有步骤合理地参加社区的自治工作，从政治上保障社区工作的稳妥推进，从工作上维护社区的有序开展。在当前情况下，我国的社区自治功能还未充分履行，自治的权利还未完全行使，很多的时候依然是自上而下的行政指导与管理，这就需要社区党组织尽一切可能维护社区居委会的自治地位，作为法定自治主体牢固树立“自我管理、自我教育、自我服务”的意识，整个社区自上而下完善社区的民主管理体制，通过民主评议会、决策听证会等多种民主参与渠道用心培育社区居民的自治能力，在具体工作中切实维护居民的民主决策、民主管理、民主监督、民主选举的权利落实。

第三，要扮演好管理统筹者的角色。城市社区担负着很多的城市工作，还要处理基层政府、社区组织与公共服务部门以及各种社会组织之间的复杂关系。除了这些组织间的沟通与对话，进行有效的交流协商，实现工作上的协作与对接，更高效地实现社会治理，则是加强社区管理的基础性工作，对于实现社区的自治具有重要的意义。社区党组织应该努力构建各种有利于交流对话的平台，积极创造条件，在单位的领导下，紧紧围绕服务大局，协同各方共同行动，实现社区组织的统筹管理，为社区自治提供有力保障。

第四，要扮演好利益协调者的角色。社区党组织与社区居民距离最近，深切知道居民的所思所想，深入了解民情民意，直接面对着群众的矛盾冲突，感知群众的利益诉求，这就为实际工作的开展奠定了基础，也为利益协调角色提供了便利条件，能够更好地推进协调工作。社区党组织应积极拓宽与居民的沟通渠道，使居民的利益表达渠道畅通，这便于更好地、准确地收集居民的意见与建议，这是社区自治的基本环节，也是党对社区工作领导的基础。公民利益诉求的表达方式多种多样，可以是个人上访，可以是集体表达愿望，但相较而言，个人上访的方式较为分散，即便解决矛盾也更多的是集中于公民个人，涉及面较小，而集体表达愿望的渠道更为有效，参与度也大幅提高，代表的是更多的人的利益诉求。当然，利益表达的渠道很多，非政府组织的出现是国际社会的通用方法，也是我们中国政治发展的必然趋势，是更多体现民愿的必由之路。充分调动社区居民的积极性，加大民主参与的程度与范围，作为社区党组织，不仅要代表民众充分有效地表达民众的诉求，还要结合社区的实际情况与社区居民有关情况的发展变化及时开拓新的表达渠道，同时要及时向上反映转达居民的要求与意愿，使居民的诉求及时得到回复，尽早落实，尽量满足居民的合理需求，使居民的利益关系更为合理与和谐，增加居民通过有效渠道表达意愿，降低非正常渠道导致的破坏性利益表达事件的发生概率。为了扮演好以上角色，必须健全相关的体制机制，如完善领导干部的选拔任用机制，党员参与等多种机制，齐抓共管，实现最佳的治理效果。

（三）我国城市社区基层党组织建设存在的主要问题

尽管我国社区党组织建设的成绩斐然，积累了很多成功的经验，做出了不少有益的尝试，但是，由于我国起步晚，体制机制不健全，传统色彩较重等，使我国的社区党组织建设仍然存在诸多难题，这些问题主要表现为四个不适应：一是社区党建思想落后与社区党建工作的快速推进不相适应；二是社区党建工作者的业务素质与能力与党建工作要达成的目标不相适应；三是社区党组织自我完善能力的不足与保持社区党建的核心地位不相适应；四是社区党建发展不平衡与构建和谐社会的要求不相适应。导致这些问题出现的原因多种多样，既有理论上的不成熟，又有操作上的不严谨；既有思想上的不更新，又有制度上的不健全；既有历史传统的残留，又有现实环境的影响。

社区党建思想落后与社区党建工作的快速推进不相适应。由于计划经济体制的影响，虽然上级一再强调社区党建工作的重要性，但是很多社区领导并没有在实践中有效落实，有些领导不仅不支持帮助，反而还给社区党建加派许多行政任务。在观念上，职能部门存在的级别观念、面子观念、双重领导的“利益观念”以及对社区党建工作认识的不到位都影响到了社区党建工作的开展，使社区党建无法收到预期的效果。在体制上的条块冲突，社区党建很难在实际中将“条”与“块”捏合在一起，虽然做出很多努力，但是“条”与“块”的区别却始终存在，始终作为两股不同力量而起作用。在工作方式上，社区居民依然没有成为自治的主力军与主动力，政府包揽的色彩与行政命令的强制很难完全褪去，行政约束成为一些志愿者开展工作的压力与后顾之忧，这些都影响到了社区党组织作用的发挥，使很多本应由行政组织与社会力量承担的工作附加到了社区党组织身上。

社区缺乏党组织以及党员发挥作用的长效机制。近些年，利用各项党建活动创造的契机，广大社区立足实际情况，拓展了多种多样的活动载体，发挥党员的积极性与创造力，但是我们不得不承认的是，这些载体从“投入”到“产出”，从资源的利用到服务的内容，从形式到内容等诸多方面都存在需要改进的地方。对于党员的教育管理工作尤其是流动党员的教育管理没有相关的机制保障推动，在很大程度上都影响着社区党组织号召力与凝聚力的增强。

社区党组织还没有建立起自我完善、自我提升的体制机制，在实际中体现出的主要问题有：非公经济组织中党建工作的空化，社区内部单位组织与社区党组织融合共建的弱化，党员的教育管理特别是流动党员的教育管理虚化；如果仅仅依靠社区党组织自身的创造力与活力很难适应形式的变化发展，只能更多地依赖地方党委自上而下、由外而内地推动社区党组织各项建设工作。此外，在一些城乡结合部、城市开发区以及城市新区还没有建立党组织，社区党组织的作用发挥更是无从谈起，这些与党组织的核心地位不相适应。

作为社区党务工作人员，重要性不言而喻，不仅是基层党组织发挥战斗堡垒与先锋阵地作用的保障，同时也是群众心目中形象与威信的重要代言人，直接影响着社区党建工作的成效。但依然存在一些不尽如人意的地方：一是政治意识不够强，对社区日常生活中隐含的事关信仰、稳定与法制的问题认识不够，不敏感，容易导致问题的严重化与扩大化。二是工作能力不够高，要真正使社区党建工作收到实效，党建工作人员必须具有较强的组织协调与语言表达能力，科学的工作方法，正确的处事原则，党在实际中能够具备这样熟知的党建工作人员不多。三是整体知识水平需要提高，一些从事工作的人员知识老化不能与时俱进，这就很难保证党建工作的开展与实效的发挥。四是工作作风不够扎实，社区党建工作机关化明显，与群众的亲和度不高，不愿意主动接近群众，面对群众的利益诉求，不能够换位思考，深入了解，一些时候表现为敷衍塞责，马虎应付。当然，除此之外，还有其他原因，如社区划分的不科学、社区规模的不合理、社区发展的不平衡、社区民主化程度不高等，都是影响我国城市社区党组织功能发挥的原因所在。

五　创新社会治理中城市社区基层党组织建设的路径

基层党组织是党在基层社会的战斗堡垒，是党的组织基础，是贯彻党的政策和意志的基本依靠力量，对于党的建设至关重要。提高和保持基层党组织的战斗力、凝聚力和影响力，是党建的重要任务，也是执政党巩固执政基础的重要保证。但从根本上讲，基层党组织战斗力、凝聚力与影响力的发挥取决于基层党组织的建设能否适应中国社会的发展要求与治理需要。处于社会转型期的中国，传统与现代之间一些矛盾与不适应使基层党组织不得不面对很多新的挑战，而社区党建就为基层党组织与中国转型社会的适应性开辟了新的路径。所以，从这一意义上讲，社区党建对于巩固党的执政基础，发挥基层党组织的功能，创新基层党组织建设具有重要的战略意义。城市社区党组织建设是一项伟大而艰巨的任务，需要社会各界共同努力，我们必须科学合理调整社区，在各级单位与组织职能明确的基础上，社区党组织做出科学定位，同时要在思想、制度、队伍以及组织上加强社区党组织建设，从而形成长效机制，促进社区职能更好地发挥，党组织作用更好地发挥，为社会治理做出自己的贡献。

（一）创新机制，适应社会转型需要

第一，社区党建要有效整合基层党组织的资源，适应社会转型期对基层党组织设置形式的新要求。作为社会主义事业的领导核心，党的领导在不同的方面具有不同的体现方式，对国家的领导主要是执政，而对社会的领导主要是组织与动员。因此，组织动员群众，整合社会资源，

凝聚建设力量是中国共产党长期担负的重任。但是，通过何种方式实现这一目标，这直接关乎到执政基础的稳固。计划经济体制下，我国对基层社会的管理主要是以单位制为主，以“街居制”为辅，“街居制”即由街道办事处与居民委员会两个行政建制来承担基层社会的管理功能。与此相应，传统社会下，基层党组织也是依托单位与基层地区设置的“纵向为主”（单位基层党组织为主）、“横向为辅”（基层街道与居民委员会的党组织为辅）的布局，但总的来看是“条强块弱”的状态。传统单位的组织形式之下，执政党构建了一套适应社会，发挥功效的整合模式，但随着市场经济的确立，中国社会的转型，单位制的解体，传统组织对基层社会的整合功能在不断弱化，对社会成员的控制在不断减弱，这就要求新的社会组织来承载传统单位制的多重功能，需要新的社会运行机制来实现转型期中国城市基层社会的整合。

在此背景下，“社区作为聚居在一定地域范围内的人们所组成的基层社会生活共同体，开始逐步取代传统单位在中国社会整合中的作用”。[①] 主要的表现有两个方面：一是大量的社会主体包括新社会组织与新经济组织，无单位的社会人员（包括自由从业人员、个体工商户、下岗失业人员等）以及外来务工的流动人员在社区不断生长和聚集，他们的很多诉求都要通过社区来反映、表达。二是大量的传统社会职能（包括计划经济时期机关和企事业单位承载的社会职能与传统管理体制下政府下放的各种社会职能转移到社区）由社区承担起来，这就极大提升了社区的功能，使社区的重要性日益凸显。这就使社区在微观层面成了整合和凝聚社会力量的中心，承载起了构筑大社会的重任。随着大社会的主体在社区的不断聚集，很多党员逐步从传统的“单位党员”转变为“社区党员”，党员活动的阵地也由单位转移到社区，由此社区党组织管辖服务的党员范围也逐渐扩大，除了原有的街道与居委会的党员还涵盖了社区中心社会组织与新经济组织的党员、离退休党员、流动党员等多个群体，中国社会转型带来的从“单位制”到“社区制”的结构变化使社会关系、社会功能、单位组织等传统社会结构要素不断在社区积淀，使社区生活成为城市生活的重要部分，使社区逐渐成为我国社会整合的主要形式，成为我国社会结构的基本单元。因此，如何通过

① 武三中：《社区党建对基层党组织建设的创新》，《探求》2010 年第 3 期。

有效的设置形式使社区的功能焕发，是新形势下社区党组织必须要面临的新课题。我们必须构筑以社区为主要空间的城市基层党组织体系，发挥党在社区的领导核心功能。

目前，我国的社区党组织创新设置形式主要有：一是社区党委、社区党总支、社区党支部，是由街道党委领导，设在社区居民委员会内的基层党组织，可谓是党在社区最基层的组织。二是社区党建联席会议，是由街道党工委牵头，社区基层党员参与的工作协调机构，但社区党建联席会议只是社区党员自愿联合的载体而不是党的一级组织，它的主要作用是协调，整合社区基层党员，加强横向联系，加速信息传递，进行工作交流，调动服务热情，这一形式日益成为基层党组织整合资源的有效途径。三是社区流动党员联络站，是由社区党组织领导，联络居住在社区的流动党员，对他们进行组织管理，同时动员参与流动党员加入到社区建设与服务中。四是新社会组织与新经济组织党委、党总支与党支部，是由社区党组织领导，设在“两新”组织内的基层党组织，可谓是党在“两新”组织内的战斗阵地。五是社区党建研究会、社区党校，是由街道党工委牵头，社区基层党员自愿加入的社区党建教育和研究机构，可谓是社区党建的领路人和带路者。这些新式组织初步构筑起了以街道党工委和社区党总支为主体、社区基层党员共同参与、条块结合的覆盖整个社区的基层党组织活动体系，这不仅将基层党组织生长与活动的空间下沉到社区，而且将基层力量深入到了社区，使社区成为政党与群众紧密联系的纽带与渠道，这一创新可谓是实现了基层党组织的战略性转变。通过条块结合，构建基层党组织在社区的新型网络化组织体系，是区别于传统党建组织设置的一个主要特点，事实证明，这一特点是与中国社会转型与转型对社区基层党组织的设置新要求相适应的，是基层党组织在设置形式上的创新与有益尝试。

第二，社区党建要创新基层党组织的领导体制，适应社会转型期对基层党组织领导功能的新要求。党的领导体制是实现党领导职能与领导意图的结构形式，是党进行领导活动的载体，对巩固党的执政地位，实现党的领导作用具有重要意义。但是，一个国家实行什么样的领导体制则取决于该国的社会结构与经济体制。在计划经济体制下，党和国家垄断着几乎所有的社会资源，通过单位对资源进行分配从而对社会成员进行支配，并获得了高效的社会动员，具有很强的政治控制能力，这种一元化领导体制是由社会经济公有制与行政一体化决定的，在这一时代背景下，基层党组织与基层单位高度重合，基层党组织在基层单位的权力构成中居于领导核心，领导着本单位的业务与行政工作，因此，以党代政与党政不分的现象较为普遍地存在着，这是计划经济下党的领导体制的政治内涵，也是中国历史条件下高度行政化的基层党组织特色，在当时的历史环境下，这样的一元化领导体制有效地促进了社会的发展，人员的调动，保证了基层党组织作用的实现。但是市场经济的发展极大地冲击着传统的领导体制。一方面，我们要实行党政职能分开，这就意味着党与国家的适度分离，由传统的党直接行使国家权力转变为党作为领导核心协调各方，总揽全局；另一方面，我们要实行政企分开和政经分开，这就冲击了党和国家对社会资源的垄断，由传统的党与国家垂直控制转变为社会自治与横向协调，社区的组织与控制功能加强。这些都对基层党组织的传统领导体制提出了现实的挑战，对基层党组织的领导作用提出了挑战。

随着市场经济的发展，社会主体越来越多元，这就要求对计划经济下高度行政化的领导体制进行改革，社区的出现及作用的发挥成为中国社会转型的必然要求与趋势。社区与单位不同的是，它虽有行政性的框架，但从本质上讲，社区是社会性组织，依赖于社会成员的自我组织而不是行政力量的推动，社区内存在多元的，彼此有一定空间与距离的各类组织与群体，在制度与法律的调节下，它们之间相互促进、相互制约，共同构筑成纵横交错的网络组织体系。因此，就社区实质讲，其精髓在于通过社区内不同主体的共同参与，建立相互关怀与负责任的社区，增强业主对社区的认同感和归属感，以实现社区的可持续发展。为此，必须积极探求符合社区属性的基层党组织领导体制，从社区党建实践来看，社区基层党组织的领导体制有着自己独特的内涵：既有纵向垂直式的直接领导体制，又有横向网络式的间接领导体制，直接领导体制是由街道党工委通过党经政与事业单位实施，间接领导体制是由街道党工委领导、组织并协调驻社区的机关和企事业单位，上级政府派驻社区的职能机构以及群众自治组织参与社区管理、服务与建设，目前，社区党建对基层党组织领导体制的创新主要是在间接体制方面：一是街道党工委对上级职能部门派驻社区的管理机构实施双重领导，充分体现社区“以块为主，条块结合”的特色；二是街道党工委协调、组织驻社区的机关企事业单位之间的工作，但这一领导只是横向之间的一种组织联系，既不是与上级主管部门一起实施的双重领导，也不是垂直性的权力领导，参与社区建设既是不可剥夺的权利，又是必须履行的义务；三是居民区的党组织通过社区志愿者、居委会等城市基层民众自治组织领导民众自我教育、自我服务、自我管理，因为市场经济条件下，中国共产党和其他执政党一样，要实现党的权威必须从基层社会抓起；四是对“两新组织”进行属地管理。途径主要有两个：通过系统组织贯彻党的意图与主张，实现政治领导；通过法律法规约束行为，实施政府监管。社区党组织作为基层党组织的重要组成部分，其领导体制的主要职能在于通过利益整合，动员协调各方力量参与社区建设，通过汇集资源，提供服务凝聚社区民众，通过民主协商决定社区事务，建立共同的利益目标。这种将社区党组织领导作用建立在代表社区共同利益基础上的改变符合社区自治性与公共性的属性本质，从而也适应了社会转型期对基层党组织领导作用的新要求，不仅有利于巩固党的执政基础，而且有利于团结群众，维护社区的安定发展。

第三，社区党建创新了基层党组织的活动方式，适应了社会转型期对基层党组织社会参与的新要求。基层党组织的社会参与主要是指作为党的基层战斗堡垒，基层党组织应该成为关怀社会、服务社会、动员群众和团结群众的凝聚体，这是提高基层党组织战斗力的关键所在。而要实现基层党组织社会参与的要求，活动方式尤为重要，这不仅决定着社会参与的程度，而且关系到基层党组织的政治影响与政治认同。计划经济下“单位制”的活动方式有效地保证了基层党组织社会参与的力度与广度，但市场经济条件下，社区日益成为多元社会主体生长与聚集的新载体，社区日益成为党联系群众、动员群众的重要渠道与平台，如何将社区打造成为提升基层党组织活力的新的增长点，改变社会结构弱化基层党组织影响力的现状，社区属性对基层党组织的社会参与提出了新要求：作为一种相对独立的政治力量，社区必须要实现角色的转换，即从传统的行政化回到政党化，这就要求社区党建必须要以服务社区民众为重点，创新活动方式，拓展活动载体，提升活动效果。目前，从社区党建的实践看，社区党建实现社会参与的方式主要有：一是开展扶贫助困活动，帮助下岗职工、残疾人员以及特困家庭解决再就业问题，倡导热心公益，友爱团结的社区新风；二是维护社区安全活动，人人争做卫士维护家园安全环境；三是组织志愿者开展公益性服务活动，为社区民众做好事，办实事，树立党组织在群众心中的良好形象；四是组织党员参与社区文化建设，营造积极向上、健康文明的社区环境。这些活动方式都是以社区为活动空间，动员社区党员共同参与，打破了传统以单位为活动空间的束缚与限制，建立了社区党组织与群众的密切联系，树立了党组织在社区群众中的良好形象，增强了社区党组织的影响力与凝聚力，适应了社会转型期的基层党组织活动方式的新要求。

（二）科学定位，明确社区党组织职能

关于我国城市社区党组织的职能，我们在相关法律法规中都做出了明确规定，但从实施现实来看，社区党组织依然是行政色彩较浓，承担了大量本应由行政部门与社会力量承担的工作，这不仅影响了党组织的自身建设，影响了党组织职能的充分发挥，而且影响了党组织本职工作的有效开展。因此，进一步明确社区党组织的职能对于社区党组织建设至关重要，社区党组织主要履行的职能有领导、协调和服务三方面的职能。

第一，领导职能。党是我国社会主义事业的领导核心，按照党章的规定，在社区中领导核心就是社区党组织，其领导职能主要表现为：

一是思想上的指导作用。我们党历来注重思想建党，毛泽东曾经指出：掌握思想领导是掌握一切领导的第一位。① 邓小平也曾提出改善党的领导最主要的就是加强思想政治工作的观点。在新形势下，社区党组织要善于将党的思想指导与社区实际结合在一起，提出符合社区的思想建设与精神文明建设方案，采取喜闻乐见，便于群众接受的活动方式并且不断创新，同时要建设一支思想坚定、政治过硬，具备工作素养的干部党员队伍，确保党的社区工作顺利开展，收到实效。

二是政治上的引导作用。邓小平指出：“党对于人民群众的领导作用，就是正确地给人民指出斗争的方向，帮助人民群众自己动手，争取和创造自己的幸福生活。”② 因此，中国共产党发挥政治作用时，首先必须确保党的路线方针政策在社区的实现与落实，这就要求社区党组织必须坚定党的政治路线，解放思想，实事求是，将党的方针政策与社区

① 《毛泽东文集》第二卷，人民出版社 1993 年版，第 435 页。

② 《邓小平文选》第一卷，人民出版社 1994 年版，第 217 页。

实情能结合起来考虑。正确引导，科学决策，既保证社区工作沿着正确的政治方向发展，又保证社区民众对党的政策落实，提高社区建设措施的满意度与认同度。努力做好社区工作发展的引路人，通过自身的模范带头作用与先进性的行动示范带动影响社区民众，调动民众参与社区建设的积极性与主动性，使他们深刻认识到社区事务是他们自己的事务，社区事务是关乎自身利益的事务。党组织的所为是维护居民权益，进而把党在社区的工作转化为社区居民主动与自觉的行为，推动党组织在社区政治领导功能的实现。

三是决策上的把关作用。在社区理论中，社区实行自治的目的是社区决策，以决策内容与程序必须遵循社区民众的意愿和要求为前提，体现居民利益，维护居民权益，从而实行社区自治。但是，在我国现实中，由于转型期社区的异质性使社区居民之间要进行利益协调存在一些"瓶颈"，在这样的情况下，党组织的决策把关就显得非常重要，积极将党的路线方针政策与社区实际，维护居民利益有机结合起来，全盘考虑，推进工作发展。

四是组织上的保证作用。确定了政治路线之后，干部是决定要素，要发挥党组织的组织保证作用，必须要加强社区干部队伍与党员队伍的建设，提高社区干部的政治与理论素养，提高社区党员率先垂范和示范引领的作用，使社区建设真正进入"居民看党员，党员看干部"，一级带一级的良性循环。

第二，服务功能。胡锦涛曾经强调："社区工作千头万绪，说到底是要服务于人民，造福于人民，则是社区工作的基本立足点，是党的全心全意为人民服务的宗旨和'三个代表'的重要思想在社区建设中的集中体现。"① 社区党组织履行服务功能主要应从以下几个方面入手：

一是疏通渠道，畅通民意民情。当下，很多民生问题的集聚使上访的形式受到越来越多的人的追捧，一些进京上访、越级上访现象层出不穷，一些是因为群众的合理诉求长期得不到解决导致的，但也有一些是被个别群众当成不正当得利的捷径。如何让群众的想法与诉求正常表达，让群众正确、合法的权益得到有效保护，党组织担负的责任尤为重大，角色非常重要。

---

① 《人民日报》2000 年 6 月 21 日第 1 版。

二是帮贫济困，为民解难排忧。市场经济使社会的利益分配方式多样化，利益关系多层化，不可避免地出现了一些弱势群体，困难人群，社会的公平正义是社会主义社会的应有之义，因此，如何在社区体现党的这一政策，实现对困难群体的帮扶，社区党组织应该充分发挥党前沿阵地的作用与担当，深入群众，了解群众，及时为民解难排忧。

三是化解矛盾，维护社会稳定。维护群众利益的内容丰富，但有一个基本前提就是为群众提供一个稳定的生活与社会环境，尤其面对今天社会矛盾较多，社会流动性大，阶层构成复杂等多种情况，社区党组织大有用武之地。

四是结合现实，拓展服务领域。随着生活水平的日益提升，居民的需求也日益拓宽，除简单的家政服务与日常维修，社区群众对生活质量、环境卫生、精神生活的需求也日益多样，这就要求社区党组织与时俱进，结合居民的需求实际，本着为民服务的原则与立场，开展更多更贴近居民的活动与服务项目。

五是规范引导，实现居民自治。城市社区是基层群众的自治组织，但在现代社会中，任何方式的自治都不是自发的，传统由政府大包大揽的基层执政方式在社区自治的趋势下并不可取，不利于社区的自治，理论与实践都一再表明：基层社会要实现自治，就需要一个有效的、具有主导性的力量指引与支撑，在中国的实际中，这一任务只能由基层党组织来担负并完成，城市社区自治也必须依赖社区党组织来完成，在党组织的领导与指引下逐步推进民主政治的发展，从而走向真正的自治。

第三，协调职能。改革的深化与发展带来了社会利益格局的调整与分配就业方式的变化，同时也在社会领域产生了很多的矛盾与问题，作为基层组织，很多矛盾直接在社区显现。产业结构调整、转岗与下岗人员的增加，居民收入水平的提高使得社区群众工作中经济内容日益突出；双休日制度与节假日增加，使在职人员在社区的时间增多；离退休人员增加，人均寿命的延长使居民对于社区的文体设施要求，民生设备的改善要求增加；市政建设的推进与城市改造的进行，小区规划与绿化、物业管理等新问题出现；社区日益成为维护社会稳定的最前沿、第一线，成为群众工作亟待探索与拓展的新领域。这就要求社区工作者必须梳理工作新观念，探索工作新路径，创新工作新方式，但是，要充分发挥自身的功能，还需要处理好三对组织关系：

一是正确处理社区党组织与社区行政组织的关系。社区行政组织要全力配合社区党组织的工作，提供条件，理解尊重，接受监督，做好职责范围内的行政事务；社区党组织要按照属地原则处理好与行政组织的关系，协助各项工作的开展，落实政府目标，创造和谐、稳定的社区环境。

二是正确处理社区党组织与社区单位党组织的关系。社区单位组织作为社区的成员之一，在社区建设中负有重要的责任，但它又具有相对的独立性，因此社区党组织与社区单位组织之间既互相协作，又同荣共辱，一方面要调动社区单位党组织与党员的积极性，另一方面社区组织要利用自身优势，挖掘物质与人力资源，为社区单位组织的发展创造良好的社区环境。

三是正确处理社区党组织与街道党工委的关系。一方面社区党组织要在街道党工委的指导下开展工作，协助街道落实好各项工作，并积极向街道党工委反映群众的呼声与意见、要求；另一方面，街道党工委要尽力支持、帮助社区党组织依法开展好社区建设，使之逐步树立代表群众、维护群众利益的良好形象。双方必须全力配合，各自辅佐，既明确各自职责又协商互助，共同推进社区党组织建设与各项工作。此外，社区党组织还要处理好与社区基层自治组织、社区内事业性服务组织、社区服务中心和卫生组织等各级各类组织之间的关系，只有彼此关系和谐，才能为社区建设与党组织建设提供和谐的环境，共同促进社区建设。

随着我国社区建设的推进，社区自治组织建设做出了不同的创新并在实践中取得了很好的效果，各地的社区组织建设由原来的“议行合一”改为“议行分设”，这不仅体现了制度创新，而且同时具有理性的价值和现实的意义。形成院落党小组，网格党支部，形成了由街道、社区、网格支部、楼宇（大院）四级党小组构建的横向到边、纵向到底的社区党组织覆盖体系，促进了社区工作与党建工作的有效对接，实现了党组织工作的全覆盖，为社区党组织政治核心功能的发挥提供了组织保证。

（三）全面布局，加强社区党组织建设

党的建设是一项系统工程，在社区中进行党建工作，需要从思想、组织、作风、制度多方面入手，多层次、全方位推进。

第一，加强社区党组织的思想建设。在社区党建中，最迫切的任务是在社区增强党员的执政意识，加强对党员的思想建设，增强党员意识；要使党员充分认识到，社区是发挥党员作用的广阔舞台，参与社区建设是为人民服务宗旨的新形式的体现；要使党员意识到学习的重要性，提高学习自觉性与主动性，要带头学习党的理论、路线、方针、政策，同时还要学习法律知识，增强政治敏锐性、政治鉴别力以及工作的科学性，更好地运用所掌握的知识处理社区事务，推进社区发展与进步。在社区加强思想建设，一是要了解社区党员的具体情况，针对不同年龄、不同职业与文化层次的社区党员要采取不同的方式方法与对策措施，既要尊重差异又要统一思想，既要解决思想困惑又要解决实际问题，既要鼓励多数又要突出先进。二是科学选择思想教育的内容。“进行意识形态工作要取得预期的成效，首先要取决于工作的内容。”① 要通过思想教育使广大党员树立正确的人生观与世界观，价值观与权力观，用社会主义核心价值观教育党员，使党员以身作则，敬业奉献，自强不息，用自己的榜样力量与实际行动凝聚人心，汇聚民力。三是讲究思想教育的形式，除了工作内容，决定工作效果的就是工作形式，要通过群众喜闻乐见的形式开展精神文明活动，使社区党建积极向上，各具特色，起到潜移默化、春风化雨的作用。

第二，加强社区党组织的组织建设。就社区党组织本身而言，首先要使社区党组织设置合理化。《党章》规定，凡是组织关系在本辖区的党员人数超过 100 人的，都要建立社区党委；人数超过 50 人的，要建立社区党总支，超过 3 人又不足 50 人的，要建立社区党支部。在具体实践中，各地的具体情况不完全一样，有的城市当中已经将街道党委改为街道党工委，有的城市是以一个单位为党小组，有的城市是在一个行业协会里设立一个党小组等。总的来说，党组织的设置一定要便于党组织发挥作用与开展工作，有利于党组织得到群众的认可，不能说为了设置而设置，只图其表却无实质。其次，社区党组织的管理要规范化、科学化。要对党员进行规范管理，党员教育，制度推进，党费收取，档案管理等工作都要严格、规范、有序，同时考虑进行量化测评，促进党员各项工作的有效开展。同时积极畅通党员进入渠道，使更多优秀的人才

① 李君如：《中国共产党执政规律新认识》，浙江人民出版社 2003 年版，第 194 页。

进入到党组织当中来，而且要疏通党员的出口渠道，形成科学、可持续的新陈代谢机制，尤其对于那些流动党员、地下党员、口袋党员更要加强组织与管理，可以考虑建立党员登记制度，使党员管理合理、有效。最后，社区党组织的活动方式要多样化，社区党组织要在具备条件的民间组织与非公组织中设立党的组织，加强对这些组织的政治领导，必须创新工作方式，如下岗失业较多的街道，可以考虑单独建立党支部，流动党员较多的社区，可以考虑建立流动党员党支部和流动党员服务站。对于那些暂时不具备条件的，也可帮助其将工会、团组织建立起来，积极培养入党积极分子，为建立党组织创造前期条件。

第三，加强社区党组织的队伍建设。俗话说得好，“村看村，户看户，社员看干部”，对于社区党组织而言道理同样如此。要加强社区党建工作，首先要加强领导班子和干部队伍的建设。把好选拔关，让更多有能力、有魄力、有群众观念的干部成为带头人、领导者。把好培养关，加强干部的培养与交流制度建设，确保更多的干部能够成长为优秀的、合格的领导干部。把好管理关，明确社区干部的具体职责，确保社区干部拥有良好的工作作风，清正廉洁，求真务实，为民服务。把好奖惩关，建立激励机制，通过物质与精神两个方面的激励使更多的干部愿意为社区工作，乐于、安于社区工作。其次，加强社区党员的管理和教育工作，建立以属地为原则的管理体制：对社区内的在职党员进行双重管理，社区党组织要及时对党员的测评结果反馈给原单位或是原居住地，促进党员在参与社区建设，创建文明社区，维护社区稳定发挥党员作用，始终以党员的高标准严格要求自己；对属地内的民营企业党员，无业失业党员，退转军人党员，毕业学生党员，离退休党员等实行直接管理，按照工作性质或是地域划分将他们编入党委、党总支或是党支部，组织他们参加社区党组织的各项工作。对于社区内党员的管理难度最大的是流动党员的管理，他们按照属地属于社区，但是其生活与工作、活动范围却又不在社区，如何使他们依然认同社区，实际困难很多，考虑如何使他们在流动中能够加入党的一个组织，也可以参加党组织的生活，接受党的教育和监督，使他们时刻不忘自己的党员身份与身负职责，这不仅是新形势下党建的一个新课题，也是未来党建中的一项重要而紧迫的一项任务。最后，发挥党员的先锋模范带头作用，加强党组织在社区的覆盖面，在社区，每位党员都是一面镜子，通过党员真心为民办事，真心代表群众利益，使广大居民时刻感受到党就在身边，党为民的理论是具体的不是抽象的，党的宗旨是为民谋利的不是与民争利的。让广大党员在情感上贴近群众，在行动上深入群众，在工作上依靠群众，在意识上尊重群众，真正做到为民执政的实际而不是空洞的理论与苍白的说教。

第四，加强社区党组织的制度建设。制度建设带有根本性、全局性、稳定性与长期性，在加强社区党建中，制度建设尤为重要。

首先，继承并完善党建传统的制度资源。在历史中，党通过两种方式发挥领导作用，一是党通过权力形式实现对政府的领导；二是党通过宣传教育、学习引导、示范榜样等非权力领导方式在群众性自治组织中发挥政治领导作用。新形势下，我们要将两种方式结合，发挥各自的优势，尤其是要更多地运用非权力的方式，因为这种方式更易于被接受，更能深入人心，也更符合党建的要求。从社区党建的体制来看，实行的主要是党政合一的体制，主要涵盖两个层面：一是功能层面，二是体制层面。从功能层面看，主要是社区党支部委员会与居委会功能的重合；从体制层面看，主要是通过党政人员的交叉任职来实现。这种党政合一的体制一方面有利于加强党组织的社区领导，保证基层自治的发展方向；另一方面这一体制也存在一些不足：那就是政党系统的权威会被自治系统的权威替代；党与群众的关系可能会被行政事务所阻隔，党建工作可能会被居委会工作所覆盖等。

其次，要借鉴西方社区制度建设的先进做法与经验。西方社区的治理与建设起步早，拥有相对成熟的经验，逐步形成了行政模式、混合模式与自治模式三种社区体制模式，但是不管经历了怎样的历史进程，拥有着怎样的文化背景，自治与民主都将是城市社区治理的发展方向，但制度却是社区民主自治发展的重要保障。

最后，建立社区党建的长效机制。这是提高基层党组织战斗力的关键因素，通过长效机制的作用发挥，不断强化基层党组织的战斗堡垒与领导核心作用，不断发挥基层党组织的先锋模范作用，使社区的党组织和广大党员逐步成为社区建设的核心力量。

一是要加强民主集中制建设。确保党委会集体领导和个人分工制落到实处，确保党内民主与监督落到实处；完善基层民主建设的新体制，街道层面上实行党政分开，党工委不再干预街道的具体行政事务，重点是加强基层党组织的网络建设，加强政治领导，行使社区重大事项的决策权、重要干部任免权、党员与基层党组织的管理权、党风党纪的监督权；健全基层党组织内部工作制度，如年度工作安排制度、党委例会制度、党员干部双重民主生活会制度、党员学习培训制度、民主评议党员制度、党内创先争优活动制度、“三会一课”制度，以及党委工作检查汇报制度等。

二是要加强协调制度建设。党组织对在社区党建工作中不同的利益群体进行利益协调，通过建立健全社区党建参与机制，加强与辖区内单位的沟通，这不仅有利于其他组织的党建工作情况，共同促进，而且有利于为建立健全非公党组织打下良好基础；通过建立健全激励和投资机制，促进社区内居民积极参与到社区建设中来，可以采取目标激励、榜样激励、物质和精神激励等不同的方式。居民是社区建设的内在动力，可以发挥他们各自的专长与技术优势为社区建设出力，中介组织是参与社区建设的一支重要力量，要着力培养意愿为弱势群体提供帮助的个人与群体组织，逐步实现部分事业单位、政府机构向社会中介组织转制；培育一些专门性的社区建设中介组织，如社区老年人协会、社区志愿者协会等，同时政府要为中介组织尽量提供资金支持与保障，规范服务标准，实施有效监督。鼓励社区单位积极参与社区建设，在互利的基础上兴办各种便民服务实体，为居民提供有偿服务，这不仅可以为驻社区单位创造新的经济增长点，而且可以满足社区居民的需求，方便社区居民的生活。

三是要加强服务制度建设。当前需要建立健全的主要有：（1）建立健全困难党员帮扶制度，可以采取在职党员“多帮一”“一帮一”“结对子”等多种方式帮助生活困难的党员，定期家访或是沟通交流，了解他们生活的实际困难，切实解决他们生活中最迫切的难题，通过这样的温暖与关怀机制，团结广大党员，增强基层党组织的凝聚力与亲和力。（2）建立健全扶贫济困长效机制，通过党组织与困难户帮扶结对，切实解决群众在就业、升学、工作等多方面的实际困难。（3）建立健全稳定的长效机制，发挥党员在维护社区稳定中的长效作用，带头遵守法律规章，及时尽早发现社区中的不稳定因素与问题，解决在萌芽状态，维护社区稳定，实现社会稳定。（4）建立健全提高社区服务和管理水平的长效机制，通过建立社区服务站、社区服务中心组织、便民服务点等为居民提供更多更好的服务，同时要借助党员的参与和加入，不断提高社区服务的水平。（5）健全为群众提供先进文化的长效机制，把文化建设纳入社区建设中来，并作为重要内容来加强，特别要通过不同形式的群众文化活动，营造良好、健康、积极向上的社区文化氛围。

此外，还要建立健全领导联系社区制度，为民办事工作日制度，服务承诺制度，限时办结制度，责任追究制度等一系列制度，切实提高基层党组织服务经济、服务社区、服务社会的能力，加强基层党组织的服务能力，从而促进基层党组织在社区建设中作用的发挥。

第八章　创新社会治理中高校基层党组织的建设

高校作为中国共产党领导下的教育机构，肩负着科学文化与思想政治教育的重要任务，是党的基层组织发挥作用的战斗堡垒与重要阵地。高校党的建设作为高校建设的重要组成部分意义重大，在中国共产党建设中具有特殊的地位，事关我国高等教育的发展前途，事关执政党的后继有人，事关中华民族的伟大复兴。

一　高校基层党组织的发展历程

在中国共产党的不同发展时期，党的主要领导人多是来源于高校或是有过高校的受教育经历；在国家和党的危急关头发挥关键作用的人物多有过高校教育的经历；建党前后将马克思主义中国化的革命骨干也多具有高校教育经历。历史证明，接受高校教育的知识分子能够始终站在时代的潮头，最先感知国家与党的安危，担负起时代赋予的重任，同时在党建的不同时期发挥积极作用。

（一）建党后我国高校党的建设

五四运动时期，我国形成了庞大的先进知识分子群体，这就为我国马克思主义中国化提供了坚实的社会基础。1920 年，李大钊、邓中夏、高君宇等发起成立了北京大学马克思学说研究会，并在同年 10 月，由李大钊、张国焘、张申府发起成立了最早的中国共产党组织，吸引着越来越多的爱国青年加入。与此同时，更多的马克思主义传播点在各地高校建立，在我国形成了以北京大学为中心，向全国辐射的马克思主义的传播网络，高校成为共产党人早期活动的主要舞台。1921 年 7 月 23 日，中国共产党第一次全国代表大会在上海召开。据资料显示，参会的

13 名代表都是知识分子，全国 50 名党员当中，90% 以上都是知识分子，其中，35 人有过高校经历，并且 22 人是在校的高校师生。到 1927 年 4 月，中国共产党已在 35 个高校建立了党的组织。这一时期，中国高校不仅吸收和传播了马克思主义，而且成为党建立、孕育和发展革命骨干力量重要的摇篮与坚实的阵地。1927 年，蒋介石发动了反革命政变，中国共产党遭遇了前所未有的挫折，革命力量濒临灭亡，高校的党建工作也被迫转入秘密状态，只有少数的高校保留了党的支部，党员人数锐减，规模急剧缩小，工作能力薄弱。随着“九一八”事变的爆发，革命形势越来越严峻，这一时期，中共在高校乃至整个国统区的党建工作，都陷入了一种恶性循环状态。抗日战争期间，面对民族大义与国家利益，中国共产党始终积极抗日，尤其是 1935 年 12 月 9 日由中共指导的学联党团引发的“一二九”运动影响深远，为中国共产党在高校的建设带来了新的转机，从此，高校党建走上了良性发展的道路。经过八年抗战，中国共产党拥有的党员人数达到 120 万，在全国各级各类高校中大多建立了党的组织，极大地支持了中国共产党在这一时期的革命工作，直至新中国成立。

（二）新中国成立后我国高校党的建设

新中国成立后，中国共产党执掌了全国政权，积极对接管、恢复、整顿、调整后的高校进行社会主义改造，建立起了高等教育的新体系，实行党委领导下的校务委员会负责制，逐步确立了党在高校的政治核心地位。“1965 年，党的日常工作归口市委大学科学工作部管理的普通高等学校党委 47 个，党总支 244 个，党支部 1858 个，共有党员 26359 人。”① “在执政条件下，中共在高校的建党方式、发展对象、工作方式以及中心任务上都有了一系列新的变化。在发展党员的问题上，中共采取先吸收学生，其次是讲师、助教，最后才是大学教授的方针；在干部建设问题上，中共一面调配大批干部充实学校各级领导机关，一面又通过整党整风的办法肃清党的干部队伍。此外，中共还通过生产劳动和政治运动两种方式，培育关系党员的群众观念，坚定高校党员的阶级立

① 中国北京市委组织部等：《中国共产党北京市组织史资料》（普通学校卷），中央文献出版社 2011 年版。

场，这些做法，都直接强化了中共在高校执政党的身份和地位。”[①] 但是，随着1966年“文化大革命”的发生，高等教育事业急剧萎缩，党组织的工作陷入停顿状态，高校教育屡屡受挫。党组织的规模以北京市高校为例：“到1977年底，有校级党委50个，党总支193个，党支部1897个，党员30816人，其中，教育工作者8185人，干部6070人，学生11733人，发展党员935人。”[②] 党组织遭到了极大的破坏，力量急剧缩小，影响力大大降低。

（三）改革开放后我国高校党的建设

改革开放以来，我国高校党的建设经历了一个恢复整顿、拨乱反正、加强巩固、提高完善的发展历程。1977年的恢复高考加速了高等教育全面恢复整顿的步伐，1978年国务院转批教育部《关于恢复和办好全国重点高等院校的报告》明确指出要在全国普通高校加强党的领导；同年颁布的《全国重点高等学校暂行工作条例》首次提出要实施党委领导下的校长分工负责制；1980年颁布的《关于加强高等院校思想政治工作的意见》明确了高校党建的目标和方向；1985年中共中央印发的《关于教育体制改革的决定》强调教育体制改革的目标是提高民族素质等，高校党建工作不断加强，党组织规模以北京市高校为例，“1985年，党的日常工作归口市委教育工作部管理的北京普通高校学校党委65个，系级党委和党总支484个，支部9354个，共有党员50945个”。[③] 1990年，经中共中央批准，中宣部、中组部、中共国家教委党组联合召开了第一次全国高校党的建设工作会议，明确指出要坚持党委在高校的领导，实行党委领导下的校长负责制，把思想建设放在高校党建的突出位置，建设一支业务能力强，理想信念坚定的党务工作队伍。这一时期，中共中央多次下发了关于高校党建的相关文件与实施意见，极大地推进了高校的党建工作，高校党组织建设的工作成绩斐然。进入新世纪，在党的引导下，各级高校积极开展“三个代表”与“科学发展观”的教育实践活动，不断推进高校的理论武装工作，加强高校的基层党组织和党员队伍建设，党组织的战斗堡垒作用和党员的先锋模范

① 武会忠：《新中国60年高校党建的回眸与思索》，《理论导刊》2001年第4期。

② 中国北京市委组织部等：《中国共产党北京市组织史资料》（普通学校卷），中央文献出版社2011年版。

③ 同上。

作用得到了很好的发挥。十八大以来，党从战略与全局的高度，对高校的党建工作提出了新要求，2013 年，中组部、中宣部与教育部党组联合印发了《关于加强高校学生党员发展和教育管理与服务工作的若干意见》，要求进一步做好高校基层党组织建设的工作，进一步提升高校学生队伍的整体素质。截至 2012 年年底，我国的学生党员已经达到 290.5 万人，党支部达到 86788 个。2014 年年底，中共中央办公厅印发了《关于加强基层服务型党组织建设的意见》以及《中国共产党发展党员工作细则》，再次明确了中国共产党党员标准："始终把政治标准放在首位；坚持慎重发展、均衡发展、有领导、有计划地进行；坚持入党自愿原则和个别吸收原则，成熟一个，发展一个。"① 截至目前，中组部、中宣部、中共教育部党组已经联合召开了 23 次全国高校党建工作会议，会议始终强调加强高校党建的根本任务是学习宣传马克思主义，坚定大学生的理想信念，立德树人，思想引领，牢牢把握党对高校意识形态工作的领导权。

二 高校基层党组织的地位与作用

高校基层党组织处在教学科研、教育管理等各项工作的最前沿，是高校党政工作和战斗力的基础，肩负着党在高校联系群众、引领群众、组织群众与团结群众的重要任务，肩负着将党的路线、方针、政策落实到高校基层的重要职责，因此，加强高校的基层党组织建设，对加强高校人才队伍建设，奠定落实党的方针政策的政治基础，营造理论环境，进行理论先导与思想动员等方面具有不可忽略的重要作用。

（一）在人才培养中发挥支柱作用

我国高等教育的首要目的是为社会主义建设培养各个领域的高素质人才，基层党组织直接面向广大受教育者，处于高校教学管理工作的最前沿，高校基层党组织的水平在很大程度上决定着高校培养的人才质量高低。基层党组织的党员与广大学生朝夕相处，他们的言行举止直接影响着广大学生，他们的先锋模范、榜样引导对于培养高校的优秀人才具

① 《中国共产党发展党员工作细则》，2014 年 5 月。

有示范效应，我们必须从培养党的后备干部，从党和国家事业继承人的战略高度，重视高校的党组织工作，充分发挥学生党支部的作用，以进步的人才促进党的工作，以开拓的工作培养党的人才，吸纳更多的优秀人才加入到党的基层组织中来，从而培养更多更优秀的社会主义接班人。要培育符合社会主义建设的人才就必须将思想教育工作放在首位，通过思想教育工作的引领，塑造理想信念坚定，政治素养良好的社会主义建设人才。

（二）在校园文化中发挥引领作用

大学校园是传播文化的主阵地，在这里，各种文化思潮发生着激烈的碰撞，因此，高校基层党组织在校园文化建设中必须一方面坚持主流文化价值观的引导，继承弘扬中华民族文化的优良传统；另一方面也要坚持开放性原则，积极引导学生将本民族的先进文化置于世界多元文化的参考系中，取长补短，交融借鉴、努力吸收各国各民族的先进文化。社会的进步需要越来越多综合技能的人才，因此要鼓励引导学生在钻研专业知识与技能之外，还要开阔思维，广泛涉猎其他学科领域，通过不同学科知识之间的融会贯通，促进学生专业的思考与拓展。同时，加强对学生的审美教育，帮助他们完善自身的知识结构和理论体系，帮助他们正确理解“物质文化”和“精神文化”之间的冲突，这不仅可以丰富高校校园文化的内涵与形式，而且有利于整合高校校园中的矛盾，积极发挥基层党组织在校园文化中发挥引领作用是创建文化型和谐校园的重要内容。

（三）在教书育人中发挥黏合作用

高校为我国培养出了一批批科技人才，成为社会主义建设的重要力量，国家发展需要更多的高素质人才，这些重任就历史地落在了各级各类高校身上。因此，高校不仅是理论宣传的场所，也是国家教学与科研的中心，担负着重要的教书育人的作用。高校教师与广大学生在社会的各个领域都具有较强的影响力，高校形成的各种思想信息不仅会对广大学生产生直接影响，同时还会通过校刊学报、演讲讲座、专著教材等多种途径向社会辐射，可以说高校是社会思想信息的集散地。所以，教书与育人是辩证统一的，不能将教书单纯地理解为教授课本知识而忽略育人的功能，也不能将教书与育人割裂开来，这就需要高校的基层党组织发挥黏合作用，培育教师具有强烈的责任感与明晰的育人意识，要处理好二者关系就要求高校的基层党组织在不断完善自身建设的同时，还要充分发挥每个基层党员的先锋模范作用，带领广大教师不仅要提升业务水平，而且要加强政治理论学习，努力提高自身的理论修养和政治素养，通过基层党组织的黏合作用将教书与育人结合在一起，使我国各级高校成为培育社会主义建设人才的重要基地。

（四）在作风建设中发挥示范作用

加强党的作风建设，从根本上讲，就是要坚持全心全意为人民服务的宗旨，在高校的建设中，基层党组织就要成为党作风建设与执政形象的示范者，基层党组织要通过各项制度落实加强班子自身建设，开展批评与自我批评，发挥理论联系实际，密切联系群众的优势，倾听广大师生的意见与呼声，积极创造条件为师生办实事、谋实利。同时，坚持工作中的民主集中制原则，增强班子的团结统一，同时严格按照程序办事，改变工作作风，增强群众观念，为学校师生提供更多更好的服务，努力发挥基层党组织在高校作风建设的示范作用。

新中国成立后，党和政府对高校的教育资源进行了重组，党在高校基层党组织中发挥着领导核心作用，党在高校的基层组织与高校自身在结构上实现了同构，达到了关系上的高度默契。改革开放后，作为事业单位的高校大多仍然坚持实行党委领导下的校长负责制①，从高校基层党组织发挥作用的情况来看，在改革开放前，高校党组织主要通过政治动员主导高校运行，因为在当时党在社会生活与国家政治生活中拥有着极大的权威，党组织遍布在社会的各个领域，共产党员的身份几乎是一种稀缺的政治资源，所以，当时的大多数学生对入党心向往之，愿意为党的目标努力奋斗。但在改革开放后，在中央党政职能分开的要求下，

---

① 关于党委领导下的校长负责制的发展历程参见项新时、滕平《坚持并完善党委领导下的校长负责制》，《西安交通大学学报》（社会科学版）1997 年第 2 期。文章论述说："建国以来，随着我国政治与经济形势的变化，高校的领导体制几经变更，1950 年至 1958 年期间经历了校长负责制；1958 年至 1961 年实行党委领导下的校务委员会负责制；1961 年至 1966 年实行党委领导下的以校长为首的校务委员会负责制；1966 年至 1976 年十年浩劫中，否定党的领导，高校领导体制遭到破坏；1978 年至 1985 年实行党委领导下的校长分工负责制；1985 年至 1989 年在部分高校中试行校长负责制，多数高校实行党委领导下的校长负责制；1989 年以后除少数院校继续试点校长负责制外，大部分院校都实行党委领导下的校长负责制。1996 年《中国共产党普通高等学校基层组织工作条例》颁布后，所有高校都实行了党委领导下的校长负责制。"

党对教学科研、人事财务、社会服务等工作的直接干预逐渐减少，再加上社会空间的增长与拓展，自主择业的推行，这使大学生可以有更多的择业空间与标准，入党的积极性与热情大不如前，一些学生虽然仍然将入党作为理想的政治选择，但不可否认其中的功利色彩。在一系列的变化下，党组织在高校的核心功能也开始削弱，组织出现了离散的倾向，党员意识淡薄，党组织效力减弱，这些毫无疑问增加了党内正常政治与组织生活的难度，削弱了党组织在高校的组织基础，这需要引起我们的高度重视。

三　高校基层党组织建设面临的时代挑战

（一）国际国内形势变化带来的挑战

随着我国日益发展，外部环境以及敌对势力对我国“分化”与“西化”的图谋不断加强，特别是近年来境内外敌人相互勾结，不断渗透，利用各种渠道与途径攻击我们的司法、社会及政治管理制度，一些势力居然将矛头指向了在校大学生。在国内，由于社会问题凸显，民生矛盾不断聚集，贫富差距日益拉大，社会意识形态多元，人民利益诉求多样，各种非马克思主义思潮有所滋长，思想领域的杂音与噪声越来越多，社会经济成分、组织形式、分配方式与生活方式越来越多样化，人们的价值观念，思维方式也随之发生很大的变化，拜金主义、享乐主义、个人主义与奢靡之风盛行，这些都对在校大学生产生着或多或少的消极影响，有的甚至在一定程度上抵消了学校的教育，这些都给高校的基层党建带来了严峻的挑战。

（二）领导体制与组织机构改革带来的挑战

第一，虽然高校党的领导体制与组织机构的改革在不断推进，但是在人们的思想中依然存在着“重行政，轻党务”的倾向。多年以来，我国高校党建部门主要是分管学院的党建工作和思想政治工作，从事党建工作的人员对于学院的教学科研、人才队伍建设、学术动态等了解不多，关注不够，在教学科研作为核心任务的情况下处于被边缘化的状态，在很多教职工的心目中，处于可有可无的配角形象，党建工作得不到应有的重视。在我国高校中有的是多种管理模式、多种学制并存，有的是一校多制、一校多区，党的组织机构如何适应内部行政管理体制改革，党委如何实施更有效的领导，党建工作如何与教学科研互相促进带动等都成为新形势下高校党建工作较为突出的问题；一些高校的党支部做了很多的工作，但是由于缺乏创新，活力不足使效果平平；高校基层党组织缺乏对自身建设、党员教育管理工作、组织建设以及党员发展工作等评估与考核的量化标准，影响了工作的进步；有的高校基层党组织不设专职书记，不论是学生党支部还是教工党支部多位兼职，同时由于待遇、职权等客观因素的影响，许多人不愿意承担党建工作，认为是在本职工作之外干了分外的工作，费力不讨好。

第二，在党建具体工作中存在重“实”轻“虚”的情况。大多数领导干部认为行政工作是硬任务，是“实”的，可以通过量化考评进行考核，但党建工作是软任务，是“虚”的，没有硬性的量化标准，难以评估量化，干不干一个样，干好干坏一个样。在这样的思想支配下，很多党建工作没有得到落实，更多的时间用于教学科研、学生管理，很多用于党建的时间却给科研和教学让路。

第三，内部建设存在重“设置”轻“管理”的现象。在设置方面，高校的基层党组织比较健全、比较重视，但在管理与监督方面却缺乏可操作性的制度与体系，这就造成在实际工作中，由于思想上的不重视，精力投入的不充分，制度机制的不完善，党建工作处于被动应付状态，使高校的党建工作缺乏活力与生机，难以发挥应有的作用。

（三）信息网络化带来的挑战

网络时代带来了社会巨大的变化，便捷了人们的生活，改变着社会的机构，推动着科技的发展。网络时代给高校党建带来了新的机遇，提高了党建工作的效率，实现了党建工作的科学化，将网络科学技术引入高校党建，不仅可以实现党建工作与方法的创新，消除旧有的隔阂，使各院系、各部门的党建工作不再孤立，在一定程度上打破学校不同机构间的界限，更为重要的是搭建了传播信息，整合资源的新平台，开辟了承继传统党建先进工作经验与现代社会相融合的对接口，从而形成彼此间的联动机制，及时互通动态，共享经验，提高时效，降低成本。这些都是信息网络化给高校工作带来的新机遇，但是同时我们要看到，信息网络化给高校工作带来的新挑战，这是未来我们要加强高校党建必须面对的现实问题与情况。

在传统社会，信息载体有限，教师与学生能够接触到的信息渠道主要是电视、报纸与广播，在当时的条件下，政府和学校可以对信息进行过滤甚至可以直接参与信息的制作，但在今天信息网络化的时代，这些都已成为过去，网络如今在政治、经济、社会各方面的渗透已经势不可当，网络在带给师生时尚便捷的同时，也在影响着他们的身心发展与观念塑造，尤其是一些负面新闻与信息，网络垃圾与黄赌毒等不良思想的渗透，对师生的理想信念、政治立场与思想意识都产生着不容小觑的影响。

第一，信息网络化对高校基层党建的主体权威提出了新挑战。随着网络技术的飞速发展，互联网在大学生生活中占有着越来越重要的甚至是不可替代的重要位置，互联网对他们的生活、学习、交友，尤其是思想的发展与信仰的树立都产生了深刻的影响，正在改变着传统的思维方式与价值取向，互联网日益成为高校党建工作的重要形式与平台阵地。但传统的高校基层党建工作主要是以党组织的主体意识为基础开展的，对于如何发展新党员，如何培养积极分子，如何开展思想教育活动以及如何进行组织建设等方面，还不适应互联网时代的需要。这就需要改变传统党建模式，适应新的挑战。

第二，信息网络化对高校基层党建的传统教育模式提出了新挑战。传统上我们主要通过思想政治教育广大党员，主要途径是课堂教学、集体活动、演讲竞赛、个别谈话等，再广泛一些的就是通过印报纸、作报告、发材料等，但这些手段因为受制于时间与场所，覆盖面还是非常有限的，相比较之下，信息网络化可以不受时空的限制，广为传播。正面的积极的信息可以迅速抵达各个接收者，但同时负面的、消极的信息也在渗透于他们的生活与思想中。在外在信息的不断诱导与强化下，一些缺乏自主控制能力的大学生就容易受到错误的世界观与价值观的引导，甚至是走上不健康的、违法犯罪的道路。例如，一些大学生把娱乐消遣视为大学生活的主流与时尚，价值观表现为价值取向功利化，价值目标短期化，价值主体自我化等不良倾向，部分大学生道德观滑坡，世界观庸俗，人生观腐朽，这给高校党建工作带来了极大的挑战，增加了党建工作的难度。这就要求从事高校党建工作的人员要与时俱进，改变传统的单向度的教育方式，采取互动双向、多向交流的新方法，有针对性地设计教育目标与内容，有目的性地创新教育方式方法，因材施教，因人用法，用分层性、针对性、实效性的思想教育方法引导广大学生走上健康向上，符合时代主流的发展之路。

第三，信息网络化对高校基层党建的传统思维方式提出了新挑战。信息网络化使近些年的电子政务发展进入了“快车道”，它突破了传统的地域与部门的界限，实现了“政务公开化”“管理一体化”与“办公信息化”，这就对传统的行政思维工作方式提出了新挑战，一方面要更新服务理念，增强社会治理意识，树立网络时代思维方式；另一方面要促进民主化建设，提升党建工作的科学化水平，实现交互、互联，公开、公正、透明，进一步促进高校工作的程序规范化、管理职权民主化、决策程序公开化，发扬党内民主，寻找到个性化、多元化与多样化之间的最大公约数，将网络信息引入党建工作，助力党建工作，不仅实现工作思维的更新，而且实现工作领域的拓展，通过数字化方式提高党建工作的效率，开创高校党建工作的新局面。

第四，信息网络化对高校党建工作者的应用能力、知识结构与思想观念提出了新挑战。现代社会的网络化程度越来越高，作为从事党建工作的人员而言，要想使党建工作收到实效，使基层党组织发挥自身的作用，就必须要与时俱进，提升运用网络的能力，提高处理问题的水平，增强吸纳信息的本领。但在高校的现实中，一些年长的党务工作者虽然具有较强的工作经验与政治意识，但是囿于不熟悉网络流程，不精通网络规律，不习惯甚至是不会使用计算机进行工作，更谈不上使用计算机处理文件、查阅资料、下发通知以及进行动员互动等工作，这就极大地限制了他们能力的发挥与工作的开展，造成高校党建工作的效率低下，与时代脱节。

四　高校基层党组织建设存在的问题

（一）堡垒作用发挥松散

发挥高校基层党组织战斗堡垒作用是保证高校贯彻落实党的各项政策的前提和关键。从现实的情况看，高校战斗堡垒作用的发挥还存在很多不尽如人意的地方，甚至存在一些不容回避的问题。

一是党员的先锋模范作用发挥不到位。部分党员对自身要求不高，混同于普通群众，在一些关键时刻不能够舍弃自身利益维护集体利益，思想认识不到位，主动性不高，积极性较差，难以形成引领效应，发挥带头作用。

二是基层党组织的凝聚力与战斗力发挥不到位。基层党组织对学生的关注度不高，关心程度不够，在生活学习遇到困难时，体会不到党组织的关心与帮助，教职工、学生党支部的组织生活不严格，党性修养与宗旨意识不强。

三是党组织作用发挥缺乏科学性。党组织强调自己的政治核心作用，忽视了对学习教学科研、管理教育等方面的监督与参与，在一些时候出现了“党只管党”的尴尬局面，难以真正体现自身的作用，与实现“领导班子好，党员队伍好，工作机制好，工作业绩好，群众反映好”的“五好”要求依然存在很大的差距。

（二）活动方式缺乏创新

高校基层党组织也在积极开展各种类型的党建活动，但是不能忽略的是形式主义较为突出，实效性较差。

一是活动缺乏针对性。基层党组织进行活动的要求千篇一律，目标达成上一视同仁，对教师与学生的工作没有区别对待，甚至是为了搞活动而搞活动，敷衍了事，应付检查，只是一种形式过场，效果大打折扣。

二是活动缺乏创新性。基层党组织也在响应上级号召，但依然是沿用旧有的方式，不针对对象的变化做出改变与创新，使活动墨守成规，缺乏吸引力与新颖性，尤其对于年轻大学生更是影响乏力，大大影响了活动的参与度与本身的质量与目标的达成。

三是活动缺乏实用性。部分高校在进行相关活动时不进行调查研究，中心组成员拟定几个议题敷衍塞责，并不清楚亟待解决的问题是什么，具体的矛盾在哪里，对于如何突破“瓶颈”更是没有相对应的方案，致使活动缺乏全面性与实用性。

（三）作用发挥机制滞后

一是基层党组织作用发挥的监督机制存在滞后性。平时对于教学科研、党员管理的重视程度不够，一旦出现矛盾与问题则侧重于事后调节，而事前、事中的作用发挥与预警系统则显得比较滞后与涣散。

二是基层党组织发挥作用的制度规范存在滞后性。部分基层党组织开展各项活动只是写一个实施方案，提一些具体目标与要求，至于如何开展，怎样布局并没有明文的规定与相应的考核办法，这就容易造成基层党组织发挥作用的常态化和规范性的偏差。

三是基层党组织发挥作用的经费提供的滞后性。部分基层党组织开展活动缺乏经费的保障，致使活动受到极大的掣肘，活动质量下降，即便有专项经费但是并没有对经费的分配与使用做出清晰的规定，这也使执行力有所下降。

（四）政治鉴别力与敏锐性不足

我们党始终将思想建设放在首位，通过各种形式的教育活动不断增强党员的宗旨意识，提升党员的党性修养，高校的学生处于社会的潮头，对于社会中发生的政治事件比较敏感，但有一些时候容易激进，对于我国思想领域的斗争认识度不高，敏锐性不足，对于意识形态领域渗透与反渗透的危机意识不强烈，鉴别力不够。社会的不良思想与西方意识形态在高校都有不同程度的侵蚀与渗透，由于一些基层党组织政治敏锐性不强，认识不到问题的严重性与未来发展的可能后果，不能站在执政党的高度去警惕、去鉴别、去把握，这影响着基层党组织真正战斗堡垒与思想阵地作用的发挥。

（五）管理水平欠缺

基层党组织管理水平的欠缺性主要表现在：

一是在管理中存在重科研、轻党建的现象，我国高校目前普遍实行的是党委领导下的校长负责制，在学院层面，多为院长负责制，学员一般都是将培养人才作为核心任务，在工作中倾向于教学与科研，将教学水平的改进、科研能力的提升作为重点工作来做，对于党建工作重视不够或者是有所忽视。

二是学生党员比例发展失衡，在一些高校中，存在“重发展，轻教育”的问题，在学生党员的发展工作中，存在“高年级特别是毕业班党员多、速度快，低年级党员数量少、速度慢的现象，即‘倒金字塔’特征。”[①] 这就使大学生党员在校时间短，“传、帮、带”作用不明显，难以真正发挥先锋模范作用。此外，还存在学生党员重视党员发展前的

① 王维、霍庆生、郑超：《以改革创新精神加强高校基层党组织建设研究》，《思想政治教育》2013 年第 8 期。

教育引导，忽视党员发展后的再教育问题，部分高校将发展党员作为终极工作来做，一旦入党，对党员后期的教育和管理工作严重缺位，使一些学生虽为党员并没有成为入党积极分子与普通学生的示范与榜样。

三是党建工作队伍缺乏延续性，不稳定，在我国一些高校中，存在着支部书记选配难的问题，特别是学生支部书记，流动性大，变动频繁，一些人抱着完成任务的心态做工作，缺乏热情，主动性不足，任满一届就想卸任，或是出于学业负担的原因，或是出于考研的压力等，这些都不利于高校党建工作的开展与推进。

四是我国一些高校的内部矛盾凸显，涉及面较广，涉及层次较高，一旦处理不当很可能会引发集体维权甚至是群体性事件，再加上我们适应新形势的群众工作机制与利益协调机制并不完善，这就使矛盾的处理难度增大，要把矛盾解决在萌芽状态，防患于未然。

现实存在的问题要求高校的基层党组织不断提升自己的管理能力与处事水平，创新工作方法，增强处理矛盾、化解危机的本领。这就要求我们必须通过改善干部作风增强基层党组织的凝聚力与吸引力，通过制度约束，教育引导领导班子以身作则，牢固树立公仆意识，全心为师生服务，关心教职工与广大学生的生活，解决实际困难，充分调动群众的力量与智慧战胜在未来工作可能遇到的各种问题与挑战。

五　创新社会治理中高校基层党组织建设的路径选择

为了实现高校基层党组织建设的目标，使党的领导真正成为推进高校发展的政治优势与组织资源，成为社会治理的重要力量，最根本的就是激活党的组织，特别是激活担负党的战斗堡垒任务的党支部与党员个体。

（一）创新高校基层党组织的功能

政党组织的功能不仅取决于党的性质与任务，而且取决于党组织所面临的社会与经济环境，但在具体实践中，基层党组织的功能创新往往滞后于社会环境与经济发展，对于高校基层党组织而言，如何通过把握社会发展规律，紧密结合高校实践，使基层党组织真正成为高校发展的政治领导。

第一，基层党组织必须时刻关怀和代表师生党员的权利和利益。党章规定中国共产党是人民利益的表达者，不论是对于党员还是群众而言，基本而正当的利益都是其生存与发展的前提，因此，作为高校的基层党组织，应该将关怀和表达师生党员的利益作为最基本的功能。如果师生的利益受到损害，基层党组织应该出面帮助协调解决，或者提供精神上的安慰或者是法律上的援助；党组织接受师生在职称评定与学生评优等方面的利益申诉并且代为表达；党组织还要经常关心帮助经济生活上有困难的师生，并代为向有关部门寻求帮助，提供资金支持等。

第二，基层党组织成为全校力量的凝聚核心，推进教育事业的发展。高校基层党组织的基本任务是通过党组织的各项工作服务于教育事业，推进教育事业的发展进步，要实现这一目标，就必须创新党围绕中心，组织凝聚力量的功能。高校基层党组织应该改变传统的直接组织党员的方式，主动积极围绕影响学校发展的战略问题、大局问题，通过科学设置环节与议程，调动师生积极参与讨论，让更多不同的思想交融碰撞，在交流深化中逐步达成一致，进而再通过党员的先锋模范作用，带领广大师生去实现这一目标，在这一过程中，极大地凝聚了人心，汇集了民智。例如在高校中开展“教育教学思想大讨论”，师生可以对这一问题发表自己不同的见解与看法，互相讨论、交流、切磋，从而形成共识，这不仅有利于高校基层党组织作用与影响力的发挥，而且成为基层党组织推进教育事业发展的有效渠道与很好的途径。例如，北京大学、清华大学、北京师范大学，这些百年名校的基层党组织，以学校长期积淀的学术精神、历史文化等精神财富为依托，使其在基层党组织文化建设中加以传承、延伸，使传统经典得以升华，为基层党组织建设奠定了雄厚的历史积淀与文化资源。北京大学开展了“弘扬传统，勇担使命，争创一流”为主题的传统教育活动，把传统教育与社会主义核心价值体系结合起来；清华大学则是以百年校庆为契机，深入开展“传承百年精神，投身复兴伟业”主题教育实践活动，把开展主题传统教育与加强学校文化建设结合起来。

第三，基层党组织要成为联系群众、服务社会的纽带。密切联系群众是我们党的优良传统，在今天依然需要我们传承发扬。在社会日益发展的今天，社会阶层分化明显，利益诉求多元，如何整合群众的利益，调动社会资源，引导群众互助互爱、互联互通都成为基层党组织必须面对的新形势下的新任务。因此，高校基层党组织必须提升自己联系群众、服务社会的功能，党中央提出的“鼓励党员带头参与志愿服务”的做法以及近两年出现的“党员义工”都是积极发挥党员主体作用，密切联系群众，服务社会重要的有益的渠道。① 高校师生富有时代使命感与社会责任感，应该积极发挥调动他们的优势，组织策划能够体现师生价值的社会活动与服务项目，之后再招募党员义工参加，这不仅能够培养党员的责任感与使命意识，而且可以增强党员的党组织归属感与自豪感，获得群众对党员和党组织的认同感。在高校基层党组织建设中，理念是根本，实事求是是原则，服务师生是路径，改变传统的思维模式与管理观念，对于学校的发展进行前瞻性、科学性、战略性的研究和思考，在高校基层党组织建设的功能创新中践行师生为本的群众路线为核心，党的基层干部建设为重点，完善制度建设为主导，改进作风建设为要点的思路，使高校基层党组织功能创新收到实效。

（二）发挥高校基层党组织维护稳定的作用

基层党组织和党员干部是维护社会稳定的重要力量，在高校当中，稳定工作看似可有可无，但实则非常重要，校园稳定是保证校园一切正常活动的前提，是促进学校教学提高的必要条件，是学生健康成长的重要因素。因此，高校的基层党组织同样要发挥好自身的战斗堡垒作用，在校园稳定中发挥作用，凸显自身作用与价值，主要途径有如下几个方面：

第一，要创建责任性基层组织，建立维护稳定的落实机制。

一是强化责任意识，加强对党组织成员的思想教育工作，牢固树立发展是第一要务，稳定是第一责任的理念，坚持“两手抓”，两手都要硬，始终要基层党组织的每个成员明确自身肩负的责任，这份责任不仅事关教育事业的发展，广大学生的健康成长，而且事关校园的良好建设以及高校基层党组织的基础夯实，通过强化责任意识调动高校基层组织党员干部的主动性与积极性，担负起自身责任。

二是建立责任机制，将维护校园稳定作为重要工作来抓，提上议事

---

① 《中共中央关于加强和改进新形势下党的建设若干重大问题的决定》，http：//www.gov.cn/jrzg/2009－09/27/content_ 1428158htm，2009 年 9 月 27 日。

日程，制订周密行事计划与方案，尤其是做好应急预案，同时要经常深入实际，了解真实情况，针对可能出现的情况做出预期的安排与必要的防范措施。进一步明确责任分工，院党委书记是第一责任人，院系党支部书记是具体负责人，彼此责权清晰，各司其职，各尽其责，形成合力，共建成效。同时要确立指导机制，对于基础工作薄弱的院系，矛盾积累较多的院系，要加强人员力量的分配，定期选派工作指导队，维稳工作指导员，帮助协调解决问题。

三是完善考核机制，要将维稳工作的部署与效力纳入高校各级领导干部的绩效考核当中，形成目标责任制，层层分解，各个落实，使高校党组织的每个成员甚至是高校的每个党员都有义务、有责任，从制度上促进强化各级责任人的职责，还要建立责任追究制度，对凡是在高校稳定问题中工作有误、责任逃避、措施不当、后果严重的都要追究直接领导与具体负责人员的责任，取消年度评优的资格与工资奖励，必要时可以采取措施对组织进行调整。

第二，要创建先进型的党员队伍，培育维护稳定的先锋模范。在维护高校稳定中，要充分认识到党员这个群体的重要作用，可以说，他们是维护校园稳定的重要基础，是基层党组织可以依靠的坚实力量，要加强对党员的教育引导，以先进型为目标打造一支积极向上的党员队伍，重点要破解以下问题：

一是破解党员意识不强的问题。要把对党员的理想信念教育放在首位，教育引导广大党员树立正确的人生观、价值观与世界观，始终用党员的标准要求自己，约束自己，用先进典型引导党员，塑造党员，增强党员的发展观念，平安意识与稳定意识，自觉同各类侵害群众合法权益作斗争，同时要借鉴并学习兄弟院校的有益经验与有效尝试，客观发现并改正自身存在的问题，完善相关制度规章，通过各种途径增强党员的党性观念与党员意识。

二是破解高校党员力量薄弱的问题。在我国的历史发展中，高校历来都是社会先进分子的集合地，是党员作用发挥的能量场，在今天的新形势下，我们同样要将高校打造成为传播正能量，富有社会感的平台，积极培育发展高校党员，壮大党员队伍，增强影响合力，要将发展党员的工作积极纳入学校工作议程中，制订年度的发展计划与工作规划，落实发展党员的推优制。联系培养制与责任制，把越来越多的有文化、强能力、重责任的先进分子吸收到党员队伍中来，保证学生党员在高校人数中的一定比例，改善党员年龄构成，文化结构与知识分层，夯实维护高校稳定的先锋模范。

三是破解党员动力感不强的问题。目前，最关键的问题就是如何调动高校党员在维稳工作中的积极性与主动性，这就要求各级基层党组织不能只在需要分配工作时才想到党员，需要完成任务时才团结党员，需要分担责任时才联系党员，而是应该在平时的生活学习中多关心党员，感情上多接近党员，精神上多激励党员，物质上帮助党员尤其是那些生活困难的党员，切实将很多工作做在平时，这样才能让力量发挥在关键。同时要结合高校实际，建立健全党员帮扶关爱机制，调动更多的党员互相关心，同帮互助，带动引导，形成合力，还要对那些工作业绩突出的党员进行奖励与表彰，增强党员的自豪感与荣誉感，形成良好的示范引领作用，增强党组织的吸引力与凝聚力。

四是破解高校党员作用发挥不够的问题。进一步深化党员公开承诺，根据高校维稳的实际情况，同时针对新形势下出现的新问题、新状况、新矛盾调动分配党员力量，使党员去做那些能做的、会做的、需要党员做的事情，如民事纠纷调解，校情民舆的反馈，治安防范巡逻等，也可以设立党员奉献岗，使高校党员力量成为平安稳定高校建立的新平台与新动力，同时要制定各种物质、精神的鼓励与激励的措施，当然，还需要惩戒机制的配合，调动高校党员发挥自身的先锋模范作用。

第三，要创建强硬型领导班子，夯实维护稳定的核心组成。基层党组织建设得如何，作用发挥得怎样，能不能建设一个长治久安的稳定高校，领导班子的作用非常关键，必须着力培育一个能够担当，敢于担当，勇于奉献的强硬班子，把强基础、打基础与夯基础作为重点工作来抓。

一是选配好领导班子。高校领导班子的人员构成必须具备多重能力与较强的责任意识，既熟悉高校工作的规律与实际状况，又具备群众意识与维稳能力，组织协调能力，熟悉法规，熟悉政策，想干事、能管事、会理事。要形成干部竞争竞聘机制，让更多具有良好群众基础，善于处理突发事件，能够应付复杂局面的党员成为领导班子成员，让那些怕字当头，不愿担责，萎靡不前的干部退下来，腾位子。同时高校要把后备干部的队伍建设作为班子建设的基础工作来抓，培育一支素质优良，人员充足、能力过硬的干部队伍是党组织完成各项工作的重要保证，而且要及时进行领导班子的调整整顿，对统领能力不强，软弱涣散，不能成事的班子要敢于打破陈规，改选增减人员构成，努力打造一支充满生机、良好合作的高校基层党组织领导班子。

二是维护稳定的组织网络。本着有利于维护高校稳定，有利于发挥基层党组织功能的原则，构建高校基层党组织与各项工作的“无缝对接”，可将高校基层党组织建立在高校经济产业链上，建立在各类专业协会上，建立在各类生产合作社上，实现彼此的良性联动。结合高校的实际情况与维稳工作规律，可以尝试在高校与工业园区的交叉地区设立社企、校企联合党支部与党小组，同时针对流动党员的实际情况，建立临时党支部，把流动党员组织起来，随时随地发挥党员作用，形成维护稳定的强大组织网络。

三是激发维护稳定的工作动力。要建立健全领导干部的交流轮岗制度，定期实行干部轮岗，让越来越多的干部能够有锻炼的平台与机会，让长期在高校基层工作，具有良好工作能力与实绩的领导交流轮岗，带动更多的人员提高维护校园稳定的能力，激发各级干部活力，积极营造能干事、干成事、会干事的良好氛围。同时要建立高校基层干部工作实绩库，用工作实绩来评价干部，公平公正，公开透明，而且要逐步提高干部的劳动报酬，形成干部工资动态增长机制，保证高校干部的工作付出与劳动报酬成正比，调动干部的工作积极性，激发越来越多的干部愿意参与到高校的基层党建工作中来。

四是建立维护稳定的民主机制。在高校的基层实际中，产生不稳定的因素很多，但是与学生的民主管理工作都有着直接或是间接的关系，因此，在具体工作中，要健全完善相关的制度机制，在校务问题上，推行“四议两公开”的工作机制，落实好、维护好、保障好群众的知情权、参与权与监督权，事前、事中、事后都要逐步走向公开，切实从源头上消除破坏稳定的因素，创设公开民主的校园环境。

五是提高维护稳定的能力。用马克思主义思想武装党组织党员干部，教育党员干部用科学眼光分析形势，用理性思维看待问题，用辩证方法解决矛盾。要坚持把维稳能力作为干部培训的内容落实，通过专门培训、交流座谈、介绍经验、现身说法等多种途径与方法提高党员干部的维稳能力，为党员干部想办法、教措施、学本领，同时更要注重干部的实践培训，有意识、有组织、有计划地安排党员干部到难点地区、问题突出地区和相关信访部门进行挂职锻炼，开拓他们的工作视野，增强他们的工作本领，提升他们的责任意识，更好地服务于高校稳定的大局。

（三）加强大学生的党建工作

大学生在高校党建中的重要作用不容忽视，充分调动发挥大学生在高校党建中的作用，不仅是高校在推进党建工作中的组织优势与资源优势，而且是探索、创新党建工作的重要方式与渠道。

第一，要优化高校基层党组织的大学生党员结构。随着我国高等教育步入大众化的发展阶段，在校的大学生规模不断扩大，但在发展大学生党员的过程中，依然要按照“控制总量、优化结构、提高质量、发挥作用”① 的要求进行。一是科学制定大学生党员发展规划，坚持“一年级择优发展，二、三年级重点发展，四年级适度发展”的原则②，在保证党员质量的前提下，调整党员的发展比例，努力形成“一年级有党员，二年级有支部，三年级支部建在班上”的党建工作新格局；二是严格控制大学生党员的发展节奏。根据大学生的成长规律与发展入党积极分子的培养要求，坚持“成熟一个发展一个”的原则，坚决避免突击发展，一次数量过大的情况出现。严格控制党员发展节奏，真正把那些思想观念坚定、政治立场正确、品学兼优的优秀大学生吸收到党员队伍中来，在保证质量的前提下，实现结构的日趋合理。

第二，要提升高校基层党组织大学生党员的发展质量。要切实推动高校基层党组织党建工作，就要保证工作队伍的质量，在大学生党员发展中，一定要将目光锁定在那些学习骨干、社团骨干、学生骨干、团员骨干上，坚持将入党动机端正、政治素养强、有发展潜力、具有高尚觉悟与道德的优秀学生作为培养对象，这是提高高校党建工作的关键。

一是在学习骨干中发展党员。在高校，虽然发展学生素质的方面很多，但学习依然是第一要务，发挥党员先锋模范带头作用的一个重要方面就是努力钻研，刻苦上进，带动其他党员，传播正能量，树立良好形

---

① 蒋笃君：《创新大学生党建工作路径探析》，《河南工业大学学报》（社会科学版）2015 年第 11 期。

② 同上。

象，增强党组织的影响力。

二是在社团骨干中发展党员。重视“以党建带动社团建设，以党建促进社团建设”的路径，在各级各类社团中选拔入党的优秀分子。“高校学生会是党领导下的大学生群众组织加强和改进大学生思想政治教育的重要依靠力量，也是大学生自我教育的组织者。”[①] 因此，通过在社团中建立大学生党员先锋岗，充分发挥党员在社团中的影响力与号召力，增强党员的辐射力与引领示范作用，不仅有利于高校基层党建工作在大学生以及社团中的开展，而且推动了社团的蓬勃发展。

三是在学生骨干中发展党员。学生骨干主要是学校的班干部、学生会干部以及团干部等，他们组织能力强，责任意识强，政治觉悟高，是大学生群体中的先进分子与中坚力量，“充分发挥学生干部在政治上的核心作用、道德上的表率作用、学习上的标兵作用”。[②] 将他们发展成为党员，是对他们服务于学生助人精神的弘扬，也是对党组织感召力与影响力的增强。此外，还可以在团员骨干中、品学兼优的学生中发展党员，这都是推进高校基层党组织建设的有益途径。

第三，要严格规范高校学生基层党组织的管理体系。制度是社会公平正义的重要保证，也是确保高校各项工作顺利开展的基本前提。高校基层党建工作的规范化与制度化是党建工作的生命线，要加强这一工作，就要努力做到：

一是选配优秀党支部书记，发挥党员的先锋模范作用。在基层党支部建设中，党支部书记起着非常关键的作用，要把好“选拔关、培养关、考核关”，选配一支谙熟政策、开拓创新、踏实肯干的党支部书记队伍。在选拔过程中，工作热情高、同学威信高、政治素质高的学生优先考虑，同时要对他们加强岗前培训，进行定期工作交流，构建教师与党支部书记结对子模式等，加强学生党支部书记的培养与教育、管理，为高校基层党组织建设提供有力保障。总之，大学生是国家的希望，关乎民族的未来，大学生党员队伍是高校党的队伍的主力军，是新形势下加强和改进大学生思想政治教育的重要依靠力量。高校基层党组织要实

---

① 《中共中央国务院关于进一步加强和改进大学生思想政治教育的意见》，《人民日报》2004 年 10 月 15 日。

② 石娜：《浅谈高校辅导员做好大学生思想政治教育工作的途径》，《新西部》2007 年第 4 期。

现与时俱进，积极开拓创新，及时把优秀的大学生吸纳到党的队伍中来，通过科学制定规划，提高高校基层党组织大学生党员的发展质量，严格规范高校学生基层党组织的管理体系等多种途径增强党在广大青年学生中的号召力、吸引力与凝聚力。

二是设置辅导员助理岗，建设一支专兼结合的党建工作队伍。政治辅导员是大学生日常政治教育和管理的实施者与组织者，是高校党组织加强对学生思想政治教育的重要依靠力量，在选拔大学生入党积极分子的工作中，挑选高年级的优秀学生党员兼任辅导员的助理，协助辅导员检查督促各支部的培养发展计划工作，指导学生党支部的学习活动与组织工作，帮助入党积极分子思想入党等，这不仅可以使优秀党员立足基层，掌握最鲜活的党建工作动态，而且可以做到上行下达，使党组织各项工作与学生之间实现良好沟通互动，提升了高校党建工作的效率，提高了大学生党员的发展质量。

三是加强党员教育培训，实现不同教育阶段的有序衔接。党组织对于入党积极分子与优秀党员的培养是一个循序渐进的过程，近年来，大学生党员人数逐渐增多，但是，彼此之间差别较大，政治觉悟、理论修养、认识水平参差不齐，这就影响了我们整体党建工作的推进，因此，要坚持以思想政治教育为主，对积极分子、预备党员、正式党员、党支部书记等进行分层分类培训，学习党的基本知识，重温党的苦难辉煌，增强身为党员的荣誉感与自豪感，同时要将对入党积极分子的考察期延伸至高中阶段，实现大学生党建工作与中学党建工作的有序衔接，这既体现了党组织对党员的关注与重视，又实现了党组织对党员教育、培养的全员覆盖与全程关注，可以极大提高高校党组织的影响力与大学生对党组织的认同感。

（四）强化高校基层党组织的工作考评

高校基层党组织建设工作关系到整个学校的健康发展，对高校基层党建工作的考评有助于加强学校基层党组织的领导地位，有助于学校基层党组织先进性的保持，有助于保障学校各项改革的推进。总的来看，我国对高校基层党组织建设工作的考评工作日益得到重视，通过考评，促进了高校党建工作的开展，提高了党建工作人员的责任意识，密切了高校组织与群众的联系，发挥了高校党组织的领导与监督作用。但是，在考评工作中也出现了一些不容忽视的问题，一方面是对基层党组织工作的考评内容划分不清晰、不明确。地方高校的基层党组织部门作为学校的关键部门，与其他后勤部门、行政部门之间都具有密切的联系，如果对各自的职能划分不清、界限模糊的话，就容易造成考评与实际工作不符，使考评工作流于形式，难以开展更难以收到实效；另一方面，“一些地方高校的基层党组织考评工作过于强调考评结果却忽视了考评工作的过程。”① 真正的高校基层党建工作考评应该是不仅关注考评评价更要关注考评实施过程，否则就容易造成一些高校临阵磨枪，将考评当成形式与工具，磨灭了考评的精神，抹杀了考评的作用。尤其是面对社会治理的大环境，这些更是阻碍了高校党建工作的开展，针对这些情况，应该强化对高校基层党组织工作的考评，可以通过如下途径：

第一，提高政府和学校的相关职能部门的思想意识。要实现高校基层党组织党建工作的考评效度，首先要提高政府和学校的相关职能部门的思想意识，做好他们的动员工作，在思想上达成共识，理解在高校开展党建工作以及进行党建工作考评的重要性。一方面相关治理部门要明确划定高校基层党组织的各项具体职能，因为高校党组织的工作多样繁杂，相关从事考评工作的人员还有全面了解高校党组织的各项工作，正确区分基层党组织的党建工作与学校的行政管理工作，明确党建工作的职责与实质，才能制定出有重点、有针对性的考评内容与标准，有助于推进高校基层党建工作实效的取得；另一方面，相关治理部门要进行各种形式的宣传活动，扩大高校基层党组织考评工作的认同度，增强考评工作的公正客观性，而且相关部门要在考评基础上查漏补缺，为之后的考评做好有益准备。

第二，加大国家相关治理部门对考评工作的管理。在高校基层党组织建设的考评工作中，要加大政府的治理力度，有的放矢，重点突出。政府的考评工作人员要本着实事求是的原则，一切从实际出发，不掺杂个人感情与主观因素，强调整个考评过程的公平公正，以考评细则为标准，一视同仁，客观评定，切实实现通过考评促进高校党建工作的目的。当然要重视考评结果的反馈，通过交流沟通充分肯定高校的成绩取得，同时直言不讳地指出存在的问题与不足，有利于高校在未来的基层

---

① 苏俊杰、刘彬：《论提升高校基层党组织执行力的有效途径》，《技术监督教育学刊》2007 年第 2 期。

党建中发挥优势，弥补“短板”，从而促进整体党建工作的推进。

第三，政府和学校的相关职能部门要细化考评内容。我国的高校党建工作的考评是基于社会治理理论下的考评，要真正符合治理理念，收到考评实效，政府和学校的相关职能部门就要将考评内容具体化，可以划分为党支部建设、工作创新能力建设、思想道德建设，方式方法创新等不同层级的内容，并将每一项赋予不同的分值，同时规定每项考评内容所要达到的具体标准与实际目标，这就使没有达到目标的基层党组织可以明确未来的努力方向，总结前一年工作的基础上有的放矢，查漏补缺，有方向性地制定下一年度的工作目标与准则。

第四，鼓励基层党组织工作的规范化、标准化。鼓励高校的基层党组织在平时的工作中就养成良好的工作习惯，确立工作流程，实现各项党建工作的规范化与标准化，这样不仅有利于工作的有序开展，而且可以提升党建工作的效率，落实责任到人，增强工作人员的权责意识，保证党建工作的高效完成。此外，相关的治理部门要尽力将对基层党组织的考评工作贯穿于基层党建的全部工作过程，前后一致，连贯有序，无形中提高党组织的工作效率，也利于党组织接受考评，并在考评中取得好的成绩，从而更好地调动党建工作者的积极性与主动性。

第五，政府与有关治理部门运用重视考评结果，增强治理效力。在对高校的基层党建工作进行考评的过程中，一定要强调考评的客观公正，以及结果有效，政府与相关治理部门要将考评结果与相关人员未来的发展升迁结合在一起，使考评结果成为一个参考标准，从而提高基层党建工作者对党建工作的重视程度，促进党建工作的开展与推进。此外，“重视考评结果还有利于高校党组织总结经验，为下一段工作的正常开展提供保证，不断提高高校基层党组织考评工作的科学性与民主性”。[①] 同时，相关治理部门也可以通过考评结果来对高校的基层党建工作做出一个客观真实的评定，从而增强考评工作的科学性，减少主观干扰，促进考评工作的顺利开展。

（五）健全和完善信息化条件下高校基层党组织建设

在信息化条件下，健全和完善高校的党建工作是一项系统工程，它

① 杨晓慧：《新形势下加强高校基层党组织建设论析》，《思想政治教育研究》2010 年第 1 期。

的建立与推进有赖于强有力的机制保障，从信息时代高校党建的工作实际与高校党建面临的形势与挑战出发，应着力加强组织保障机制、技术保障机制、制度保障机制、政策法规机制、人才培养机制与资金投入机制六个方面，它们互为支撑和补充，是紧密联系不可分割的有机整体，共同作用，保障高校党建的顺利进行。

第一，组织保障机制。信息化时代高校党建工作机制的建设运行以及最佳效益的发挥，离不开健全机制的组织保障机制，为了更好地完成这一工作，要组建领导工作机构，形成党委统一领导，党委的各职能部门和各管理单位各司其职、各尽其责，努力调动、协调各方，构建起“以党委办公室、宣传部、组织部、工会、团委、学生会、学生工作部以及网络管理部门为横坐标，以学校党委决策层、院系党团组织实施层，党群系统职能层为纵坐标，上下联动，统筹结合，部门配合，党政工团学齐管共抓的立体运转组织领导体系”。①

第二，技术保障机制。高校党建工作的信息化建设，要以信息技术为支撑，以网络环境为平台。高校党建伴随着信息化的推进，开展了一系列富有成效的改革，取得了让人欣喜的进步。信息数据的安全是高校党建实现信息化的基石，切实将高科技运用到党建工作中来，以信息网络和先进的信息平台为基础，以现代信息技术运用为依托，实现高校党建工作的便捷化与信息化。高校党建工作的政治性相对较强，涉及的机密资料较多，而我国网络安全较为薄弱，一旦发生病毒侵入、泄密与信息篡改等会给党建工作造成巨大的损失。因此，必须加强网络安全与信息安全的管理工作，一方面钻研、开发，应用先进的管制技术确保信息安全，如在信息终端设置“防火墙”，在关键信息上辅以人工认证、密码口令等，同时要进行数据的加密、备份与存储。另一方面要建立一套能够迅速反应的网络监控机制，在网络的日程运转中进行有效监控，防止信息泄露或是侵害等各种威胁。

第三，制度保障机制。高校党建工作具有自身的特殊性，这就决定了我们必须建立相应的规章制度，约束引导，使党组织的各级部门、领导与成员都能够在管理上有章可循，在行为上有规可守。

---

① 朱延华、沈东华：《简论高校网络思想政治工作的基本体系》，《学校党建与思想教育》2004 年第 2 期。

一是健全和完善党的领导制度。我们党的领导制度与根本的组织制度是民主集中制，高校党建工作的进行，同样要执行民主集中制，遵循科学的决策机制，“按照决策民主化要求，建立和完善师生参与、专家咨询、领导决策相结合的决策机制”。[①] 通过机制保障，使高校党建工作的决策更加符合信息时代的发展要求与高校人才培养的客观规律。

二是建立安全管理制度。建立安全管理制度，就是要制定符合本校实际的网络使用安全与信息安全的各项管理办法与制度安排，对信息管理的相关程序、安全标准、应急处理办法等做出明确规定，制定应急备案措施，严防不法分子的破坏与侵入，增强应对和处理各种风险的能力。切实做到安全工作有保障，重大机密不外泄，使高校党建网络安全、健康、有序进行。

三是建立科学规范、公平有效的考核与激励机制。考核机制的建立是落实“以人为本”理念在高校党建工作中的重要体现，是高校党建长效管理机制建设的重要组成部分，也是促进高校党建工作有效进行的重要保障。高校党组织在传达、落实党委、党总支与党支部的管理目标的同时，也要部署自己相应的、更符合自身实际的考核办法与激励机制，在合理的范围内，把考核结果与评定情况与党建工作人员的晋升、福利结合在一起，从而实现“人适其事，事得其人”的工作目标。

第四，政策法规机制。在高校党建信息化建设中，政策法规具有指导调节、干预规范等多重作用，很长一段时间以来，我国高校的党建信息化建设处于无章可循的状态，这在某种程度上就延迟了高校信息化的发展，随着信息化时代的到来，高校的党建工作信息化也成了一种必然，在这个进程中，立法必须先行，调整与党建信息化发展不协调的法律法规，制定适应形势发展需要的新的法律法规，如加快制定完善与党建信息相关的法律法规，加大立法力度，营造良好的法治环境。制定《学生宿舍网络管理办法》、《校园网络管理办法》等；“大力宣传、执行《中华人民共和国计算机信息网络国际互联网管理暂行规定》、《教育网站和网校暂行管理办法》等法律法规，通过提高网络技术水平提高对网络的监控、管理，防止不良信息的侵入与传播，及时清除网上信

① 乐斌辉：《高校网络党建工作机制研究》，《湖南科技大学学报》（社会科学版）2008年第11期。

息垃圾，坚决遏制错误信息的传播与蔓延”。① 通过多种制度保障高校党建工作信息化建设与发展。

第五，人才培养机制。事实一再证明，高校党建信息化建设的推进与发展取决于人才尤其是高素质人才，因此，人才队伍的建设成了高校党建信息化建设的首要问题，而且这支信息化队伍应该由多层次的专兼结合的人才组成，“学校的各级党务负责人、党的职能部门与专职党务工作者是这支队伍的主体，高校的专业技术人才是这支队伍的技术力量支撑，教职工和学生党员是这支队伍的骨干力量”。② 要加强人才队伍建设，首先要加强对党建工作者的培训，年轻的党建工作者工作经验缺乏，理论水平不高，政治素养不强，可以根据实际情况，对党建工作者分类、分级予以培训，专业学习，专家讲授，继续教育等多种途径系统学习马列主义，了解党建工作的性质与工作规律，增强他们对党建工作的重视，提升党建意识；年老的党建工作者对信息技术掌握不够，信息运用能力较差，应加强他们对信息网络的利用；其次，加大对专业人才的培训力度，在高校党建队伍的建设中，重视对专业人才的培养，构建一支质量与数量兼备，结构合理的专业队伍，此外，还要建立有效的激励机制，约束机制与竞争机制，加大在人事制度、分配制度、竞聘制度方面的改革力度，赋予高校党建工作更多的活力与吸引力，吸引越来越多的人才加入到基层党建工作的队伍中来。

第六，资金投入机制。要实现高校党建工作的信息化，不仅需要办公电脑、服务器、电脑终端与交换器等多项硬件设施，还需要一定的软件支持，而这一切必须有足够的资金做保障。网络建成后的管理与维护、软件的研发与更新，设备的升级换代等也需要经费保障，因此，经费投入是高校信息化建设的前提条件，从某种程度上讲，经费的投入程度决定着高校党建信息化建设的水平和质量，为此，高校应建立完善的资金投入机制，这是保证高校党建工作成效的重要前提。

---

① 申振动、龙海波：《关于推进高校党建信息化的几点思考》，《长沙铁道学院学报》（社会科学版）2008 年第 3 期。

② 同上。

（六）开辟网络党建的新途径

十七届四中全会提出要“推进基层党组织工作信息化”[①]，十八大报告也重申了这一内容，“网络党建是新时期党建实践领域技术创新的一项重要内容，其实质是利用现代网络对传统党建在信息传播、信息沟通等领域所进行的一种创新、拓展和延伸，目的是将这一现代化的工具引入党建的各个领域，以全面推进党的建设的伟大工程”。[②] 网络党建是对传统党建的一种超越，是对传统执政理念的进一步升华，是推进高校基层党组织党建工作的新平台。网络党建是信息宣传平台、教育管理平台、互动交流平台、网上办公平台与密切联系群众的平台。可以说，传统党建是“网络党建”的基础，“网络党建”是传统党建在工作方式、工作领域、信息沟通与技术传播的创新、延伸与拓展，二者共同构成网络时代的党建模式。

要推进网络党建工作，高校需要解放思想，增强网络宣传意识，树立网络宣传观念，主动占领网络高地，同时要鼓励大学生建立党建网站，加强党支部内部与支部之间的交流互动；发挥网络的宣传主阵地作用，建立政治立场鲜明的宣教网站，扶持党报、党刊，保证党和国家的思想文化在网络中占据主导地位；把高校党建网站建在党支部，使党建网站不流于形式，有力发挥党支部的堡垒与阵地作用，但目前而言，我国党建工作中存在一些问题：形式与内容的脱节，理论与实践的不符，工作力度不足以及长效机制需要加强等，这都需要我们在今后的党建工作中予以面对，加以解决，加强高校党建工作，要坚持的主要原则有：

第一，常态化原则。高校党建一直在被推挤，但很多高校面临的一个共同难题是如何常抓不懈，形成党建工作的常态化与长效化，所谓网络党建常态化的原则，就是将网络党建作为日常党建工作重要的一部分来抓，坚持不懈，贯穿始终，只有这样，才可以将网络党建落到实处，真正发挥其作用。

第二，多样化原则。网络党建的目的在于提高党建工作的效率，加强党建工作的宣传力度，形成对大学生的正面引导，但如果网络形式单

---

① 《中国共产党第十七届中央委员会第四次全体会议公报》，《人民网》2009 年 9 月 18 日。

② 郭彦懿、赵满、余海滨、侯佳明：《高校基层党建实务》，北京理工大学出版社 2015 年版，第 3 页。

一，内容单调，很难具有吸引力，这也将影响网络党建工作的进行，因此，在注重网络党建的同时，一定要注意形式的多样化，使网络载体丰富起来，增强网络的亲和力与凝聚力，同时要将最新的网络技术与成果运用于实际党建工作中，如建立了党建网站，与此同时要利用QQ、微信等网络工具，加强交流与互动，还可在此基础上建立论坛，如建立党建工作者自己的博客，为广大入党积极分子与党员提供更为广阔、便捷的交流平台，同时也可以利用这一平台加强对他们的正面引导与教育，使之成为促进党员成长的有益平台。

第三，规范化原则。任何事业的发展都离不开制度规范的支持与约束，同样，高校党建工作也离不开制度规范的引导与保障。当前，在高校党建工作中，之所以会出现很多问题，一个原因就是缺乏规范的保证，只是应景式地开展工作，而不是在规范的引导下持续推进，这就极大地降低了党建工作的效果。因此，要搞好高校党建工作，必须让规范先行，对高校党建工作的基本内容、方式方法、技术支持、基本途径等做出明确的规定，不能使党建工作随意化、形式化，同时高校要加强对这一工作的监督与管理，建立配套的长效机制，保证高校党建工作在规范化的前提下健康有序发展。

我们必须以高度的使命感与责任感，不断探索高校党建工作的新路径与新思路，不断提高高校党建工作的科学化水平，确保开创高校基层党组织建设工作的新局面。

第九章 创新社会治理中企业基层党组织的建设

企业基层党组织是党的基层组织建设的重要组成部分，基层党组织在企业中处于政治核心地位，是企业发展的基础，是企业创新的动力，是企业牢固基础的重要途径。加强和改进企业基层党组织的建设，是企业改革和发展取得成功的重要保证，是建立现代企业制度的客观要求，是实现社会治理的重要环节。

一 建立企业基层党组织的必要性

（一）国有企业的基层党组织

我国国有企业的改革方向是让股份制成为大型国有企业产权制度的主要形式，董事会成为公司法人治理的核心，与此同时，必须要坚持党对国有企业的领导，充分发挥企业党组织的核心政治领导，这一点必须坚持而不能动摇。但是也有一些人提出疑问，为什么要在现代企业制度下的经济实体中建立党组织？要回答这个问题，我们就需要从国有企业建立基层党组织重要性的意义上去理解。

第一，建立健全国有企业基层党组织是现代企业制度成熟与否的重要标志。从介入问题的角度去看，建立健全企业法人治理机构虽是企业改革的方向，但是却并不能真正调动企业内部的各个要素，协调它们之间的关系同样是一个摆在现实中的问题。建立这样一个机构却又不能解决存在的问题，这难道是中国国情使然吗？非也。这是因为法人治理的结构本身要解决的制度框架，至于制度如何运作，就需要相应的机制来完成，这其中不仅涉及文化背景，同时也涉及制度环境。但作为企业而言，最关心的问题还是发展，而要发展就离不开企业员工的努力与团结，所以，企业最希望看到的就是在企业内部形成一种强大的凝聚力与内部驱动力，这就需要将各方的利益加以协调，化解纠纷，整合资源，形成良性竞争，而这恰是党组织的最大优势，因为党组织是优于并超然于法人治理结构以及其他组织的，党组织通过对企业组织之间，人力资源之间，社会关系之间进行有效沟通，形成合力，为企业发展创造了活力，同时也实现了企业内部的和谐与团结，这便是企业党组织得以立足并开展活动的最基本的载体。事实也是如此，在西方比较成熟的企业管理模式中，社团组织日益成为法人治理结构的有益补充，它们在解决人际关系问题、人的社会沟通问题、人的再度社会化问题等方面都发挥了重要的作用。这对于我国的国有企业发展就是一个启示和有益的借鉴，即将法人治理结构与党组织结合在一起开展工作，这一点已得到了很多外资企业的认同并将其付诸实践，从这个意义上讲，国有企业党组织的建立健全是法人治理结构健全与否的重要标志。

第二，建立健全国有企业基层党组织是发挥企业政治优势、增强竞争力的现实需要。在现代企业制度下，企业的发展不仅需要现代化的管理制度与技术的更新，更需要的是具有素质与能力的员工以及人力资源之间的协调合作。前者即企业发展所需的“硬实力”，后者即企业发展所需的“软实力”，而在“软实力”中，“员工思想素养的培育是其最核心的要素，而培育员工良好的思想素养恰是国有企业借助党组织进行群众工作与思想政治工作而独有的政治优势”。[①] 这是企业竞争力重要的组成部分，也是国有企业面对国际激烈竞争中独有的优势。充分发挥党组织在这方面的作用，将其独特优势与规范法人治理结构，建立现代企业制度等结合在一起，彼此合作，走出一条具有中国特色的企业管理之路。

第三，建立健全国有企业基层党组织是巩固党的执政基础，提升党的执政能力，体现党的意志的必然要求。国有企业是我国国民经济的重要支柱，是建设我国小康社会的重要力量，充分发挥国有企业的政治优势作用，提升企业的经营与管理能力，构建具有国际竞争力的国有企业是党执政能力在国有企业的一个重要体现。而体现党执政能力的组织者

---

① 李俊伟：《国有企业基层党组织的地位与职能的战略思考》，《专家论坛》2007 年第 4 期。

与实施者正是企业的基层党组织，他们作为党执政活动在企业的落实者，作用发挥的大小，直接关系到党执政能力的强弱。党的执政通过党组织来实现，但是从具体工作而言，党员是党执政活动的具体承担者，他们的能力素养也直接影响着党执政的效果与党执政的水平。基层党组织是党的基础，只有基础稳固党才有强大的战斗力，才能经受得起风浪的考验。

（二）非公有制企业的基层党组织

第一，加强非公有制企业的党建工作，有利于和谐社会的建设。我国非公有制企业的产生与发展，是由我国现阶段生产力发展水平和基本国情决定的，是我国经济发展的必然，加强在非公有制企业中的党的建设工作是推动非公有制企业健康发展的迫切需要，有助于在社会治理体系下实现企业管理的现代化、民主化与科学化，是中国共产党夯实阶级基础，密切联系群众，提高工人阶级整体素质的需要，也是中国共产党应对新形势社会阶层分化与所有制结构变化的有利举措。

第二，加强非公有制企业党的建设工作，有利于协调非公有制企业的根本利益与长远利益，有助于进一步推动、规范非公有制企业的健康发展。在非公有制企业建立基层党组织，开展党的建设工作不论是在理论上还是在实践中都具有可行性。主要依据有：一是在我们党的章程中明确规定了执政党在非公有制经济组织的发展过程中肩负的任务与职责，要发挥文件规定的政治作用就需要在非公有制经济组织中建立健全基层党组织，加强党的领导。二是在非公有制经济组织中建立基层党组织是企业党员的迫切要求，许多规模以上的非公有制企业大多具备建立基层党组织必备的党员人数要求。三是在非公有制经济组织中建立基层党组织，是推动企业实现管理现代化、民主化与科学化的动力，为企业发展增添后劲，拓展空间。

第三，加强非公有制企业的党建工作，有利于进一步解放和发展生产力，推动国民经济的发展。一是因为中国共产党的执政地位，决定了中国共产党必须对非公有制企业实行政治领导，这不仅是巩固执政基础的需要，同时也是保证国民经济沿着社会主义道路发展的必然要求。二是在非公有制企业中加强和改善党的领导，是巩固社会主义基本经济制度的需要，也是扩大党的群众基础，增强党的阶级基础的需要。三是非公有制企业要实现更快的发展，必须注重骨干力量作用的发挥尤其是党员群体，他们自身具备的先进性可以在企业员工中发挥积极影响，他们的先锋模范作用可以带动更多的员工爱岗敬业、无私奉献。这都有助于企业的进步与发展，而在非公有制企业中建立基层党组织，有利于党员力量的调动与党员积极性的发挥。

二　企业基层党组织的职能分析

在企业中推进党的建设工作本身不是目的，企业的基层党组织是为促进企业发展而服务的，当然最终要通过企业效益与工作完成的实际成果来检验党的建设工作的成效。企业中基层党组织的中心工作就是促进企业发展，维护企业稳定与和谐，从而实现企业党组织的职能。

（一）以企业发展为中心增强企业实力，体现党组织的战斗力

企业基层党组织的工作必须紧紧围绕企业发展这个中心工作展开，但更要着眼于实现党建工作的总目标，夯实党的执政基础，推进党组织工作的开展，服务于社会主义建设大局。基层党组织的建设作为党建重要的基础性工程，不论是党员作用的发挥，党组织的设置，还是对基层党组织工作成效的评价，都必须围绕党的中心工作与总目标展开。虽然基层党组织发挥作用的效度与途径不完全相同，但是服务并服从于党的中心工作的要求是一致的。企业是以生产为根本任务的单位组织，因此，企业党组织必须抓住这一根本任务，以党的建设保证工作生产的进行，促进各项工作有力开展，这是推进企业党的建设的基本要求，也是企业基层党组织建设的中心任务。企业的基层党组织是将党的路线方针落实到决策的关键环节，同时团结、组织党内外的群众与干部完成企业赋予的任务，在这个过程中，基层党组织要通过各种方式与途径，深入到企业的经济工作中去，既掌握企业经济工作与生产的现状，又站在政治工作与企业发展的高度，通过自身的组织服务工作，为企业发展提供精神动力与政治保证。

（二）以基层民主为抓手推动企业民主管理，实现党组织的影响力

中国共产党执政的根本目的就是在于保证人民当家做主，依靠基层党组织实施对其他社会组织的领导，实现推进基层民主的根本目标，这也是基层党组织的一项基本任务。根据经济学的观点，公共选择在决策

过程中的作用越大，决策逐级实现中的成本也就越小。企业在重大决策中争取员工的合理建议，这是企业发展的传统经验，能够增强员工对企业的认同感与归属感，便于企业的改革和发展。政党作为社会利益与分散民意的代言人，最基本的职能就是反映民意，整合利益。在企业发展中，基层党组织就要推行民主发展，让越来越多的员工参与到决策中来，建言献策，出谋划策，反映民意，维护自身的正当与合法权益，同时为企业的发展贡献光热与智慧。基层党组织还要积极加大职工、党员在企业事务中的知情权、参与权与监督权，通过民主的渠道调动员工的生产积极性，增强他们主人翁的责任感与使命感，尤其是员工党员，在民主的实现中带动其他员工，共同致力于企业民主管理，共同促进企业的民主发展，从而提高企业效益，增强企业凝聚力。加强基层民主建设，就是要通过民主组织与制度安排，实现坚持党的领导、人民当家做主与依法治国三者的有机结合。对于企业的民主管理，就是要坚持并完善职工代表大会制度以及其他的民主管理制度，实现员工的合法权益。与此同时，党组织还要不定期地总结、宣传、推广有利于实现员工民主政治好的经验，好的做法，精心筹划，有序组织，分类指导，推进企业的民主管理，在民主的推进中实现企业效益的最大化。如中石油企业管理者，减少了管理层，将具体权力交给一线员工，实现企业民主管理与员工自主管理相结合，推动了企业自上而下与自下而上的顺畅沟通，共同致力于企业的发展。

（三）以企业文化为纽带打造企业软实力，增强党组织的凝聚力

作为企业基层党组织，应当担负起塑造企业文化，打造企业软实力的重要职责。建设先进的社会主义文化是我们党执政的重要手段与目标。文化不仅可以为人们提供辨别是非善恶的价值标准，而且能够成为人们面对复杂问题与矛盾的精神钥匙。在企业的发展中，企业文化的塑造显得尤为重要，是企业经济效益这一硬实力之外的不可忽视的软实力，因为文化说到底是人的素质的提升，而员工素质的提升恰恰是企业发展的根本动因。从管理学的角度讲，促进经济发展的最大动因是人的素质。从唯物辩证角度讲，人又是生产力发展中最为关键的决定性要素。因此，对于企业而言，在福利待遇和物质生活条件理性增长的基础上提高员工的创造性与主动性，是企业发展的最终动因。

企业的基层党组织要通过整合优势，打造独特的具有凝聚力的企业文化。《中央组织部、国务院国资委党委关于加强和改进中央企业党建工作的意见》明确规定："党组织要加强对企业文化建设的领导，把企业文化建设融入企业管理、思想政治工作和精神文明建设的全过程，制定并实施企业文化建设战略，以爱国奉献为追求，以人本管理为核心，以服务发展为宗旨，以学习创新为动力，建立具有时代气息、健康向上、各具特色的企业文化。"① 企业文化的建设应着眼于提升企业员工的文化、思想道德素质、业务技能素质与心理素质等，因此，基层党组织要主动介入，通过加强思想政治教育提高员工的思想道德素质，通过开展职业心理培训提升员工的心理素质，通过各种职业技能培训与训练增强员工的业务技能素质，综合性地发挥企业文化与教育培训的作用，引导、规范、塑造良好的企业文化，全面提升员工的素质，同时要将企业文化与企业管理有机结合起来，为企业发展助力添彩。

（四）以组织创新为途径推动企业创新，激发党组织的生机与活力

基层党组织是党的基本细胞，只有维护细胞的生机与活力才能推进整个肌体的健康发展。因此，企业基层党组织要不断推进自身创新，通过更具生机与活力的党组织来体现党的先进性，从而以党组织的先进性推进企业的创新，实现企业的跨越式发展。要实现企业的组织创新，就要在具体工作中做到以下几个方面：

第一，通过处理好特殊性与普遍性的关系推动企业基层党组织的创新。根据组织自身的不同特点，探索出基层党组织建设的规律性，实现党建工作的创新。企业基层党组织建设，既有个性又有共性。所谓的个性，是指不同企业的历史背景、员工素质、经营模式等方面都具有自身的特征与互相间的差异；所谓的共性是指同类性质的企业基层党组织的基本定位、任务职责与工作框架基本相同，彼此之间具有很多共同点。因此，要加强企业基层党组织建设，国有企业与非公有制企业都具有一些共性的内容，有规律可循，有一些先进经验可供参考与借鉴，彼此之间可以通过加强交流与沟通，取长补短，发挥优势，互相促进，使人们深化对企业基层党组织建设工作的认识，探索出更多的有益经验与做法。但是，企业基层党组织建设又是各具特点的，所以还要从企业自身

① 李俊伟：《国有企业基层党组织的地位与职能的战略思考》，《专家论坛》2007 年第 4 期。

的发展情况与实际效益出发，结合企业的领导体制与管理体制，建立一套适合自己发展的工作模式与方法，因地制宜，面对出现的新情况与新问题，探索新思路与新途径，并上升到规律性的高度总结归纳，更好地促进今后的党建工作，增加党建工作的规律性与科学性。

第二，依靠制度创新推动企业基层党组织的创新。要实现基层党组织的创新，制度建设是最为可靠的依赖途径。不论是非公有制企业还是国有制企业，都要注重制度建设在基层党组织创新中的重要作用，在经常性的工作中体现制度的约束与规范作用，促使党建工作的制度化、规范化。就制度本身而言，当前我国在国有制企业中，主要存在两个薄弱环节：一是制度的不完善与不健全的问题。一些国有企业的制度很多，但仅仅是文件与规定的无序组合，彼此之间没有实现衔接与整合，更无法达到有机整合的高度。二是制度过于原则化的问题。制度不具有可操作性，不论是实体性制度还是程序性制度都存在弹性有余、刚性不足，原则有余、技术性不足的欠缺。这都需要我们在原有的工作基础上，本着实事求是与创新的精神，对制度中存在的问题进行改进、完善，从而让制度保障并推动企业基层党组织的建设不断发展。

在非公有制企业中，制度欠缺与不完善的问题较为突出。由于成立时间较晚，初始条件、运行环境、工作机制与国有企业的差异，相关的制度建设较为滞后，这也极大地影响了非公有制企业基层党组织的建设，至于创新则更为艰难；各地根据非公有制企业中党员流动性大的现实与特点，积极探索有益的制度，加强对党员的教育管理。如在非公有制企业分布最多的广东省，推行“四个基本清楚”制度，即“党员来源基本清楚，党员人数基本清楚，党员分布基本清楚，党员结构基本清楚”的制度，通过制度指导非公有制企业党组织建立健全民主评议党员制度、党员目标管理制度、党员思想汇报制度以及党员活动日等一系列规章制度，实现党员活动制度化与经常化。福建省泉州经济开发区推行“党员身份确认”制度，对于在开发区工作时间短，党组织对转接有困难的党员实行“一条龙”服务，外来党员只要出具原党支部开具的党员身份介绍信，其他一切工作都由党务部代办，这一制度极大地便利了党员的关系转迁。载入湖北省汉阳黄金口都市工业区在全国首创“集群党的建设”制度，大胆探索党建的新模式：顺应产业集聚、企业集群、行业集中的趋势，打破传统的企业单独进行党建工作的模式，按照“区域相近、产业相连、行业相关”的原则，建立了8个区域综合党委，同时实行“1+N”工作模式，“1”是在不具备组建条件的企业中设立1个联合党组织，“N”是指在具备组建条件的企业建立若干个独立党组织，新的园区好比一个动态的蓄水池，可以根据实际情况的变化发展不断做出调整、变化，收到了很好的实际效果，通过制度的规范与约束使越来越多的非公有制企业认识到基层党组织建设的重要性，示范作用不断得到推广。

第三，以改革的精神推进企业基层党组织的创新。基层党组织的工作对象是企业的党员，间接作用于员工，但是企业党员与员工都是不断发展变化的，要适应员工的发展变化，基层党组织就要不断创新工作方法、工作模式、工作途径，才能最接近党建工作的实际，接近员工的实际。同时，需要基层党组织不断打破旧有的观念束缚与模式桎梏，不要总是在历史中寻找参照系数，而应该在实践中创造新方法，研究新情况，探讨新问题，在解决问题的过程中，要充分发挥好企业基层党组织的重要作用，调动企业的一切积极因素和有利因素，左右互动，上下联动，为推进企业科学、稳定、和谐发展保驾护航。

基层党组织既不是经济组织，也不是行政组织，更不能等同于一般的群众性组织，它是为完成党的政治任务而存在的，它应当在思想政治方面发挥领导作用，保证党的意图和方针在基层有效落实。企业基层党组织应当作为企业利益的协调者，既要加强对群众组织工作的领导，又要支持群众组织，使他们的作用得到充分发挥。基层党组织建设在企业党的建设中占有重要而特殊的地位，只有把每个基层组织都建设好了，党群关系才能更加紧密，党的组织体系才能在企业中巩固起来，基层党组织在促进企业发展中的作用才能更加凸显，基层党组织的战斗力、创造力和凝聚力才可能大大提高，党组织生机和活力的增强才能有可靠保证。

三 国有企业基层党组织参与治理的发展历程

（一）计划经济时期（1954—1978年）

1954年中共中央在全国国营企业中开始实行生产、行政管理的厂长负责制，“高饶事件”发生后，党内很多人对此产生了争论，1956

年，中共中央政治否决了“家长制”，取而代之的是“党委领导下的厂长负责制”。至此，党直接领导所有经济工作重大事项的体制一直从党中央贯彻到企业基层，这就形成了一个以党为核心、高度集中的经济工作体系。制度优势使社会主义建设事业不断发展，但是一些制度的弊端也随之暴露出来：用计划手段配置资源的效率很低，企业与生产者的积极性难以完全调动、发挥，国民经济活力不足；再加上党政不分的体制，各级党组织内部设置了财政贸易部、农村工作部、工业交通部等，机构重叠，职能错位，效率低下。党领导经济工作的体制弊端日益凸显，使我国与世界上的发达国家差距也越来越大，到了20世纪70年代，我国的国民经济几乎到了崩溃的边缘，体制改革已经成为社会与经济发展的必然要求。

（二）改革起步阶段（1978—1984年）

1978年党的十一届三中全会的召开，为改革开放吹响了号角，也为党领导经济体制的改革指明了方向。1980年，邓小平提出了六项改革党和国家领导制度的措施，其中就包括“有准备、有步骤地改变党委领导下的厂长（经理）负责制，逐步实行工厂管理委员会、公司董事会、经济联合体的联合委员会领导下的厂长（经理）负责制。”① 1980年，国务院颁布了《关于实行“划分收支、分级包干”财政管理体制的暂行规定》，划分了中央与地方的财政收支范围，1983年，国家对国有企业进行了利改税的改革。利改税是对“企业吃国家的大锅饭”传统体制的改革，有利于稳定和规范国家与企业之间的分配关系，有助于促进国有企业逐步走上自主经营、自负盈亏之路。

（三）确立阶段（1984—1992年）

1984年10月，中共十二届三中全会召开，一致通过了《中共中央关于经济体制改革的决定》，决定规定了改革的方向、性质、任务和各项基本方针政策，成为指导我国经济体制改革的纲领性文件。《决定》中明确指出“按照政企职责分开、简政放权的原则进行改革，是搞活企业和整个国民经济的迫切需要”，“是社会主义上层建筑的一次深刻改造”，但同时也强调“加强党的领导，保证改革的顺利进行”。

---

① 王元芳：《中国国有企业党组织参与公司治理有效性研究——基于政治干预行为的视角》，博士学位论文，南开大学，2013年。

1986 年 2 月，中共中央、国务院做出关于坚决制止党政机关和党政干部经商办企业的 10 项决定。共产党作为执政党，是经济工作的领导者，政策的制定者。如果既当“裁判员”，同时又当“运动员”，必然会导致经济秩序的混乱。坚决制止党政机关和党政干部经商开办企业，是党领导经济工作体制的一个基本原则。

四 非公有制企业基层党组织的发展历程与现状

改革开放 30 多年来，非公有制企业从无到有、从大到小，蓬勃发展，成为我国社会主义市场经济发展壮大的重要依靠力量。根据国家工商部门的统计数据，截至 2013 年，我国的非公有制企业已经达到 1000 多万家，占全国企业总数的 80%。据国家统计局 2012 年统计年鉴数据显示：“截至 2012 年底，我国共有规模以上（年主营收入 2000 万及以上）的私营企业 189289 家，港澳台投资企业 25935 家，外商投资企业 30973 家。全国 80% 以上的城镇就业岗位、90% 以上的新增就业岗位在非公有制企业。”①

（一）非公有制企业基层党组织的发展历程

第一，起步阶段（1992 年之前）。改革开放之初，非公有制经济组织主要是指乡镇企业与民营企业以及个体工商户，虽然各级党组织非常重视非公有制经济组织中党的建设工作，但由于非公有制经济在国家经济中所占份额较小，认识也没有完全统一，非公有制经济组织中党的建设工作只是一些尝试，并没有获得实质性的进展，也不是非常规范，总体来看，进展比较缓慢，处于起步阶段，同时由于非公有制经济在法律上、政策上、理论上的地位模糊，各地的党建情况参差不齐，这一阶段非公有制经济组织中党的建设工作具有一定的盲目性与自发性。

第二，初步探索阶段（1992—2001 年）。邓小平发表南方谈话之

① 初利明：《非公有制企业党组织工作机制创新研究》，南开大学出版社 2014 年版，第 1 页。

后，我国的经济特区与开发区建设进入到一个新的发展阶段。这一时期公有制经济主要表现为由原国有企业转型改制的企业、由科研单位、国有企业“下海”的人创立的民营企业以及由海外归国人士投资建立的企业等。这些非公有制经济的迅速发展，逐渐引起了党委的重视，尤其是在非公有制经济组织中进行党的建设逐渐成为一项重要工作。1993年，我国第一部《公司法》颁布实施，其中对党组织在企业中应如何发挥应有的作用做出了表述；2000年，我国对《公司法》进行修订，将原来的“公司中中国共产党基层组织的活动，依照中国共产党章程办理”修改为“在公司中，根据中国共产党章程的规定，设立中国共产党的组织，开展党的活动”，“公司应当为党组织的活动提供必要条件”。① 这就进一步明确了党组织在企业中的地位。2000年，江泽民在视察江苏、上海、浙江时，强调指出：“各级党委特别是主要领导同志的思想要跟上形势的发展，抓住在非公有制经济中开展党的工作，加强党的建设。”② 2001年，中共中央出台了《关于在个体私营等非公有制经济组织中党的建设工作（试行）》文件，对非公有制经济中党的建设工作做出了进一步的规范。在中央精神的指引下，各地在部分规模以上的非公有制经济组织中开展党建工作的尝试与探索，由于理论指导与时间摸索较粗浅，总的来说还处于初步探索阶段，呈现出探索性与被动性的特征。

第三，稳步发展阶段（2002—2011年）。2002年，我们党召开了十六大，在报告中，党中央明确了非公有制经济的经济与政治地位，报告总结并概括了改革开放以来非公有制经济中党建设工作的经验与不足，第一次将非公有制经济组织党组织的职责任务写入了党章。在十六大党章中明确规定：“非公有制经济组织中党的基层组织，贯彻党的方针政策，引导和监督企业遵守国家的法律法规，领导工会。共青团等群众组织，团结凝聚职工群众，维护各方的合法权益，促进企业健康发展。”③ 中共十六届三中全会指出：“完善社会主义市场经济体制的主要任务，是完善以公有制为主体、多种所有制经济共同发展的基本经济制

---

① 杨文斌：《公司法及公司登记管理条例新旧条款比较与适用》，中国工商出版社2006年版，第304页。

② 《光明日报》2000年5月12日第1版。

③ 《中国共产党章程》，人民出版社2007年版，第47页。

度，要积极推行公有制的多种有效实现形式，除了少数必须由国家独资经营的企业外，积极推行股份制，发展混合所有制经济。实行投资主体多元化，使股份制这种混合所有制经济成为公有制的主要实现形式。”① 党的十七大又进一步明确了非公有制经济组织中党的建设工作的目标与任务、地位与价值。在中央方针的指引下，各级党委对非公有制经济组织中的党的建设工作日益重视，认识不断提高，工作取得了很大的进展，党的建设工作覆盖面迅速扩大。但是由于对非公有制经济理论上的科学梳理与党的建设工作的准确定位，一些深层次问题并没有得到解决，这一阶段存在的主要问题是各地发展不平衡以及理论研究滞后于实践探索。

第四，全面推进阶段（2012 年之后）。2012 年 3 月，中共中央召开了我党历史上第一次非公有制企业党的建设工作会。习近平做了重要讲话，此后不久，中共中央办公厅下发了《关于加强和改进非公有制企业党的建设工作的意见（试行）》的文件，就进一步加强非公有制企业党的建设提出了新要求。在 2012 年 11 月召开的中国共产党第十八次全国代表大会的报告中指出“毫不动摇地鼓励、支持、引导非公有制经济发展”，“改进对流动党员的教育、管理、服务”② 的新要求。十八大报告全面阐述了在新时期非公有制经济组织中党的建设的工作定位问题，为我们进一步推动在非公有制经济中党的建设科学化水平提供了理论依据，这就极大地促进了我国非公有制经济组织党的建设工作的整体提高、逐步成熟与全面推进，这一阶段，不论是在理论上还是在实践中，我们都取得了许多成就，也积累了不少经验，非公有制经济组织党的建设逐步走上规范化与制度化的道路。

（二）非公有制企业基层党组织的发展现状

据中央组织网站部门信息，截至 2011 年年底，我国非公有制企业只要是具备组建条件的基本都建立了基层党组织，坚持“非公有制企业发展到哪里，党的建设工作就延伸到哪里”的原则，因地制宜，因人施教，灵活组建党组织，增强党的建设工作的影响力，扩大党的建设

---

① 《中国共产党第十六次全国代表大会文件汇编》，人民出版社 2002 年版，第 8 页。

② 胡锦涛：《坚定不移沿着中国特色社会主义道路前进　为全面建成小康社会而奋斗》，人民出版社 2012 年版，第 53—54 页。

工作的覆盖面。对那些暂时不具备条件的非公有制企业，尽量加强党员发展工作，配备合适的党组织负责人，使组建条件尽快成熟并建立起党的组织。目前，我国非公有制企业党的建设工作覆盖面主要呈现三种类型：

第一种是企业党组织健全，企业出资人和经营管理者对于党的建设工作都比较支持和理解，党员比例高，核心作用强，党员的先进性能够得到充分发挥，企业党员管理制度较为健全，各项活动有序开展，党组织的凝聚力与影响力较强。

第二种是企业建立有党组织，企业出资人和经营管理者对党的建设活动基本认可但缺乏支持，党员人数不多，具有一定的流动性，党员的先进性从整体上可以体现出来，但是一些党员的作用发挥不明显，企业党员管理制度不是非常完善，各项活动能够开展但具有随意性与不规范性，在企业中影响力不大。

第三种是企业党组织创建难度较大，企业出资人与经营管理者不是非常配合党的建设工作的开展，有的企业党员人数少于 3 人，有的企业不符合创建支部的条件，这类企业中，党员管理比较松散，党员活动缺乏制度保障，党员先进性的发挥因人而异，一些党员的党性意识与观念较为淡薄，党组织的影响力很小。

在不断推进非公有制企业党的建设工作过程中，各级党委重点推进基层党组织负责人的遴选工作，特别是将企业中有威信、有能力、有责任感的党员选配到党组织中，担当起责任人的角色，在实践的不断探索中，逐渐形成了非公有制企业基层党组织负责人设置的三种模式：

一是企业高管中的党员兼任企业党组织的负责人，在这类企业中，基层党组织的负责人与企业出资人和企业管理者之间具有良好的沟通渠道与效果，能积极协调工作中的各项事宜，企业发展保障党的建设工作的有效开展，党的建设工作促进企业更好更快地发展，二者相互促进、相得益彰。

二是企业中层管理者中的党员担任企业党组织的负责人，这种模式多在中小型高新技术企业中实行，党组织负责人在企业职责范围内能够接触到高层管理者或是企业出资人，在一定程度上可以得到他们的支持与理解，这有利于企业党组织工作的开展，党组织在企业的发展中又能起到促进与推动作用，二者关系良好，互相较为认同。

三是企业基层管理或是处于生产一线的党员负责企业的基层党组织建设工作，这种模式一般在规模较小、党员人数较少的企业实行，党组织的骨干成员来自企业基层，与企业基层的管理人员和生产人员接触较多，关系比较密切，在职工中的模范表率作用较为明显，群众基础比较好。

五 企业基层党组织建设中存在的问题及原因分析

总的来看，经过各级党委多年的努力，我国企业基层党建工作取得了很大的成就，非公有制企业党的建设工作也取得了很大的进展，但由于在非公有制企业内，党的资源非常有限，党的建设受到各方面条件的限制，再加上各方面的制度机制不健全、不完善，这就使非公有制企业党的建设成为建设全局中的薄弱环节，不论是在理论上还是在实践中，都需要我们正确分析问题，找到解决问题的突破口与着眼点。我国企业基层党的建设概括起来主要存在以下几个方面的问题：

（一）基层党组织号召力、感召力与凝聚力弱化

计划经济条件下，革命年代形成的一元化领导体制沿袭下来，党委掌握着行政权力，调动资源，分配力量，掌控大局，具有极高的权威，而且国有企业是国民经济的主导力量，具有资源与社会等方面不可比拟的优势；当时的人们信奉的主要是集体主义，很多时候集体利益与个人利益是一致的，所以集体也较易发动群众，党组织具有极强的号召力；当时很多人以共产党员的身份为荣耀，加入党组织的积极性与主动性非常高，所以党组织具有极强的感召力；党组织成员积极维护党员利益，能够廉洁奉公，社会相对而言贫富差距不大，社会矛盾不突出，所以党组织具有极强的凝聚力。但是，随着改革开放的深化，社会获得了长足的进步，经济获得了前所未有的发展，但同时也产生了不少的问题，人们的思想日益多元化，集体主义之外，一些人信奉个人主义、拜金主义甚至是犬儒主义，使社会上出现了“精致的利己主义”“狭隘的极端主义”“庸俗的消费主义”等不同的取向；改革开放后，我国的经济组成逐渐多元化，基本经济制度是公有制为主体、多种所有制经济共同发

展，国有经济的优势地位有所削弱；很多人从传统的“单位人”转变为“社会人”，同时分配方式多元化，传统单位不再是物质与资源的主要来源；社会阶层分化，社会矛盾尤其是民生问题凸显，再加上一些企业的基层党组织和基层领导严重脱离群众，官僚主义盛行，贪污腐化，损公肥私，败坏了党的风气，损害了党在人民群众中的形象，降低了党在人民群众中的威信，这些原因极大地削弱了党组织在企业员工中的号召力、感召力与凝聚力。

（二）基层党务干部队伍建设有待提高

基层党组织的工作平凡而琐碎，千头万绪，既需要工作能力，又需要工作耐心与热情，既要承担风险与责任，又要接受无权无职的清贫，这就导致一些基层党务干部的工作积极性不高；有的基层党务干部对党务工作的认识不足，认为基层工作说起来重要，看起来次要，干起来可要可不要，没有前途，没有未来；有的基层党务工作者身兼数职，除了完成必备的党务工作，还包揽了宣传、工会等工作，有些时候分身无术，精力难以分配，工作压力大；有的企业领导只注重企业效益的提高，对党建工作重视不够，忽视员工尤其是党建工作者的教育培训，一些党务工作者知识陈旧，观念老化，社会治理意识欠缺，创新能力不足；再加上基层党员队伍的整体结构不尽如人意：有的业务水平、政治理论素养欠佳，有的工作业绩表现平平；有的没有用党员的标准要求自己，把自己混同于普通群众；有的中层干部、业务骨干中的党员数量偏少；有的年龄梯次结构不合理等。这些原因都影响了企业基层党务干部队伍的素质提高，整体队伍建设不容乐观。

（三）党的基层组织覆盖面窄，作用发挥有限

这一点主要存在于分流出去的企业中，既有党政职能分工尚未完全理顺的原因，也有自身工作积极性与主动性不足的原因。这一点在非公有制企业中表现得尤为明显，非公有制企业作为我国改革开放后诞生的新型组织形式，由于市场竞争激烈，市场变动频繁，党员的流动性较大的原因，再加上非公有制企业具有较高的自主性，业主与职工之间主要是雇佣关系，在很多时候，业主有权支配一切资源，党组织的作用相较而言就显得微不足道，这些原因都使非公有制企业中党的建设工作与公有制企业中党的建设工作相比，难度更大，任务也更重，一些非公有制企业党组织虽然组建起来了，但是作用却很难发挥出来，甚至很快遭到

解散、瘫痪，在这样的过程中，党员的责任感与意识也逐渐淡漠；一些非公有制企业虽然按照上级部门要求，建立起了基层党组织，但是却缺乏相应的工作机制与保障机制与之配套，很多工作的开展也只是停留在表面；一些非公有制企业建立起了党的支部，但只有支部书记却没有相应的人员组成，一到需要开展活动的时候，由于人手不够，很多工作难以真正开展，很多工作处于停滞不前的状态；一些非公有制企业一直没有建立基层党组织，有的是因为组建条件不具备，有的是因为企业出资人与企业管理者重视程度不够，认为基层党组织在企业发展中可有可无；这都极大地阻碍了基层党组织工作的覆盖面与作用的发挥。早在2000 年 9 月，中组部就印发了《关于个体私营等非公有制经济组织中加强党的建设工作的意见（试行）文件》，文件对在非公有制企业中基层党组织的建立健全做出了明确的规定，但至于党组织能不能发挥作用，能发挥多大的作用以及如何保证党组织的地位等，很多仍然是理论与现实的难题。

（四）基层党员数量少，分布不均衡

党员数量少这一情况主要存在于非公有制企业中，主要有两种情况：一是在大多数规模以下的中小企业中，党员人数少于三人，有的企业甚至是一个党员都没有，这都不符合建立党组织的必备条件，即便是组成了以办公楼宇和商业区为单位的联合党支部，党组织的作用也难以有效发挥出来；二是有相当数量的党员没有将自己的党员身份公开，据资料显示，“我国大约有 300 万名党员流向了非公有制企业，但在这些党员中，从流出地迁出党组织关系的只有 114 万多名，从流出地迁出党组织关系并转交给了迁入地的只有 52 万多名，其他的则成为‘口袋党员’或是‘隐性党员’。”[①] 关于“口袋党员”或是“隐性党员”的原因很多：有的党员认为将自己党组织关系放在原来的国有企业单位比较放心，有的不想因为工作的变动而反复转迁党组织的关系，有的认为自己对在这个新企业中工作的时间长短难以判断，来自农村乡镇的务工党员，有的企业因为涉及福利待遇问题，不愿意接收这部分党员的组织关系，有的则是因为党员自己愿意把关系保留在原籍，这样在选举被选举的时候依然可以享有话语权等诸多原因。不论出于何种情况，这些

---

① 胡林辉：《私营企业党的建设理论与实践》，人民出版社 2002 年版，第 193 页。

“口袋党员”的形成无疑削弱了党组织的影响力，也不利于党员先进性的发挥，是我们在今后企业党组织建设工作中需要解决的现实问题。

关于分布不均衡的问题，有先天的原因，即在原国有改制企业中党员人数较多，党员管理严谨，活动有序，组织规范；但在非公有制企业中，党员人数相对而言较少，一些企业的党的建设工作很不到位，有的员工想加入党组织，但找不到负责人员；有的不知道如何递交入党申请书，有的不明白如何接受党组织的考察和教育培养等；这些都使在非公有制企业中党员人数较少，和国有企业比较起来，人数相差悬殊，分布也不均衡。2003 年 10 月的报纸曾经披露：“全国非公有制企业中中国共产党党员的人数仅占从业人员的 2% 左右，许多私营企业和外商投资企业中没有党员，在一些已经组建党组织的企业，党组织作用发挥不明显，党员的先进性体现不突出。”[①] 由于在企业性质、领导体制、人员构成以及管理方式等方面与国有企业的差异，使非公有制企业在党的建设方面存在职能关系需要理顺，组织运转困难、资源有待整合以及活力与动力不足等问题。因此，非公有制企业发挥基层党组织“两个政治作用”与落实党的建设的“两个覆盖”，依然任重道远。

（五）党建工作机制不完善

非公有制企业党建是基层党的建设的新领域，尽管各地做出了很多的探索，但就整体水平而言，仍然需要深入探讨适应非公有制企业特点的党建工作机制。目前，各地非公有制企业党的建设工作程度不一，由于长期以来人们的思想不够解放，传统观念没有根本改变，一些党的建设责任人与工作者在思想上存在不同程度的误区，企业出资人和经营管理者的觉悟与认知不到位，这些思想上的困惑影响着企业党的建设工作的深入推进。同时，各地非公有制企业党组织的隶属关系也不相同，既有行业管理，又有属地管理，联合管理，协会管理，挂靠管理，还有园区管理，社区管理等，这些方式都是根据不同地域、不同行业与不同企业情况而形成的，具有各自不同的适应性，同时还存在分散管理、多头管理、管理缺位甚至是管理职能不健全等。实践证明，建立健全、有

---

① 黄郎：《新形势下加强非公有制企业党的建设工作的新思路》，《西南民族大学学报》（人文社会科学版）2004 年第 9 期。

效、科学的管理机制，是任何一项工作得以推进的根本保证，党建工作同样如此，健全、有效、科学的管理机制可以使非公有制企业党的建设工作不因企业的盛衰发展，规模变化而改变，不因形势变化而改变，不因基层党组织负责人的变化而改变，所以要进一步提升非公有制企业党的建设水平，就要从指导思想，组织定位，隶属关系，工作方式，活动场所等方面做出明确规定，建立健全工作机构，完善科学运行机制，只有这样，才能有效推进党的建设工作不断迈上新台阶。此外，企业基层党组织定位模糊，服务意识淡化，党员教育管理和活动机制亟待健全完善等问题都需要在未来党的建设工作中给予重视并解决。

六　非公有制企业与国有企业党的建设条件差异性分析

（一）领导体制与工作机制的差异

“机制是指一个工作系统的组织或部分之间相互作用的过程和方式”。[①] 机制在本质上是指事物内部各因素之间互相作用的“联系”“方式”“过程”。健全完善非公有制企业党的建设工作机制，主要涉及党的上级组织、基层组织、基层党员等内部要素之间，党的外部建设环境、外围群众与组织等外部要素之间，以及外部要素与内部要素之间的相互作用、相互关联的一般过程。在计划经济下，我国的企业主要是国有企业与集体企业两大类，主要是按照行政区划建立并运作的，其特征主要表现为组织严密、体系完整、整齐划一、政治稳定等，所以，从本质上讲，它不是市场经济的产物而是行政政治的附属。改革开放后，我国出现了非公有制企业，这一经济形式主要包括民营企业、外商独资与合资企业、个体工商户等。在党的领导方面，国有企业与非公有制企业存在鲜明的差异性：一是党组织的建制在国有企业中是原发性的制度安排，但在非公有制企业中却不是，在非公有制企业中，党组织不参与企业决策。二是在国有企业中，企业与上级党组织关系较为紧密，具有行政组织的特征，但非公有制企业与上级党组织的关系则较为松散，不具

① 《辞海》（缩印本），上海辞书出版社 1989 年版，第 1408 页。

有行政组织的特征。因此，新形势下非公有制企业推进党建的重要途径便是社区化与行业化，经过多年的实践探索，我国已经探索并总结出了一套较为成熟的非公有制企业党的建设的领导体制，如通过基层党组织负责人联席会指导非公有制企业，在非公有制企业所在的经济区域设置党的工作办公室等。这一体制的基本做法是："党工委发挥领导职能，具体负责本地区非公有制企业的党的建设工作的筹划、组织、协调、监督和考评等工作，实行定期召开联席会议、定期研究、定期通报、定期督察的制度，以把企业的党的建设工作统一起来，把各方面的力量组织起来。"①

（二）党建工作的定位差异

计划经济体制下，单位基本是固定在一定的区域内的，这极大地便利了基层党组织建设工作的开展，不仅可以为党组织建设工作提供活动空间，而且可以提供稳定的组织基础与人员基础，特别是当时条件下，国有企业干部任免、工作业绩、工资福利等都与上级党组织的考核评定结果紧密相连，基层党组织对上级党组织的依赖性较强。但是在非公有制企业中，投资者进行投资的主要目的是追求利益的最大化，根据市场需求进行行业行为的改变，非公有制企业出资人并不是根据党的建设要求进行投资；相反，他们会根据市场的变动对投资的地域、规模、领域做出调整。在这种情况下，上级党组织就不能凭借干部任免、工作业绩与工资福利对非公有制企业进行干预和管理，党的建设工作也必须取得企业出资人与经营管理者的理解与支持才能更为顺利地开展。由于非公有制企业与国有企业的工作定位有所不同，可以说，在非公有制企业中，党的建设工作更应该侧重于政治作用的发挥，通过党员先锋模范带头作用的发挥，维护广大职工的利益，监督、引导非公有制企业健康发展。

（三）基层组织的结构差异

在革命早期，我党实行的是"支部建在连上"的建党原则，在拥有三名以上党员的企业建立党的基层组织，国有企业则是按照地区与生产设立基层党组织，因此，国有企业的基层党组织具有层级分明、组织

---

①　初利明：《非公有制企业党组织工作机制创新研究》，南开大学出版社 2014 年版，第 88 页。

清晰、机构明确、便于调配等诸多特征，党组织成员对于组织具有高度的依附性。但是，随着改革开放的进行，许多的传统企业职工已经由“单位人”转化为“社会人”，所以非公有制企业的党组织基本处于“变、杂、散、流”的状态：企业发展不稳定与党员流动的不稳定；构成人员、构成资本复杂、员工背景复杂；分布散，注册地与经营分离；员工可以进行双向选择流动性强，党员也处于流动状态等多种情况。

（四）党员归属的心态差异

相较而言，国有企业的生存空间较为稳定，待遇福利更有保障，党的建设工作环境也较为优越，但非公有制企业则要面对更为激烈的市场竞争，需要承担的风险大、淘汰率高、市场不稳定等，因此，党的建设工作难以有效开展，目前我国的非公有制企业尤其是一些小微企业，党的建设覆盖率很低，有的甚至是空白。同时，由于非公有制企业的经营自主化、投资主体多元、用工制度灵活等使一些企业劳资矛盾较为突出，党员的先锋模范作用难以得到有效发挥，党员对企业的认同感较弱，归属感不强，对参加党组织的政治组织活动热情不高。

七　创新社会治理中企业基层党组织建设的路径选择

（一）立足企业发展，发挥基层党组织的助推作用

发展是我们党执政兴国的第一要务，从企业角度讲，发展是企业的中心任务，也是企业的最终目标，基层党组织要以发展为中心，立足于第一要务，解放思想，实事求是，为企业发展提供可靠的思想、组织与政治保证，发挥战斗堡垒与政治核心作用，确保各项任务圆满完成。同时，建立现代企业制度是国际企业运行的必然趋势，在这个过程中，企业法人治理框架内的基层党组织能否定位准确，作用发挥良好，直接关系到企业的发展与运营。如果企业能够将这类问题解决好，就可以为自身注入内部驱动力，如果解决不好，企业内部矛盾重重，人心涣散，动力不足，这将极大地影响企业的进步。诚然，如何处理好党的建设与企业经济建设以及党务工作的关系，这不仅是关系到党的建设的问题，更是影响到企业发展的深层次问题，所以我们必须要从企业自身的发展出

发，契合企业的需要进行基层党组织的建设。例如，中铁二十三局八公司按照《关于加强和改进工程项目部党的建设的决定》制定实施了"四同步"原则，在不同的项目部设置相应的党组织："大中项目设立党工委，小项目设立党支部。党工委要下设党支部，党支部要根据党员数量划分党小组"，同时配备专职书记，党政主要领导实行"双向进入、交叉任职"，待遇地位、考核评定标准一致。这就促使项目党政领导之间更容易彼此理解、相互协作、沟通支持，工作思路和企业行为中真正换位思考，实现优势互补，共同促进企业繁荣发展。

（二）立足群众基础，发挥基层党组织的凝聚向心作用

企业的基层党组织要充分发挥凝聚人心的作用，围绕企业的目标，及时把握员工的思想动态，有针对性地做好职工的思想工作，不断改进工作方式方法，同时积极创新党建活动内容，扩大党建工作的覆盖面，将基层党组织塑造成群众信任，拥护党的领导，贯彻党的方针路线的坚强堡垒。充分发挥基层党组织在推动企业发展中的作用。既要完成当前紧迫的工作，也要完成长期的战略任务，充分调动广大员工的积极性，解放思想，实事求是，与时俱进，坚持以经济发展为中心，取得实际工作成效，为实现中国梦奠定坚实的物质基础。充分发挥党员干部的带头作用，培养并吸收企业中的先进分子积极加入党组织，在思想上积极引导，在生活上关心，在工作上帮助，使先进分子始终感受到党组织的温暖，接纳党组织的教育引导，接受党组织的价值理念。成员之间融为一体，共同奋斗，力争建立起一支具有感召力和带动力的基层队伍，能够想职工之所想，急职工之所急，切实把基层党组织打造成职工之家，为职工排忧解难，为职工解除工作的后顾之忧，能够使职工把最大的热情与努力融入工作中，用开拓进取的精神，用高度饱满的热情进行工作，将个人利益与企业利益有机融合，将企业的发展壮大视为最高的荣誉，并为之不懈奋斗。此外，还要积极为职工创设发展的空间和条件，鼓励先进，带动后进，树立典型，营造氛围，使职工在这样的环境中能够愿学、愿干、多吃苦、少怨言，用党建促工作，以工作带党建，形成一种服务生产、服务大局的浓厚氛围，实现党建与工作的"双赢"效果。基层党组织是党的作风与形象在职工中的代表与直接反映，是我们党成长壮大的基础，没有一个强有力的党组织，企业很难真正发展壮大，要让党组织成为企业发展的"领头雁"与"带路人"，以一流的作风、一流的工作、一流的服务、一流的管理凝心聚力，探索出一条适合自己的发展之路，使基层党组织成为企业发展的坚强后盾与堡垒，真正发挥其核心作用。例如，河北省非公有制企业党组织通过三个途径参与企业事务，助推发展。一是企业党组织事先对重大投资项目、企业的人事管理以及涉及职工切身利益问题等重大决策问题进行讨论研究，向企业的决策层提出自己的意见与建议。二是通过企业领导层中的党员直接参与企业事务。三是在企业民主生活会或者是阶段性工作会议上，党组织就企业发展中存在的问题与企业投资人或是经营管理者进行沟通交流，或是以提意见的形式组织对于职工提出意见建议，党组织集中汇总，提交决策层。这极大地发挥了党员的民主监督与民主参与，这样的方式方法赢得了非公有制企业领导者的称赞与认同，也提高了党组织在企业中的地位。

（三）立足职工权益，发挥基层党组织落实党的方针政策的带头作用

企业基层党组织的基本职责是将国家的政策、方针，正确、有效地在企业中加以落实贯彻，使企业坚持正确的生产经营方向，按照国家计划完成相关指标和任务，遵纪守法，服务社会，这就需要企业党组织积极融入企业发展中，树立责任感与主人翁精神，关注企业发展，立足企业利益，与企业同荣共辱，成为党的方针、政策在企业的落实者与贯彻者。同时，在发展的过程中要正确处理国家、企业、职工三者的关系，维护职工的民主权益与合法权益，保证职工的切身利益得以实现，正确执行企业的干部人事政策。企事业单位的党组织是执政党的基层单位，是政治组织而非经济组织，认真做好企事业单位的思想政治工作，促进企业发展。例如，天津滨海新区党委提出“一点三为”的工作方针，根据外商投资企业的不同特点有的放矢地开展党的建设工作。“一点三为”的工作方针中，“‘一点’即把提高企业效益，促进企业发展作为党的建设工作和经济工作的结合点。‘三为’即党的工作必须为企业服务，为党员所欢迎，为企业经营者所理解。”① 通过这一方针，提升党员在企业中的影响力的发挥，助推企业的发展与进步。以顶益集团为

① 初利明：《非公有制企业党组织工作机制创新研究》，南开大学出版社 2014 年版，第 95 页。

例，过去只是台湾一个不知名的小型企业，落户天津之后迅速发展成为中国“面王”，得益于企业的经营有方，得益于党的改革开放，更得益于企业内部一大批共产党员在生产与销售中刻苦敬业，无私奉献，处处带头，事事模范，中国台湾顶益公司董事长赵惠敬先生也一再充分肯定党员、党组织在顶益公司发展中发挥的重要作用。当然，这也离不开公司为党组织提供的宽松的发展环境与对党建工作的大力支持，这是一个在非公有制企业中进行党的建设工作成功的典范。

（四）立足人才创新，发挥基层党组织在职工培训中的引领作用

基层管理人员的管理业务培训，老职工的专业技术培训，新职工的岗前培训等，都是关系到企业正常运行的头等大事，是企业能否在社会治理大局中不断创新的力量源泉，但其中的关键是人才的创新，但是，由于企业更注重经济效益，在一些时候对企业人员的素质与业务培训不太重视，没有企业培训基地，没有职工夜校设置，没有培训经费的保障，即使一些企业有相应的设置，但也是流于形式或是为了应付检查，这就使一些新职工上岗摸不着门道，老职工知识陈旧，技术落后，基层管理人员创新意识不强，管理知识缺乏不能与时俱进。这极大地影响了企业的发展与创新。所以，在这种情况下，企业基层党组织要充分发挥自己在企业职工培训中的作用。作为企业的党组织，要积极协助抓好企业职工的知识培训，企业的安全生产培训、企业职工的知识培训可以为企业发展提供源源不断的动力，企业的安全生产培训不仅是关乎企业生产安全与财产安全的大事，更是关乎企业效益与企业信誉的关键。党组织要协助落实好培训工作，并且要不断创新培训形式，使形式多样化，内容丰富化，效果明显化，使职工愿学、乐学、好学，授课人员可以是技术能手，可以是业务专家，可以是劳动模范，采取多种形式与途径提高培训质量，达到培训目的。

（五）立足廉洁型党组织，发挥基层党组织在反腐倡廉中的屏障作用

企业要健康发展，企业管理者的廉洁奉公至关重要，不仅关系到企业职工的向心力，而且关系到企业整体战斗力，这时，基层党组织要积极发挥自身的作用，以纯洁党性要求党员，推进在党组织中的反腐倡廉，成为纯洁党组织的过滤器，成为企业反腐倡廉的第一道屏障。领导班子的形象直接关系到执政党的形象，企业的基层党组织要以“争当

优秀领导，争创四好班子”等活动为载体，以作风建设为根本，以制度建设为保证，以党风廉政建设为抓手，不断加强领导班子的廉洁自律，推进领导作风与工作作风的转变，“树立领导班子和干部队伍‘团结和谐、求真务实、以民为本、开拓创新、奋发有为、公正廉洁’的良好形象，为促进企业经济发展，造福职工群众提供坚强有力的组织保证。”① 党组织要求其领导与成员做廉洁的表率，在一些非公有制企业中，党组织的领导人同时担任企业的管理者，党委严格要求党组织的领导与成员，就可以在整个企业中树立良好的形象，产生积极的影响，以小助大，通过党组织的带动与影响作用使廉洁理念与文化成为企业发展的主流，成为员工的共同追求与内在约束，有利于企业发展的廉洁与高效。

（六）立足品牌意识，发挥基层党组织在企业文化中的宣传引导作用

如果说经济效益是企业的硬实力，那么企业文化则是企业的软实力，是企业的内在精神与灵魂支撑，一个企业要形成自己的管理模式与机制，不仅要创造自己的品牌，拥有自己的拳头产品，更要有企业长期的发展规划与战略，这样企业才能在社会治理中不断创新，才可以在改革中立于不败之地。而要树立自己的品牌，企业需要宣传，基层党组织同样需要发挥自己的作用，增强品牌意识，成为企业文化的宣传者、引导者与落实者，成为企业知名度提升的弘扬者。通过情感培养、榜样树立、行为示范、知性体验等途径对企业员工进行世界观、人生观与价值观的塑造，最终使价值观内化于心、外化于行，使员工对企业的目标理想、方针政策达成统一认识，并以此为基础，规范自己的言行、修为，将自身价值与企业价值融为一体，从而更好地促成企业的发展。此外，企业基层党组织要从基层单位的实际出发，探索开展内容丰富、干部职工喜闻乐见的各种文体活动并努力创建“优质服务明星”“优质服务窗口”以及“优秀工作者”等活动，这不仅有利于我们培养大家的团队意识和健康向上的生活情趣，而且可以丰富大家的精神内涵，净化心灵，提升境界。从而调动职工积极性，激发工作活力、改善精神面貌，

---

① 单朝玉、范柳、潘颖：《简论国企基层党组织的作用》，《学习与探索》2008 年第 5 期。

促进干部职工相互之间的和谐，最终实现工作效率的提升。

加强基层党组织建设，是夯实企业党的执政基础的重要措施。只有加强企业基层党的建设工作，企业党的群众基础、组织基础才能更加牢固，企业才能蒸蒸日上，不断蓬勃发展。因此，“企业基层党组织要站在全局战略高度，紧紧围绕‘强组织、增活力、促发展、惠民生’的主题，牢牢把握‘抓落实、全覆盖、求实效、受欢迎’的要求”①，使基层党组织的战斗力、党员队伍的活力生机、基层领导干部的党性修养，以及基层党建制度化水平得到全面提升。

① 张树雷：《浅谈新形势下企业基层党组织的作用发挥》，《经济管理》2013 年第 8 期。

第十章　创新社会治理中社会组织基层党组织的建设

改革开放以来，社会组织在我国迅速发展，成为社会治理的主体力量。20 世纪 90 年代初期，为有效应对国际国内局势的急剧变化，我们党把社会组织党建纳入到"基层党组织建设"的范畴，做出在社会组织中"建立党的组织，开展党的活动"① 的决议。党的十八大报告明确指出："要落实党建工作责任制，强化农村、城市社区党组织建设，加大非公有制经济组织、社会组织党建工作力度，全面推进各领域基层党建工作，扩大党组织和党的工作覆盖面，充分发挥推动发展、服务群众、凝聚人心、促进和谐的作用，以党的基层组织建设带动其他各类基层组织建设。"② 在 2015 年新修订的《中国共产党党组工作条例（试行）》第五条明确规定："中央和地方国家机关、人民团体、经济组织、文化组织、社会组织和其他组织领导机关中，有党员领导成员三人以上的，经批准可以设立党组。"③ 无疑，加强社会组织的党建工作是我们在新形势下推进基层党组织建设的重要任务。

一　创新社会治理中加强社会组织党建的重要意义

作为党建领域的"社会组织"概念，经历了"社会中介机构""民间组织""社会组织"等多种称谓，基于党建理论研究与党建领域的完

① 《中共中央关于加强党的建设几个重大问题的决定》，人民出版社 1994 年版，第 16 页。

② 十八大报告全文，http：//www. hbmzt. gov. cn/xxgk/ywb/mjzz/lltt/201301/t20130121_146543. shtml，2013 年 1 月 21 日。

③ 同上。

整性，我国“社会组织”的概念应当等同于国际社会通用的“第三部门”“非营利组织”或“非政府组织”，并与公民社会理论结合起来进行研究（社会组织是构成公民社会的组织基础）。在我国的党建领域，我们之所以称为社会组织党建工作，主要是源于社会组织的中国特色：一是时间短，社会组织是在我国改革开放后才出现并逐渐发展起来的；二是性质新，我国的社会组织承接政府转型后的大量社会治理的职能与任务，社会组织不仅可以提供广泛的社会服务，而且作为政府与民众之间、政府与企业之间、企业与企业之间的重要桥梁，有助于维护社会的稳定，有效化解社会矛盾和风险；三是领域新，社会组织已经成为党组织发展壮大的新领域，成为党建工作的增长点。因此，加强社会组织的党建工作，具有全局性的战略意义。

（一）加强党的领导，确保社会组织正确的政治方向与民主进程

加强社会组织党建工作，是整个党建工作的重要组成部分，是党的基层组织建设的重要领域，是推进社会组织发展的重要力量。

第一，加强社会组织的党建工作，是实现社会组织自身发展的内在要求。政府将过去承担的部分责任转移给社会组织，社会组织要承接这些功能，就需要在社会领域建立起新的公共权威和社会秩序，需要以社会组织和公民为依托，以互利互信为基础，构建新的社会治理与协调格局，并以此处理好国家与社会之间的关系，而党组织则是利于社会组织权威和秩序建立的有效载体。因此，在社会组织中建立党的组织就成为了社会组织发展的有利途径，是社会组织自身发展的内在要求。

第二，加强社会组织的党建工作，是引领社会组织正确政治方向的根本保证。在社会组织的发展中，确保党组织的政治核心地位，发挥社会组织的政治中轴作用，把党的领导与社会组织依法自治统一起来，为社会组织的成长提供动力资源和支撑要素，确保社会组织正确的政治方向与价值导向。因此，加强社会组织的党建工作，不仅有利于加强党对社会组织的政治领导，引领社会组织沿着正确方向发展，而且有利于激发社会组织活力与动力，促进社会组织在社会治理中更好地发挥作用。

第三，加强社会组织的党建工作，是加快社会组织民主进程的有效推手。社会组织的民主化既是基层党组织强大生命力的关键，又是社会自治的一个有机组成部分。党组织要积极吸收、借鉴其他领域与组织民主化的有效经验，在社会组织党组织中充分尊重党员的主体地位，听取党员的意见要求，运用民主化的方式管理党组织，并以党组织的民主化带动社会组织的民主化进程，实现社会组织的民主化运营。

（二）拓展党的执政根基，巩固党的执政地位

任何政党都试图“做到哪里有群众哪里就有党的工作、哪里有党员哪里就有党组织、哪里有党组织哪里就有健全的组织生活和党组织作用的充分发挥”。[①] 作为执政党的中国共产党也不例外。

第一，加强社会组织的党建工作，是拓展党的执政根基的有益途径。社会组织是党和政府联系民众、企业等的重要渠道和载体，甚至广泛联系着国际社会的非政府组织。一方面，社会组织中的党组织在推进工作的过程中与各行各业的群众建立起了密切联系，在团结群众、凝聚群众、服务群众中扩大了党组织的影响，在与群众的接触中，党组织更多地了解到群众所思所想，了解群众的利益诉求点与冲突点，通过向上级政府和党组织反映民意社情，切实维护民众的合法利益，赢得更多的社会认同与支持，将党的执政根基拓展至更广的社会领域；另一方面，当社会组织与国家、社会组织内部利益主体出现利益冲突与矛盾时，党组织要以人民利益为本，在内外沟通、左右协调与上下联动中发挥自身优势，运用法律、教育、疏导、协商等多种手段化解矛盾，把矛盾解决在萌芽状态，解决在基层，切实做到“发现及时、控制有效、处置得当”，通过帮助社会组织成员解决实际困难，维护社会组织成员的合法利益，拓展党的执政根基。

第二，加强社会组织的党建工作，是巩固党的执政地位的必要手段。一方面，加强党组织在社会组织中的政治领导作用，使党组织能够成为党与群众、社会组织与政府之间的润滑剂和整合者，整合各种执政资源，巩固党的执政地位；另一方面，通过党组织对国家路线方针的宣传、贯彻，强化对社会组织的思想教育与引领，引导社会组织与成员深刻理解并且加强对党与政府出台的各项政策的认同，占领阵地，不失声，不缺位，教育引导成员跟党走，坚定政治方向，追求党组织与社会组织功能的契合点，支持党组织工作，最大限度地达成共识，从而巩固

---

① 即使是西方政党也在努力扩大执政基础而试图加强对非政府组织的整合与建设。如英国工党将各地方整个工会和合作社吸收为集体党员。参见高放《政治学与政治体制改革》，中国书籍出版社 2002 年版，第 391 页。

党的执政地位。

（三）提升社会组织的感召力，优化社会组织的自治功能

第一，加强社会组织的党建工作，是优化社会组织自治功能的重要渠道。社会组织的发展过程，既是党委、政府让渡相关经济发展与社会治理职能的过程，又是社会组织在社会领域内完成自我整合与自治的过程。因此，社会组织具有加强社会整合的自治功能。社会自治之所以可以成为可能，不仅是社会组织内部治理民主化的要求，是成员利益表达的有效渠道，更是因为市场化发展与政治民主化改革都呼唤新的资源配置方式和新的组织形态，而社会组织是承接这些功能的最佳组织形态。把从传统单位体制下释放、转移出来的资源吸纳、整合到社会组织中来，通过发挥党组织的功能与作用，使社会组织这一自治功能更优化、更有效。

第二，加强社会组织的党建工作，是提升社会组织感召力的有效平台。社会组织中的党组织通过强化服务意识，提升社会组织的感召力。一方面，党组织要广泛开展诚信教育，教育、引导社会组织的出资人、经营者诚信生产、诚信经营；开展道德教育，加强社会公德、家庭美德、职业道德的教育，培养社会组织成员良好的道德观与职业观，教育他们做诚信从业的表率，赢得更多的好评与认同；另一方面，党组织引导社会组织积极回报社会，如在社会组织中响应国家与政府号召，积极开展“送温暖工程”捐款、抗震救灾、捐资助学、城乡结对、扶贫济困等社会公益活动，不断打造社会组织良好的社会公益形象，提升社会组织的感召力。

（四）发挥社会组织中党员的先锋模范作用，落实全面从严治党的要求

第一，社会组织中的党组织是落实全面从严治党的前沿阵地。十八大后，中国共产党出动“组合拳”，打“虎”拍“蝇”，全力推进全面从严治党的战略，其中，“全面”是重点，“从严”是核心，“治”是关键，要切实推进从严治党，做到要求从严，措施从严，查处从严，未来一步步从治标走向治本。如果说群众路线教育实践活动与“三严三实”专题教育主要针对的是“关键少数”，那么，“两学一做”学习教育活动则是向基层延伸，向全体党员拓展。基层党组织作为党的全部工作和战斗力的基础，更是落实全面从严治党的根本，是落实全面从严治

党的前沿阵地，自然，社会组织中的党组织也是其中一个重要的组成部分。

第二，社会组织中党员的先进性、纯洁性是全面从严治党的个体典范。社会组织不是“自留地”，不是孤立的“绿洲”，同样要在党员和党组织当中推进全面从严治党战略，尤其是要通过发挥党员的先锋模范作用，硬作风、强组织、促发展，切实成为党组织战斗堡垒作用发挥的坚强保障。在新形势下，随着社会的发展变化，党员队伍的数量、结构与素质都发生了显著的变化，党员的教育管理也面临着许多新挑战，这一问题在社会组织中尤为明显，如果社会组织的党建工作不力，党组织对党员的教育管理就会放松，抓得不紧，措施不强，对党员的教育管理就会失之以宽，失之以松，失之以软，就会影响党员先锋模范作用的发挥，影响党员先进性与纯洁性的发挥。因此，不加强社会组织的党建工作，造成影响的不仅是社会组织本身的党组织建设，党员主动性的发挥，甚至是从严治党全局性的问题。

此外，加强社会组织的党建工作有利于凝聚各社会组织共识，合力共促，提升社会组织的工作成效。许多社会组织承担着公共服务，扮演着公益角色，担当着社会责任，只有加强社会组织党建工作，才能引导社会组织更好地发挥政府治理、社会治理与行业自律的作用。通过党建工作将不同领域的社会组织联合起来，互相取长补短，共学共促，形成合力。

二　我国社会组织党建工作存在的主要问题

20世纪80年代，社会组织在全球范围内蓬勃兴起，随之在社会治理中发挥着越来越重要的作用。“西方非营利组织建立在慈善、博爱和志愿等西方文化传统基础上，并已经成为政府处理社会问题的伙伴、公平分配资源的手段，公民民主参与的形式在社会生活中发挥着十分重要的作用。”① 但在我国，由于是新兴组织，发展历史不长，影响不够，很多的部门单位领导，包括社会组织自身对其性质、地位、作用以及趋

① 李培林、徐崇温：《当代西方社会的非营利组织》，《河北学刊》2006年第2期。

势发展不重视，认知不足。有人认为，社会组织是以专业性业务为主，党建工作无足轻重；有人认为，社会组织在社会主义建设中作用不明显，没有必要开展党建工作等，诸多因素使社会组织的党建工作出现了“五难”：组建难、开展难、召集难、协调难和管理难。这些严重制约着社会组织党建工作的推进。在社会组织党建工作实际中存在的主要问题有：

（一）党组织功能定位不清晰，党建工作价值取向模糊

学界经常把新社会组织与新经济组织并提为“两新组织”，但社会组织不同于国有企事业单位与政府组织，严格地讲，也不同于新经济组织。《中国共产党党章》对基层党组织做了清晰而具体的定位，对国有企事业单位、政府组织与新经济组织中的党组织也做出了明确的定位，但对于社会组织中的党组织如何定位，应该承担什么样的功能，《党章》和党的相关文件中都没有做出明确表述。在2000年7月21日中组部印发的《关于加强社会团体党的建设工作的意见》中也只是把《中国共产党党章》对基层党组织的定位照搬到了社会团体中来，这样的空白反映到实践中来，社会组织开展党建工作就显得理不直、气不壮，缺少法律和制度依据。也有一些社会组织目前主要是参照《党章》关于非公有制经济组织中的功能定位，即“贯彻党的方针政策，引导和监督企业遵守国家的法律法规，领导工会、共青团等群众组织，团结凝聚职工群众，维护各方的合法权益，促进企业健康发展”。[①] 这样的参照虽具有一定的可行性，但毕竟新经济组织与社会组织两者之间存在本质的不同，经济领域和社会领域使用的应是不同的规则，同时，社会组织种类繁多，规模不同，分布广泛，其约束性与严密性也不及经济组织。所以，清晰社会组织中党组织的功能是加强社会组织党建工作的重要问题。

（二）党建工作管理机制不健全，党建工作成效弱化

“传统体制中健全、严密的党的组织体系面临考验，传统以条为主，按照行政隶属关系形成的纵向的基层党组织管理体系已难以适应形势的需要。”[②] 从基层调研情况看，相较于其他类型的党组织，社会组

---

① 秦海涛、王世谊：《新社会组织党建：现状、问题与对策——以江苏省为例》，《理论探索》2009年第5期。

② 马西恒：《民间组织发展与执政党建设——对上海市民间组织党建实践的思考》，《政治学研究》2003年第1期。

织中的党组织管辖要复杂得多，主要有几种情况。

一是单建，即按照党章规定，有 3 名以上正式党员的社会组织，就具备了建立条件，原则上都要单独建立党支部。这是最直接也是最便于开展活动的一种组建方式。

二是联建，随着社会组织的日益发展，又出现了联建式，即对于那些党员人数相对较少，又不具备建立党支部条件的社会组织，则按照“行业相近，地域相邻”的原则，由两个或两个以上的社会组织组建联合党支部，共同开展活动，推进党建工作发展。这也是采用较多的一种组建方式。

三是挂靠，不论党员人数多少，社会组织党组织都是挂靠在其业务主管单位或举办单位上，使其纳入党组织一体化体系之中，在经脱产改制的社会组织中这一方式较为常见。

四是派驻，这一方式主要适用于没有正式党员的社会组织，由上级党组织向其派驻党建指导员、联络员，宣传党的大政方针政策，同时负责该组织的政治文明工作。通常，一旦该单位的党支部得以建立，党建指导员、联络员就随即撤出。

五是改建，国家机关或是事业单位经过机构改革、产权置换的方式改组为社会组织，依据其组织规模、党员人数与工作实际，同步改建其党组织。

六是出资，这一方式在一些由单位或个人出资建立的社会组织中较为常见，典型的如民办非企业单位或基金会等，通常遵循“谁出资，谁组建”的原则，依据出资的多少或事先约定好的合作方式，决定谁负责组建党组织并开展支部活动。这些方式都收到了一些工作成效，但是，由于缺少一个能够发挥牵头作用，担负总责的机构，实际上是“谁都管，谁都管不到位”① 的现象。虽然在中共中央和民政部引发的《关于在社会组织中建立党组织有关问题的通知》中明确规定了社会组织党建工作的原则是“谁主管，谁负责”，同时提出社会组织审批部门和登记部门是双重管理，一些省份也在相关文件中明确了组织部门、民政部门、业务主管部门和挂靠单位的应尽职责，但在实际操作中，有的

---

① 石国亮、廖鸿：《社会组织党建的现状、难题与对策——一项基于全国性调查的深入分析》，《长白学刊》2012 年第 3 期。

部门之间在对社会组织的认定上存在分歧，有的部门领导难以“对号入座”，有的业务主管单位并不了解自己还负有社会组织党建责任，有的业务单位没有社会组织党委（总支），有的业务单位主管的社团较多，承担党建任务显得力不从心等，这些原因最终使社会组织党建工作的机制并不健全，党组织的实际管理工作难以有效落实。

（三）党员的先锋模范作用发挥有限，发展党员困难

一个党建工作良性运转的社会组织，其党员应能够发挥主动性，真正承担起组织赋予的模范带头作用，成为党组织与社会组织的桥梁和纽带；党组织本身也能监督社会组织，维护成员利益，发现人才、集聚人才，引导、培育人才，为社会组织的建设保驾护航。但在目前的现实中，一些地方的社会组织党建工作基础非常薄弱，党员人数不多，占比不高，党员的主动性发挥明显不足。社会组织中的党员，有的是退休聘用人员，党组织关系依然在原单位；有的同时具有多重身份，但各自的重心和主要角色并不属于社会组织；有的工作流动性大，稳定性差；有的在原单位组织生活难以保证，在社会组织的组织生活难以规范，实际上是处于“两不管”状态。这些因素，都极大地影响了社会组织中党员先锋模范作用的发挥。

由于社会组织自身的特点，党员的来源较为匮乏，党组织发展党员较为困难。近年来，一些社会组织开始招聘大学生村官以及高校毕业生，但这些人很难长期留在社会组织中，一旦发现更好的发展机会与平台，很多人便会选择离开。这些文化素质高，工作能力强，很多甚至已经纳入党组织的培养范围，如果一旦离开社会组织，党员的培养工作就只能中断。留不住人才的现状使社会组织的发展受到了极大的掣肘。再加上社会组织对于人力、财力、物力没有实际的控制力，难以为这些人才提供良好的待遇与薪酬，一些党组织活动经费尚且难以保证，又如何能发挥如此重要作用呢？这些不仅影响党组织的功能发挥，同时也不利于党员积极性的调动，党员主体动力的不足成为一种必然。

（四）党组织覆盖不全面，党的基础薄弱

我国社会组织发展较为迅速，截至 2015 年 3 月底，我国的社会组织总量为 61.3 万个，同比增长 10.9%，其中基金会 4190 个，社会团体 31.2 万个，民办非企业单位 29.7 万个。近年来，社会组织党建工作取得了很大的进展，党组织的覆盖率达到 41.9%，较过去有了很大的提升，但社会组织党建仍然是基层党建工作的薄弱环节，覆盖率相较其他公有制企业，事业单位等还有太多的提升空间。“按照中央的有关精神和中办国办关于进一步加强民间组织管理工作的通知的精神，民间组织（特定组织除外）常设机构专职工作人员和长期兼职人员中，凡是有正式党员三人以上的，2000 年 6 月 30 日以前都必须建立起党的组织。”① 但实际上，与其他组织的党建情况相比，党组织建立的比例低，覆盖不全面，党建工作精力投入多，成果产出少，活动效果不理想。

党组织覆盖不全面，党的基础薄弱的另一个原因是一些社会组织不具备建立党组织的条件，这与社会组织中流动党员多有很大关系，有的党员工作难以长期固定，处于流动状态，不愿意经常转组织关系，所以一直将组织关系挂靠在家乡，有的干脆隐瞒党员身份，“口袋党员”“隐性党员”大有人在；有的一线党员，因为工作原因，很难有固定时间保证参加党组织活动，削弱了党的基础；尤其是在一些具有官方背景的社会组织中，很多工作人员都是退休干部，他们的组织关系依然隶属于原单位，他们已经习惯了原单位的党组织生活，虽然在社会组织中工作，并不愿意将党关系转入社会组织中；还有一些社会组织是应建党组织但是未建，造成这一状况的主要原因是社会组织对于党组织的认识不足，认可度不高。有些业务主管部门认为，党组织在社会组织中只是一个摆设，对于社会组织的发展起不到什么关键作用；有的社会组织担心一旦建立起党组织，党组织会影响、干预他们的正常工作，甚至是改变社会组织的性质。基于这样的心态，这些社会组织对于建立党组织持消极甚至是反对的态度；有的理论研究者认为，我们应该维护社会组织的独立运转，不赞成在社会组织中建立党组织等，多种原因造成社会组织中党组织的覆盖率不高，党的基础薄弱。

（五）党建工作得到的重视不够，保障不到位

第一，党组织既没有“财权”，又没有“用人权”，也不直接参加日常经营管理，所以普遍存在重“建党”轻“党建”的现象。一些党委、部门单位对社会组织的党建工作不够重视，在工作方面没有给予足够的指导和支持，在工作部署上“走过场”，重形式，不求实；一些党

---

① 中共中央组织部组织局编：《党的基层组织建设常用文件摘编》（五），党建读物出版社 2003 年版，第 629 页。

委、部门认为，社会组织有自己的规章制度，市场经济也存在自身的发展规律，无须党组织在社会组织中发挥核心作用；一些党委、部门和社会组织的党务工作者在工作上仅着眼于建立党组织和基本规定，对于如何搞好党组织的自身建设，探索发挥党组织功能的方法与途径关注较少，精力投入不够，研究不多；一些党委、部门认为，社会组织地域跨度较大，行业跨度较广，党员比例较低，对于党建工作信心不足。很多社会组织要么是没有建立党组织，要么是虽然建有党组织，但是活动很少，作用发挥形同虚设。而且，社会组织党建的舆论宣传做得不够，引导社会组织党建工作的舆论氛围不够浓厚，很多人的社会组织的党建工作几乎处于认知盲区，自然，社会组织党建工作的社会影响力也就非常有限。

第二，党员群众对于社会组织党建工作的支持不足。社会组织重视党建的氛围还没有形成。一些社会组织中的成员包括党员党建意识不强，更多的时间忙于社会组织具体的事务，忙于生计家庭，对党组织开展的活动大多无暇关注，更谈不上支持；一些社会组织的党员找不到自己的角色定位，不明白如何在社会组织中发挥自身的作用，如何体现党员的先进性，如何发挥先锋模范作用。在实际的调研中我们发现，几乎没有哪个社会组织中的成员表现出强烈的向党组织靠拢，为党组织服务的主观愿望，支持党组织的工作更是奢望。

第三，保障社会组织党建工作的力度有待加强。一是社会组织的负责人或是出资人总是将追求利益最大化作为主要目标，普遍缺少为党建工作提供人财物等方面支持与保障的积极性与主动性，他们对于投入与产出的“不均衡”缺乏长期的考量，这就使党组织能够掌握的党建资源非常有限，一些工作由于经费和人力的缺乏而难以开展，这自然也在很大程度上制约了党组织在社会组织中战斗堡垒作用的发挥。二是一些社会组织的业主以业务为重，任务安排紧凑，没有给予党建工作的时间保障，导致这些社会组织中党组织开展的活动不得不游离于组织之外，有的是时间、地点得不到保障，“有组织无活动”现象非常明显；有的是党员的教育、管理、监督不到位，“有形式无实效”现象突出。这些都使党组织没有在社会组织中发挥出核心领导作用，更难以随着社会组织的发展同时茁壮成长。

三　创新社会治理中社会组织党建工作的转变

要在创新社会治理中加强社会组织的党建工作，我们必须在工作中实现四个转变：

（一）思想认识上：从边缘党建向核心党建转变

从认识上彻底转变传统的“党建工作说起来重要，做起来次要，忙起来不要”[①] 的思维，将社会组织党建作为核心工作来推进，一是必须克服对党建工作的轻视心态和畏难情绪，将党建工作作为核心工作来抓，习近平多次强调：抓好党建是最大的政绩。各级党委必须明确“抓好党建工作是本职，抓不好是失职，不抓是渎职”。党组织与社会组织都要从思想上提高认识，树立核心意识，积极开展相关领域工作，落实社会组织党建工作，增强党建工作的影响力。二是必须明确党组织是社会组织党建工作的责任主体，社会组织的党组织要增强主体责任意识，明确全面从严治党谁来抓，谁来负责，谁是第一责任人的重要问题，认真履行好领导、教育、督导、示范的作用，与时俱进加强党的建设、监督和管理，抓好党的思想建设、组织建设、作风建设、制度建设与反腐倡廉建设，将“严”与“实”的要求渗透到社会组织的各项工作中去，切实做到“真管真严、敢管敢严、长管长严”，上级党委要把落实党组在社会组织中主体责任作为基础性工作来抓，将党建工作融入社会组织各项工作中去，确保党始终是社会组织的坚强领导核心。三是抓住党组织主要负责人这个“关键少数”，推进主体责任的落实。首先是严格定责，督促党组织主要负责人认真履行“一岗双责”。结合年度党风廉政建设的工作重点将责任细化、分解，层层抓落实，督促履责。其次是严格考责，督促责任整改。坚持日常监督检查与年末检查考核结合起来，对日常检查考核中发现的问题梳理，以清单的方式下发各级社会组织，同时由分管政府领导班子成员负责督促、整改、落实。再次是严肃追责，强化社会组织党建工作的考核结果。针对年度先进社会组织要进行表彰、奖励，对考核为基本合格的主要负责人进行诫勉谈话，对

① 习近平：《严格组织生活是从严治党的重要基础》，《学习时报》2015 年 8 月 14 日。

党建工作不力的主要负责人进行教育提醒，对考核不合格党组织的主要负责人可以考虑给予降级处理。

（二）组织建设上：从有形覆盖向有效覆盖转变

在社会组织中党组织的组建上，一是要以“应建必建”为原则，以“消除空白点，增加覆盖面，提高实效性”为工作方向，明确社会组织党建工作不以组织数量、党员人数、会议次数等外在、可视化的有形判断作为衡量党建成果的标准，而是应该在工作实效上下功夫，如各地党的机关报在宣传社会组织党建工作成果时，要以解决了什么问题、化解了什么矛盾、维护了党员哪些利益等作为衡量社会组织党建工作的重点内容，在组织间进行宣传交流，不仅扩大党组织社会组织中的覆盖面，而且实现工作效果的提升。

二是建立健全社会组织党建工作制度。“要落实党建工作责任制，强化农村、城市社区党组织建设，加大非公有制经济组织、社会组织党建工作力度，全面推进各领域基层党建工作，扩大党组织和党的工作覆盖面，充分发挥推动发展、服务群众、凝聚人心、促进和谐的作用，以党的基层组织建设带动其他各类基层组织建设。”① 主要做好以下几方面的工作：

其一，建立健全社会组织中的党组织领导班子制度，选拔任用优秀领导，配齐配强领导班子，同时用制度约束、规范领导班子成员的言行，严格生活作风、工作作风、领导作风等，树立风清气正的政治风气。通过组建优秀的工作班子，搭建有效的工作平台，创设有用的活动场所，组建稳定的组织机构，加大对社会组织党建工作人、财、物的投入力度，为党建工作提供有利条件，切实提升工作效率，实现社会组织当中党组织的有效覆盖。

其二，落实“三会一课”制度，严肃党内政治生活，强化学习培训，在潜移默化中提升党组织和党员的党性修养，坚定理想信念，强化理论培养，增强教育效果。

其三，建立考核评价制度，每年至少组织一次集中业务培训，不断提高成员业务能力与水平，并由各主管部门进行定期考核，结果纳入奖惩、参评之中。党的十八大报告明确指出：“要围绕构建中国特色社会主义社会

① 十八大报告全文，http://www.hbmzt.gov.cn/xxgk/ywb/mjzz/lltt/201301/t20130121_146543.shtml，2013 年 1 月 21 日。

管理体系，加快形成党委领导、政府负责、社会协同、公众参与、法治保障的社会管理体制，加快形成政社分开、权责明确、依法自治的现代社会组织体制，加快形成源头治理、动态管理、应急处置相结合的社会管理机制。”①

（三）党建逻辑上：从任务外生型向动力内生型转变

要实现社会组织党建逻辑的改变，一是要明确社会组织党建工作的动力来源是社会组织与党员对党组织的内在需求而不是外在强加，党组织要积极引导这样的内在需求发展、成长，努力达成社会组织党建工作自上而下的压力与自下而上的推力均衡并进，避免社会组织与党组织的异化，避免出现要么“两张皮”，要么“一体化”的情况，使社会组织党建工作从“要我建”的被动应付局面转变为“我要建”的主动创造局面。二是坚决摒弃外生任务性社会组织党建自下而上的“抓”“管”，以行政化投入保障社会组织党建工作的模式，要真正把握社会组织党建工作的内生性规律，采用社会动员的方式，在获得党员认可、社会组织欢迎的基础上循序渐进推进党建工作，充分尊重党建投入与产出的边际效益规律，确保社会组织党建工作效能的发挥与资源效用的最大化，实现社会组织党建工作的良性循环。三是增强社会组织成员和党员的党建意识与认同感，激发党建工作的内生动力。因社会组织的组织特性与基层党组织的政治特性的分离，在一些社会组织中产生了党建工作的消极情绪或内心排斥的迹象，认为党建工作对于社会组织的工作开展几乎没有影响，可有可无等不良思想不同程度地存在着，因竞争压力或是环境变化对组织生活态度冷漠。因此，我们必须提升社会组织成员尤其是党员对党执政合法性的认同，确保党的路线方针政策在社会组织中贯彻落实，实现党组织与社会组织的良性互动与和谐共融，把“组织纽带转化为利益纽带”②，拓展党组织与社会组织的合作互动渠道，搭建服务平台，增强社会组织对党组织的信任感、归属感与认同感，使其成为社会组织党建工作不断进步的内生动力。

（四）党建评价上：从主观性向科学化转变

社会组织党建工作的基本方向是逐步走向科学化，那么用来评价社

---

① 十八大报告全文，http：//www. hbmzt. gov. cn/xxgk/ywb/mjzz/lltt/201301/t20130121_146543. shtml，2013 年 1 月 21 日。

② 陈家喜：《我国新社会组织党建：模式、困境与方向》，《中共中央党校学报》2012 年第 2 期。

会组织党建的标准也应是科学化的指标，但在当前形势下，我国各地采用的标准具有很大的主观性、随意性与差异性，要切实推进社会组织的党建工作，我们必须向着明确化、制度化、民主化、系统化的方向努力，以此主要有四大标准：

第一，价值指标的明确化。社会组织党建是中国共产党在社会领域开展的具有政治色彩的党建实践活动，所以，对社会组织党建工作的评价应旗帜鲜明地指出：其基本价值就是推动社会治理，解决社会矛盾，进而化解因利益悬殊导致的系列问题，从而实现社会发展，经济进步。

第二，评价指标的制度化。要使社会组织党建工作收到实效，我们必须将评价指标以制度的形式严格确立下来，按照制度执行，不因“领导人的看法和注意力”的改变而改变。同时，随着形势的变化发展，这些制度化的评价指标也要与时俱进，不断更新、创新。

第三，评价指标的民主化。社会组织党建的本质是推动社会自治，那么评价指标体系就不再是传统“一刀切”的行政性评价，而一定是多元性的评价主体，共同参与，民主互动，这是实现社会组织党建工作科学化的根本基础和基本前提。

第四，内容指标的系统化。社会组织党建不是哪一个组织独立、割裂的工作，而是一项系统工程，且随着社会的发展变化，社会组织的发展变化而更加复杂，社会组织党建的庞杂性和社会组织的多样性决定着指标体系必须具有系统性与整体性，因为它必须涵盖社会组织党建工作各个方面、各个要素，必须是全方位、立体式、宽领域的整体指标体系，而不能是仅仅停留在组织覆盖率、党建模式、功能发挥等某个或是某几个方面，在明确评价主体、评价原则、评价方法的基础上具体分析出定性与定量的边界和项目。

四　创新社会治理中社会组织党建工作的路径选择

（一）清晰党组织在社会组织中的功能定位，确保党建工作的前提条件

社会组织作为党在基层组织的新依托，是党建研究的新领域，加强

社会组织的党建工作，对推进社会组织健康发展意义重大，我们要依据党组织发展的工作规律与社会组织发展的特点，清晰、确立党组织在社会组织中的功能，从而更好地推动社会组织的健康发展。

第一，发挥政治引领、保障监督与战斗堡垒的作用。落实贯彻党的方针政策，引导、监督国家法律法规的遵守，密切联系社会组织成员，履行社会服务功能，切实实现好、维护好、发展好组织与成员的利益，促进社会组织健康发展，但社会组织中的党组织并不直接领导社会组织的业务工作，只是支持社会组织及其负责人按照组织章程开展工作。党组织作为整个社会自治网络的一个重要组成部分，必须积极参与并推进这一自治进程。一方面在社会组织中发挥领导核心作用，推动社会组织沿着正确的发展方向做大做强，从而更好地承接政府让渡的功能；另一方面加强不同的社会组织之间的交流合作，通过党建工作这一纽带将大家团结在党组织周围，彼此分担不同的社会治理功能，共同谋划，协同配合，按照不同的角色分配，有合作、有分工共同完成社会治理的不同领域的工作，不仅极大地提升了治理效果，同时也拓展了党的执政基础。

第二，推进政党现代化的功能，积极探索社会组织的民主化转型。我们始终在不懈努力，积极推进党的现代化建设，其中一个重要内容就是政党的民主化建设。党组织通过发挥自身功能，推进社会组织民主化，实现自身的民主化，在相关工作的开展过程中，树立民主意识，广泛征求社会组织成员的意见，听取来自不同领域的声音，采纳合理建议，最终做出决策，不仅有利于决策的科学化与民主化，有利于社会组织本身的民主化进程，更有利于实现政党的民主化。

第三，促进政治发展功能，以体制外监督与社会民主促进国家政治民主化进程。“民主化的基本要义之一便是让政治权力日益从国家返还于公民社会，而政府权力的限制和国家职能的缩小，并不意味着公共权威的消失，只是这种公共权威日益建立在政府和公民相互合作的基础上。”① 党组织作为党在基层基本的细胞，可以大有作为，加强社会组织参与政治的有效引导，逐步健全社会组织利益表达、利益整合以及政治参与的机制，有序参与，有效参与，切实在政务方面发挥监督作用，

---

① 俞可平：《作为一种新政治分析框架的治理与善治理论》，《新视野》2001 年第 5 期。

提升政务的公开度与透明度，促进社会组织之间的合作沟通，形成推进民主化的合力。

第四，引导和培育功能，推进社会组织健康发展，促进社会转型有序。党委和政府要切实加强立法工作，对于社会组织的设立、运作、规范等工作都要有法可依，一方面为社会组织的建立发展提供良好的社会条件与宽松的运营环境，另一方面也要使社会组织在法律允许的范围内展开活动，同时接受法律的有效监督。党委和政府更要通过法律制度形式明确党组织在社会组织中的地位与作用，这才能使党组织的工作有法可依，这既是党规范社会组织相关活动的有效途径，也是促进社会组织有序、有效参与国家政治生活的重要手段。

（二）发挥党组织的政治核心作用，推进社会组织发展建设的政治保证

虽然社会组织党建工作具有其自身的特点与规律，但党组织在社会组织中的地位、功能、作用与党的宗旨、目标、任务是一致的，因此，在社会组织建设中，必须发挥党组织的政治核心作用。

第一，社会组织党组织的领导班子要认真履行“一岗双责”，促进“两个责任”的落实。一是抓班子带队伍。尤其是社会组织的党组书记，不仅要加强自身的党性修养，讲党性、讲纪律、讲规矩，同时还要抓好班子建设，将带出高素质党员队伍作为落实“一岗双责”的重要抓手。在班子建设中，尤其要严肃党内政治生活，习近平在“七一”讲话中提道：“严肃党内政治生活是全面从严治党的基础。党要管党，首先要从党内政治生活管起；从严治党，首先要从党内政治生活严起。”① 十八届六中全会明确强调：各级党委（党组）要坚持党的政治路线与思想路线。坚决贯彻以民主集中制为主要内容的党内各项规章制度，严守党的纪律特别是政治纪律和政治规矩，用好批评与自我批评的武器，坚持落实“三会一课”制度，践行《关于新形势下党内政治生活的若干准则》的各项规定，树立大局意识与看齐意识，工作方向保持与中央的一致，不断推进社会组织工作进步。

二是抓制度落实。将中央十八大后颁布的一系列重要制度要在社会

① 习近平：《庆祝中国共产党成立95周年大会上的讲话》，《人民日报》2016年7月2日。

组织中加以贯彻落实:《中国共产党党组工作条例》、《中国共产党纪律处分条例》、《中国共产党廉洁自律准则》、《中国共产党党内监督条例》以及《中国共产党地方党委会工作条例》等,党组织要根据社会组织工作的自身特点,从社会组织工作的实际情况出发,切实用这些文件、政策、制度指导工作,落实整改,提升党建实效。克服制度写在纸上,贴在墙上,说起来很重要,实际中可要可不要的“制度通病”,做到制度有部署、有落实、有考核,确保各项制度扎实有效。

二是紧密结合中心工作,共同谋划发展。社会组织的成员来自社会的各个层面,工作接触面较广,利益主体分化,价值取向多元,要针对现实情况,坚持党建工作分类指导,党组统揽全局,年初有计划,年中有检查,年末有考核,结合本组织实际情况,制定具体措施,做到党建工作与中心组一起谋划,一起部署,一起考核,建立起一级抓一级,层层抓落实的社会组织党建工作格局,确保良好的工作效果。同时,党对社会组织的领导应由传统的“垂直”转为“嵌入”,使其真正成为社会组织发展、成长的内生动力。

第二,组织专题学习,以党的各项精神为统领推进社会组织的工作发展。

一是抓紧专题学习。十八大之后,中央部署了“群众路线”“三严三实”“两学一做”等多项专题教育活动,作为社会组织中的党组织要以学习这些活动为契机,组织专题讲座、交流座谈、撰写心得体会等,通过不断的学习领悟,树立群众观念,增强做群众工作的本领,密切联系群众。通过学党章,学党规,树立规矩意识与纪律意识,严格要求党组织的领导与党员,使他们发挥先锋作用,带动队伍建设与发展。

二是以学习成果推进实际工作。党组织要将“群众路线”“三严三实”与“两学一做”专题教育成果转化到推进社会组织中心工作中去,将专题教育活动成果与社会组织具体工作统一起来,运用于工作实践,指导工作实践,推进工作实践,使教育活动更加有意义,有针对性。党组织同时要密切联系群众,壮大社会组织的基础和组织,把党组织的政治核心作用、战斗堡垒作用与党组织党员、社会组织成员的工作热情、促进事业发展结合起来,在各项工作中体现出来,在发展成效上显著起来。进一步提高社会组织成员政治意识与社会责任意识,通过党政融合进一步促进社会组织的中心工作,做到党务工作与中心工作既分工明确，各司其职，又相互融合、互相促进，形成党社齐心协力，干群共谋发展的良好氛围，如有的社会组织结合专题教育活动，开展的“六优秀”实践活动，即在知识掌握上争当优秀，在理论学习上争当优秀，在自省进步上争当优秀，在团结协作上争当优秀，在领导方法上争当优秀，在工作作风上争当优秀，极大地调动了社会组织成员和党组织成员的工作积极性与热情，有效地促进了社会组织中心工作的开展。此外，要通过党建工作的任务落实，持续推进社会组织作风的转变、优化。在良好的领导作风、工作作风带领下，在风清气正的氛围中开展专业领域工作，强化党建工作效果。

（三）加强社会组织的体系建设，构建社会组织党建工作的重要依托

推进社会组织党建工作，加强党对社会组织的领导，是一项涉及多个领域、牵扯多个层级的系统性工程。需要我们建立包括扶植社会组织发展的管理服务体系，社会组织发展的物质保障体系以及全覆盖的社会组织党组织管理体系在内的三大体系建设，为社会组织党建工作提供良好的外部发展环境和内在动力支撑，开创党建工作的新局面。

第一，建立健全扶植社会组织发展的管理服务体系。要使社会组织更好地发展，公民社会更好地形成，我们需要在国家层面进行体制、政策与法律的改革调整。主要是三个方面：

一是在加快推进经济体制改革的同时，也要加快推进行政体制的改革，转变传统的管理、管控、管制思维，逐步树立治理思维与方式，对社会组织的发展抱以包容的心态而非抵制、抵触，要积极创造条件，为社会组织的建立与发展提供更为宽松的政治环境与更为有利的资源条件。

二是加快社会组织的立法工作。目前，我国关于社会组织的法律法规不完善，不健全，一些重要领域甚至是空白，对于社会组织的引导、规范、监督都不到位，这不仅不利于社会组织自身的健康发展，同时也不利于依法执政的贯彻落实。所以，当前要解决好两个重点问题：一个是建立健全社会组织和社会公益组织促进法，保障社会组织的合法建立，保证社会组织运作和管理的服务性、自助性、独立性与非营利性，从性质上使之与企业组织严格区分；一个是建立全国统一归口的管理登记制度，确保社会组织建立的合法性与安全性。

三是加快建立统一的执法队伍和统一的社会组织监管体系。使社会组织的各项工作标准一致，执行有效，“对社会组织的发展进行总体考虑和统一规划，确立权威的国家级社会组织主管和协调部门，杜绝多头管理、重复管理和地区封锁等问题”。①

第二，建立扎实高效的社会组织党组织管理体系。改革开放之后，社会组织增长迅速，不断发展，为了加强对社会组织的方向领导与政策指引，为了加强党与人民群众的联系，我们加大了在社会组织中建立党组织的工作力度，在传统的“党—单位—群众”联系模式之外，不断创新党建模式，初步建立了“党—社区—群众”“党—社会组织—群众”“党—新经济组织—群众”等多个新模式，以此加大党组织在社会领域的工作覆盖与组织覆盖，从而扩大党的政治影响，强化党的政治领导。

第三，建立资源保障支持体系。在当前的条件下，基层党建工作大多面临着经费短缺、人员不足等现实问题，社会组织的党建工作更是如此，要加强社会组织党建工作，各级党委政府就要加大物资投入，为社会组织党建工作的开展提供良好的物质保证和外部环境。

一是加大经费投入。把党建工作所需经费列入各级政府的财政预算，并且要根据财政水平的增长与实际工作的需要增加党建工作经费。

二是依托街道社区，将新经济组织党建、社区党建与社会组织党建统筹接洽，建立起统一的基层党组织管理体系，从而实现资源共享、经验分享。

三是以职业化与专业化为目标，打造一支素质高、能力强的党务干部队伍。尤其是社会组织党组织，专业性强，情况复杂多变，对党务干部的要求更高。通过加强对党务干部的教育和培训，提升党务干部的理论水平，增强实际工作能力，促进专业化与职业化的进步。当然，必须建立健全党务干部的激励奖励机制，确保优秀人才进得来、留得住、干得好。

（四）创新活动方式，发挥党员先锋模范作用的动力来源

社会组织中的党组织担负有引导、带领社会组织健康发展，发挥社会治理主体作用的重要职责。党员入党关键是要思想上先入党，“思想

---

① 尹德慈：《中国民间组织发展与党的执政方式研究》，《探求》2004 年第 3 期。

是行动的先导，价值观是思想的内核，解决思想问题，从根本上说是解决价值观问题。"①我们要加强对党员的理想信念教育，用社会主义核心价值观引导党员，通过思想与理论的熏陶、教育使党员成为本行业、本领域发展创新的骨干与表率。同时要做到党组织的活动与社会组织的业务活动两促进，本着"三个有利于"的原则——有利于党组织活动的开展，有利于党员活动的参加，有利于活动实效的获得，基于对不同类型社会组织中党组织职责任务的区分，依据不同群体党员的岗位特点，紧密联系实际，大胆探索创新，开展不同层级、不同类型、务实管用的主题活动，还可以针对社会组织党员工作繁忙、人员分散的特点，充分利用现代信息技术和新媒体等多种手段，加强对党员的教育、管理和服务。

第一，建立党务工作网站。充分利用网络技术，建立 QQ 群、微信群、论坛等合作渠道，拓宽党组织工作的影响范围，可以通过网络平台宣传党的路线方针，开展专题讲座，交流学习心得，组织党务活动，联络党员感情，促进社会组织之间的交流合作等。这可以为社会组织党建工作提供更为广阔的平台与更为坚实的阵地。在调研中，我们发现，运转比较好的一些网络平台主要是由党委组宣部门、省市党校以及各级高校主办，他们能够很好地利用这一技术的优势，内容丰富，功能多样，成效明显。通过网络党课宣讲，解读党的文件精神，宣传党的方针政策；开通网络信箱，便于党员向党组织没有阻力地提出意见和建议，加强党员与党组织的交流沟通，促进社会组织民主化的发展；建立网络支部，可以进行党内选举、民主评议、党员考核等各项工作，大大地提升了工作效率，增加了工作的可信度与民主化程度，有助于党内民主的实行，有助于加强党员的党组织和领导干部进行民主监督。

第二，创新对流动党员的管理方式。流动党员是市场经济发展与人力资源在不同区域、领域配置的客观产物，要加强社会组织的党建工作，我们必须要重视流动党员的问题，这也是很多社会组织共同面临的难题。尤其是随着从业人员流动性，职业多样性，社会分层多元化的加强，党员的流动性也随之增强，同时呈现出时间长、频率高、分布广等特点，这就加大了社会组织党组织生活的难度，甚至有的社会组织长时

---

① 石国亮：《论中国共产党价值观建设的基本经验》，《长白学刊》2009 年第 3 期。

期难以组织正常有效的组织生活，流动党员的凝聚力和向心力也大大减弱。我们要本着“传统方法与现代技术相结合、集中讨论与个别交流相结合、工作时间与业余时间相结合”的流动党员管理“三结合”原则，通过创新管理方式，努力减少甚至是消除“隐身”党员、“口袋”党员、“名誉”党员的现象，如尝试建立“网上党员之家”，为党组织与党员、党员之间进行联络和交流提供了跨属地、跨时间段的现代平台，在党组织与党员、党员之间搭建了一座交流思想、相互学习、共同进步、促进党建的桥梁。①

第三，建立电子党务工作平台。开发专业的党务管理软件，通过加强电子党务工作平台，加大网络监管的力度。可以建立电子党务自动化办公网络，可以建立党员动态信息库，便于信息的监管和保存，通过整合现有的技术资源，加强网络对于党务工作的促进作用，提升党务工作的效率。这些都是未来社会组织党建工作的一些有益发展方向。

加强对党员的教育和管理，其出发点和落脚点都是服务。在一定程度上讲，上级党组织为下级党组织服务、党组织为党员服务都是方式和手段，党组织和党员为群众服务才是目的，党组织创新活动方式凝聚组织、凝聚党员之中是为了凝聚群众、凝聚民心、凝聚社会。我们在社会组织的党建工作中，必须坚持服务为先，寓管理于服务之中的全新思路，尊重党员主体地位，增强党员的荣誉感、责任感与归属感，建立党内关怀、激励、帮扶机制，凝聚党员的向心力。同时要善于发现典型，树立典型，推广先进经验，总结先进做法，通过充分发挥社会组织中党员的先锋模范作用与示范带头作用，推进社会组织健康发展，推动党建工作不断迈上新台阶。

（五）加大工作力度，激发社会组织党建工作的活力源泉

党员是党组织的细胞，针对社会组织党员发展难的问题，找准突破口，积极推进党员发展工作，要把社会组织培养党员的工作纳入到社会组织的发展规划中，结合社会组织自身特点，制订发展计划。既要做好在规模较大、社会影响较大的社会组织中发展党员的工作，又要做好在未建立党组织、没有党员的社会组织中发展党员的工作，解决“有党员无组织”以及“有组织无党员”等情况。一定要拓宽发展党员的对

---

① 徐德明：《“两新”组织党建概论》，上海人民出版社2007年版，第112页。

象范围，注重培养，发展那些政治素质好、群众基础好、业务能力强的组织成员，将他们培养成社会组织的负责人和青年骨干；在社会组织中积极发展优秀分子充实到党的队伍中来，对社会组织成员中表现突出的符合条件的要进行思想引导，早日将他们吸纳进党的队伍中来，扩大社会组织中党组织的队伍，为社会组织党组织的发展提供生机与活力。

党组织是社会组织党建工作覆盖的基础，针对社会组织中党组织组建难、覆盖率低的特点，坚持“应建必建、应派必派”的原则，加大到社会组织党组织的组建力度，做到“成熟一个组建一个，组建一个巩固一个，巩固一个带动一批”。[①] 根据中组部、民政部对社会组织建立党组织的有关规定：“凡经过组织核准登记的社会组织，在常设办事机构专职人员中只要有正式党员三人以上的，就应当建立党组织。”我们在实际工作中要按照“先易后难、分类指导、全面覆盖”的原则，探索务实管用、灵活有效的党组织设置形式。特别是要多关注那些“应建未建”的社会组织。将他们作为我们关注的重点，力争使党组织能够在应建的社会组织中全部建立起来。对那些党员人数不足 3 名的社会组织，可以考虑采取灵活创新的形式，本着“便于联系”的原则，与就近的社会组织的党员联合建立党支部，对那些目前没有党员但是又有工作要求的社会组织，我们可以考虑通过各种形式加强与他们的联系，通过多种渠道和途径加强党员与党组织的密切联系，积极发挥社会组织中党员的先进性与模范带头作用，夯实党建工作的主体支撑。积极引导，发挥党组织和党员在社会组织中的模范带头作用，遵守党的纪律与规矩，牢固树立规矩意识、政治意识和大局意识，保持社会组织沿着正确的方向发展，避免路线偏移。

此外，还要理顺社会组织党建工作管理机制，因为体制问题是影响社会组织党建工作能否顺利开展的关键因素。基于对各地社会组织党建工作管理模式的比较，借鉴已有的成功经验，我们可以尝试在各级党委和组织部门的领导下，自上而下地在各级民政部门设立同级党委派出的社会组织党工委，统一部署，统一指导，管理社会组织党建工作，形成“党委领导、组织部门抓总，党工委牵头，业务部门具体负责”的责任

---

① 石国亮、廖鸿：《社会组织党建的现状、难题与对策——基于一项全国性调查的深入分析》，《长白学刊》2012 年第 3 期。

明确、关系顺畅、层级清晰、管理直接的社会组织党建工作管理体制，为社会组织党建工作提供必要的体制保证。依托各级民政部门设立社会组织党工委，不仅可以避免机构的重复设置，减少行政人员数量，提高行政工作效率，而且有利于加强对社会组织党建工作的宏观指导，确保社会组织的党建工作有专人负责推进，有专人统筹协调，分工协作，发挥各有关部门的职能优势，从登记、年检、信息披露到年终评估等管理环节入手，开展党建工作，形成登记管理与党建工作的联动机制。从各方面努力促进社会组织党建工作的不断提升。

综上所述，社会组织党建工作不仅是“十八大”后中国共产党从战略层面提出的核心工作，更是中国共产党作为无产阶级政党必须遵守的行动逻辑。社会组织党建工作，不仅要遵循社会组织的发展特点与规律，而且要遵循无产阶级政党的建设规律；不仅要实现科学化的转变，而且要探讨工作提效的方法路径；不仅要解放思想，树立核心意识，更要推进落实，不断创新。我们必须清晰地认识到：社会组织党建工作最根本、最持久的力量来源是个体党员自觉能动性发挥的张力，是社会组织与党组织利益共存、彼此需求的引力，我们要深入推进社会组织党建的理论与实践，把握社会组织的本质，中国共产党的本质，将社会组织党建中各要素力量与优势充分发挥出来并形成合力，推动社会组织党建工作的科学化发展，使社会组织切实成为社会治理中的有效主体。

结论：国家治理现代化中的基层党组织建设

当代中国的社会治理是在建设有中国特色的社会主义国家，实现中华民族伟大复兴的中国梦的过程中进行的，我们必须尊重和面对中国的历史、文化和政治体制。我国国家社会治理与执政党领导之间的关系，不同于西方的政党和国家治理之间的关系。西方政党更重要的功能是竞选的工具，中国共产党是执政党，同样也是中国社会现代化建设的领导党，在中国只有中国共产党才能肩负起统领全局、把握方向的能力，才能带领全体人民进行社会主义现代化建设，这是历史的经验也是现实的选择。

国家治理是每一个国家必须面临的问题，国家治理体系和治理能力的现代化是对传统管理体制的反思与重构，是适应现代社会发展要求的必然选择，是当代中国全面深化改革的总体目标之一。现代化是社会整体的变革，是社会结构的日益分化和整合的过程，是科学技术的发达，是社会经济的发展，是思想观念的变革，更是人的现代化。理性战胜了感性，世俗替代了神圣，民主意识深入人心，责任意识，主人翁意识不断增强；权利和义务、担当和共享成为人们普遍的行为选择。权威已经失去往日的威严，强权更是遭人唾弃。法律和制度在构建秩序的过程中越来越被人们认同，法治不只是一种外在的约束，更是自我心中的行为底线，是行为者在预期中可以知道的结果，自觉自律就成为现代文明的重要标志。国家治理体系和治理能力的现代化就是这种社会转型下的国家战略，是改变传统社会治理一元化治理模式的时代要求。人人都是治理者，人人都是被治理者，多元主体在各自的秩序范围内实现了整体的统一。

国家治理体系和能力的现代化与党的领导的关系，是当今中国社会治理不可回避的一个问题。新中国成立以来，中国的社会管理就是在中国共产党的领导下的社会管理，并且党在社会管理中处于一元化的领导核心地位，社会管理的一切事务都是在党的亲自领导下进行的。当今，我们提出了国家治理现代化的转型，这种转型绝不是不要党的领导，而是更好地发挥党在社会治理中的领导核心作用。在主体性凸显的时代，在个体自由彰显的时代，秩序和统一更加重要，亨廷顿指出："首要的问题不是自由，而是重建一个合法的公共秩序。很显然，人类可以无自由而有秩序，但不能无秩序而有自由。"① 多元主体的共治更需要方向引领，思想统一，目标一致，达成共识。现代性社会解组了原有的结构，造成了个人角色分化、组织分化和地位分化，现代性打破了神圣的光环，市场和消费异化了人的精神和行为，在主体性彰显的同时，统一的思想和行动就很难形成，人们在市场逐利性的影响下目标置换成为普遍行为，消解了生活本来的意义。

韦伯曾指出："我们这个时代，因为它所独有的理性化和理智化，最主要的是因为世界已被祛魅，它的命运便是，那些终极的、最高贵的价值，已从公共生活中销声匿迹，它们或者遁入神秘生活的超验领域，或者走进了个人之间直接的私人交往的友爱之中。"② 在价值多元、主体凸显的时代重构理想目标，在多元治理的结构中实现国家的秩序，就必须有一个引领者和凝聚力，要在大政方针、发展方向、总体目标上实现最广大人民群众利益的基础上进行设计和谋划。

在当代中国，只有中国共产党的领导才能做到把全国人民团结在一起，带领人民实现国家的统一和繁荣。中国社会主义现代化建设必须坚持中国共产党的领导，国家治理体系和治理能力现代化的实现必须在中国共产党的领导下进行。坚持党的领导和改善党的领导是同一个过程中的两个方面，在不同的历史时期党的领导面临的环境不同、任务不同、领导方式不同。不能沿用过去的思路和做法，要在坚持党的领导不动摇的原则下，不断改善党的领导，加强执政党建设。党的领导在社会主义现代化建设时期，不同于革命战争时期的党的领导。

中国共产党既是领导党，也是执政党，执政党的重要任务是建设好、维护好国家的稳定和发展，实现政治团结，经济繁荣，在领导社会

---

① ［美］塞缪尔·亨廷顿：《变动社会中的政治秩序》，王冠华、刘为译，生活·读书·新知三联书店1989年版，第7页。

② ［德］马克斯·韦伯：《学术与政治》，冯克利译，生活·读书·新知三联书店1998年版，第48页。

和服务人民相统一的过程中，实现政党绩效，增强政党的合法性基础。所以，在实现国家治理体系和治理能力现代化的进程中，加强执政党建设具有重要的战略意义。

首先，党的领导是实现国家治理现代化的保证，党的领导主要是思想政治的领导，是指引发展方向，坚持正确的思想导向。要使不同社会治理主体都团结在党的周围，凝聚在党的旗帜下。党的领导是团结各族人民，各不同阶层、不同团体的人的核心，中国共产党没有自己个人的私利，坚持全心全意为人民服务的宗旨，这种超越价值就决定了只有在中国共产党的领导下，才能最大限度地把各种利益主体整合在一起，全体人民跟党走，也就能够凝聚全体人民的力量和智慧共同建设社会主义国家。

其次，党组织和全体党员是国家治理现代化的主力军。中国共产党历来都是中国革命和社会主义现代化建设的先锋队，同样在实现国家治理现代化中的伟大实践中，党的组织和全体党员是治理的引领者、促进者、维护者、示范者。党的各级组织和全体党员要适应党在新的社会治理中的角色转换，领导和服务同在，领导更体现在服务中，共产党员是先锋模范的代表，必须在全心全意为人民服务的实践中展示共产党员的风采。

最后，党的建设是国家治理现代化的重要内容。实现国家治理体系和能力的现代化，必须转变政党职能，实现执政党的治理现代化水平。要加强党的领导，首先必须改善党的领导，改善党的领导是国家治理现代化的要求，是时代发展对党的建设的要求。党中央提出“四个全面”的战略布局，把全面建成小康社会，全面深化改革，全面推进依法治国，全面从严治党四个方面作为一个整体布局提到了同等重要的程度；这就说明，全面从严治党，加强党的建设关乎国家整体的发展大局，同样也说明不能坚持党的领导，也不可能全面建成小康社会，也不可能全面深化改革，也不可能全面推进依法治国，四个全面相辅相成、相互促进、相得益彰。

实现国家治理现代化必须不断加强和改进党的领导，党既是社会治理的领导者和引路人，也是社会治理的客体。特别是基层党组织，由于其特殊的地位和功能，在社会治理中的作用显得尤为重要。因此，只有大力加强基层党组织建设，才能实现基层社会治理的目标，也必然是国家治理现代化能否实现的基础和关键。习近平总书记指出："推进改革发展稳定的大量任务在基层，推动党和国家各项政策落地的责任主体在基层。"社会治理的基础在基层，改革开放以来，中国社会发生了巨大的转型，过去那种垂直管理模式，随着社会的分化已经很难发挥作用。基层社会随着职业分化、体制多样、阶层分化，形成了多元分散的状态，单纯行政控制难度加大。这就需要社会各种主体发挥社会治理的作用，在创新体制中，在提升多元主体治理能力的基础上实现社会的和谐。但是，多元主体的共治需要一个领导核心，这个领导核心只能是中国共产党。中国共产党从诞生那时起，就肩负着引领人民实现国家富强、人民幸福的历史重任，在中国只有中国共产党的领导才能保证国家的安定团结。中国共产党的基层党组织是党在基层的组织形式和代表，是党的领导在社会各个领域、各个层面的落实。国家治理的基础是基层社会的稳定，基层党组织是维系基层党员和广大人民群众的纽带和桥梁，基层社会治理需要广大基层党员和基层群众来维护。在实现国家治理体系和治理能力现代化中，如何加强党的基层组织建设，党的基层组织如何在实现国家治理体系和治理能力现代化中发挥其应有的作用，这些都是当前基层党组织建设过程中需要思考的问题。

第一，基层党组织必须不断吸收先进分子，用新鲜血液补充党的肌体。党必须用自身的影响力去吸引新生力量。中国共产党从产生那天起就是工人阶级的先锋队。当今，中国共产党党员也应该是由各行各业中的精英先进分子组成。党的先锋模范带头作用一定要落实到每一个党员的身上，基层党组织要想在群众中树立威信，既要能够全心全意为人民服务，同时也要在各自的行业中做出出色的成绩。基层党组织建设首要解决的问题就是基层党员的培养问题，现在，在一些地方青年人入党的积极性有所下降，入党动机不纯。如果加入党组织的人，不是因为对党组织的信仰，而是为了获得找工作的"敲门砖"，或者是为了能够获得权力和某种利益，这样的党员必然会更严重地玷污共产党员的名誉。能够把真正对党信仰的先进分子吸收到党的组织中来，是基层党建的重要前提。

第二，基层党组织在社会治理中必须发挥其应有的先锋模范带头作用，应该是不计个人得失，一心为了广大人民群众利益的引领者、先行者和服务者。基层党组织的有些党员混同于一般群众，党员主体意识下降。党员主体意识是共产党员对于党员身份角色的自我感受，是在心理上是否接纳自我党员身份的表现，是对于党员的权利、义务、责任是否认可的思想基础。党员主体意识是党员思想与行为一致的关键，是党员能否真正履行党员义务、认知自我角色，明确党员行为的前提。实质上就是党员自我身份认同的问题，缺乏主体意识的党员一般不会珍惜自己的身份，不会承担起自己的责任。社会是在发展的，人的思想也在变化，也就是说认同具有阶段性、具体性和变动性。在新的历史阶段，面对社会转型，社会政治和经济环境的变化，必然会使很多党员产生新的思想认识，对于党员身份也就会产生新的认识，影响党员主体意识的巩固。如何结合实际工作，让每一个基层党员自觉成为先锋模范的楷模，是基层党建的难点。

第三，基层党建必须思考基层党员的利益需要，人们总是从他们所处的社会环境和地位境况中，从各自的阶级利益出发来考虑问题的。马克思说：人民奋斗所争取的一切，都与他们的利益有关。[①] 离开利益追求的主体行动是不稳定的，追求利益是人的行为的重要依据。利益追求是自我满足需要实现的表现，利益动机和物质动机是理性选择的根据和本质，利益的吸引是主体行为的动力。当今中国社会环境发生了很大的变化，市场经济促使了人们利益分化比较严重，这样人的社会地位发生了变化，在市场经济充斥了社会各个角落，物质利益诱惑多样的基层社会，基层党建出现了更加复杂化的局面。

第四，人的思想和认识是不断发展变化的，党员思想认同也是一个不断变化的过程，以前认同不能代表现在还能认同，以前不认同也许现在能认同，认同和不认同是一个矛盾转化的过程。认同具有实践性的特点，是指社会实践是影响认同形成的重要因素，一种认同形成以后，能不能在人的思想上得以巩固并最终成为一种信念，关键是社会实践的检验。共产党员能否始终保持先锋模范作用，关键在于党员认同的实现。而保持党员认同的始终如一，必须了解他们思想和认识发生的变化，在新的形势下，必须注意基层党员的思想变化，这是基层党建必须时刻关注的问题。

第五，加强对基层党员的教育和培养，提高党员的主体地位是增强

① 《马克思恩格斯全集》第13卷，人民出版社1995年版，第38页。

党员自我认同的关键，这样才能使共产党注重自我的形象，从而起到模范带头作用。要教育和培养高素质的党员群体，使他们树立坚定的理想和信念，以坚定的党性修养克服面临的种种问题。要正确地对待个人得失，正确履行党员权利和义务，不依附、不盲从，充分发挥自己的能动性和创造性。发挥党员在参政、议政中的作用，增强党员的自我效能感，尊重他们的主体地位，激发参政热情和参政智慧，这是当前基层党建的重点。

参考文献

一　中文著作

1.《马克思恩格斯选集》第1—4卷，人民出版社1995年版。
2.《马克思恩格斯选集》第1卷，人民出版社1972年版。
3.《马克思恩格斯全集》第1卷，人民出版社1956年版。
4.《列宁全集》第40卷，人民出版社1986年版。
5.《毛泽东选集》第四卷，人民出版社1991年版。
6.《毛泽东文集》第二、三、七卷，人民出版社1996年版。
7.《邓小平文选》第一卷，人民出版社1994年版。
8.《邓小平文选》第二卷，人民出版社1994年版。
9.《江泽民文选》第一卷，人民出版社2006年版。
10. 习近平：《习近平谈治国理政》，外交出版社2015年版。
11. 吴锦良：《基层社会治理》，中国人民大学出版社2014年版。
12. 王邦佐：《执政党与社会整合》，上海人民出版社2007年版。
13.《中共中央关于加强党的执政能力建设上的决定》，人民出版社2004年版。
14.《建国以来重要文献选编》第二册，中央文献出版社1992年版。
15.《十六大以来重要文献选编》（上），中央文献出版社2005年版。
16.《中国共产党章程汇编》，人民出版社1979年版。
17.《中国共产党组织史资料》第一卷，中共党史出版社2000年版。
18. 周挺：《乡村治理与农村基层党组织建设》，知识产权出版社2013年版。
19. 刘杰：《执政党与政治文明》，时事出版社2006年版。
20. 王长江：《现代政党执政规律研究》，上海人民出版社2002年版。
21. 俞可平：《治理与善治》，社会科学文献出版社2000年版。
22. 俞可平：《论国家治理现代化》，社会科学文献出版社2014年版。

23. 马振清：《国家治理方式的双重维度研究》，中国言实出版社 2014 年版。
24. 邓正来：《国家与社会》，北京大学出版社 2008 年版。
25. 齐卫平：《政党治理与执政能力建设研究》，上海人民出版社 2014 年版。
26. 于海：《西方社会思想史》，复旦大学出版社 1993 年版。
27. 郑永年等：《共产党员理想信念论》，人民出版社 2014 年版。
28. 窦玉沛：《社会管理与社会和谐》，中国社会出版社 2005 年版。
29. 何增科：《公民社会与第三部门》，社会科学文献出版社 2000 年版。
30. 李慎明、李文：《执政党的经验教训：新加坡人民行动党如何治国理政》，社会科学文献出版社 2008 年版。
31. 吴忠民、刘祖云：《发展社会学》，高等教育出版社 2002 年版。
32. 基层党组织工作实务全书编写组：《基层党组织工作实务全书》，人民出版社 2010 年版。
33. 中共中央宣传部理论局：《毛泽东邓小平江泽民论思想政治工作》，学习出版社 2000 年版。
34. 张凤阳：《政治哲学关键词》第二版，江苏人民出版社 2006 年版。
35. 洪谦：《十八世纪法国哲学》，商务印书馆 1963 年版。
36. 王成兵：《当代认同危机的人学解读》，中国社会科学出版社 2004 年版。
37. 王长江：《政党现代化论》，江苏人民出版社 2004 年版。
38. 荣敬本：《从压力型体制向民主合作体制的转变》，中央编译出版社 1998 年版。
39. 胡坚：《乡镇党的建设》，党建读物出版社 2005 年版。
40. 郑杭生、杨敏：《中国社会转型与社区制度创新》，北京师范大学出版社 2008 年版。
41. 何增科：《社会管理与社会体制》，中国社会出版社 2008 年版。
42. 李君如：《中国共产党执政规律新认识》，浙江人民出版社 2003 年版。
43. 中国北京市委组织部等：《中国共产党北京市组织史资料》（普通学校卷），中央文献出版社 2011 年版。
44. 郭彦懿、赵满、余海滨、侯佳明：《高校基层党建实务》，北京理工大学出版社 2015 年版。
45. 初利明：《非公有制企业党组织工作机制创新研究》，南开大学出版社 2014 年版。
46. 杨文斌：《公司法及公司登记管理条例新旧条款比较与适用》，中国工商出版社 2006 年版。
47. 胡林辉：《私营企业党的建设理论与实践》，人民出版社 2002 年版。
48. 初利明：《非公有制企业党组织工作机制创新研究》，南开大学出版社 2014 年版。
49. 张玉堂：《利益论：关于利益冲突与协调问题的研究》，武汉大学出版社 2001 年版。
50. 利金：《联共（布）、共产国际与中国国民运动（1920—1925）》，北京图书馆出版社 1997 年版。
51. ［美］塞缪尔·亨廷顿：《变动社会中的政治秩序》，王冠华、刘为译，生活·读书·新知三联书店 1989 年版。
52. ［德］威·伯恩斯多夫、霍·克诺斯普主编：《国际社会学家辞典》（上卷），王蓉芬等译，中国人民大学出版社 1987 年版。
53. ［美］文森特·奥斯特罗姆：《美国公共行政的思想危机》，上海三联书店 1999 年版。
54. ［新加坡］《联合早报》编：《李光耀四十年政论选》，现代出版社 1994 年版。
55. ［英］安东尼·吉登斯：《第三条道路：社会民主主义的复兴》，北京大学出版社 2000 年版。
56. ［美］弗·卡普拉、查·斯普雷纳客：《绿色政治——全球的希望》（中译本），东方出版社 1988 年版。
57. ［法］乔治·埃斯蒂厄弗纳尔：《德意志联邦共和国政党》，上海师范大学外语系法语专业 1975 届工农兵学员及部分教员译，上海人民出版社 1976 年版。
58. ［英］霍布斯：《利维坦》，黎思复、黎廷弼译，商务印书馆 1985 年版。
59. ［美］道格拉斯·C. 诺思：《经济史中的结构与变迁》，陈郁、罗华平译，上海三联书店、上海人民出版社 1994 年版。
60. ［美］萨姆：《跨文化传统》，陈南、龚光明译，生活·读书·新知三联书店 1988 年版。

61. ［美］约瑟夫·斯蒂格利茨：《政府为什么干预经济》，郑秉文译，中国物资出版社 1998 年版。

62. ［德］马克斯·韦伯：《学术与政治》，冯克利译，生活·读书·新知三联书店 1998 年版。

二 报刊文章

1. 路风：《单位：一种特殊的社会组织形式》，《中国社会科学》1989 年第 1 期。

2. 朱靖：《“社区整合”研究》，《重庆科技学院学报》（社会科学版）2009 年第 1 期。

3. 刘鹏：《论强化党的社会整合功能》，《理论导刊》2005 年第 1 期。

4. 姚尚建：《从政治社会学视角看党的基层组织的功能与执政能力提高》，《岭南学刊》2009 年第 2 期。

5. 王晓升：《论国家治理行动的合法性基础——哈贝马斯商议民主理论的一点启示》，《湖南社会科学》2015 年第 1 期。

6. 范俊彦：《强化基层党组织的功能》，《理论探索》2004 年第 2 期。

7. 周多刚、徐中：《服务型基层党组织建设的内涵、现状与对策》，《党政论坛》2013 年第 3 期。

8. 杨润良：《充分发挥企业基层党组织的作用》，《现代企业》2005 年第 1 期。

9. 邹丽琼：《美国城市社区治理及其启示》，《北京城市学院学报》2009 年第 1 期。

10. 区冰梅：《当前欧美“第三条道路”刍议》，《现代国际关系》1998 年第 12 期。

11. 刘然：《西方绿党评析》，《社会主义研究》1996 年第 2 期。

12. 谭英俊：《批判与反思：西方治理理论的内在缺陷》，《天府新论》2008 年第 4 期。

13. 马晓华：《我国服务型政府建设研究》，《郑州大学学报》2006 年第 1 期。

14. 刘熙瑞：《服务型政府——经济全球化背景下中国政府改革的目标选择》，《中国行政管理》2002 年第 7 期。

15. 中国行政管理学会课题组：《服务型政府的定义和内涵》，《理论参考》2006 年第 6 期。
16. 刘华:《中国共产党在社会治理中的角色研究》,《现代交际》2014 年第 10 期。
17. 李瑜青:《中国共产党治国理政思想历史地位分析》,《北京行政学院学报》2011 年第 5 期。
18. 孙涛:《论党委领导与社会治理体制创新》,《云南行政学院学报》2015 年第 1 期。
19. 张一:《创新社会治理体制要充分发挥政府主导作用》,《光明日报》(理论·实践·热点思考)2015 年 3 月 17 日。
20. 林尚立:《基层组织:执政能力与和谐社会建设的战略资源》,《理论前沿》2006 年第 9 期。
21. 朱进芳:《论创新社会管理中基层党组织的功能转换与实现路径》,《大连干部学刊》2011 年第 12 期。
22. 中共安徽省委党校课题组:《改革开放以来农村基层党组织的功能调适及启示》,《中国延安老年干部学院学报》2009 年第 1 期。
23. 周多刚、徐中:《服务型基层党组织建设的内涵、现状与对策》,《党政论坛》2013 年第 3 期。
24. 范俊彦:《强化基层党组织的功能》,《理论探索》2004 年第 2 期。
25. 杨润良:《充分发挥企业基层党组织的作用》,《现代企业》2005 年第 1 期。
26. 谭云勤、谭琪红:《从社会管理视阈看农村基层党组织的功能强化问题》,《理论导报》2011 年第 10 期。
27. 邢贲思:《对建设马克思主义学习型政党的几点认识》,《求实》2010 年第 5 期。
28. 郭建宁:《构建社会主义和谐社会是当代中国的新主题》,《青岛科技大学》(社会科学版)2010 年第 9 期。
29. 戴均良:《社会管理的五个方向》,《瞭望新闻周刊》2005 年第 6 期。
30. 魏礼群:《积极稳妥推进行政体制改革》,《前沿》2010 年第 12 期。
31. 唐铁汉:《马克思主义公共管理思想原论》,《新视野》2005 年第 5 期。
32. 高放:《农村推行两票制选举和两会制决策方法质疑》,《学习时报》2004 年 8 月 17 日。

33. 李中、詹玲：《新农村建设背景下我国农村空洞化问题研究》，《当代经济》2010 年第 13 期。

34. 中央组织部党建研究所课题组：《关于地方党委一把手行使职权情况的调研报告》，《党建研究内参》2007 年第 2 期。

35. 侯劲雄：《“两新”组织党建工作的困境及破解路径》，《理论导刊》2012 年第 7 期。

36. 吴鹏：《基层党组织角色转换相关分析》，《岭南学刊》2003 年第 5 期。

37. 吴鹏：《基层党组织传统角色定位的历史条件分析》，《探求》2004 年第 2 期。

38. 陈希坡：《当前农村基层党建存在的问题及思考实践与探索》，《才智》2012 年第 19 期。

39. 童水林：《基层党建责任制存在的问题及对策》，《学习月刊》2008 年第 10 期。

40. 姜荣：《以党建责任制新作为构建基层党建新常态》，《先锋队》2014 年第 11 期。

41. 程勉中：《源头、目标、过程：理解党建责任制的三个维度》，《理论学习》2013 年第 11 期。

42. 刘贵丰：《关于党的基层组织建设物质保障状况的调查与思考》，《红旗文稿》2007 年第 18 期。

43. 陈升：《基层党组织建设创新实践的成功路径》，《唯实》2013 年第 7 期。

44. 马建新：《新时期农村基层党组织建设面临的新挑战及对策——以河南为例》，《中州学刊》2012 年第 6 期。

45. 范显斌：《基层党组织要站在意识形态工作最前沿》，《湖州日报》2013 年 9 月 25 日。

46. 季耀华：《加强基层党建工作提升现代媒体舆论引导力》，《现代妇女》2014 年第 10 期。

47. 马国均：《基层服务型党组织的本质内涵与建设路径》，《思想政治教育研究》2013 年第 5 期。

48. 新望：《时势造就“青县模式”》，《中国社会导报》2006 年 9 月

4 日。

49. 马国钧、马萍：《关于创新村级治理模式的思考》，《理论探讨》2011 年第 3 期。

50. 尹书博：《“四议两公开”工作法是发展农村基层民主的有效途径》，《中国人民大学报刊资料中心·中国共产党》2010 年第 6 期。

51. 谭云勤、谭琪红：《从社会管理视阈看农村基层党组织的功能强化问题》，《理论导报》2011 年第 10 期。

52. 中共安徽省委党校课题组：《改革开放以来农村基层党组织的功能调适及启示》，《中国延安老年干部学院学报》2009 年第 1 期。

53. 马西恒：《社区建设：理论的分野与实践的贯通》，《浙江社会科学》2001 年第 11 期。

54. 吴艾玲：《和谐社会视角下农村基层党组织建设探析》，《济南职业学院学报》2010 年第 1 期。

55. 李一文、周旭明：《村民自治背景下加强农村基层党组织建设的对策建议》，《甘肃理论学刊》2013 年第 7 期。

56. 吴坚：《生命力成长于创新》，《今日浙江》2010 年第 12 期。

57. 董宏君：《浙江：强化基层党组织服务功能》，《人民日报》2010 年 10 月 12 日。

58. 姜艳萍：《乡村治理的“向高村模式”》，《联合日报》2011 年 3 月 31 日。

59. 宋梅：《社区治理结构的转型与社区公共服务的发展》，《理论观察》2009 年第 4 期。

60. 王伟达、刘玲灵：《在构建社会主义和谐社会进程中提高党的社会整合能力》，《沈阳工程学院学报》（社会科学版）2006 年第 2 期。

61. 何海兵：《我国城市基层社会管理体制的变迁：从单位制、街居制到社区制》，《管理世界》2003 年第 6 期。

62. 武三中：《社区党建对基层党组织建设的创新》，《探求》2010 年第 3 期。

63. 周良书：《中共高校中党的建设》，《北京党史》2006 年第 1—6 期。

64. 武会忠：《新中国 60 年高校党建的回眸与思索》，《理论导刊》2001 年第 4 期。

65. 王维、霍庆生、郑超：《以改革创新精神加强高校基层党组织建设研究》，《思想政治教育》2013 年第 8 期。

66. 石娜：《浅谈高校辅导员做好大学生思想政治教育工作的途径》，《新西部》2007 年第 4 期。
67. 苏俊杰、刘彬：《论提升高校基层党组织执行力的有效途径》，《技术监督教育学刊》2007 年第 2 期。
68. 杨晓慧：《新形势下加强高校基层党组织建设论析》，《思想政治教育研究》2010 年第 1 期。
69. 朱延华、沈东华：《简论高校网络思想政治工作的基本体系》，《学校党建与思想教育》2004 年第 2 期。
70. 乐斌辉：《高校网络党建工作机制研究》，《湖南科技大学学报》（社会科学版）2008 年第 11 期。
71. 申振动、龙海波：《关于推进高校党建信息化的几点思考》，《长沙铁道学院学报》（社会科学版）2008 年第 3 期。
72. 杜鹏、杨若芳：《加强新时期高校党组织文化建设的思考》，《世纪桥》2010 年第 23 期。
73. 崔润东：《论高校基层党组织文化建设》，《高等农业教育》2007 年第 5 期。
74. 高晓钟：《论高校党组织基层组织文化的价值及其构建》，《广东工业大学学报》（社会科学版）2008 年第 2 期。
75. 陈全新：《文化建设视角下的高校基层党建》，《吉林省社会主义学院学报》2012 年第 1 期。
76. 李俊伟：《国有企业基层党组织的地位与职能的战略思考》，《专家论坛》2007 年第 4 期。
77. 黄郎：《新形势下加强非公有制企业党的建设工作的新思路》，《西南民族大学学报》（人文社会科学版）2004 年第 9 期。
78. 单朝玉、范柳、潘颖：《简论国企基层党组织的作用》，《学习与探索》2008 年第 5 期。
79. 张树雷：《浅谈新形势下企业基层党组织的作用发挥》，《经济管理》2013 年第 8 期。
80. 石国亮、廖鸿：《社会组织党建的现状、难题与对策——基于一项全国性调查的深入分析》，《长白学刊》2012 年第 3 期。
81. 唐明彦：《创新农村基层党建体制机制》，《湖南税务高等专科学校学报》2015 年第 1 期。

82. 宣金祥：《村级监督委员会运行中存在的问题及对策》，《农村观察》2012 年第 3 期。

三 学位论文

1. 于景辉：《全球化背景下的我国社会管理机制创新研究》，硕士学位论文，吉林大学，2010 年。
2. 刘翔：《中国服务型政府构建研究——基于社会治理结构变迁的视角》，博士学位论文，复旦大学，2010 年。
3. 张静音：《增城市国税系统提升基层党组织执行力水平研究》，硕士学位论文，兰州大学，2013 年。
4. 刘童：《基层党建现代化研究》，硕士学位论文，中共江苏省委党校，2013 年。
5. 崔晓晖：《意识形态认同：新时期中国共产党社会整合的思想基础》，博士学位论文，吉林大学，2008 年。
6. 肖纯柏：《农村基层党组织功能实现途径研究》，博士学位论文，中共中央党校，2008 年。
7. 王怀起：《基层党组织在社会管理中的作用研究》，硕士学位论文，郑州大学，2013 年。
8. 钱正明：《党组织与社区治理结构》，硕士学位论文，复旦大学，2008 年。
9. 王元芳：《中国国有企业党组织参与公司治理有效性研究——基于政治干预行为的视角》，博士学位论文，南开大学，2013 年。
10. 林贤涛：《“两新”组织党的建设问题研究——以苍南县为例》，硕士学位论文，华东理工大学，2013 年。
11. 黄广飞：《社会组织党建科学化研究》，硕士学位论文，中共广东省委党校，2013 年。
12. 杨柳：《新社会组织党建问题研究》，硕士学位论文，中共中央党校，2010 年。

四 外文资料

The Commission on Global Governance, *Our Global Neighbourhood: The Report of the Commission on Global Governance*, Oxford University Press, 1995（2）.

后　记

在关注社会治理问题的过程中，深感基层党组织在社会治理中的作用是不可忽视的。中国共产党是我国的执政党，党的基层组织是党与社会联系的纽带。基层党组织对基层社会治理的领导，以及党员在基层社会治理中的先锋模范作用的发挥，都是基层党组织在社会治理中发挥作用的表现。为了对这一问题进行深入研究，笔者对基层党组织，特别是农村基层党组织进行了一系列调研，在思考和研究这一问题的基础上，以“基于社会治理创新模式建构的基层党组织的作用研究”为题，2014年申报了教育部一般项目，获得了立项资助（项目编号：14YJA710014）。立项以后，课题组成员参考了国内外很多学者这方面的研究成果，也得到了很多调查单位的大力支持，在此表示真挚的感谢。

课题由我整体设计，全面负责，课题组成员分工协作，书稿的写作由我和岳春宇副教授执笔。此外，课题组成员黄天娥、李韶红、郭建也对成果内容提出了颇具价值的建议。

感谢河北经贸大学学术著作出版基金、河北经贸大学行政管理重点学科的资助。本书的出版也得到了河北经贸大学社会管理德治与法治协同创新中心和河北经贸大学公共管理学院的支持。也要特别感谢中国社会科学出版社卢小生主任，是他数月来为本书的编辑、出版不辞劳苦，付出了大量的精力。

创新社会治理模式，发挥好基层党组织在社会治理中的作用，是一个现实性很强的问题，这方面的研究成果很多，但是，总体的操作性、实践性还有很多问题值得进一步思考。由于著者的学术视野和能力所限，同样存在很多没有解决好的问题，会存在很多的纰漏和缺点，恳请专家、学者和同人批评指正！

李　冰

2016年11月8日于河北经贸大学